NELL KIMBALL
Memoiren aus dem Bordell

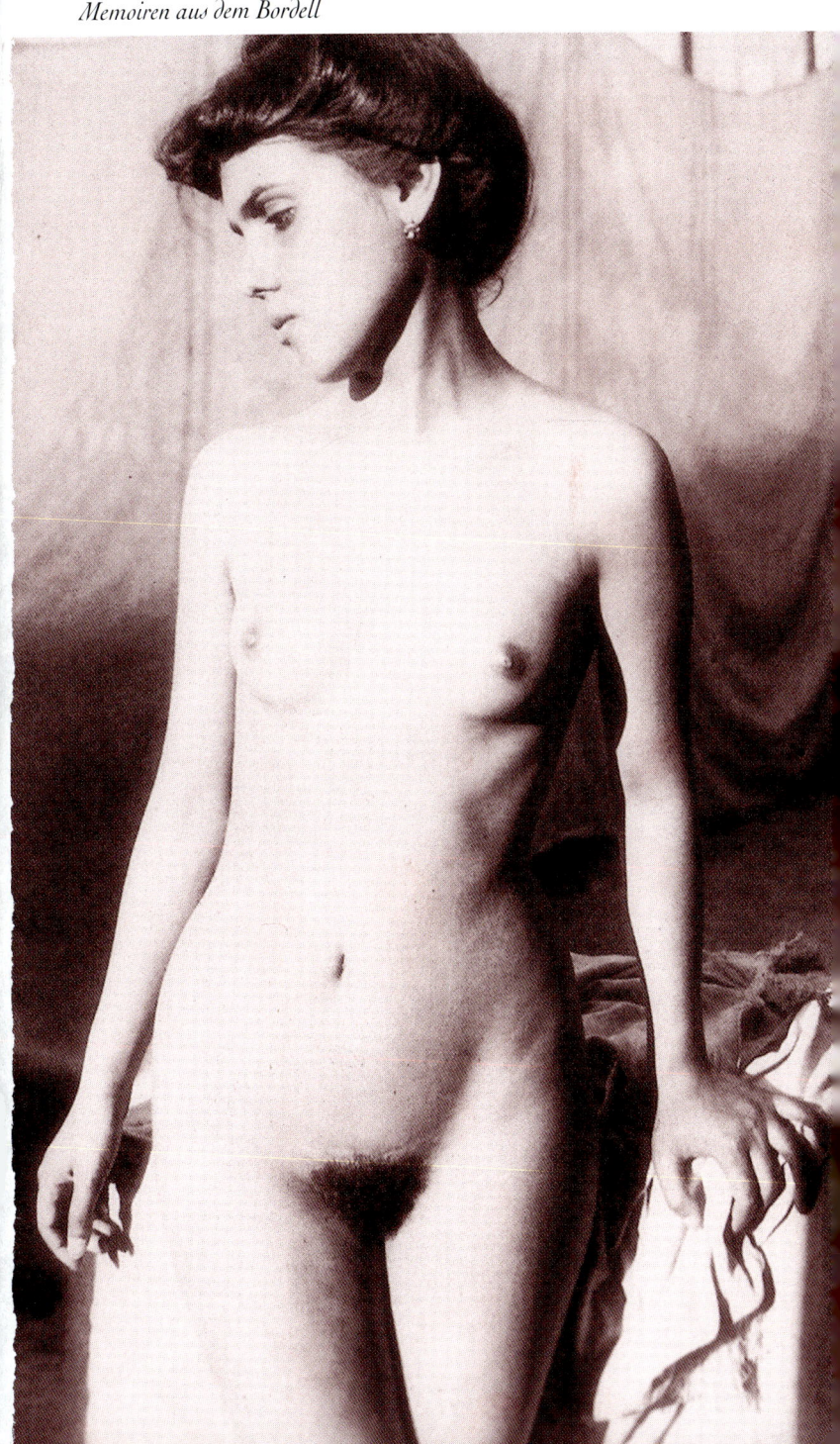

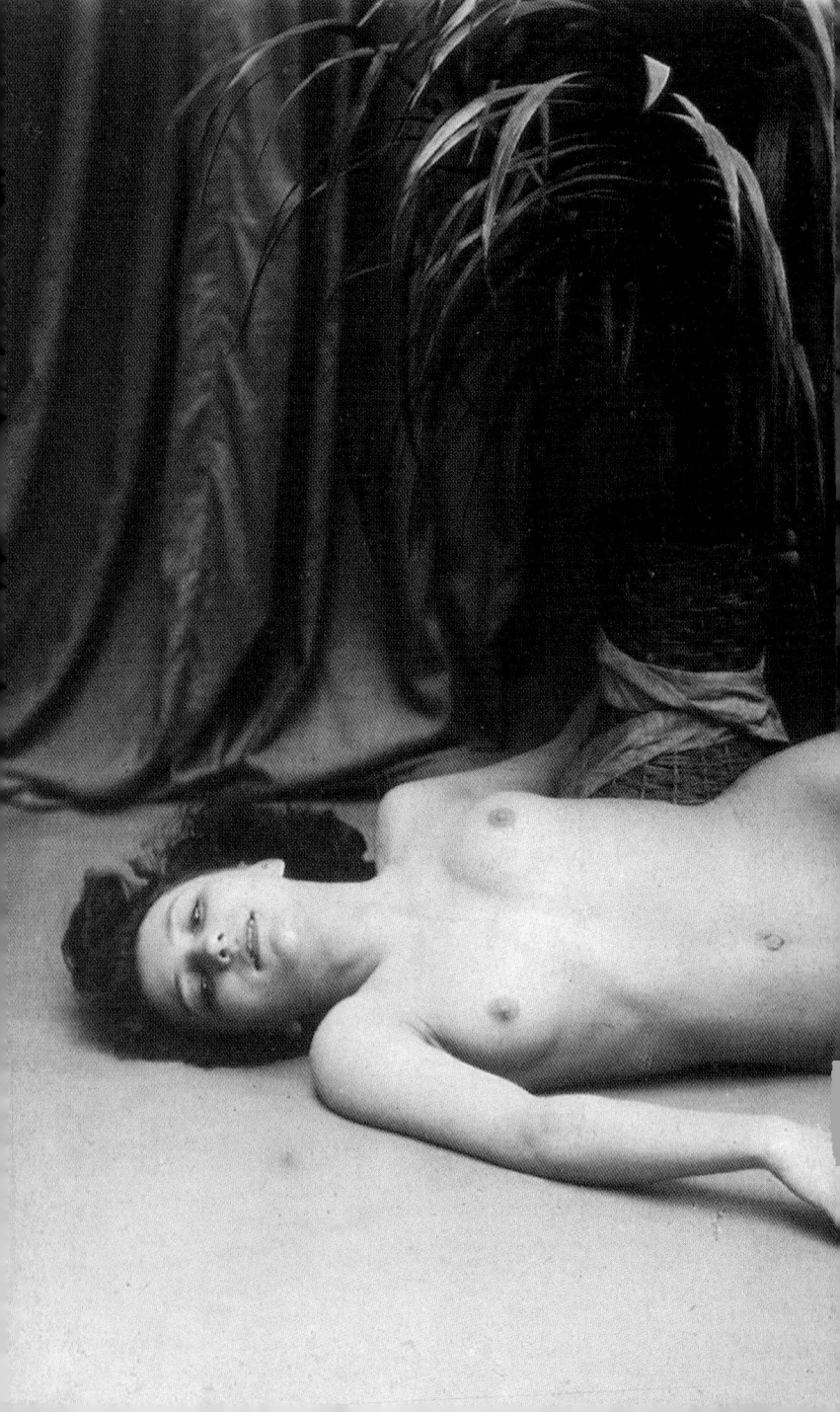

NELL KIMBALL
Memoiren aus dem Bordell

Nell Kimball
Her Life as an American Madame by Herself
Redigiert von Stephen Longstreet

Aus dem Englischen von Reinhard Kaiser

Eichborn Verlag ⟫⟫ Frankfurt am Main 1999

Erfolgsausgabe
ISBN 3-8218-4474-4
Copyright 1970 by Godoff-Longstreet Co.
Alle Rechte der deutschen Ausgabe
bei Eichborn GmbH & Co. Verlag KG,
Frankfurt am Main 1999

EINLEITUNG
VON STEPHEN LONGSTREET

Nell Kimballs Aufzeichnungen bieten uns eine Fülle von Auskünften und Einzelheiten über ihr Leben als Madame bis zum Jahre 1917. Damals ließ die Regierung Storyville, das offizielle Bordellviertel von New Orleans, schließen. Nell Kimball setzte sich zur Ruhe – und über ihr späteres Dasein sagt sie nichts, auch nichts darüber, was sie veranlaßte, ihre Lebensgeschichte aufzuschreiben.

Ich las Miss Kimballs Manuskript zum erstenmal 1932, zwei Jahre bevor sie mit achtzig starb. Sie war damals in Geldnöten und hoffte, Teile ihrer Lebensgeschichte veröffentlichen zu können. Über den Fortgang der Arbeit an ihrer Lebensbeschreibung hatte sie sich Notizen gemacht, aus denen hervorging, daß sie 1918 damit begonnen und bis 1922 daran gearbeitet hatte, meistens auf losen Blättern. Das Manuskript bestand damals aus dem ersten Entwurf dessen, was jetzt das erste Drittel dieses Buches ausmacht. 1922 begann sie sich an Immobiliengeschäften in Florida zu beteiligen und schrieb an ihren Aufzeichnungen zunächst nicht weiter. Erst 1930, nachdem sie während der Depression den größten Teil ihres Besitzes und ihres Vermögens, einiges wohl auch durch Verwicklung in den Alkoholschmuggel mit Kuba und den britischen Westindies verloren hatte, nahm sie die Arbeit an ihrer Geschichte wieder auf. Sie schrieb nun regelmäßig und überarbeitete das erste Drittel in einem natürlicheren, flüssigeren Stil, der ihr für diesen Stoff am besten geeignet schien.

Das Manuskript, das mir im Jahre 1932 vorgelegt wurde, war schlecht getippt, mit zahllosen handschriftlichen Korrekturen in Tinte und Bleistift. Eine Einteilung in Absätze oder Kapitel gab es nicht, nur einen einzigen, langen Text. Auch wurden manche Begebenheiten in mehreren Versionen wiederholt, mal kürzer, mal länger. Miss Kimball hatte gehört, ich sei Schriftsteller und könne ihr bei der Suche nach einem Verleger behilflich sein. Ich redigierte einen Ausschnitt von etwa zwanzig Seiten. Er wurde mehreren Personen vorgelegt, die für verschiedene New Yorker Verlage als Berater arbeiteten. Sie alle waren jedoch der Meinung, kein größerer Verlag werde sich an die Veröffentlichung selbst einer abgeschwächten Fassung des Materials wagen. Die meisten hielten den Text für ein bemerkenswertes Dokument, geschrieben von einer geborenen Erzählerin, die obendrein über ein interessantes Leben zu berichten hatte. Aber sie meinten auch, die offene, drastische Sprache werde den Staatsanwalt auf den Plan rufen.

Ein einziger Verleger, ein Mann namens Liveright, zeigte großes Interesse an dem Manuskript und wollte sich Gedanken darüber machen, in welcher Form es der Öffentlichkeit zugänglich gemacht werden könnte. Aber auch daraus wurde nichts, und irgendwann muß dieser Mr. Liveright seinen Verlag aufgegeben haben oder gestorben sein. Nachher wurde kein weiterer Versuch unternommen, das Manuskript zu veröffentlichen.

Nell Kimball starb irgendwann im Laufe des Jahres 1934. Vier Briefe an ihre letzte mir bekannte Adresse kamen mit dem Vermerk »Verstorben« zurück. Sie hatte mir einmal geschrieben, sie habe keine lebenden Verwandten und den Namen Nell Kimball habe sie nach 1917 angenommen. In Saint Louis, wo sie mit fünfzehn Jahren in ein Bordell eingetreten war, habe man sie Goldie genannt.

Ich hatte das Manuskript vergessen, bis mir 1967 über der Arbeit an einer Sozialgeschichte von New Orleans mit dem Titel *Sportin' House** Nell Kimballs Aufzeichnungen

---

* Stephen Longstreet, *Das war New Orleans. Ladies, Jazz und lange Messer*, o. O. [Frankfurt am Main]: Bärmeier & Nikel 1969.

wieder einfielen. Ich nahm einen kleinen, was Sprache und Details angeht, erheblich abgeschwächten Teil daraus in mein Buch auf, der einen Eindruck von der Atmosphäre in einem Freudenhaus im 19. und frühen 20. Jahrhundert vermitteln sollte. Er enthielt nichts über Nell Kimballs persönliche Geschichte. Aber bei der Veröffentlichung meines Buches erregte dieses kurze Stück viel Aufsehen, und mehrere Verleger boten an, das gesamte Manuskript in seiner ursprünglichen Sprache zu drucken. Dies geschieht nun.

Die vorliegende Ausgabe gibt Nell Kimballs Aufzeichnungen vollständig wieder. Die Gliederung des Textes in Absätze und Kapitel geht auf den Herausgeber zurück. Schreibung und Grammatik folgen weitgehend dem Original. Wo sich in einigen Abschnitten unterschiedliche Schilderungen derselben Begebenheit fanden, habe ich die ausführlichste gewählt und von den anderen Versionen das Nötige hinzugenommen. Nell Kimball schrieb fast immer aus dem Gedächtnis, deshalb sind manche ihrer Angaben und Daten nicht ganz korrekt und wurden, soweit dies auffiel, korrigiert. Auch wurden, wo nötig, die gebräuchlichen Schreibungen von Eigennamen, Städten und öffentlichen Plätzen eingefügt.

An mehreren Stellen erwähnt Miss Kimball die Namen angesehener Amerikaner, die ihr in Bordellen begegnet sind. Da möglicherweise noch Nachfahren dieser Herren leben, wurden einige Namen verändert oder weggelassen. Sie selbst teilte mit, sie habe einigen Personen, die in ihrem Gewerbe als Huren oder als Madames tätig waren, andere Namen gegeben, um deren Enkeln keine Unannehmlichkeiten zu machen. Miss Kimball hatte ein sehr gutes Gedächtnis; wo es möglich war, ihre Tatsachenangaben zu überprüfen, haben sie sich stets als korrekt erwiesen. Sie erklärte, bis zum Alter von fünfzig Jahren könne sie sich an fast alles genau erinnern, für die Zeit danach jedoch lasse ihr Gedächtnis sie immer mehr im Stich. »Ich kann mich nicht darauf besinnen, was ich gestern zu Mittag gegessen habe, aber ich kann Ihnen jedes Luxushotel in Saint Louis nennen, wo ich nach dem Bürgerkrieg mit einem Freier war.«

In der heutigen, freizügigeren Zeit scheint es möglich, diese Geschichte mit ihrem erstaunlichen Detailreichtum in der oft drastischen Sprache ihrer Verfasserin zu publizieren. Nell Kimball war ein Geschöpf ihrer Zeit und ihres Berufs. Ihre Einstellung zu Minderheiten und Einwanderern war die ihrer Zeit, und sie fühlte sich ihnen nicht überlegen, wenn sie eine Sprache benutzte, die uns heute herabwürdigend erscheint. Sie war, im ganzen gesehen, eine verständige, weltkluge, besonnene Frau und auf ihrem »Arbeitsgebiet«, wie sie es nannte, eine Philosophin und scharfe Beobachterin.

Bedenkt man ihre begrenzte, überwiegend autodidaktisch erworbene Bildung, so ist sie eine erstaunlich talentierte Schriftstellerin, der es gelingt, ihre Epoche, die Menschen, die sie kannte, die Welt und die Unterwelt, in der sie lebte, anschaulich darzustellen. Ihre offene, aufrichtige Ausdrucksweise zeigt sich immer wieder; sie wußte, daß ihre Lebensauffassung von der Gesellschaft, der sie so lange Jahre zu Diensten war, nicht allgemein akzeptiert wurde. Die Phrasen und die Scheinheiligkeit dieser Gesellschaft, ihre Ängste und ihren Konformismus hat sie erkannt und in dem, was sie schrieb, oft beklagt. Wenn sie mit einigen Politikern besonders hart ins Gericht geht, sollte man bedenken, daß sie sie näher kannte als die meisten von uns.

1970

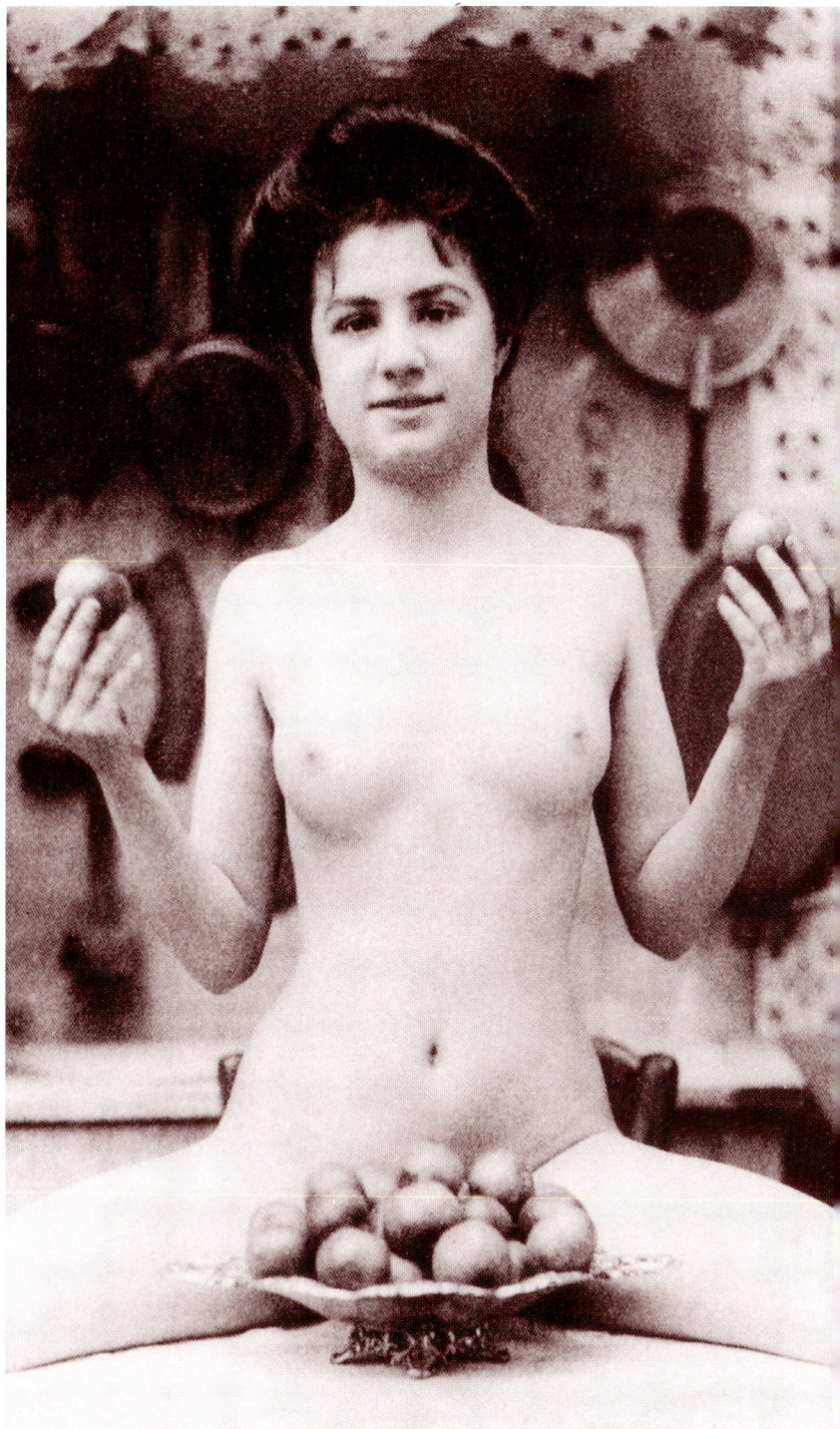

ERSTER TEIL
SO GING MEIN LEBEN LOS

ERSTES KAPITEL
MEIN LETZTES HAUS

Wenn ich auf mein Leben zurückblicke, und in eine andere Richtung kann ich heute gar nicht mehr blicken, dann stelle ich fest, daß bei mir nichts so gelaufen ist, wie es sich die meisten Leute für ihr eigenes Leben wünschen würden. Mit fünfzehn habe ich in Saint Louis in einem guten Haus als junge Hure ohne irgendwelche Pläne angefangen, nichts im Kopf als was Anständiges zu essen und was Ordentliches zum Anziehen, aber am Ende wurde ich Geschäftsfrau, Freudenhausmadame, warb Huren an, brachte ihnen das Nötige bei und führte ein paar erstklassige Häuser. Immer habe ich mich gefragt, warum alles so kam, wie es kam. Heute kann ich zumindest sagen: Wenn ich auch manchmal Gewissensbisse hatte, bereut habe ich jedenfalls nie irgend etwas.

Als ich mein letztes Hurenhaus in New Orleans hatte, bevor ich mich zur Ruhe setzte, da war ich so rasend stolz auf den Laden, auf die Gäste und die Mädchen dort, wie J. P. Morgan auf seine Wall Street stolz war oder Buffalo Bill auf seinen Schimmel, wenn er – mit Bourbon voll bis obenhin – für die Besucher seiner Show Glaskugeln in der Luft zerschoß.

Gern hätte ich Bilder von meinem letzten Haus. Ein besseres Publikum als bei mir gab es in keinem Laden in der ganzen Stadt. Die Gaslampen hatten Schirme aus Muranoglas, die Vorhänge waren aus blutrotem Samt und reichten bis auf den Fußboden, und die acht Mädchen hatte ich selbst ausgesucht, manche von weit weg, aus Saint Louis, San Francisco, und zwei sehr hellhäutige gab ich als Spanierinnen aus, und niemand scherte sich darum, was sie waren, wenn es zum Bumsen oder zu einer Runde Neunundsechzig nach oben ging.

Ein Freudenhaus einrichten, und ich habe drei aufgezogen, ehe ich mich 1917 zur Ruhe setzte, erfordert einiges an Überlegung, wie man es dem Kunden bequem machen kann, und Einfühlung in seine Gewohnheiten und Vorlieben. Bei mir kam immer nur das Beste auf den Tisch, und ich hatte eine Köchin, Lacey Belle, die jahrelang bei mir war. Sie machte die Einkäufe auf dem Markt, und zwei Schwarze schafften die frischen Sachen, die sie ausgesucht hatte, nach Hause. Lacey Belle kochte französisch oder extravagant à la Jim Brady oder solide amerikanisch, aber nie habe ich meinen Gästen irgendeinen Fraß oder was schlecht Zubereitetes vorgesetzt. Die Mädchen und die Gentlemen bekamen nur das Beste. Das Silber und das Geschirr waren schwer und gut. Der Wein kam in verstaubten Flaschen – mit den richtigen Etiketten für jene Freier, die wußten, was sie wollten. Nicht alle Männer, die in ein *cathouse* kommen, sind scharf auf Mösen. Oft sind sie nur einsam und auf der Suche nach menschlicher Nähe, auch wenn sie dafür zahlen müssen. Für die, die von Wein nichts verstanden, hatte ich jede Menge eindrucksvoll beklebte Flaschen, die wir von Zeit zu Zeit mit Rot- und Weißwein aus den Fässern eines französischstämmigen Farmers auffüllten. Der Whisky war bester Kentucky-Bourbon, und Harry, mein Faktotum und Kutscher, konnte Gin-Fizz und Tom Collins und Horse's Necks mixen – alles, was ein Kerl verlangte, der zeigen wollte, daß er schon einmal in Saratoga oder beim Kentucky Derby oder in Hot Springs gewesen war.

Bettwäsche ist ein ganz wichtiger Punkt, und ein Haus kann daran kaputtgehen, wenn man darauf nicht achtet, wenn man sie nicht zählt, markiert und immer nur zur besten Waschfrau in der Stadt gibt, die für die besten Hurenhäuser arbeitet. Ich hab die Wäsche immer nach jedem Kunden gewechselt, aber es gab auch Häuser, die wechselten nur einmal am Tag. Und in den Billigpuffs, da hatten sie bloß ein graues Laken auf einer Matratze und wechselten es vielleicht nie, sondern warfen es einfach weg, wenn sich niemand mehr drauflegen wollte.

Von der Vorstellung, Huren hätten ein goldenes Herz, habe ich nie was gehalten, aber ich habe auch nie ein Mädchen abgelehnt, weil sie schreckhaft oder zappelig war, was man später neurotisch nannte. Die waren manchmal die besten Huren. Wenn eine Madame mit den Mädchen nicht klarkommt, sollte sie sich einen anderen Beruf suchen. Ein Haus steht und fällt mit den Mädchen, und die brauchen eine feste Hand. Man mußte immer aufpassen, ob Lesben dabei waren. Ich hatte nichts dagegen, wenn die Mädchen mal zusammenguckten und schmusten oder sich die Rille wetzten, aber wenn ich einen Dildo fand, ging mir das entschieden zu weit. Mädchen, die sich untereinander auf Ausschweifungen einlassen, befriedigen die Kundschaft nicht, weil sie viel zu sehr mit sich selbst beschäftigt sind.

Ich hatte auch viele Mulattinnen, was man hier *metisse* nennt oder *negrillone* und in Brasilien *caloclo* und *mulato*. Wenn sie als Spanierinnen nicht mehr durchgingen, gab ich sie an eine Madame weiter, die ein Niggerhaus führte. Ich habe immer nur ein weißes Hurenhaus gehabt, mit ein bißchen Farbe – als Würze, könnte man sagen. Ich war streng, aber es machte mir keinen Spaß, ihnen das Leben zu vermiesen, wie einige andere Madames es taten.

Ich verpaßte den Mädchen Geldstrafen, und wenn sie völlig aus der Reihe tanzten, dann sorgte ich dafür, daß Harry sie sich vornahm, aber ohne sie grün und blau zu schlagen. Das klingt vielleicht grausam und brutal, aber diese Mädchen waren oft ziemlich wild, ein bißchen verrückt im Kopf, und sie konnten einiges Unheil anrichten, wenn sie ausrasteten. Und wenn ein Haus erst mal in dem Ruf steht, die Mädchen dort würden die Kundschaft nicht anständig behandeln, dann kann man auch gleich dichtmachen, vorne das Licht abdrehen und den Schlüssel wegwerfen.

Der Gast muß vor allem geschützt werden, was Krawall verursachen und ihn in einen Skandal verwickeln könnte. Es ist erstaunlich, wieviel innere Ruhe Männer ab einem gewissen Alter für einen anständigen Fick brauchen. Eine bösartige oder knickrige Madame kann weder ihr Haus in Schuß halten noch die Mädchen bei Laune.

Ich zahlte den Mädchen ein Drittel von dem, was sie einnahmen, und behielt nie was zurück. Ich betrog sie nicht mit den Zinsen, wenn ich ihnen mal was vorstreckte, ich setzte sie auch nicht unter Drogen und ließ nicht zu, daß sie von irgendwelchen Luden übers Ohr gehauen wurden, wie das in manchen Häusern üblich war. Ich konnte diese lieben Papis nie leiden, die sich an die Einnahmen eines Mädchens hängten und von ihrer Kimme lebten. Es gibt im Leben nichts Gemeineres als einen Zuhälter, von ein paar Politikern mal abgesehen, die ich kennengelernt habe.

Die Mädchen bekamen ihr Geld, und sie konnten damit tun, was sie wollten. Essen, Bettwäsche, Zimmer wurden ihnen in Rechnung gestellt, und solange sie keine ausgemachten Säuferinnen waren, bekamen sie von mir den Alkohol gratis dazu. Eine Säuferin taugt nicht als Hure. Die Fahne läßt sich nicht verstecken, und sie machen ihre Arbeit nicht ordentlich. Nutten sind zwar bösartig, aber auch sentimental. Hunde, Katzen, Kinder, Romane, traurige Lieder bringen sie zum Weinen. Ich war nie sonderlich interessiert an Mädchen, die in ein Haus kamen, weil ihnen die Arbeit Spaß machte. Irgendwo war bei denen immer eine Schraube locker. Ich erinnere mich an ein jüdisches Mädchen aus guter Familie – im Bett das Wildeste, was je in der Basin Street aufgetaucht ist. Zwei Monate hielt sie sich, dann versuchte sie, einem Freier mit einem Stuhl den Schädel einzuschlagen, und hängte sich in derselben Nacht in ihrer Mansarde auf, nackt, wie ein gerupftes Huhn hing sie da.

Ich habe nicht viele Huren gekannt, die Geld festhalten konnten. Allerdings war da ein halbindianisches Mädchen aus Oklahoma, die ging zurück und heiratete einen Farmerjungen, der dann im Ölgeschäft groß herauskam und später sogar Kongreßabgeordneter oder Bundesrichter oder so was wurde.

Ich habe in meinem Haus immer auf Ordnung gesehen, wie ein guter Kapitän auf seinem Schiff für Ordnung sorgt. Morgens war das Haus still wie ein Grab. Die Mädchen schliefen, und Harry tränkte mit dem Schlauch die Blumenkästen und spritzte den Bürgersteig ab. Die Jalousien waren hochgezogen. Drinnen leerten Lacey Belle und zwei Hausmädchen die Aschenbecher, fegten und wischten Staub und die Pfützen unter den Gläsern weg und sortierten die Wäsche. Mittagessen kochen hatte keinen Zweck, denn erst so gegen zwei riefen die ersten Girls nach den Hausmädchen, sie sollten ihre schwarzen Ärsche in Bewegung setzen und Kaffee raufbringen. Die Girls waren ziemlich schwach auf der Brust, bis der Kaffee kam. Und ich mußte aufpassen, daß die Schnapsnasen keinen Whisky bekamen.

Ich habe immer darauf bestanden, daß zum Abendessen um vier Uhr alle unten waren. Und ich sorgte dafür, daß sie sich wuschen und anständig frisierten, bevor sie runterkamen, und saubere Morgenröcke oder Peignoirs anzogen. Ich sah auch zu, daß sie etwas Anständiges zu essen bekamen. Keinen Firlefanz. Eine Gumbosuppe, Steak, Kartoffeln, Truthahn, Huhn, ein goldbraun gebratener Flußwels, Apfelkuchen und jede Menge eingemachtes Obst. Ein Problem bei Huren ist nämlich die Verstopfung. Ich bestand darauf, daß sie für regelmäßige Verdauung sorgten, mit Cascararinde und Rhabarber. In jedem Zimmer gab es einen Nachttopf; viele Freier hören gern zu, wenn ein Mädchen pinkelt. Später ließ ich in jedem Stock ein Badezimmer einbauen – auf einer Etage ein Mordsding mit einer Wanne aus Marmor für zwei. Bidets ebenfalls. Zuerst paßte den meisten das tägliche Bad in der Zinkwanne nicht, das ich ihnen verordnete, aber ich hatte das ganze Zeug ja nicht installieren lassen, um Eindruck zu schinden, und nach einer gewissen Zeit kann Parfüm den Menschen darunter einfach nicht mehr verstecken. Bidets waren für viele von ihnen was Neues, und ein Farmermädchen aus Kansas benutzte es zum Füßewaschen, bis ich ihr zeigte, wie man es richtig macht. Sie kam aus einer Gegend, wo sie Maishülsen und Versandhauskataloge nahmen, da hatte sie auch Klopapier noch nie gesehen.

Ich ließ die Mädchen nicht viel nach draußen, aber alle hatten ihren freien Tag, und die katholischen Huren waren meistens sehr fromm und gingen zur Messe. Man sah es ihnen an, wenn sie zur Beichte gegangen waren. Dann liefen sie mit großen Augen herum, waren höflich und genossen ihren Gnadenstand. Kruzifixe auf den Zimmern erlaubte ich nicht. Einer unserer besten Kunden war ein sehr netter jüdischer Gentleman, der jedes Jahr zu Weihnachten jedem Mädchen einen Korb Weinflaschen schickte. Später hatte er eine ganze Kette von Filmtheatern und schickte mir immer eine Dauerkarte. Wir waren das einzige Freudenhaus mit einer Mesusa an der Tür.

Bis neun Uhr abends saßen die Mädchen zusammen, rauchten, machten sich das Haar zurecht, erzählten sich Lügengeschichten, führten große Reden oder blätterten in Magazinen – Zeitungen lasen sie fast nie, das änderte sich erst, als die Comicstrips aufkamen.

Ständig borgten sie untereinander Geld und hatten Schulden bei Surojin, dem alten griechischen Hausierer, der ihnen Morgenröcke, Kleider, Unterwäsche und Schuhe verkaufte, auch auf Pump. Die Mädchen, die einen Liebhaber hatten, mußten ihn mit Klamotten bei Laune halten, auch mit Geld zum Spielen und Geld für die Kaution, wenn es nach einer Messerstecherei oder einem kleinen Raub darum ging, ihn aus dem Gefängnis zu holen. Normalerweise waren diese Kavaliere nicht zugelassen, aber einmal im Monat durften sie sonntags zum Essen kommen und nebenbei ihr Mädchen vögeln. Kostenlos.

Um neun fingen im vorderen Salon die drei Neger mit der Musik an, und im hinteren orgelte der Klavierspieler auf dem Stutzflügel los. Der hintere Salon war der für die hohen Tiere, die Jungs aus dem Rathaus, die Herrschaften aus dem State Capitol, die Leute aus den besseren Kreisen, Schauspieler von außerhalb. (Der Vater von John Barrymoore ließ mal einen Zylinder bei mir liegen, den ich ein Jahr lang aufgehoben habe.)

So gegen halb zehn kam dann vielleicht der erste Hurenbock angetappt und fragte nach einem Mädchen. Wenn er mir irgendwie unpassend vorkam, sagte ich: »Tut mir leid, wegen einem Todesfall in der Familie haben wir geschlossen.« Die richtigen Kunden kamen erst nach einem späten Abendessen, nicht vor zehn. Ich läutete nach einem der schwarzen Hausmädchen, sie sollte ein paar von den Girls nach unten bitten. Nie rief ich: »Kundschaft, Mädels!« oder, wie es anderswo üblich war: »Herrenbesuch, meine Damen!« oder: »Setzt eure Ärsche in Bewegung!« Ich ließ die Girls von einem Hausmädchen hereinführen.

An einem guten Abend waren gegen Mitternacht ein Dutzend bis zwanzig Männer in beiden Salons, die Mädchen schlenderten herum, und die schwarzen Hausmädchen teilten Drinks aus. Ich hatte erstklassige schwarze Dienstmädchen, denen machte es nichts aus, wenn jemand sie mal in den Hintern kniff oder an die Titten packte, aber bei allem, was weiterging, kam ich dazwischen und sagte dem Betreffenden, das wäre hier ein Haus für Gentlemen und er wäre doch bestimmt auch einer. Kein wohlerzogener Mann konnte da widersprechen. Ein Haus, in dem man die Bedienung flachlegen kann, wird dadurch nicht besser.

Die meisten Huren im Salon trugen Abendkleider, die ich vorher genehmigt hatte. Die Mädchen waren ganz verrückt nach Rüschen und Federn. Ich erlaubte nicht, daß sie ihr Haar mit Polstern und Kissen aufbauschten, außer wenn sie einen Kunden mit einem Haartick hatten. Manche Mädchen kleideten sich als Jockeys, enge Hosen, Käppi und Lackstiefel, oder als Schulmädchen mit Schnallenschuhen und großen blauen Schleifen im Haar. Oft wollte so ein alter Knabe noch mal ein Schulmädchen haben.

Feste Kundschaft war mir immer lieb, Leute, die wiederkamen und es irgendwie schafften, sich auch außerhalb von zu Hause wie zu Hause zu fühlen. Ein Stammkunde und seine Gäste waren jederzeit willkommen, und auch jeder Preisboxer (weiß) auf der Durchreise, Schauspieler, Senatoren oder Richter. An Laufkundschaft von der Straße war ich nicht besonders interessiert, und in guten Zeiten wies ich sie ab. Ein bißchen weniger Geld in der Kasse, dafür ein bißchen mehr Gemütlichkeit.

Die Mädchen bekamen kalten Tee als Drink, aber bei jeder fünften Runde gab ich ihnen einen Whisky aus. Champagner war für sie das allergrößte, und sie hoben sich die Korken auf. Pro Korken bekamen sie einen Dollar. Laute oder draufgängerische Mädchen mochte ich nicht. Aber ich hatte doch immer ein Girl, das wußte, wie man rangeht, das sich um die schüchternen Freier kümmerte oder die Jugendlichen, die noch wichsten, die aus dem College kamen und sich bei uns die Unschuld abstoßen wollten. Denen mußte man entgegenkommen, aber ohne sie zu erschrecken. Ein Haus, das in dem Ruf steht, es könne einen Mann nicht von seiner Schüchternheit oder seiner Impotenz abbringen, verliert einen erheblichen Teil seiner Spezialkundschaft.

Gegen zwei Uhr morgens waren alle Zimmer belegt, und ich trank unten mit den wartenden Gästen. Irgendwie schlängelten sich die Mädchen wieder nach unten, sobald sie sich ein bißchen frisch gemacht und gekämmt hatten. Ich übernahm das Vorstellen und mußte gleichzeitig zusehen, daß bezahlt wurde, falls ich nicht im voraus kassiert hatte. Es kam vor, daß sich ein Freier nach dem Bumsen vor dem Zahlen drücken oder anschreiben lassen wollte. Ich sagte dann immer: »Freudenhäuser haben keine Buchhaltung.« Der Trick besteht darin, immer zu lächeln, aber den Ausgang zu verstellen, verbindlich im Ton, entschieden in der Sache. Weiterreden und dem Gast keine Chance lassen, Kredit zu erbitten oder zu behaupten, die Nummer habe nichts getaugt. Gäste, die gehen wollten, begleitete ich an die Tür, nachdem ich mich vergewissert hatte, daß sie alle Drinks und was eventuell zu Bruch gegangen war bezahlt hatten. Ein paar von den alten Kunden – ich erinnere mich an einen Mann von der Stadtverwaltung und einen Richter – gaben mir immer einen Gutenachtkuß auf die Wange und einen Klaps auf den Hintern.

Ich hatte eine Wirtschafterin – meistens eine alte Lesbe –, die oben für Ordnung sorgte und sich um die Bettwäsche kümmerte. Gegen drei war der größte Ansturm vorüber. Die Schlummernummern, Freier, die die ganze Nacht blieben, waren versorgt, und im zweiten Stock lief vielleicht noch eine Show, nackt oder in Rüschenwäsche, ein halb angezogenes Mädchen hat manchmal mehr Ausstrahlung als ein ganz nacktes. Zwei oder drei Mädchen tanzten, ein bißchen schräg, gerade genug, um die Kunden in Schwung zu bringen, die auch mitmachen konnten, als Gruppe oder solo. Für Gruppenorgien hatte ich nicht viel übrig, außer wenn ein spezieller Gast ein bißchen Voodoo wollte.

Unten in den Salons saßen die Mädchen herum und hörten zu, wie der Klavierspieler einen Cakewalk herunterfingerte oder wie die Band Melodien von Stephen Foster spielte. Gegen vier gingen sie nach oben und legten sich hin; die am unruhigsten waren bekamen von mir noch einen Schluck Gin. Wenn in der Stadt nicht gerade wegen irgendwas durchgefeiert wurde oder ein besonderes Schiff angekommen war und die Leute ihre Tour durch die Stadt machten, ließ ich gegen fünf unten das Licht ausmachen. Harry schloß die Tür ab. Auf Klopfen habe ich fast nie geöffnet. Statt dessen kam dann der Cop, der im Viertel die Runde drehte, und sagte den Leuten, sie sollten sich verziehen.

Die Einnahmen habe ich immer erst am nächsten Tag gezählt – ich war einfach zu groggy –, habe lieber ein heißes Fußbad genommen, und eins von den Hausmädchen hat mir den Nacken massiert, während ich das Korsett auszog, und nachher habe ich mich mit einer Tasse heißer Milch mit Muskat hingelegt. Mit zunehmendem Alter hatte ich keinen guten Schlaf mehr, und manchmal nahm ich eins von den Hausmädchen mit ins Bett, und wir unterhielten uns, quatschten einfach bei einer brennenden Kerze, redeten über die Freier, über die Familie, aus der das Mädchen kam, und wenn sie sah, daß ich wirklich hinüber war, stieg sie wieder aus dem Bett, und ich sackte weg und schlief bis um zehn oder elf, bis ich hörte, wie die Mädchen nach unten kamen oder wie Harry mit dem großen Wachhund, den wir in einem Schuppen hielten, rumlief oder sich draußen an den Jalousien zu schaffen machte, dann wurde ich wach, und an Schlaf war nicht mehr zu denken.

Im Sex-Geschäft gibt es genausoviel worauf man achten muß, wie bei der U. S. Steel Company.

Einige Madames schnupften Kokain, aber ich kam mit der Anspannung meistens klar, ich lag einfach da – halb weggetreten –, bis das Morgenlicht durch die Jalousien drang, ein heller Strich, mehr nicht. Ich dachte daran, daß ich alt wurde, keine Familie hatte, keine wirklichen Freunde – ganz auf mich gestellt, und dann hatte ich absolut keine Lust aufzustehen. Wozu denn, verdammt noch mal? Warum? Um ein Haus voll rotznäsiger Huren zu führen? Aber am Ende war ich doch ein »Kind der Pflicht«, wie mich ein Glücksspieler mal genannt hat, rappelte mich ächzend und hustend hoch und rief nach schwarzem Kaffee mit einem Schuß Rum drin.

Ich hatte immer viel zu tun, den Anteil an den Einnahmen der Nacht für die Polizei und die Stadtverwaltung in Umschläge packen, mit der Wirtschafterin die Wäsche und die Wäschereirechnungen durchsehen, kaputte Stühle, Lampen, Laken ersetzen. Morgens roch es im Haus immer etwas streng. Puder, Lysol, Zigarren, die Frauen riechen immer stark danach; Schweiß, Parfüm, Pisse, Puder, Achselhöhlen, die medizinische Dusche und verschütteter Alkohol. Mit der Zeit kam es mir vor, als wäre ein Haus nicht wirklich gut, wenn morgens nicht dieser Moschusgeruch darin hing. Lacey Belle, die Küchenhilfen und ich tranken unseren Kaffee in der Küche, während die Mädchen noch schliefen, und ich las in der Zeitung nach, wer in den guten Hotels abgestiegen war, und schloß mit Lacey Wetten ab, wer von denen am Abend bei uns auftauchen würde.

Was ich ihnen bieten konnte, war ein elegantes Freudenhaus an der Basin Street, einer guten Straße – es war keiner von diesen tierischen Bumsläden um die Canal Street, nördlich der St. Charles Avenue und im Vieux Carré. Der Bürgerkrieg hatte die Stadt kaputtgemacht, die vornehmsten Häuser waren den Madames in die Hände gefallen. Bordelle gab es an der Gravier, St. John, Union, Royale, Basin, Conti, Camp, Franklyn und Perdido.

Zuerst hatte ich ein schönes Zwanzig-Dollar-Luxushaus mit sauberen, gutaussehenden Huren. Die Preise gingen runter bis fünfzehn Cent oder einem Vierteldollar in den billigen Negerpuffs. Schutzgeld, den richtigen Leuten gezahlt, sorgte dafür, daß sie offenblieben und liefen.

So ungefähr verlief ein gewöhnlicher Tag in jedem Haus, das ich hatte. Und die meisten waren gut, nicht wie die Hurenhäuser in den Büchern und Theaterstücken und später im Kino. Da war nirgendwo ein wirkliches Freudenhaus zu sehen, immer nur die Vorstellung, die sich Männer davon machten – wie sich eben der gewöhnliche Freier Menschen vorstellt, von denen er keine Ahnung hat. Das einzige, was so einer kennt, sind die Träume, die wir ihm wahr machen sollen.

ZWEITES KAPITEL
WO ICH HERKOMME

Jedes Mädchen sitzt auf seinem Reichtum, bloß kapieren muß sie es«, sagte meine Tante Letty, als ich acht Jahre alt war. Seither habe ich diesen Spruch noch tausendmal von anderen Leuten gehört, aber damals war ich fest überzeugt, Tante Letty hätte ihn erfunden. Eines Morgens erschien sie auf unserer armseligen Farm in Illinois und wollte bleiben. Sie war die Schwester von meiner Mutter, und die hatte immer viel von Tante Letty erzählt. Sie sagte, sie wollte bei uns sterben. Tante Letty war groß und zu dünn. Sie hatte schlechte Zähne und orange getöntes Haar, wie es von uns noch keiner gesehen hatte. Es färbte immer auf die Sesselschoner ab.

Sie kam mit einem Koffer aus abgewetztem Büffelleder, und außerdem hatte sie zwei Gepäckstücke dabei, die wir *carpet bags*, Teppichtaschen, nannten, weil sie aus Gobelinstoff waren. Uns blieb gar nichts anderes übrig, als Tante Letty aufzunehmen. Sie sagte, sie hätte ein bißchen Geld, genug zum Leben, bis sie sterben würde, und versprach, daß es bis dahin nicht mehr lange dauern würde. Ihre paar Dollar im Monat für Kost und Logis waren willkommen auf einer Farm, die zur einen Hälfte aus Baumstümpfen und zur anderen Hälfte aus Wald bestand, mit einer großen Familie und einem Vater, der an nichts anderes als seine Kirche dachte und wie er uns allen die Liebe zu Gott und zum Papst mit einem Teil vom Zaumzeug oder mit dem Streichriemen von seinem Rasiermesser einbleuen konnte.

Ein starrsinniger Deutschamerikaner war mein Vater, untersetzt, blond, mit verrückten blauen Äugelchen und einem struppigen Bart, an dem er dauernd herumzupfte. Er war gläubig und fromm – das bekam jeder als erstes mit –, aber deswegen auch verquält und böse. Sein Großvater war als Schiffszimmermann in Philadelphia an Land gegangen, die ganze Familie lauter eiserne Kirchgänger, immer fein rausgeputzt, glattzüngig, sauber. Und immer bekamen sie jede Menge Kinder, die entweder jung starben oder heranwuchsen und dann weggingen und nie mehr von sich hören ließen.

Mein Vater konnte ein bißchen Kirchenlatein, wie ein paar andere Farmer, die zur Messe gingen, und deren Familien. Egal, was wir Kinder taten – immer kam es den frommen Vorstellungen in die Quere, die sich mein Vater von uns und der Welt machte. Er besorgte die Farm und bumste meine verdatterte Mutter fast jede Nacht in die mit Maishülsen gefüllte Matratze, schrie und stöhnte, wenn er kam, und bumste und bumste – er nannte es zeugen. Bumste einfach drauflos, so daß jedes Jahr ein neues Baby an den Titten von meiner Mutter hing, während sie versuchte, mit der freien Hand zu kochen und sich das Haar aus dem Gesicht zu streichen und uns Kindern ein bißchen Ordnung beizubiegen. Sie mußte mal ein hübsches Ding gewesen sein, ein bißchen schielte sie.

Tante Letty verriet nie, wo sie gewesen war oder was sie getan hatte, seit sie und meine Mutter als Dienstmädchen in einem Farmerhotel in der Nähe von Cleveland gearbeitet hatten. Sie sprach von Großstädten wie Chicago und Saint Louis und Boston und Pittsburgh und Frisco und New Orleans. Meine Mutter bekam nur heraus, daß Tante Letty mal Bühnentänzerin und irgendwann auch mal Dienstmädchen bei einer Schauspielerin gewesen war – mehr nicht.

Mein Vater nannte sie »eine alte verschankerte Hurr«.

Er schwafelte immer von der großen Hurr Babylon, von Höllenfeuer, Verdammnis der ungetauften Kinder, Erbsünde und Gnadenstand, deshalb dachte ich, das Wort Hurr hätte etwas mit Religion zu tun. Als ich schließlich erfuhr, daß man es Hure aussprach und nicht Hurr, hatte ich die Lektion von »Jedes Mädchen sitzt auf seinem Reichtum...« schon fast begriffen.

Das alles war kurz vor dem Bürgerkrieg, im Süden von Illinois, und noch früher, in den Jahren 49 und 50, waren die besten Männer schon auf die Goldfelder gezogen, erzählte meine Tante. Die zurückgeblieben waren nannte sie »Saftsäcke, zu blöd zum Bierzapfen«.

Auf allen Farmen hörten wir von Vätern und Söhnen, die in den Westen gegangen waren und dick und reich zurückkommen wollten. Ich kann mich aber nicht erinnern, daß auch nur einer mit Beuteln voll Goldstaub oder mit anständigen Nuggets angekommen wäre. Auf jeder dieser von Unkraut durchwucherten Farmen gab es Söhne, die weggegangen waren, und von den meisten hörte man nie wieder was. Irgendwann kamen keine Briefe mehr, und damit hatte es sich dann. Das Leben auf den Farmen im Süden von Illinois war hart, und die Farmer waren oft Leute wie mein Vater, die nicht die richtige Einstellung und oft genug auch keine Ahnung hatten. Deshalb waren sie verbittert und böse, versanken in ihrem Elend oder schlugen Frau und Kinder. Mein Vater trank nicht, er rauchte nicht, und er kaute keinen Tabak, hatte nichts, wo er seinen Dampf ablassen konnte, wie die anderen Trampel. Er ging nicht mal mit auf die Fuchsjagd, nachts, mit Fackeln und Hunden, wo sie dann nachher herumsaßen, Maisschnaps tranken und sich gegenseitig was vorlogen. Es war ein armseliges Leben. Vom Trinken und dem Palavern über die schlechten Zeiten und Tierkrankheiten abgesehen, ging es immer ums Ficken. Aber auch daran beteiligte sich mein Vater nicht, schämte sich oder hielt es vielleicht für Sünde, darüber zu sprechen. Im Bett mit meiner Mutter war er immer kräftig zugange, aber er lief nicht in der Gegend herum und spielte den Hahn oder den Kater und setzte sich auch nicht zu den Arbeitern, wenn sie in der Scheune beim Apfelwein über Miezen und Mösen quatschten.

Schmutzige Reden bekommt man auf einer Farm von klein auf mit. Jedes Jahr wurde ein paarmal die Schrotflinte rausgeholt, wenn ein Vater oder Bruder irgendeinem Flegel an den Kragen wollte, der einem Mädchen aus der Familie ein Kind gemacht hatte, oder wenn ein Mann zwischendurch vom Feld ins Haus kam, um sich einen Wetzstein oder einen Krug kalte Buttermilch zu holen, und die eigene Frau mit den Beinen in der Luft fand und dazwischen einen Fremden, der sie gerade »durchsägte«, wie man das auf dem Land nannte. Dann kam Leben in die trostlosen Farmen, das war etwas anderes als Milchkühe, die in den unreifen Mais gingen und davon solche Blähungen bekamen, daß mein Vater ihnen mit dem Messer ein Loch in den Darm stechen mußte, damit die Luft rauskonnte und sie am Leben blieben.

Die jungen Burschen experimentierten immer an sich oder mit ihren Schwestern herum, und bei der Schwimmkuhle oder am Bach trieben sie jede Menge Unfug, wichsten und schwadronierten über Fotzen und Arschverkehr. Ich kann mir nicht vorstellen, daß irgendein Junge oder ein Mädchen auf einer Farm so ahnungslos aufwuchs wie vielleicht ein Kind in der Stadt. Wir Mädchen wußten jedenfalls alles, was es zu wissen gab, bevor wir den ersten Flaum auf der Pussi hatten. Bescheidwissen, Hinsehen, Ausprobieren, das war für uns Farmerkinder selbstverständlich. Das Schlimmste, was uns deswegen passieren konnte, war eine Backpfeife – außer bei meinem Vater: der schlug meinen Bruder fast zum Krüppel, als er ihn eines Nachts erwischte, wie er auf der Nachbarfarm bei einem Mädchen, das dort arbeitete, einsteigen wollte. Mein Vater war ihm nachgeschlichen, wollte ihn auf frischer Tat ertappen. Er war in nichts ein normaler Mann. Tante Letty sagte: »Nicht mal hungern tut er auf seiner Farm, wie andere Leute hungern. Der hungert auf seine Weise. Muß unbedingt Sachen anbauen, die, selbst wenn sie was würden, nachher bestimmt keiner haben will.«

Beim Abendessen fuhr mein Vater Tante Letty an: »Du verdammte Hurr! Du vertrippte Hurr, morgen machst du die Flatter.«

Aber das tat sie nicht. Die paar Silberdollar im Monat, die mein Vater von ihr bekam, waren meistens das einzige Bargeld in seinen Jeans. Tante Letty blieb und sagte, nächste

Woche wäre sie tot, oder spätestens nächsten Monat. Sie blieb dann sieben Jahre.

Die Farm liegt für mich jetzt mehr als fünfzig Jahre zurück – und noch immer habe ich schlechte Träume, in denen ich wieder dort bin.

Der Boden in unserer Gegend war jämmerlich. Früher war alles Wald gewesen, und in den Feldern steckten noch immer überall alte Baumstümpfe. Außerdem waren die meisten Farmer dumm oder faul. Bei der Schinderei auf diesen Farmen konnte einen der Mut leicht verlassen. Mein Vater war dumm, und er war bösartig, weil die Menschen nicht so lebten, wie sie nach seiner Vorstellung von Gott leben sollten. Er verprügelte mich und meine Brüder und Schwestern, damit wir zur Beichte und zur Kommunion gingen. In seinen Augen war unser ganzes Leben eine einzige Todsünde. Er würde nur leben, um den Leib und das Blut Christi zu empfangen, behauptete er. Würde im Sakrament die Gnade Gottes sehen. Und ließ dazu die Perlen von seinem Rosenkranz klappern, ein zermürbter, unglücklicher Mann, der genau wußte, daß er nichts zustande brachte und sich an nichts freuen konnte.

Der schmuddelige Priester, der im North Pike unterwegs war und manchmal auch zu uns kam, drohte uns Kindern mit Hölle und Fegefeuer, Teufel und Dreizack. Zur Strafe für unsere Missetaten würden wir ewig schmoren. Wie einen Bonbon hielt er uns das niedliche Bild des Himmels mit Engeln und Heiligen hin. Aber mir kam es ziemlich unwahrscheinlich vor, daß sie da oben tatsächlich irgendwo waren.

Als ich größer wurde und ein bißchen in der Nachbarschaft herumkam, merkte ich, daß es bei den Presbyterianern und den Methodisten und den Baptisten, unter denen wir lebten, auch nicht besser war. Die meisten hatten eine furchtbare Angst vor der Hölle und setzten ihre ganze Hoffnung auf den Himmel. Aber auch sie prügelten ihren Kindern den Glauben mit der Maultierpeitsche ein. Schon ziemlich früh glaubte ich nicht mehr an die Hölle, und mit dem Himmel hatte ich es auch nicht so. Ewige Verdammnis, genau wie ewiges Glück – darüber konnte man viel reden, aber erleben konnte man es nicht. Mehr ließ ich mir auch damals nicht vormachen.

Mein Vater tat mir nicht leid, dafür war ich zu jung, und von den Prügeln mit dem Zaumzeug oder dem Streichriemen tat mir der Hintern so weh, daß mir auch zum Katechismus die rechte Inbrunst fehlte. Ich hatte kein Mitleid mit ihm. Wie die meisten Fanatiker, denen ich im Leben begegnet bin, besaß er nichts von den wahren Christentugenden, weder Hoffnung noch Liebe. Kein Mitgefühl, keine Nächstenliebe, kein Mitleid mit Tieren, Landstreichern, Verrückten. Er haßte Protestanten, Juden, Neger, alle anderen Konfessionen, war dabei grundehrlich und hat nie jemanden wissentlich übers Ohr gehauen, hat aber auch nie jemandem einen Gefallen getan, fickte wie ein Karnickel, war grausam zu den Tieren auf der Farm (»Gott schenkt ihnen keine Seelen«) und hielt sich selbst für verdammt. Gierig war er und geil, gab aber sein Lebtag kein freundliches Wort von sich und sagte nie irgendwas Lustiges.

Ich wurde am 14. Juni 1854 geboren, so ungefähr jedenfalls, mein Vater trug die Geburt nämlich erst mit ein paar Tagen Verspätung in sein Geschäftsbuch ein, und bei Zahlen kam er leicht durcheinander. Vielleicht bin ich also auch einen Tag älter oder jünger. Ich war das elfte Kind, das meine Mutter Essie zur Welt brachte. Wenn ich ihr mit meinen Verrücktheiten Ärger oder Kopfschmerzen machte, sagte sie immer: »Nellie, du warst das einzige, das es mir schwer gemacht hat bei der Geburt.« Den zehn Kindern, die vor mir kamen, ist es ziemlich mies ergangen. Sechs starben, bevor sie ein Jahr alt wurden, oder kamen gleich tot zur Welt. Zwei davon starben an Diphterie. Mein Bruder Tom, der älteste, verlor im Bürgerkrieg bei Shiloh ein Bein, und nachher saß er nur noch in Indian Crossing in der Kneipe und trank und kratzte sich, bis ihm der Fusel den Rest gab. Mein anderer Bruder, Orion, ging in den Westen, nachdem er meinen Vater eines Morgens in der Scheune mit einem metallbeschlagenen Lederriemen verdroschen hatte. Orion wurde entweder bei einem Schafzüchterkrieg getötet oder in einem Saloon erschossen oder wegen Pferdediebstahl gehängt. Tante Letty, die sich bei allem, was die Familie anging, auf dem laufenden zu halten versuchte, meinte, jede der drei Geschichten könnte stimmen, und erzählte immer die Fassung, die ihr gerade am passendsten schien.

Es war eine verkorkste, unglückliche Familie, wenn auch verdammt fruchtbar. Meine Schwester Cathy heiratete einen Farmer, einen über und über behaarten Mormonentrampel, ging mit ihm, als sie dreizehn war, ins Territorium und starb dort im Kindbett. Das einzige, was wir aus Utah je bekamen, war eine Karte, auf der stand, sie wäre »mit ihrem Kind verschieden«. Zwei Schwestern starben an galoppierender Schwindsucht in Cleveland, wo sie als Dienstmädchen in einem Farmerhotel arbeiteten, genau wie meine Mutter und Tante Letty. Meine letzte Schwester starb 1901. Lizzie hatte nie geheiratet, sie blieb auf der Farm, nachdem die Alten gestorben waren. Sie war zwar nicht ganz richtig im Kopf, lief in Männerstiefeln herum, mit kurzgeschorenem Haar, aber mit der Farm kam sie besser zurecht als mein Vater. Sie trank und führte Selbstgespräche. Eines kalten Morgens fand man sie tot im Bett, zusammen mit einem Tramp. Das hat mir ein Nachbar geschrieben. Ein Kohleofen, der während der eisigen Nacht in dem geschlossenen Zimmer die ganze Luft verbraucht hatte, brachte die beiden um. Von Lizzie hieß es, sie würde mit jedem Hobo oder Tramp oder Tippelbruder bumsen, der bei ihr anklopfte und nach einem Stück kaltem Fleisch oder einem Schluck Whisky fragte.

Lizzie war kräftig und hager, mit großen, verrückten blaugrünen Augen, und hatte eine Faust wie ein Maultiertreiber. Aber sie brauchte immer einen Mann. Sie legte sich unter jeden.

Nach mir kamen keine lebenden Kinder mehr. Meine Mutter hatte noch eine Fehlgeburt und zwei Totgeburten, dann nichts mehr, obwohl sie und mein Vater nach wie vor zwei- oder dreimal die Woche in dem alten, nur mit Gurten gefederten Bett herumfuhrwerkten. Wir hörten sie schnaufen und flüstern, wie ein geiles Pärchen im Gebüsch in einer wilden Sommernacht. Mein Vater machte den meisten Lärm, wenn er kam – wie ein Kalb, dem man gerade die Gurgel durchgeschnitten hat.

Wer auf einer Farm groß wird, lernt jedenfalls rasch. Die Natur hat sich ein paar verrückte Sachen einfallen lassen, damit auf der Welt die Menschen und die Tiere nicht ausgehen. Kaum ist der Frühling da, schon turtelt es auf dem ganzen Hof, jagt sich, beißt sich, nichts wie Brunst und Balgerei, wohin man auch sieht. Der Hahn reitet die Hennen, bis ihnen die Ärsche ohne eine einzige Feder blank raussstehen, und der Ententeich ist voller Froschlaich. Wir hatten einen Erpel, Old Scratch genannt, der trieb es mit allem und jedem, wenn ihn der Kitzel packte, und das war anscheinend dauernd der Fall. Zischend, mit den Flügeln schlagend kam er an, und wenn keine Gans in der Nähe war, versuchte er, die Ferkel zu besteigen oder einen jungen Hund oder eines von meinen großen schwarzen Schmusekaninchen. Eines Morgens nach dem Aufstehen, damals war ich acht, sah ich ihn auf einem kreischenden Karnickel und brachte ihn mit der Schrotflinte von meinem Vater zur Strecke. Ich hatte Rehposten geladen, ein ekelhaftes Zeug. Was von Old Scratch übrigblieb, aßen wir zum Abendessen – er schmeckte auch ekelhaft.

Zu der Zeit, als ich begriffen hatte, wie es im Leben der Menschen und Tiere zugeht, gab es für mich keine festen moralischen Werte mehr, jedenfalls nicht von der Sorte, über die der schmächtige deutsche Priester immer sprach. Mir schien es natürlich, wenn sich alle und alles gemeinsam verlustierten. Hunde mußte man mit heißem Wasser übergießen, damit sie wieder voneinander loskamen, und das fand ich ziemlich grausam. So wie ich das Leben sah, drehte sich alles darum, daß Fohlen und Kälber, Küken und

Entchen und kleine Karnickel dabei herauskamen. Die beiden großen Schweine, die wir uns für den Küchenabfall hielten, fraßen ihre Jungen auf, wenn man sie ihnen nicht wegnahm. Aber eigentlich waren sie bloß Schinkenfabriken, und wenn ich so ein Dutzend Ferkel an den Zitzen einer Sau hängen und nuckeln sah, kam mir das ganze Tierreich vor wie ein einziger sabberiger Zeugungsakt – und wenn ich mir das so überlegte, war es eigentlich genau so, wie es mein Vater im Bett trieb. Aber überlegt habe ich damals nicht viel.

Ich war ein ungezogenes Kind, in dem Sinne, daß mich niemand dazu brachte, an einem frostigen Morgen mehr Maishülsen zum Feuermachen hereinzuholen, als ich unbedingt mußte, oder Wasser zu pumpen, wofür meine Brüder zuständig waren, und ich ließ mir auch nichts gefallen. Mein Vater polierte mir den Hintern mit seinem Streichriemen, und meine Mutter gab mir was hinter die Löffel, wenn ich ihr zu nahe kam, aber das kam mir irgendwie gerecht vor, weil ich sie ständig ärgerte und mich nicht um die Arbeit kümmerte, die einen auf einer Farm kaputtmacht. Die Farm von meinem Vater war ein richtiger Hungerhof, egal, wie man es betrachtete. Mein Vater sah vor sich nur den Tod und das Jüngste Gericht. Er sei ein Sünder, behauptete er immer, zu oft der Gnade verlustig gegangen, und plapperte soviel über die Heiligen und die verfluchten schwarzen Protestanten, daß ihm kaum noch Verstand für die Farm blieb.

Ich habe immer gelacht, wenn mir später jemand was vom gesunden, reinlichen Landleben erzählen wollte und wie unschuldig es auf einer Farm zuginge und daß es in der Natur besser wäre als das sündige Leben in der Stadt. Um uns herum gab es meilenweit nur Jauche und Gestank, ein ständiger Kampf ums nackte Überleben – daß man nicht der Bank in die Hände fiel oder dem Sheriff, der einem bei Steuerrückständen Haus und Hof verpfändet hätte. Die paar Farmen, die gut zurechtkamen, gehörten grausamen, harten Leuten, die ihre Arbeiter hungern ließen und die Ernte anderer Farmer, wenn sie gerade ein bißchen Bargeld oder Kredit brauchten, billig an sich brachten. Schweinepest, Pferdebremsen, Hühnerkrupp und tausend andere Sachen konnten die Tiere auf einer Farm kaputtmachen, bevor sie soweit waren, daß man sie für das verkaufen konnte, was die Leute auf dem Markt dafür geben wollten. Ich erinnere mich an sechs Cent für ein Dutzend Eier, und an ein Huhn – gerupft, ausgenommen und abgeflämmt – für zwanzig Cent.

Was mich von den gewöhnlichen Farmertrampeln unterschied war diese Vorstellung, daß hinter dem Hügel, hinter der ungestrichenen Scheune, am Ende der unbefestigten Straße, die im Sommer immer staubte und in der nassen Jahreszeit knietief im Matsch versank, eine andere Welt lag. So etwas wie ein neuer Himmel, von dem Tante Letty sagte, er sei »blau wie Holländerhosen«. Dieses Blau war reiner als die Welt, in der ich lebte. Das und die Sterne am pechschwarzen Himmel nachts, diese flimmernden Sterne, erzählten einem achtjährigen Gör mit langen, zerkratzten Beinen und schmutziger Unterhose – ich weiß nicht von was. Jedenfalls von etwas anderem. Vielleicht von Tante Lettys Welt, die eine Nutte gewesen war und von Pittsburgh erzählte, wenn sie ein paar Schlucke Maiswhisky aus dem Flachmann genuckelt hatte, von Männern mit Glacéhandschuhen, die Stumpen rauchten und Wein bestellten und richtige feine Pinkel waren. Aber für mich war das nicht die Wirklichkeit. Ich lebte in einer künstlichen Welt aus ein paar Seiten mit Bildern, die ich aus einer Zeitschrift oder einer Zeitung gerissen hatte. Wir hatten keine Bücher, bezogen weder eine Zeitung noch Zeitschriften, und das einzige Buch zum Lesen war die Lebensgeschichte von einem Papst, und außerdem ein paar grüne Hefte, in denen es darum ging, wie Heilige auf diese oder jene Weise gebraten, geröstet, gebacken und in Stücke geschnitten worden waren. »Für einen Holzfällereintopf würde es reichen«, sagte Tante Letty.

Es gab da ein Bild von einer Frau, das habe ich nie verstanden, es war ein Farböldruck von einer jungen Heiligen, die sich das Herz aus dem Körper gerissen hatte, und nun brannte dieses Herz, als hätte sie es in Petroleum getaucht. Und sie lächelte dazu, als würde es ihr Spaß machen. Über dem Bett von meinem Vater und meiner Mutter hing ein Kruzifix aus Messing, ein verhungert aussehender Christus mit richtigen kleinen Nägeln in Händen und Füßen. Wenn sie mir auffielen, sah ich immer sofort weg.

Das war über lange Zeit ungefähr alles, was ich von der Außenwelt mitbekam. Manchmal tauchte ein Handlungsreisender mit einem Einspänner auf oder der alte Nat, ein jüdischer Hausierer, der immer sagte, er trüge achtzig Pfund auf dem Rücken und vierzig auf dem Bauch. Und alles würde von einem Spezialgurt gehalten. Er war ein zäher, hagerer Mann mit einem großen schwarzen Kräuselbart. Beim Essen nahm er den Hut nicht ab und hatte immer selbst etwas dabei, hartgekochte Eier und getrocknetes Brot. Milch nahm er an, wenn er sie selbst melken durfte. Auch für einen Apfel oder eine Birne bedankte er sich und hüllte sie dann in sein rotes Taschentuch. Der alte Nat und meine Mutter unterhielten sich stundenlang, und am Ende kaufte sie ihm dann eine Rolle Garn ab oder ein Reibeisen oder ein paar Glasknöpfe, die wie Blüten geformt waren. Er war der einzige Mann, mit dem sich mein Vater je freundlich unterhalten hat, von dem Priester mal abgesehen. Der alte Nat zuckte bloß lächelnd mit den Achseln, wenn mein Vater ihm auseinandersetzte, wie dumm die Juden seien, die doch die Welt gegründet hätten, aber jetzt auf das Versprechen von Father Guttman nicht eingehen wollten, daß auch ihre Seelen vor dem ewigen Höllenfeuer gerettet werden könnten. Mein Vater nannte ihn einen »alten Zotteljuden«, aber er redete gern mit Old Nat.

Ich bin nie besonders sentimental veranlagt gewesen, wie es manchen Leuten mit Musik oder Gedichten ergeht oder wenn sie alte Weinflaschen sehen. Aber ich weiß noch, wie ich in dem Sommer, als ich acht war, nach draußen gerannt bin, nackt wie ein Häher, in den warmen Regen. Ich rannte einfach los und krakeelte und lachte, als hätte ich einen Anfall, während der Matsch zwischen meinen Zehen hervorquoll, und die alten Apfelbäume mit ihren dicken Stämmen waren ganz schwarz und glänzend vom Regen. Ich konnte nicht aufhören zu schreien. Ich kam zu dem Maisfeld und blieb stehen, den Kopf im Nacken, die Augen zu, und der Regen wusch mich, und ich machte den Mund auf und trank ihn und fühlte mich ganz warm und behaglich und auch verrückt, als ich mir die Hände zwischen die Beine schob.

Jahre später begriff ich, daß es wie eine tolle Liebesnacht mit einem wunderbaren Mann gewesen war. Dieser Regen, dieses Spiel hätte mein erstes sexuelles Erlebnis sein können. Und wenn ich das begriffen hätte, dann hätte ich vielleicht auch zum erstenmal eine Ahnung davon bekommen, wie schön und angenehm das Leben sein kann. Aber ich fühlte mich einfach nur gut, barfuß im Regen, wie ich tun und lassen konnte, was ich wollte, sogar Tanzen, während es in Strömen goß. Es hat lange gedauert, bis ich über die biederen Grundsätze und die Leute mit ihrer schmutzigen Phantasie hinauskam, die jede körperliche Lust für schmutzig halten. Alles ist für sie so schmutzig, daß sie Angst haben, die Lust könnte sie auch packen, und deshalb wollen sie nicht, daß jemand anderes sich darauf einläßt.

Gern lag ich auf dem Heuboden, einen Strohhalm im Mund, und beobachtete, was auf der Farm vor sich ging – wie sich der Arbeiter heimlich einen Becher Apfelwein genehmigte, wie eine von meinen Schwestern sich mit einem schönen Kamm kämmte und dann das Geschrei und die Schläge, die sie bekam. Meine Mutter sah darauf, daß das Tierleben in unserem Haar kurzgehalten wurde. Wir hatten alle rotgoldenes oder blaßgoldenes Haar. Meines war richtig golden, wie ich später erkannte, als ich mal ein Zwanzig-Dollar-Goldstück bekam, das in Frisco geprägt war. Da verstand ich, warum mich die Männer Goldie nannten.

Oft hing ich auf dem Heuboden meinen Tagträumen nach. In der Ferne stieg träger Rauch auf, wo jemand Buschwerk oder einen alten Baumstumpf verbrannte, und der Schimmel mit meinem Vater hinter dem Pflug machte am Ende einer Furche kehrt, mein Vater wischte sich mit dem Hemdsärmel über das Gesicht und nahm einen Schluck Brunnenwasser aus einem Krug, den er dort abgestellt hatte. Manchmal trieb sich ein Fuchs oder anderes Viehzeug in dem hohen gelben Gras beim Hühnerstall herum. Bucket, unser Hund, der bei der Scheune angekettet war, begann zu bellen, wollte hinterher und strangulierte sich fast an seinem Halsband, bis jemand mit der Schrotflinte herauskam und einen Schuß abgab. Ich erinnere mich noch, wie mal ein Hühnerhabicht mit rötlichen Flügeln steil in die Höhe fuhr und wie der Arbeiter beide Läufe auf ihn abfeuerte und der Habicht plötzlich nach hinten kippte und abstürzte, bloß noch ein Knäuel aus losen Federn, und zwischen die grünen Tomaten trudelte.

Einem Farmerkind entgeht nichts. Ich sah, wie sie die Stute von der Nachbarfarm mit Jackson, dem Hengst, der dem Besitzer des General Store gehörte, zusammenbrachten. Hinter dem Laden hielten sie die Stute am Kopf fest, einer der Männer grub hinter ihr zwei Löcher in den Boden, ungefähr einen Fuß tief, und dann führten sie Jackson heran. Er rollte die Augen, und sein Schwanz war draußen, dick und schwarz, und sah aus, als wäre er einen Meter lang, der längste Riemen, den ich je gesehen hatte. Die Männer halfen ihm beim Besteigen, sorgten dafür, daß er mit den Hinterbeinen in die Löcher kam, und jemand half nach, damit sein Schwanz den Weg in die Fotze der Stute fand. Er war wild vor Aufregung, und die Stute legte die Ohren an, schloß die Augen, bleckte die gelben Zähne und gab ein Schnaufen von sich. Es müssen an die zehn Männer um die beiden schwerbeschäftigten Pferde gewesen sein, und ein paar Jungs, die zusahen, wie der Hengst seiner Lust nachging. Ich und meine Schwester standen auf einem Hügel in der Nähe, wo wir Beeren gepflückt hatten. Ich bekam einen trockenen Mund und hatte ein stickiges Gefühl. Die Stute wieherte, der Hengst war von ihr herunter und wieder draußen, sein tropfender Schwanz erschlaffte. Ein paar Männer lachten, und einige von den Jungs bekamen eins hinter die Ohren, weil sie da herumstanden.

Ich konnte nicht verstehen, warum diese Jungs so kicherten. Ich wollte unbedingt wissen, was da los war, obwohl meine Schwester sagte, es sei »schmutzig«. Mir tat der Hengst leid, wie ihn jetzt alle auslachen. Ich wollte Tante Letty über Zuchthengste und ihre riesigen Schwengel ausfragen, aber sie mixte sich gerade eine von ihren Hautcremes, und mixen und reden gleichzeitig, das konnte sie nicht.

Tante Letty war für mich die erste Frau, die ihre Haut zu pflegen versuchte. Meine Mutter und die anderen Farmerfrauen trugen Hauben zum Schutz gegen die Sonne, aber für das Gesicht benutzten sie nie etwas anderes als Pottasche, selbstgesiedete Talgseife und Wasser. Und von allem nicht besonders viel. Tante Letty aber, die ein paar Fläschchen und Puder und Flacons mitgebracht hatte, aus denen es kräftig roch, war der Meinung, daß man nicht »mit einer Haut wie ein Elchbulle herumlaufen« müßte.

Als ihr die Vorräte ausgingen, fing sie an, sich selbst etwas zu mixen. Ich besitze noch ein altes Blatt, auf dem sie mir einige ihrer Mixturen notiert hat, damit meine Haut jung blieb.

Der Wind und der kalte Winter machten unsere Lippen rauh und rissig. Tante Letty fabrizierte eine Lippensalbe aus Benzoeharzpulver und Muskatöl, gekocht mit ein paar Tropfen Orangenblütentee und einer Tasse Regenwasser.

Für die Haut mischte sie pulverisiertes Benzoeharz mit einer Tasse Whisky. Es belebte die Haut tatsächlich. Es mußte aber auf der Haut trocknen und durfte nicht abgewischt werden.

Fältchen waren Tante Lettys Problem, und sie bekämpfte sie mit einer Mischung aus geschmolzenem weißen Wachs, Honig und Lilienzwiebelsaft. Wenn man sich damit einrieb, hielt es die Fältchen fern. »Die größten französischen Kurtisanen in Paris benutzen diese Mischung. Manche sind sechzig, siebzig Jahre alt, aber eine Haut haben sie, wie ein

Kinderpopo, und die Männer sind ganz wild darauf, sie zu ... na, schon gut.«

Tante Lettys Gesichtspuder war wirklich sehr gut, und ich benutzte es, bis mein letztes Döschen leer war. Sie machte dieses Puder aus Weizenstärke, gemischt mit pulverisierter Veilchenwurzel, Zitronenöl, Bergamottöl und Gewürznelkenöl (»auch gut gegen Zahnschmerzen«). Kräftig gemischt, war das ein guter Schutz für das Gesicht, machte einen allerdings ziemlich bleich. Bei Tante Letty und ihren Mixturen fragte ich mich, ob Kurtisanen vielleicht bloß Hurrs waren. Hurrs klang allerdings längst nicht so fein, wenn mein Vater auf sie fluchte.

DRITTES KAPITEL
JUGENDJAHRE

Das Schlimmste auf der Farm war die verdammte Unwissenheit, daß ich keine Wörter und keine Ideen hatte, mit denen ich mir erklären konnte, was mit mir los war. Das Alleinsein, die Einsamkeit, die ich als Kind auf dieser Farm erlebte, läßt sich am schwersten erklären. Die Welt öffnete sich nach allen Seiten, Farmen und Wald, aber von nichts eine Ahnung zu haben störte mich am meisten. Den Leuten ringsum schien das nichts auszumachen, die wollten essen, schlafen, bumsen und sonst nichts. Aber mir machten dieses Leben und die Sehnsucht schwer zu schaffen, und ich konnte mir einfach nicht erklären, wie es auf der anderen Seite des Hügels aussah. Immer nur die matschige Kreuzung, der General Store und das Post Office. Im General Store kam einem diese andere Welt allerdings ein bißchen näher. In diesem elenden Laden bekam ich eine erste Ahnung von der Weite hinter der Farm und am Ende der Straße.

Viele Jahre sind seitdem vergangen, aber den Laden rieche ich noch immer. Es war eine kräftige Mischung aus reifem Käse, Stockfisch, Sauerkraut, Petroleum, Melasse, Baumwollgeruch von Kattunballen, Gewehröl und Maiswhisky. Dazu kamen Sarsaparilla, das stark alkoholisch war und von jungen Burschen und Frauen getrunken wurde, Tabak in Form von Priemen und billigen Zigarren, Schmierfett, Pfefferminzlutscher. Das steigt mir alles wieder in die Nase, wenn ich zurückdenke.

Wenn mich, als ich noch klein war, jemand dorthin mitnahm, was selten vorkam, lief ich mit großen Augen zwischen den Vitrinen voller Attraktionen herum und bestaunte

Hornkämme, Tuchballen, Reitpeitschen, Schuhe mit Quasten, Haken und Ösen auf Kartonkarten, rote Flanellunterhosen und Zelluloidkragen. Ich hatte das Gefühl, hier herrschten Reichtum und Fülle, es war viel mehr, als ein einzelner Mensch je selber brauchen oder auf einmal besitzen konnte. Ich schielte nach den großen Gläsern mit billigen Süßigkeiten – Kräuterbonbons, Kandis, Zitronendrops. Und mir lief das Wasser im Mund zusammen, denn ich war nur zum Anschauen da, nicht zum Kaufen. Manchmal kaufte mir Tante Letty ein paar Bonbons, die dann in ein Stück Zeitungspapier eingewickelt wurden, und ich mußte mich gegen Schwestern und Brüder wehren, damit ich etwas davon hatte. Wer bei uns irgendwas Eßbares für sich haben wollte, mußte sich mit dem Schlucken beeilen.

Überall im Laden hingen Schrotflinten an den Wänden, und es gab große Taschenmesser, Stahlfallen, Maultrommeln, Farmer-Almanache zu sehen. Auch Herumtreiber und Draufgänger fanden hier, was sie brauchten. Farmarbeiter und Jungs konnten »Fischhäute« kaufen, primitive Kondome aus Fischblasen; und der Sohn des Inhabers handelte mit Schmuddelbildern in knalligen Farben, wie ich mit eigenen Augen gesehen habe, als mir einer von unseren Arbeitern mal welche zeigte. Ausgefallene Stellungen und übergroße Schwänze und behaarte Schamritzen, und Leute, die seelenruhig die verrücktesten Sachen nachzustellen versuchten. Es interessierte mich, aber ich war vorsichtig.

In dem Laden stand auch eine große rote eiserne Kaffeemühle, und es gab Schachteln mit Munition, Schuhwichse und Ofenglanz.

Meine Mutter und meine Tante befühlten Borten und Gimpen und Spitzen, sie kauften aber auch nur selten was, und ich erinnere mich noch an die Schrift auf einer Karte mit etwas, das »Posamenten« hieß. Ich liebte die emaillierten oder samtüberzogenen Knöpfe und hätte selbst gern ein paar gehabt, obwohl ich mir nicht vorstellen konnte, was man mit so vielen Knöpfen anfangen sollte. Meine hingen immer am letzten Faden.

Was später Konfektion hieß, gab es damals noch wenig. Nur Overalls und Männerhemden, alles andere kam in Ballen oder Bahnen, die man zu Hause zuschneiden mußte. Oder der kleine polnische Schneider an der Kreuzung, der meistens betrunken war, nähte es einem schlecht und recht zusammen.

An der Kreuzung gab es auch eine Schnapskneipe. Die Farmer tranken allerdings meistens im General Store. Die Kneipe war verrufen. Herumziehende Erntehelfer, Faulenzer aus dem Ort, Pferdeknechte und Fuhrleute kehrten da ein, wenn sie auf Fusel und Frauen aus waren. Der Besitzer war ein kleiner Ire, den alle immer nur Mick nannten. Er hatte zwei Töchter, das waren die Huren in unserer Gegend, zwei vierschrötige Schlampen mit trübem Blick, die die meiste Zeit betrunken waren und ihre schmutzigen Röcke hinter sich durch den Matsch schleiften. Sie kratzten sich am Kopf, benutzten Wörter, die ich nicht verstand, und waren, abgesehen von Tante Letty, weit und breit die einzigen Frauen, die sich schminkten. Meine Mutter zerrte uns Kinder immer hastig an den beiden Huren vorbei und erklärte, das seien Flittchen und sie würden langsam verfaulen wie Leprakranke – zuerst dachte ich, sie meinte Leoparden.

Die beiden Frauen steckten viele junge Burschen und Arbeiter von den Farmen mit »Kleinem Casino« (Tripper) und »Großem Casino« (Syphilis) an. Mein Vater und ein paar andere Männer mit Familie vertrieben sie eines Nachts aus dem Ort, nachdem sie die beiden Frauen und Mick nackt ausgepeitscht hatten. Das passierte alles, nachdem ein Farmer seine Frau angesteckt und sie sich in der Scheune die Kehle durchgeschnitten hatte. Sie hätte es aus Reinlichkeit nicht im Haus getan, sagte meine Mutter.

Aber so ging es an der Kreuzung nicht immer zu. Am Unabhängigkeitstag kamen immer Massen von Leuten in Pferdewagen zum Feiern. Sie banden ihre Pferde an und versammelten sich auf der großen Wiese hinter dem Post Office und dem General Store, auf der an diesem Tag jede

Menge Bierfässer standen und eine richtige Kanone, und reichlich Feuerwerk war auch da. Ich erinnere mich noch an ein hohes Tier, irgendeinen Politiker, der dort mit Stehkragen und Zylinder und roter Weste und Sternen auf den Knöpfen eine Rede hielt. Die jungen Kerle betranken sich mit billigem Whisky und feuerten ihre Pistolen ab, und jedesmal wurde an diesem Tag jemandem ein Auge ausgeschossen, oder jemand verlor ein paar Finger. Meistens gab es auch eine Schlägerei, sie wälzten sich auf dem Boden und drückten sich die Daumen in die Augen, und alle schrien und wollten die Streithähne anfeuern oder auseinanderbringen. Die Hunde wurden geil und liefen aufgeregt herum, und die Leute traten nach ihnen.

Einmal haben mein Bruder Tom und ein paar andere Jungs einem Hund Blechbüchsen an den Schwanz gebunden und ihm den Arsch mit Terpentin eingerieben. Der Hund drehte durch, und nachher hieß es, er sei durch drei Countys gerast, ohne anzuhalten.

Es gab eine große Fresserei mit prall gefüllten Körben, und alles wälzte sich im Gras, es wurde geschäkert und scharwenzelt, und die Kinder bekamen was hinter die Ohren. Manchmal verdrückten sich die Farmarbeiterinnen im Gebüsch, und manchmal machte sich ein Vater auf die Suche nach seiner Tochter und fand sie und den Farmarbeiter so dicht zusammen wie zwei läufige Hunde. Es konnte böse ausgehen, wenn er dann versuchte, handgreiflich zu werden, und viele Mädchen bekamen genau neun Monate nach dem vierten Juli ein Kind.

Wenn es dunkel wurde, stiegen die Raketen und Feuersterne in allen Farben hoch und zogen am Himmel ihre Bahn. Und ich stand da, klein, wie ich war, und rief Oh und Ah. Es kam mir vor, als wäre mein Körper mit da oben, und es war einfach herrlich, wie er zischte und schwirrte und schwebte.

Noch mehr als an solchen Feiertagen kam die Lüsternheit bei einem »Camp Meeting« in Fahrt oder wenn ein Prediger mit Zelt oder Planwagen aufkreuzte, lauthals seine Psalmen sang, sich über Höllenfeuer und Verdammnis verbreitete und dann bei den Sünden des Fleisches in die Einzelheiten ging. Die Leute aufforderte, sie sollten nach vorn kommen, wo Stroh ausgelegt war, und beichten und wieder Christen werden. Wir gingen nie zu diesen Versammlungen, mein Vater war ja katholisch, und alle anderen waren in seinen Augen nur protestantische Hurensöhne, die allesamt im Fegefeuer schmoren würden, sogar die Babys, wenn sie ungetauft starben. Ich konnte mich mit diesem Glauben, wenn es einer war, nie anfreunden. Ich hatte immer das Gefühl, dahinter steckte nur der Haß meines Vaters auf alle, die besser zurechtkamen als er.

Mein Bruder ging oft zu den Predigerversammlungen, guckte sich ein einfaches Mädchen aus, das über den Reden von Sünde und Unzucht und Fleischeslust in hysterische Wallungen geraten war, und verdrückte sich mit ihr. Es hieß, der Prediger könnte einen wirklich aufgeilen, wenn er von den Schlingen und Fallstricken des schwachen, sündhaften Fleisches redete und die Orgien alle direkt aus der Bibel anführte und ganz genau erklärte, wie Sodom und Gomorrha ihre wohlverdiente Strafe bekommen hätten. Tom sagte: »Das macht einfach mehr her, als wenn wir im General Store drüber reden.«

Ansonsten kamen bei uns kaum Leute durch, von dem jüdischen Hausierer und einem reisenden Zahnarzt mal abgesehen. Ich erinnere mich noch an den Vater von John D. Rockefeller, der eine Medizin-Show hatte und alles mit der Flasche heilte, auch Krebs. Er trank selbst und schäkerte mit den kesseren Mädchen. Aber viel mehr als das bekamen wir von der Außenwelt nicht mit.

Viele Farmer hatten Horace Greeleys New Yorker Zeitung abonniert, und manche hielten sich auch Zeitschriften. Wir nicht. Außer in den paar Jahren, in denen ich ein gelbes Schulhaus mit zwei Klassenzimmern besuchte, habe ich kaum etwas Gedrucktes zu Gesicht bekommen, nur die paar

Wörter auf dem Farmwerkzeug oder auf den Flaschen mit Medizin gegen Schlangenbisse.

Das einzige Buch, an das ich mich erinnere, war die Lebensbeschreibung Washingtons von Weems, die ein Saisonarbeiter zurückgelassen hatte. Darin gab es kleine Holzschnitte, aber viele Seiten fehlten, weil die Männer sie zum Pfeifeanzünden benutzt hatten. Ein paar fromme Traktate mit Heiligenleben zähle ich nicht. Sie machten mir solche Angst, daß ich sie nie richtig angesehen habe.

Wenn ich heute auf mein Leben zurückblicke, frage ich mich manchmal, was aus mir geworden wäre, wenn ich eine Bildung bekommen hätte, wenn ich in jungen Jahren aus Büchern etwas über die Welt und wie es in ihr zugeht, erfahren hätte, wenn man mir Manieren, Ideen, ein bißchen Kultur beigebracht hätte. Ich weiß es nicht. Denn als ich später versucht habe, Romane zu lesen, fand ich in ihnen lauter Lügen und Ausflüchte, sie waren vollgestopft mit schönem Gerede. Ich stellte fest, daß die Schriftsteller die Hälfte von dem, was das Leben ausmacht, einfach weglassen. In den meisten Romanen bekommt man kaum mit, daß die Leute einen Körper und Organe haben und aufs Klo gehen. Als Kind habe ich mich immer gefragt, ob die besseren Leute und die feinen Herrschaften genauso scheißen und pissen wie wir anderen auch. Ich kann mich an kein einziges Buch erinnern, in dem Leute ins Bett gingen, weil sie einfach Spaß daran hatten, bei einem guten Fick die Geschlechtsteile des anderen zu genießen. Statt dessen sah es so aus, als würden sie immer nur seufzen und jammern, Hände ringen und ausgedachtes Zeug reden. Vielleicht sind mir die Bücher entgangen, die die ganze Wahrheit erzählen; ich meine nicht diesen Müll, die sogenannten schmutzigen Bücher; das ist sowieso nur Phantasie und lachhaft.

Wir waren arme, einfache Leute, aber glücklich oder sauber oder hoffnungsfroh waren wir nicht, und schmutzig sein bedeutete für mich eine schmutzige Unterhose anhaben, ein Kleidungsstück, das wir übrigens nur für die Kirche oder in der Schule anzogen. Ansonsten hatten wir, ungefähr bis wir sieben waren, ein Wollhemd, das bis kurz über das Knie reichte, später dann ein lockeres Kleid. Wir hatten auch Schuhe, klobige Dinger, die ein Schuster in Indian Crossing gemacht hatte. Wir putzten sie mit Ofenschwärze, und in der Erinnerung kommt es mir vor, als wären sie so gemacht gewesen, daß zwischen dem rechten und dem linken Fuß kein Unterschied war. Aber sie waren nur für den Winter, oder wenn wir an der Kreuzung mal eine Besorgung zu machen hatten und natürlich wenn wir im Hauptort des County zur Kirche gingen.

Mit zehn hatte ich von der Kirche so viel mitbekommen, daß es mir fürs Leben reichte; ich kann immer noch alles mögliche aufsagen, was ich damals auswendig lernte, aber als ich zehn war und miterlebte, wie jemand unter Qualen starb, konnte ich nicht mehr an Hoffnung oder Erbarmen glauben. Wir hatten einen Arbeiter namens Hank, der wurde von einem Bullen so aufgespießt, daß innen irgendwas kaputtging, dabei hatte er ein braves Leben geführt, war immer zur Messe gegangen, hatte mit den Arbeiterinnen von der Nachbarfarm nicht gebumst und hatte ihnen seinen Schwanz nicht vorgeführt und war immer so höflich, nahm im Haus sogar den Hut ab. Jeden Monat schickte er fünf Dollar an seine Mutter in Troy, New York. Er war demütig, und er liebte die Tiere. Was für ein verdammtes Recht hatte da irgendeine Gottheit, Hank so was anzutun, ihn sterben zu lassen, innen ganz kaputt und stinkend, wegen der Entzündung? Oh, wie hat er in diesen letzten Tagen gestunken, auf seiner schmutzigen Pferdedecke im Stall. Und wie hat er sich die Seele aus dem Leib geschrien, jemand sollte einen Priester holen – der dann auch kam, den Rock bis zu den Knien voll Matsch, lateinische Gebete aufsagte und Hanks Stirn mit Öl und Asche salbte.

Aber nachher gerbte uns mein Vater das Fell, wenn wir nicht die richtigen Antworten auf die Fragen gaben, die der Priester uns stellte. Wenn er meinte, wir hätten was hinter die Ohren verdient, weil wir frech waren oder, wie er es nannte, »widerspenstig«, dann verabreichte er uns Kopfnüsse, wie andere Leute Melonen prüfen, nur härter. »Kurz ist der Schmerz, und ewig ist die Freude!«

Mit zwölf fing ich an, darauf zu achten, daß ich den Arbeitern, die bei uns ständig wechselten, nicht zu nahe kam. Mein Vater zahlte wenig und das Wenige nicht pünktlich. Daß einem der rechte Glaube allein das Tagewerk verrichtet, habe ich nie erlebt, und mehr ist dazu nicht zu sagen. Für die meisten Leute auf den Farmen war Sex das einzige echte Vergnügen, egal, in welchem Alter – das und der Alkohol. Die, die nicht tranken und nicht vögelten oder sich rumtrieben, machten immer ziemlich verdrießliche Gesichter und versuchten, den anderen den Spaß zu verderben. »Den Spaßverderber spielen«, sagte Tante Letty, »ist für viele Leute noch das Beste, was sie vom Leben haben.«

Nirgendwo habe ich später erlebt, daß soviel gesoffen wurde wie auf den Farmen in unserer Gegend. Im Winter ließen die meisten Farmer ein paar Fäßchen Apfelwein einfrieren. Wenn das Wasser dann Eis geworden war, nahmen sie es heraus, und was übrigblieb war hochprozentiger Alkohol, ein schlimmes Zeug, wie ein Tritt von einem Esel. Sie brannten auch Schnaps aus Apfelwein und Mais. Richtigen Whisky aus dem Laden habe ich nie bekommen, bevor ich mit fünfzehn weglief nach Saint Louis.

Irgendwie ging es immer um Sex. Die Jungs grinsten und untersuchten ihre Handteller, ob Haar darin wuchs – das war dann ein sicheres Zeichen dafür, daß sie wichsten, und davon würden sie verrückt werden, sagten die Älteren. Die Mädchen wurden immer gekniffen und betatscht und eingeladen, mit hinter die Maisspeicher zu kommen oder zur Aschengrube.

Als ich neun war, lockte mich mal einer der Arbeiter, ein Halbindianer namens Joe Dancer, auf den Boden der Scheune, ich sollte mir die neugeborenen Kätzchen ansehen. Aber plötzlich war er hinter mir, und als ich mich umdrehte, sah ich, daß ihm die Jeans um die Knie hingen, und ein

Schwanz stand raus, der mir fast so groß vorkam wie der von Jackson, dem Zuchthengst. Ich staunte, aber ich war nicht überrascht. Seit Wochen hatte er versucht, mir unter das Kleid zu fassen.

Ich sagte: »Hör zu, Joe, mein Alter schlägt dir mit dem Ochsenjoch den Schädel ein, wenn er rauskriegt, was du vorhast.«

Joe wedelte einfach mit seinem Steifen in meine Richtung. »So was hast du schon oft gesehen, wie?«

Ich sagte, ja, aber ich würde mir nichts daraus machen, und er fragte, ob ich denn wüßte, wozu sie da seien? Ich sagte: »Na klar, du verdammtes Indianerhalbblut«, rutschte die Heuschütte runter und lachte mich halb tot dabei. Joe gefiel mir einfach nicht. Ich habe Dunkelhäutige nie besonders gemocht, und außerdem war er viel zu direkt. Wenn er sich mir langsam genähert hätte und mich beschwatzt und mir was Nettes gesagt hätte, dann hätte ich vielleicht ein bißchen mit ihm gespielt und er mit mir, und wir hätten vielleicht ein bißchen herumgemacht. Aber wovor ich Angst hatte, war das Eindringen.

Meine Tante Letty hatte mir erklärt, daß es beim ersten Mal höllisch weh tun konnte und einen ganz schön auseinanderriß. Ich muß aber auch sagen, vor der Sache als solcher hatte ich eigentlich keine Angst, ich war sogar sehr interessiert. Ich hatte selbst schon herumexperimentiert, an mir und an einer von meinen Schwestern. Wir saßen, wie es Kinder so tun, im Dreck und erforschten uns gegenseitig, mit verstohlenen Blicken und Fühlen, und einmal schob sich meine Schwester Kieselsteine in die Vagina und kitzelte mich mit dem Zeh. Natürlich hatten wir immer Angst, die Erwachsenen würden uns erwischen und fürchterlich verdreschen. Aber es war so angenehm und kam uns so unschuldig und aufregend vor, daß wir nie das Gefühl hatten, wir täten etwas Sündhaftes. Auch nicht die Angst, daß uns was abfallen könnte oder daß wir verrückt würden, wie man es den Jungs einschärfte, wenn sie beim Wichsen ertappt wurden. Sie hörten deshalb nicht auf, und wir auch nicht. Nichts kann den Geschlechtstrieb aufhalten, wenn man ihn hat.

Natürlich hatten wir die Tiere auf der Farm, die uns zeigten, wo es langging, und wir konnten nicht verstehen, warum wir keinen Spaß haben sollten, wenn doch die verdammten Tiere ihren Spaß hatten. Außerdem taten es die Erwachsenen auch, und die waren angeblich klug und allwissend.

Vor unserem eigenen Vater waren wir sicher. Er gab uns vielleicht mal einen Klaps auf den Hintern, wenn er ausnahmsweise guter Laune war. Anders als bei den Familien mit den verfilzten Haaren unten am Bach, die vom Jagen und Stehlen lebten und deren Töchter vor den eigenen Leuten nie sicher waren. Die Ratten- und Fuchsjäger in der Kuhle hoben die älteste Tochter immer für den Vater auf. Meistens dauerte es nicht lange, und sie hatte einen dicken Bauch.

Das war nicht bloß Gerede. Ich erinnere mich an einen alten Mann namens Pearie mit bösen Augen, der wurde vom Sheriff und einem Hilfssheriff abgeführt – dieser alte Glatzkopf, die Zehen guckten ihm aus den kaputten Schuhen heraus, in Handschellen. Weil er ein Neugeborenes umgebracht hatte, das seine Tochter Drucilla ausgetragen hatte. Sie trieb immer mit mir zusammen die Kühe von der Weide. Er wurde dann nur wegen Inzest verurteilt, weil man ihm vor dem County-Gericht nicht nachweisen konnte, daß das Baby nicht schon tot zur Welt gekommen war.

Ich war dreizehn, als ich zum erstenmal meine Tage bekam. So ein Geschrei und Gejammer hat die Welt noch nicht gehört. Als würde ich im nächsten Moment auf dem Strohsack verbluten. Niemand hatte mir was gesagt, nicht mal Tante Letty. Nachher nahm sie mich beiseite und meinte: »So ist das mit dem Frausein. Das ist der Fluch Adams.« Was mir wenig sagte. Adam war seit Millionen Jahren tot, stellte ich mir vor. Ich trug eine Windel zwischen den Beinen und kam mir reif vor. Ich beschloß, daß ich mich genauso fühlen wollte wie die Stute, die Jackson bestiegen hatte. Ich wollte wissen, worüber die Arbeiter immerzu redeten und ihre Witze rissen und sich dabei gegenseitig auf den Rücken klopften und grinsten wie die Honigkuchenpferde.

Aber Joe Dancer wollte ich nicht. Er hatte sowieso bei uns aufgehört und war nach Westen gegangen. Meinen Bruder oder irgendeinen schmutzigen Bauerntrampel wollte ich auch nicht. Auf einer zerknitterten Seite aus einem Magazin, in die eine Portion Hefe eingewickelt war, fand ich das Bild von einem Dandy in gestärktem Hemd, mit Pomade im Haar, Mittelscheitel, hohe Stirn, hübscher Schnurrbart, der neben einem Mädchen mit einem großen Hintern stand – ich wußte nicht, ob da eine Turnüre nachgeholfen hatte oder nicht. Er lächelte sie an und zeigte seine Zähne, und ich dachte, nicht mal Gott könnte in schwarzen Klamotten so schick und so toll aussehen. Ich versteckte die Seite und sah sie mir an, wenn ich wußte, daß ich allein war.

Ich träumte von diesem Mann und von Jackson, dem Zuchthengst. Ich ging hinunter an das Wasserloch, wo im Sommer die Jungs mit nacktem Arsch schwammen. Ich zog mein Kleid aus und sah ins Wasser und erblickte zwei kleine Titten und eine sehr schmale Taille, aber geschwungene Hüften. Noch kein Flaum auf meiner Pussi. Ich stellte mir vor, wie ich eines Tages sein würde, gebadet und gekämmt, mit weißen Baumwollstrümpfen und einem kleinen Korsett, ein Strohhütchen auf dem Kopf und dazu einen Sonnenschirm.

Vielleicht konnte ich so elegant sein wie die Damen, die in Indian Crossing haltmachten, wenn sie mit der Postkutsche zur nächsten Bahnstation fuhren. Ich hatte nur drei- oder viermal solche Frauen gesehen. Sie trugen Knöpfschuhe mit Quasten, die zum Vorschein kamen, wenn sie wieder in die Kutsche stiegen, und die Faulenzer im General Store beugten sich in ihren Stühlen nach vorn, damit ihnen nur ja kein Knöchel entging. Die Männer klopften sich gegenseitig auf die Schulter, spuckten in hohem Bogen aus und grinsten die ganze Zeit.

Wir badeten nicht viel auf der Farm. Wenn meine Mutter mal daran dachte, mußte eine Wanne auf dem Küchenherd für alle reichen, wir benutzten nacheinander alle dasselbe Wasser, bevor es kalt wurde. Die Männer klatschten sich meistens ein bißchen Wasser aus einem Becken im Schuppen ins Gesicht, sahen kurz nach dem Handtuch und nahmen dann das eigene Hemd. Sie stanken nach Kautabak und Schweiß und den verschiedenen natürlichen Körpergerüchen, die in ihren ungewaschenen Sachen hingen.

Aus ein paar Resten, die Tante Letty in ihrem Schrankkoffer hatte, nähte ich mir einen Schlüpfer. Old Nat, dem jüdischen Hausierer, kaufte ich eine Flasche Moschusparfüm ab – die Pennys hatte ich mir zusammengespart von dem, was ich bekam, wenn ich manchmal Vogeleier an den General Store verkaufte. Ich träumte, ich wäre mit dem Bilderbuchmann auf dem Hefepapier ganz weit weg, und vergnügte mich mit dem Griff von einer Haarbürste. Wenn der Mond so tief hing, daß man fast nach ihm greifen und ihn berühren konnte, drehte ich manchmal ein bißchen durch. Dann ging ich die Straße hinunter, legte mich ins hohe Gras und lauschte, wie auf einer Farm in der Ferne ein Hund bellte und die Heuschrecken im Giftsumach sangen. Dann seufzte ich, ohne daß ich verstanden hätte, warum, und hatte das Gefühl, ich und die Nacht wären zusammen, ohne daß Wörter nötig waren. Ich hatte keine Wörter.

Ich meine, ich konnte das damals nicht in Gedanken fassen oder mit Vernunft und Logik erklären. Kinder sind irgendwie stumm, aber nicht dumm. Das liegt daran, daß sie nicht alles begreifen, was mit ihnen geschieht und warum es geschieht. Ich liebte mich selbst, zuerst langsam, dann schneller – bekam wunderbare Orgasmen. Ich hatte das Gefühl, ich wäre Millionen Meilen weit weg von der heruntergekommenen Farm, von meinem verrückten Vater mit seinem Gottesfimmel, meiner ausgelaugten Mutter, der Jauche und dem Müll auf dem Hof, der ganzen verdreckten Plackerei. Dann spürte ich, wie der Schweiß auf meiner Oberlippe abkühlte, und lag einfach da – fühlte mich so wohl, so zufrieden. Ich war ich selbst. Und wenn im Indianersommer der herrlich scharfe Brandgeruch der Krautfeuer in der Luft hing und dazu der Staub von den Feldern, die abgeerntet wurden, dann wurde ich fast ohnmächtig. Durch das alles glaubte ich eine Welt zu ahnen und zu spüren, die ich erst Jahre später wirklich kennenlernte. Ein Schauspieler in Saint Louis hat mir mal zu erklären versucht, wie man sich fühlt, wenn man ganz man selbst ist und es weiß und spürt. Das Wort, das er benutzte, war »einzigartig«.

Ich war verdammt einzigartig in diesem Sommer, als ich vierzehn war. Ich wollte von meinem Hefepapiermann gestoßen werden und wußte doch, er würde nie auftauchen, er war nur auf Papier gedruckt. Aber ich mußte jemanden finden wie ihn. Lust, die von mehr kam als einer Möhre oder einem Bürstengriff. Ich hatte weniger Flausen im Kopf als andere Mädchen und beging deshalb nicht den Fehler, den viele machen, wenn sie so was Liebe nennen. Es war ein natürlicher Trieb und ging von den Geschlechtsdrüsen aus. Liebe ist etwas anderes als Rammeln. So habe ich das auch später immer gesehen. Wenn man Liebe und Lust miteinander zusammenbringen konnte, war das die beste Art, einzigartig zu sein. Wenn es mir als Kind und während ich heranwuchs hin und wieder gutging, dann deshalb, weil ich Wünsche hatte und nicht völlig unbedarft war. An Sünde dachte ich dabei nie. Später kamen mir gelegentlich Zweifel, aber nie für lange. Ich bin ein eingefleischter Optimist.

VIERTES KAPITEL
WIE ICH WEGLIEF

Ich war vierzehn – ein schlechtes Erntejahr –, wir lebten von Wildleber und Zwiebeln und Mehlsoße. Mein Vater schlug mich, weil ich frech war oder wenn einer der Arbeiter versucht hatte, mir unter das Kleid zu greifen oder meine Buchteln anzufassen, und dann schrie ich, als sollte die ganze Welt es hören: »Ihr werdet schon sehen! Ihr werdet schon sehen!« Was sie oder ich sehen würden, wußte ich nicht. Ich war vier Jahre zur Schule gegangen, im Herbst und im Winter, wenn die Straßen gut waren. Die gelbe Bruchbude, die uns als Schulhaus diente, lag nämlich vier Meilen weit weg. Unser Lehrer schnupfte, er rieb sich das Zeug aufs Zahnfleisch. Er schlug uns mit einem Lineal aus Elfenbein auf die Finger. Er brachte uns Dummköpfen Rechtschreibung und Rechnen bei und las uns Reden von Patrick Henry und Thomas Jefferson vor, aber auch nützliche Artikel aus einer Farmerzeitung. Ich konnte ein bißchen lesen, wenn ich die Lippen dazu bewegte, und auch ein bißchen schreiben. Aber richtig lesen lernte ich erst viele Jahre später, und was das Schreiben angeht, traute ich mich an einen längeren Brief erst, als ich längst erwachsen war. Schon beim Kratzen einer Feder auf dem Papier bekam ich vor Schreck ein flaues Gefühl im Magen.

Wirkliche Bildung bekam ich erst, als ich Hure und Madame war und mich mit gebildeten Gästen unterhielt; denn viele Männer kommen tatsächlich bloß zum Trinken und Reden ins Freudenhaus. Es gab Abende, da saßen die Gäste einfach da, ließen die Whiskykaraffen herumgehen und unterhielten sich über Politik, Geschichte, das Hickhack in der Regierung, und über die großen Hoffnungen, die sie in die Demokratie setzten.

So kam ich an meine Bildung, und zwar eine sehr gute. In bestimmten Bordellen, erstklassigen Häusern, wo sich die Gäste wohl fühlen, haben die Männer oft eine Menge auf dem Kasten. Ich könnte sagen, der Puff war mein College.

Aber damals auf der Farm war ich erst vierzehn, und meine Tante Letty starb nun wirklich. Ich hatte von Tuten und Blasen keine Ahnung, den Kopf noch immer voll verrückter Träume. Ich verstand nicht, was mit mir los war. Mein Körper war voller Saft und Kraft und machte mir ziemlich zu schaffen – auch wenn es nichts anderes zu essen gab als gekochten Kürbis, Salat, der von Essig und Fett triefte, Büffelfisch und Räucherfleisch.

In den sieben Jahren, die sie bei uns war, war meiner Tante Letty das Geld langsam ausgegangen. Mit der Zeit war sie alle Goldmünzen, die sie in ihrem Büffellederkoffer mitgebracht hatte, losgeworden, und auch ihre Ringe hatten sich einer nach dem anderen davongemacht. Ihr Leben und ihr Besitz gingen gleichzeitig zur Neige. Die meisten Seidenkleider und den Sonnenschirm mit dem goldenen Knauf hatte sie in verschiedenen Ortschaften in der Umgebung von Indian Crossing versetzt. Viel war nicht übrig. Sie trank nicht mehr den guten Bourbon aus dem General Store und dem Post Office, sondern nahm das Gesöff, das die struppigen Schwarzbrenner unten am Fluß auf ihren vergammelten Hausbooten zusammenbrauten, wenn sie nicht gerade den Leuten die Wäsche von der Leine klauten oder nachts einem Schwein die Kehle durchschnitten, um damit ihren unzähligen Gören die entzündeten Mäuler zu stopfen.

Aber das wirklich Traurige am Altwerden ist, wie sich eine hübsche Frau dabei in ein runzliges, hinfälliges Rippengestell verwandelt. Ich sehe Tante Letty noch vor mir, wie sie geistesabwesend in ihrem kleinen Zimmer mit dem Kamin aus roten Ziegelsteinen im ersten Stock auf dem Schaukelstuhl sitzt, das bleiche, kränkliche Gesicht stark geschminkt. Heute sieht man diese Art von Make-up nicht mehr. Eine Flüssigkeit, weiß wie der Tod, mit der man das ganze Gesicht und die Arme bestrich und dann auf jede

Backe einen kreisrunden Fleck Rouge setzte. »Theaterschminke«, sagte Tante Letty dazu. Ich erinnere mich, daß sich alte Damen noch bis 1920 so zurechtmachten, danach kam dann das Puder in Mode, das man auftupfte, dazu ein Hauch fetthaltiger Wangenfarbe und glänzender Lippenstift. Tante Letty saß einfach nur da, in ihrem grünen Morgenrock, die ausgelatschten roten Pantöffelchen an den Füßen, das Haar inzwischen aschgrau, denn sie hatte längst aufgehört, es zu färben. Sie sah mich aus ihrem Schaukelstuhl scharf an und sagte mit rauher Stimme:

»Mädchen, sieh zu, daß du von hier wegkommst. Wenn du bleibst, endest du wie meine Schwester Essie, deine Mutter. Die Blagen machen dich kaputt, alle neun Monate ein neues, und ein dreckiger alter Bock, der dich jeden Augenblick bumst, wenn er nicht gerade an seinem Misthaufen schippt. Für ein hübsches Ding wie dich ist das auf den Farmen hier in der Gegend kein Leben.«

»Ich könnte Dienstmädchen in einem Hotel werden, wie Ma, als sie Vater kennenlernte.«

Tante Letty schüttelte den Kopf, und sah mich unter ihren schweren Augenlidern an. »Als ich und Essie in diesem Hotel in Cleveland – ein Rattenloch war das! – anfingen, da war mir bald klar, daß wir beide als Schießbudenfiguren für die Handelsvertreter und sonstigen Aufschneider enden würden, die nur auf der Suche nach dem nächsten erreichbaren Arsch waren. Essie lernte deinen Vater kennen, als er im Hotel eine Ladung Winterkartoffeln ablieferte. Ist ihr verdammt gut bekommen. Sieh sie dir an. Eine verdammte Sklavin ist sie geworden und eine Zuchtsau. Ich dagegen, ich habe mich ab und zu hingelegt und einen Dollar damit verdient. Na schön, wird Zeit, daß du es erfährst, Mädchen. Ich war eine Kurtisane, zwanzig Jahre lang. Habe in einigen der besten Bordelle gearbeitet. Ich will nicht behaupten, daß es nicht auch Zeiten gab, wo ich's nehmen mußte, wie es kam. Aber frag mal in Pittsburgh, in Saint Louis nach Letty Brown, das war der Name, den ich benutzte. Ich meine, bei Männern, die da vor ein paar Jahren auf Tour gingen. Nichts wie Spitzen und Organdy, der beste Wein, die besten Pferde.«

Ich vermute, ich saß mit offenem Mund da und starrte meine Tante an. Ich glaubte zu wissen, was eine Kurtisane war – eine erstklassige Hurr, eine mit Format. Und mir fiel ein, wie sie früher gesagt hatte, jedes Mädchen sitzt auf seinem Reichtum. Ich kannte mich in der Welt nicht aus, aber ich war auch nicht blöd. Ich merkte, daß Tante Letty in einer Erzähllaune war, wie ich sie an ihr noch nie erlebt hatte.

»Die besten Jahre waren die fünf, als ich in dem Hurenhaus der Flegels in Saint Louis der Darling von allen war. Zig und Emma Flegel hatten die besten Freudenhäuser in Saint Louis, sie haben sie noch heute, an der Lucas Avenue. Lucas, ja. Ein großes Steinhaus mit einer schicken Fassade und Protektion bei der Polizei. Na ja, Richter und Anwälte und Steuermänner von den Flußdampfern gingen da aus und ein, nahmen sich die Mädchen für eine einfache Nummer oder einmal Rund um die Welt, mit allem. Die besten Weine, ein Neger am Klavier, jeden Sonntag Truthahn und Seidenkleider. Bloß für einmal Kraulen oder einen Kuß von Letty schickte mir ein eleganter Freier manchmal ein Fläschchen Parfüm oder einen Kimono. Zum Teufel, Nellie-Mädchen, ich sterbe hier, und nachher bist du allein, und irgendein dreckiger Farmer macht dich kaputt, und dann brätst du für den Rest deines Lebens Schweinefleisch über dem Holzfeuer. Ständig schwanger, miefige Gören krabbeln an dir rum, und siehst aus wie Essie mit dreißig.«

Sie versuchte zu weinen, aber sie konnte nicht. Und ganz leise wiederholte sie: »Zig und Emma Flegel, Zig und Emma Flegel … in Saint Louis, Saint Louis.«

Ich ließ sie allein. Ich ahnte nicht, wie schlecht es ihr ging. Später versuchte ich ihr dann ein bißchen Rinderbrühe einzuflößen, aber sie saß nur in ihrem Schaukelstuhl, erzählte mir von den Flegels, und ihre Haut war graugrün. Ihre Hände zitterten und ihre Schultern zuckten wie bei einem nervösen Pferd, das eine Fliege wegscheuchen will. Vor meinen Augen hatte sie sich in ein Wrack verwandelt.

Sie hielt etwas in der Hand und öffnete die Faust: »Die ist für dich. Das einzige, was mir geblieben ist, keine Ringe, keine Kameen, nur die hier und ein paar Fetzen.«

Es war eine kleine goldene Uhr, so groß wie ein Silberdollar, mit zwei Deckeln und einer Spange, so daß man sie an einer Bluse tragen konnte. Darauf war ein kleiner nackter Cupido – mit Schwänzchen und allem – eingraviert, der Pfeile und Blumen verschoß, dazu die Buchstaben L. B.

»Sie gehört dir. Zig Flegel hat sie mir geschenkt, als ich bei ihm aufhörte und nach Pittsburgh ging ... Da war dieser Mann, aber ... egal. Macht sich gut auf blauer oder gelber Seide ...«

Danach muß meine Tante Letty gestorben sein, ihre Hand in meiner, und die Uhr tickte zwischen meinen Fingern, als wäre es ihr Herz. Ich fuhr zurück, umklammerte die kleine Uhr. Ich fing an zu heulen. Ich habe nie viel geweint. Richtig geheult habe ich nur dreimal in meinem Leben. Ansonsten bin ich keine Heulsuse.

Ich heulte, und sie saß zusammengesunken in ihrem Schaukelstuhl, der Kopf war zur Seite gesackt, aus dem offenen Mund tropfte Speichel, und man konnte die wenigen Zähne sehen; der einzige Mensch, den ich jemals wirklich geliebt hatte. Ich hatte auch meine Mutter gern und ein paar von meinen Brüdern und Schwestern. Aber meine wahre Liebe gehörte dieser armseligen Ansammlung von Haut und Knochen, die jetzt langsam kalt wurde. Diese alte Hure war der einzige freundliche Mensch, den ich in meinen vierzehn Lebensjahren kennengelernt hatte. Sie hatte sich Zeit für mich genommen und mit mir geredet und hatte mir gesagt, ich wäre hübsch. Ihre Freundlichkeit erschöpfte sich nicht darin, daß sie mir zu essen gab und dafür sorgte, daß ich was zum Anziehen hatte.

Ich ahnte schon damals, daß sie bloß eine von den elenden, glücklosen Huren gewesen war, die sich nie lange oben halten können. Die guten Seiten des Geschäfts und die wirklich angenehmen Gäste hatte sie nur kurze Zeit erlebt.

Später begriff ich, was für ein Leben Tante Letty geführt hatte – in der Welt der Prostituierten auf der untersten Stufe, nie gut genug, nie helle genug, und immer fehlte dieses gewisse Etwas, wegen dem ein Mädchen bei den vornehmen Leuten gefragt ist, wegen dem sie ihr den Hof machen und mit keiner anderen ins Bett wollen. Von seiner besten Seite hatte Tante Letty das Fleischgeschäft nur für einen kurzen Augenblick kennengelernt und endete dann als Straßennutte in den Städten entlang der Eisenbahn.

Zuunterst in Tante Lettys großem Koffer lag ein gelber Umschlag mit der Aufschrift: *Für mein Begräbnis*. Darin waren ein paar kleine Goldmünzen und zehn Silberdollar. Wir begruben sie, aber nicht auf dem Friedhof hinter dem Hügel. Sie und meine Mutter waren baptistisch gewesen, obwohl Ma konvertiert war, als sie meinen Vater heiratete. Tante Letty begruben wir auf einem Totenacker voller Unkraut und mit lauter Holzkreuzen, der für die Leute bestimmt war, die sich keinen Stein leisten konnten.

Ich erinnere mich nur noch an die Regenwolken, die sich über den Bäumen am Rand des Feldes zusammenbrauten, an die Erdklumpen, den billigen Sarg und daß ein Geistlicher irgendwas sagte. Verängstigt und fiebernd hielt ich mich am Rock von meiner Mutter fest. Dann prasselte der Regen auf uns, mir war kalt, ich zitterte und dachte an die arme Tante Letty und alle, die da jetzt um sie herum lagen, Hausierer, Leute von den Hausbooten, Landstreicher, und daß Tante Letty jetzt für immer bei ihnen begraben lag. Wir fuhren nach Hause, ich legte mich ins Bett und hatte drei Tage lang Fieber – lauter komische Muster und Klänge im Kopf. Als ich wieder aufstand, wußte ich, daß ich weggehen würde, auch wenn ich Hausmädchen in einem Farmerhotel werden und mich von den Gästen vögeln lassen mußte oder sie von mir etwas wollten, das Tante Letty Französisch nannte.

Der Bürgerkrieg war für uns Hinterwäldler ziemlich weit weg. Bloß daß mein Bruder Tom mit einem Bein weniger und einer unstillbaren Lust auf Whisky zurückkam und von da an nur noch in Indian Crossing herumsaß, spielte und mit seinen Heldentaten prahlte. Aber dieser Krieg war trotzdem eine schwere Zeit. War die Ernte mal gut, konnte man sie nicht absetzen. Und wenn Bedarf an Pferdefutter oder Kartoffeln war, dann kamen in dem Jahr bestimmt die Heuschrecken, oder der Wind war so trocken, daß selbst die Wicken, das Sumpfgras und das Johanniskraut verdorrten.

Es war viel die Rede von plündernden Rebellen und von Schwarzen, die einem angeblich die Kehle durchschnitten und noch schlimmer waren als die Heuschrecken – und von versprengten Soldaten, die Leute umbrachten und vergewaltigten. Aber bei uns gab es keine Überfälle, und es tauchten auch nie so viele Schwarze auf, daß ein paar Männer mit Schrotflinten nicht mit ihnen fertig geworden wären. Die Neger wurden mit Schüssen verjagt und liefen weiter nach Norden. Die Wahrheit ist, ich kenne aus unserer Ecke niemanden, den die Sache mit den Negern wirklich interessierte, ob sie nun frei waren oder Sklaven. Der Schwarzrost machte uns damals Sorgen und die Heuschrecken, und wenn die Getreidemühle mal länger kaputt war, aßen wir von Hand gestampften Weizen. Bei uns gab es meilenweit keine Sklaven. Die kosteten sechshundert bis tausend Dollar pro Kopf, und wer konnte sich so was schon leisten? Mein Vater war ein frommer Mann und er war dagegen, irgendwen zu versklaven, außer die eigene Frau und die eigenen Kinder, und daß er das tun konnte, stand schon in der Bibel. »Gott will es.«

Als der Krieg zu Ende ging und sie Mr. Lincoln erschossen hatten, begegneten einem auf der Straße hinter unserer Farm manchmal Grüppchen von zwei oder drei unrasierten Soldaten in zerschlissenem, verblichenem Shoddy, die kamen an die Tür und baten um Dickmilch oder Wasser, ein bißchen Maisbrot, Kuchen, irgendwas Eßbares. Sie sahen zerschlagen aus, todmüde, die Haut vom Wetter gegerbt. Manche hatten nur noch ein Auge, manche humpelten und ein paar wurden wie Hunde an einer Leine geführt. Das war für mich der Krieg. Wir hielten keine Zeitung oder *Harper's*

Weekly, also waren wir auf das angewiesen, was im General Store und im Post Office an der Kreuzung geredet wurde.

Ein paar von den Farmerjungen kamen überhaupt nicht mehr nach Hause. Tot oder sonstwohin, hieß es. Ein Soldat kehrte nach drei Jahren heim, und an der Brust von seiner Frau nuckelte ein Baby von einem Jahr, da ging Joel Medder die Straße runter und brachte den Arbeiter um und schnitt ihm den Schwanz und die Eier ab und ging noch in der gleichen Nacht weg, nach Westen. Für uns auf der Farm war *das* der Krieg.

Der Krieg brachte auch Charlie Owens nach Hause in den General Store, den sein Onkel in Indian Crossing betrieb. Charlie hatte die linke Hand verloren. Er erzählte allen, es wäre bei Gettysburg passiert, aber eines Nachts, als wir zwischen den Gänseblümchen im Gras am Bach lagen, gestand er mir, daß er nie in Gettysburg war. Die Hand hatte er am James River verloren, als ein Kavallerietrupp der Rebellen sie dabei überraschte, wie sie sich gerade mit Futter für die Pferde eindeckten. Eine Revolverkugel zerschmetterte Charlies Hand, und der Feldarzt nahm sie ab, vernähte alles und wickelte es in angefeuchtetes Brot und einen Lappen, weil sie nichts anderes mehr hatten, aber es verheilte gut.

Charlie Owens war schon hinter mir her, als ich noch ein Kind war. Er war einer von den jungen Kerlen, die ständig beweisen mußten, wie unwiderstehlich sie waren. Er war Schotte, mit einem schwedischen Einschlag, rötlich braunes Haar mit Seitenscheitel. Schöne Zähne. Nicht groß, aber schlank, so daß er nicht klein wirkte. Die Augen so blau wie die Schwanzfedern von einem Blauhäher. Und ich erinnere mich, daß er auf einer Flöte spielte, die er sich aus dem Schenkelknochen eines Truthahns geschnitzt hatte. Er trieb ein bißchen Handel mit ungegerbten Schafsfellen, hatte eine Jagdhütte und wartete auf einen »politischen« Posten. Wenn ich früher in den Laden gekommen war, um eine Portion Hefe oder einen Liter Petroleum zu kaufen, gab er mir schon mal einen Klaps auf den Arsch oder griff mir in die Bluse. Er kitzelte meine Nippel, und ich wackelte mit dem Hintern und kicherte und gackerte, wie es kleine Mädchen so machen. Jetzt war er aus dem Krieg zurück und übernahm bald das Post Office, das mit dem General Store verbunden war. Das war die politische Entschädigung für einen Soldaten, der für den Zusammenhalt der Union eine Hand hergegeben hatte. Ich hatte inzwischen Figur bekommen und war ziemlich scharf, und er war ein Mann, der in vier Jahren Krieg überall herumgekommen war.

Ich arbeitete ein blaues Kleid um, das Tante Letty hinterlassen hatte, und richtete einen von ihren Strohhüten her, der mit gläsernen Blümchen verziert war. Ein Paar von ihren Schuhen paßte mir fast. Für meine Größe habe ich kleine Hände und kleine Füße, und die Schuhe mußte ich mit einer Einlage ausstopfen, damit sie mir nicht von den Füßen fielen. Ich traute mich nicht, Tante Lettys Rouge oder ihre Schminke zu benutzen. Mein Vater hätte mich grün und blau geschlagen.

Ich machte mich auf den Weg zum General Store, die vier Meilen von unserer Farm bis zur Kreuzung. Ich fühlte mich innen ganz hohl und war aufgekratzt und wollte singen, aber mir fiel nichts ein außer: *He Don't Belong to the Regulars, He's Just a Volunteer.* Ich war vierzehn, und in meinen Sehnsüchten hatte Charlie Owens den Dandy auf dem Hefepapier verdrängt. Ich nannte es nicht Liebe, und es war auch keine Liebe. Vielleicht könnte man sagen, es war hitzige Natur. Mit vierzehn verstand ich nichts von Liebe, und später, als ich die Liebe erlebte, war mir immer klar, daß sie mehr war als Körperhitze und ein Kitzel im Bauch. Ich war einfach lebendig und gesund, ich wollte benutzt werden und selbst benutzen. Mehr hätte ich dazu nicht sagen können. Ich hatte keine hochgestochenen Wörter und keine hochgestochenen Gedanken. Ich war grün wie Gänsekacke. Ein blödes Farmermädchen, das bei ein paar Schafen Geburtshelferin gespielt hatte. Aber ich war lebendig. So lebendig, daß ich unter meinem umgearbeiteten Kleid die Glut in mir spürte, und Tante Lettys altes kurzes Korsett drückte mir die Brüste wie zwei Äpfel nach oben. Alles, was ich sonst noch darüber sagen könnte, wie ich damals war, wäre gelogen.

Als ich hereinkam, saß Charlie Owens auf einem hohen Hocker hinter dem Gitter des Postschalters. Er trug bestickte Hosenträger und rauchte eine billige Zigarre. Er flachste ein bißchen herum, sagte, ich wäre groß geworden und das würde ihm gefallen. Wie eben ein Mann mit einem Mädchen so plaudert. Ich hielt die Petroleumkanne hoch, auf deren Tülle eine Kartoffel als Stopfen saß. Ich sagte, ich bräuchte einen Liter Petroleum. Er sagte, sein Onkel würde das Petroleum drüben in der Scheune lagern, was eine gute Idee war, wegen des Geruchs. Nicht, daß es im General Store nicht auch andere starke Gerüche gegeben hätte. Immer noch das alte Zaumzeug, der Räucherspeck, der von Dachbalken herunterhing, offene Kästen mit Gewürzen, Fässer mit Pökelfleisch und Stockfisch und andere Düfte, die man nicht erraten konnte, aber nur wenige angenehme darunter.

Draußen in der Scheune umarmte mich Charlie, tätschelte mir mit seiner einen Hand den Hintern, beugte sich vor und fuhr mir mit der Nase zärtlich über das Gesicht. Mir war heiß, ich wurde unruhig und sagte etwas wie: »Oh, Charlie Owens!«

»Komm heute abend zu der Jagdhütte am Bach.«

Ich fragte: »Aber wozu denn?« Mehr fiel mir nicht ein, und er lachte laut, gab mir einen Klaps auf den Arsch und sagte, das würde ich schon sehen, wenn ich käme. Ich sagte, ich müßte es mir noch überlegen. Er füllte die Kanne aus einem Faß, steckte eine frische Kartoffel auf die Tülle, und ich wackelte beim Hinausgehen mit dem Hintern wie eine eingebildete Katze.

Charlie war so ziemlich das Beste, was in Hosen herumlief, zumindest, soweit es für mich erreichbar war. Die jungen Kerle, die aus dem Krieg zurückgekommen waren, gehörten alle zur »Grand Army of the Republic« und hielten sich für politisch einflußreich, wie mir Charlie erzählte. Ein paar von ihnen saßen immer rauchend und spuckend um den Ofen im General Store. Man merkte sofort, der Krieg war eine tolle Zeit für sie gewesen, die sie nie vergessen würden, auch wenn sie hundert Jahre alt wurden, und ich vermute, ein paar von ihnen werden tatsächlich so alt. Vom Sterben und dem Schiffszwieback und dem feuchten Erdboden abgesehen, hätten sie die Zeit in der Army größtenteils genossen, sagte Charlie, das Saufen, die hellhäutigen Mischlingsmädchen, die sie auf den Farmen in Virginia zu mehreren fickten, und der Klang von Querpfeifen und Trommeln. Jetzt mußten sie wieder schuften, oder sie saßen herum und faulenzten, während sich der wilde Kürbis und der Waldlorbeer das Land zurückholten.

Ich wußte, ich würde zu der Jagdhütte am Bach kommen. Das Dach war löchrig, aber sie hatte Wände und Reste von einem Steinfußboden. Charlie hatte sich früher von hier aus um seine Fallen gekümmert. Nach dem Abendessen schlich ich aus dem Haus und ging hinunter zum Bach. Charlie hatte Jutesäcke und ein bißchen Heu und ein paar alte Fallen in der Hütte gelagert. Ich war froh und gleichzeitig ängstlich, aber vor allem wollte ich etwas erleben. Wenn ich auf mein Leben als Hure und Madame zurückblicke, spüre ich noch immer die Röte, die an diesem Abend auf meinem Gesicht glühte, und ein merkwürdiges zittriges Gefühl in den Beinen, die Feuchtigkeit in der Spalte, als hätte sich in mir ein Stopfen gelockert, als würde darunter etwas Heißes hervorquellen. Schon damals wußte ich, es ist nicht das Herz, mit dem man fühlt, sondern es sind die Eingeweide. Eines war ich bestimmt nicht – romantisch. Es ist wie beim Klavierspielen, wenn man Noten lernen will, muß man Unterricht nehmen. Klavierunterricht hatte ich allerdings keinen.

Charlie war schon da. Er lehnte an der bemoosten Wand der alten Hütte und sagte: »Abend, Nellie.«

Ich sagte: »Da bin ich.«

Er sagte, er hätte gewußt, daß ich kommen würde. Wir redeten ein bißchen, über nichts Besonderes, dann gingen wir durch das Loch in der Wand, wo mal die Tür gewesen war, hinein und setzten uns auf die Jutesäcke. Charlie fackelte nicht lange – küßte mich im Gesicht und auf die Schultern. Ich hatte nie viel geküßt, auch keine Verwandten oder sonstwen. Aber es fiel mir nicht schwer, die Küsse zu erwidern. Ich fühlte mich stark und hatte keine Angst. Schließlich hatte ich es mir genau überlegt. Er öffnete mein Kleid und griff mit seiner einen Hand nach meinen Brüsten, und es störte mich nicht, daß er nur diese eine hatte. Er streichelte meine Titten und dann nahm er sie in den Mund, und ich stöhnte vor Freude. So ein Gefühl, wie während er an meinen Titten saugte, hatte ich noch nie gehabt. Es war herrlich. Ich klammerte mich an ihn, und er legte mich hin, riß mir das Kleid vom Leib, ließ die Jeans runter, und dann kam sein Schwanz zum Vorschein, und einen Augenblick dachte ich, verdammt! – denn irgendwie hatte ich einen großen schwarzen wie bei Jackson dem Zuchthengst erwartet. Ich streckte die Hand aus und betastete ihn; er fühlte sich an wie Gummi, war aber steif. Es machte mich ganz verrückt und zappelig, ihn anzufassen, er war so lebendig und schlangenhaft. Ich war vierzehn, aber schon gut gebaut, und meine Pflaume war mit einem feinen, goldenen Flaum bedeckt. Ich spürte, wie seine Finger sich vorantasteten, erst langsam, dann schneller, zuerst die Finger am Hinterausgang, dann sein Schwanz. Ich rief: »Charlie, Charlie!« und spürte seinen heißen Riemen zwischen den Schenkeln. Ich langte hin und half ihm auf den richtigen Weg. Ich nehme an, es war kinderleicht, einzudringen, wo ich es doch so sehr wollte.

Ich hatte keine Ahnung von der Liebe, und ich war auch nicht verliebt; ich fühlte mich lebendig, und ich ließ meiner Lebendigkeit ihren Lauf. Ich war auch keine richtige Jungfrau mehr. Über irgendeinem Geländerknauf oder einer Haarbürste war mir das Jungfernhäutchen längst abhanden gekommen. Aber ein Mann war noch nie in mich eingedrungen. Jetzt war ich ganz ausgefüllt und seufzte und stöhnte und ließ zu, daß sich Charlie über mich hermachte, mich mit den Beinen und seinem einen Arm festhielt, während er ein- und ausfuhr.

Für mich war es das erste Mal, und ich habe es in guter Erinnerung. Es dauerte nicht lange, da kamen wir beide. Ich habe im Laufe der Zeit viel über den Orgasmus reden hören, und es war viel Angeberei dabei. Aber dieses starke neue Lustgefühl warf mich um. Zum erstenmal das ungeheure Beben und Nach-Luft-Schnappen, während ich mich an Charlie klammerte und er mir etwas ins Ohr flüsterte, das ich einfach nicht verstand.

Und dann sah ich durch ein Loch im Dach zu dem nächtlichen Himmel hoch. Ich hörte ein Käuzchen rufen und das Surren der Nachtfalter, die um den alten gemauerten Kamin schwirrten. Irgend etwas pochte laut. Es war mein Herz. Ich fürchtete schon, es könnte platzen. Aber ich sagte: »Können wir es noch mal machen, Charlie?«

Charlie sagte, er wollte es versuchen, aber ich müßte ihm etwas Zeit lassen. Er hatte sich nicht aus mir zurückgezogen und blieb steif. Und nun stellte ich fest, daß meine Vagina etwas konnte, von dem ich dann lange glaubte, alle Frauen seien dazu imstande. Sie konnte den Schwanz packen und festhalten und drücken, wie man den Euter einer Kuh melkt. Charlie kam ins Keuchen, als ich das mit ihm machte, und sagte in seiner Lust: »Verdammt, verdammt.« Und nachher sagte er, das hätte er noch nie erlebt.

Es dauerte lange, bis ich herausfand, daß nur wenige Frauen ihre Muskeln so beherrschen und damit etwas anfangen können. Auch ich mußte erst noch lernen, was für eine große Lust das dem Mann verschafft – über das Talent einer gewöhnlichen Frau weit hinaus. Während dieser Nacht entdeckte ich in mir ein ganz neues Ich. Charlie fing immer wieder von vorn an. Ich hatte keine Lust, die Hütte zu verlassen, obwohl mir nachher so schwindelig war, daß ich kaum noch gehen konnte. Es war fast Morgen, als ich zur Farm zurückkam, durch das Fenster kletterte und mich neben meine Schwester Lizzie auf den Bettsack legte. Sie wälzte sich herum und sagte: »Wo warst du? Du riechst so komisch.«

Ich roch nach Charlies Schweiß und seiner Soße, doch ich sagte, ich hätte ganz furchtbaren Durchfall gehabt, aber jetzt ginge es mir wieder besser. Ich schlief sofort ein und war sehr zufrieden mit mir und Charlie Owens. Damals und auch später hatte ich nie das Gefühl, ich würde sündigen.

Der Akt ist etwas Natürliches und läßt sich ohne weiteres genießen, wenn man ihn nicht mit der Vorstellung verkleistert, irgend etwas oder irgend jemand würde einem von oben dabei zusehen und das Ganze als Sünde verrechnen. Die fromme Moral meines Vaters hatte ich schon hinter mir. Auch die Hoffnung auf das Himmelreich oder auf ein Leben nach dem Tod lag mir ziemlich fern. Für mich war das alles nur ein großes *Vielleicht*. Ich war keine Denkerin, ich hätte keinen Grund nennen können, warum ich so empfand und nicht anders, ich tat es einfach. Später konnte ich mir diese Haltung auch mit Gründen erklären, die zu meinen Bedürfnissen paßten, aber nicht mit vierzehn und innen noch naß von Charlie.

Ans Kindermachen dachte ich überhaupt nicht. Ich wollte einfach, so oft wir konnten, mit Charlie zusammensein. Für mich war das so natürlich, wie im Ententeich die Kaulquappen aus den Eiern schlüpften, wie der Hahn die Henne tritt oder der Eber grunzend die Sau besteigt. Und vor allem war es so, wie ich es bei Jackson und der Stute gesehen hatte. Es gab Vögel, die begatteten sich im Flug, in der Luft, und überall dampfte die Erde in Frühlingsfarben, weich und fruchtbar. Der gelbe Ackersenf kam heraus, das erste frische grüne Gras schob sich aus der Narbe vom letzten Jahr hervor. Dazwischen ich, gedankenlos, aber froh. Ich kam mir vor wie ein Teil von einem Muster aus Dingen, das ich nicht verstand.

Sobald es dunkel wurde und die Laubfrösche anfingen, kam Charlie herüber. Wir nahmen ein paar alte Decken mit, und als es wärmer wurde, blieben wir im Freien, legten uns ins Gebüsch und trieben es die ganze Nacht. Redeten auch über das, was wir taten, und Charlie erklärte mir Wörter – Wörter, die man an Scheunen und auf Klowänden und an anderen Stellen lesen konnte. Charlie hatte im Krieg viele Mädchen gehabt, so hatte er die Dienstzeit herumgebracht, auch mit Whisky und Plündern. Eine Zeitlang war er als Sanitäter in Washington und kannte den Rotlichtbezirk dort, »Hooker's Division«.

Ich wollte forschen, sehen, probieren, spielen; ich fing an, mich auf eigene Faust über seinen Körper herzumachen. Er war kräftig, gut gebaut. Es kam so weit, daß seine Geschlechtsteile wie Spielzeug für mich waren. Unsere Münder waren überall. So war das in diesem Sommer.

Mit der Farm ging es immer weiter bergab. Mein Vater tobte mit dem Streichriemen hinter mir her, weil ich die Hausarbeit vernachlässigte. Ich zeigte Charlie die Striemen auf meinem Hintern und den Schenkeln – vermutlich, weil ich stolz darauf war, jemanden zu haben, der sie küßte. Ich weiß nicht, warum ich nicht schwanger wurde. Später sah es dann so aus, daß Charlie zwar sehr männlich, aber doch wohl unfruchtbar war. Es käme daher, daß sie im Feldlager immer auf dem feuchten Boden schlafen mußten, sagte er, aber mit der Zeit machte ich mir andere Gedanken.

Charlie war kein Bauerntrampel. Er war schlau, faul, ein Glücksspieler, und er haßte das Leben auf dem Land. Er hatte es satt, in einem Kaff wie Indian Crossing den Postmeister zu spielen, in dem Schuppen neben dem General Store von seinem Onkel zu wohnen und für die verlorene Hand nicht mehr als ein Almosen zu bekommen. Andauernd erzählte er mir von Brasilien, vom Amazonas, da gäbe es jede Menge Land und er könnte dort als Plantagenbesitzer leben und die Indios würden für ihn arbeiten. Er würde mich mitnehmen, sagte er. Ein Jahr lang hingen wir solchen Träumen nach. Im Winter war es schlimm. Wir zogen uns warm an und trafen uns bei der Jagdhütte. Charlie hatte das Dach ausgebessert und auch eine Tür eingesetzt. Wir machten

Feuer in einem durchlöcherten Eisentopf, aber besonders warm war es nicht.

Im Frühjahr, das war 1869, wurde ich fünfzehn, ich hatte inzwischen Figur, hübsche Titten, fest wie Äpfel, eine schmale Taille, geschwungene Hüften, rötlich goldenes Schamhaar. In diesem April sagte Charlie, wir sollten weggehen, davonlaufen, sobald er irgendwelches Geld hätte, das ihm jemand schuldete.

»Wohin denn, Charlie?«

»Den Fluß runter, und dann auf ein Schiff nach Brasilien.« Brasilien war seine fixe Idee, und mir war alles recht, ob China oder Brasilien, solange es mir jemand besorgte. Ich hatte keine Ahnung von der Welt, kannte nur das North Pike, Indian Crossing und ein paar Farmen in der Umgebung. Meine Welt war ungefähr so weit, wie ich spucken konnte.

»Und was machen wir da, Charlie?«

Er sagte, wir würden das machen, was wir das ganze Jahr über jede Nacht gemacht hätten, und er würde sich ein großes Haus bauen, die Indios würden für ihn arbeiten und das Land roden, für einen Teller Suppe. Ich habe nie herausgefunden, woher Charlie seine Vorstellungen von Brasilien hatte, wir sind nämlich nie bis dahin gekommen. Eines Abends packte ich die paar Sachen, die ich besaß, in eine von Tante Lettys Teppichtaschen, setzte einen von ihren Hüten auf, zog die besten Schuhe an, die von ihr noch da waren, und marschierte den Hügel hoch, um dort auf Charlie zu warten. Er sollte einem Mann im Hauptort des County ein Pferdegespann und einen Kastenwagen überbringen. Von dort würden wir die Dampfwagen nehmen, wie man damals die Eisenbahn nannte – nach Saint Louis. Ich hatte kein Geld, nichts außer dem, was ich auf dem Leib trug, und Tante Lettys Uhr in der Teppichtasche.

Es ging auf Mitternacht zu, als Charlie mit den beiden Braunen vor dem Wagen den Hügel hinaufgejagt kam. Er hatte seinen guten dunklen Anzug an und eine lederne

Reisetasche dabei. Ich wuchtete meine Tasche auf den Wagen, setzte einen Fuß auf die Radnabe, schwang mich auf die Bank neben Charlie und umarmte ihn. Er rief »Hü!«, und die Braunen setzten sich in Bewegung. Der Mond schien, und die Straße war noch nicht aufgeweicht vom Regen, es gab nur tiefe Fahrspuren. Ich band meinen Hut fest – voller Unwissenheit und Eigensinn und mit einer ungeheuren Gespanntheit, alles in einem.

In meinen Augen war es keine Entführung. Ich wollte einfach weg von der Farm. Ich wollte bei Charlie sein und mit ihm unsere Spiele spielen. Charlie hielt die Zügel mit seiner einen Hand, und ich durfte mit der Peitsche die Braunen ein bißchen auf Trab bringen. Bald fielen sie in einen gemächlichen Schritt, mit Schaum vor den Mäulern. Ich lehnte mich an Charlie, und wir unterhielten uns darüber, wie gut es uns ging und wieviel Spaß wir miteinander und in der Stadt haben würden. Charlie war nach seiner Entlassung aus der Armee schon mal durch Saint Louis gekommen, und er sagte, es sei die richtige Stadt für einen richtigen Mann, nicht so wie diese öde Gegend voller Bauerntrampel. Er zwickte mich immer wieder in den Oberschenkel und roch nach Whisky und Haaröl.

Morgens kamen wir in den Hauptort des County. Charlie gab die Pferde und den Wagen bei dem neuen Besitzer ab und bekam für den Job zwei Dollar. Ich war nur mal zum Kirchgang in der Stadt gewesen, und heute weiß ich, daß nicht viel mit ihr los war, aber damals war ich schwer beeindruckt. Den Bahnhof fand ich toll. Als der Zug einfuhr, klammerte ich mich an Charlie, fast wären mir die Augen ausgefallen. Dampfwagen hatte ich noch nie gesehen, die große schwarze, rußige Lokomotive, die Treibräder und das viele blanke Messing.

Ich wollte nicht einsteigen, aber Charlie sagte: »Verdammt noch mal, Nellie, jetzt blamier mich nicht vor all den Leuten!«

Also stieg ich ein und hätte mir fast in die Hose gemacht vor Angst, setzte mich auf den grünen Plüsch, und dann läutete die Lokomotivglocke. Der Zug ruckte, und ich war kurz davor, mich vollzupinkeln, so sehr erschrak ich über jedes Rütteln.

Bald schnaufte der Zug munter vorwärts, ich sah aus dem Fenster und fragte mich, wie jemand es geschafft hatte, all diese Schwellen zu verlegen – Millionen von Schwellen, dachte ich – und die Eisenschienen dazu. Die Welt war größer, als ich gedacht hatte, und auch merkwürdiger, viel merkwürdiger. Charlie kaufte mir ein paar Sandwiches mit geräuchertem Beef und eine Apfelsine. Im General Store hatte ich schon mal Apfelsinen gesehen, aber gegessen hatte ich noch nie eine. Bei dem Süßigkeitenverkäufer mit seinem vollen Korb kaufte sich Charlie einen Groschenroman. Und während er las, aß ich meine Apfelsine, mit Schale und allem. Aschekrümel flogen zum Fenster herein, aber den Leuten schien es nichts auszumachen, sie wischten sie einfach weg.

Charlie sagte, er hätte hundertelf Dollar dabei, und ich konnte gar nicht glauben, daß jemand soviel Geld auf einmal besaß. Ich fragte, woher er es hätte, und er sagte, sein Onkel hätte ihm was geschuldet und das Post Office auch, und jetzt hätte er abgerechnet. In Wirklichkeit hatte er sich an der Ladenkasse und an den Einnahmen des Post Office vergriffen. Ich fand das erst später heraus, aber er meinte, er hätte nur genommen, was ihm auch zustand. »Ich habe es bloß auf meine Weise eingetrieben.«

Wegen unserer Spielereien und dem, was wir das ganze Jahr über getan hatten und daß wir jetzt zusammen wegliefen – wegen all dem hatte ich kein schlechtes Gewissen und keine Schuldgefühle, aber Klauen war mir zuwider, und dabei ist es mein Leben lang geblieben. Eigentum ist für arme Leute etwas sehr Wichtiges. Bei aller Knauserei und seinen anderen Fehlern ist mein Vater, wo es um Eigentum ging, immer ehrlich gewesen. Aber während der Zug vorwärtsdampfte und Charlie las und ich mich an ihn schmiegte, die Finger noch klebrig von der Apfelsine, fühlte ich mich frei und kam mir begehrt vor. Ich fühlte mich wohl bei Charlie Owens und schlief.

Es sollte noch lange dauern, bis ich zur Vernunft kam, bis ich lernte, Menschen rasch und richtig zu beurteilen, und begriff, wie es in der Welt zuging. Ich mußte lernen, in dieser Welt meinen Platz zu finden. Ohne Bildung, ganz auf mich gestellt, mußte ich mich mit dem behelfen, was ich erst nach und nach begriff: daß ich nämlich genauso schlau war wie alle anderen, auch wenn mir am Anfang das Drumherum fehlte.

Doch die meiste Zeit überlegte ich an diesem Tag, wie es in Saint Louis sein würde.

FÜNFTES KAPITEL
IN SAINT LOUIS

Hätte mich jemand auf dem Mond abgesetzt – es wäre mir nicht erstaunlicher vorgekommen als jener Tag im Mai 1869, an dem ich mit einem einhändigen Mann direkt von der Farm nach Saint Louis kam. Großstadtstraßen hatte ich noch nie gesehen, all die Schaufenster, die schicken Leute – und so viele, daß sie sich unmöglich alle kennen konnten. Das verrückte Gewimmel der Karossen, Fuhrwerke, Kutschen erschreckte mich, und die vielen Pferde – der Lärm war wie ein Brüllen in meinen Ohren. Alles schien zu schreien und herumzuhasten. Während dieser ersten Stunde in der Stadt, als wir vom Bahnhof kamen, mußte mich Charlie an die Hand nehmen. Ich wollte die Mietdroschke nicht besteigen, in der wir zu einer Pension, die er kannte, fahren sollten. Er sagte, ich wäre eine durchgedrehte Landpomeranze und am liebsten würde er mich einfach stehenlassen.

Alles kam mir so großartig vor, so hoch und so bunt. Ich hatte eben keine Ahnung, und vor allem erschrak ich darüber, daß alles angestrichen war. Was man nur streichen konnte, war gestrichen, und zwar in schreienden Farben. In der Welt, aus der ich kam, wurde kaum etwas gestrichen, und wenn, dann nur, wenn es neu war, und nachher ließ man es verwittern.

Saint Louis war eine Stadt aus Malerfarbe und Glas – Schaufensterscheiben, gläserne Eingangstüren und Erker, die drei, vier Stockwerke hoch reichten. Das war schwer zu verkraften, dieser Reichtum an Glas. Es lag natürlich vor allem daran, daß ich keinen Vergleich hatte und alles so plötzlich auf mich einstürmte. Die Tapete in unserer

Pension war mit Blumen und Bäumen bedeckt, und dazwischen gingen Männer mit Zylinder und Frauen mit Sonnenschirmen herum. Die Lampen hatten rote und blaue Schirme und waren in Blei gefaßt und mit geschliffenem Glas behängt. Als wir unser Zimmer betraten, warf ich mich einfach auf das große schwarze Nußbaumbett. Ich lag da und schnappte nach Luft, zog Charlie an mich und jammerte: »Ich will nach Haus. Ich will nach Haus.«

Charlie lachte und sagte, die Großstadt würde mir bestimmt gefallen, und er wollte mir noch viel zeigen. Ich zitterte am ganzen Leib und küßte ihn wild. Ich knöpfte mein Kleid auf, und er küßte meine Titten. Ich wollte nackt bei ihm sein, festgehalten werden in dieser verrückten Stadt. Alles hier kam mir irgendwie verkehrt vor. Ich wollte seinen Riemen nehmen und spüren, daß wir lebendig waren und allein, Haut an Haut, und wollte ihn in mir haben. Ich kannte nur Charlie, ich hatte nur ihn. Ich wußte damals noch nicht, daß Sex auf Leute, die in Panik sind oder erschrocken, wie Medizin wirkt. Nun machte ich diese Entdeckung an mir selbst. Ich keuchte heftig, und wir fingen an zu stöhnen und wälzten uns auf dem weichsten Bett, auf dem ich je gelegen hatte. Wie wir da zusammen auf dem sauberen Laken kamen, das war genau die Art von Medizin, die ich gegen mein nervöses Gezappel brauchte. Zum erstenmal begriff ich, daß Vögeln zu mehr gut ist als zum Spaß; es konnte auch Trost und Ruhe bringen und war als Allheilmittel genauso gut wie eine Schachtel Pillen vom Doktor. Aber damals wußte ich nur, daß ich bei Charlie neben mir in dem Großstadtbett geborgen war. Beide waren wir außer Atem, als wären wir gerannt, und fühlten uns ungeheuer wohl. Solange Charlie Owens mich an sich drückte, konnte mir die Panik nichts anhaben, die mich in Saint Louis befallen hatte.

Die nächsten Tage waren einfach schrecklich für mich, und von dem, was auf den Straßen los war, bekam ich kaum etwas mit. Charlie besorgte mir Schuhe, und eine kleine bucklige Näherin in der Pension schneiderte mir zwei

Kleider. Sie machte mir auch Unterhosen mit Spitzenbesatz, die vorn und hinten einen Schlitz hatten, so daß man pinkeln und kacken konnte, ohne sie herunterzulassen. Außerdem blaue und schwarze Baumwollstrümpfe und sogar Strumpfhalter mit roten Schleifchen. Charlie sagte, ich sähe aus wie eine Modepuppe.

Auf der Straße klammerte ich mich mit weit aufgerissenen Augen an ihn. Ich wollte in keine Droschke steigen und war so aufgeregt, daß ich mein Kleid durchschwitzte. Bald lotste ich Charlie wieder zurück in unser Zimmer, zog mich aus und schlüpfte ins Bett. Wir trieben es vier- oder fünfmal am Tag, vergnügten uns mit unseren Spielen, waren auch mit unseren Gesichtern überall, machten es von vorn und von hinten. Es war die reine Raserei, ich war verängstigt und brauchte diesen Trost, so wie ein Baby an einer Titte nuckeln muß. Charlie wußte anscheinend nicht so recht, wie es weitergehen sollte – er spielte oft Karten und suchte nach einem Schiff in Richtung Amazonas.

Die größte Angst machte mir der Eßtisch in der Pension. Zum Frühstück versammelten sich ungefähr zehn Personen im Eßzimmer im Erdgeschoß. Das Tischtuch verschlug mir die Sprache, es war mit amerikanischen Adlern und Generälen und berühmten Gebäuden bedruckt. Jeder Gast hatte einen Serviettenring für seine Serviette, und die wurden alle drei Tage gewechselt. Und dann die Kannen mit Milch und Sahne und die Platten mit Speckscheiben und Dutzende Eier und gesalzene Butter. Toast, Pickles, eingelegte Wassermelonen, Essig, Öl, Würzsauce. Alle aßen schnell und redeten viel, während sie die Töpfe mit Marmelade, die eingelegten Pfirsiche und die Apfelkonfitüre weitergaben.

Zum Mittagessen gingen wir manchmal in ein Restaurant. Eine Zeitlang konnte ich mich einfach nicht an die Kellner gewöhnen oder daran, eine Speisekarte zu nehmen und etwas auszusuchen. Und an das Bedientwerden – ich saß da, starrte Charlie mit offenem Mund an und wünschte mir, der Schwarze mit den weißen Handschuhen würde verschwinden. Zum Abendessen waren wir wieder in der Pension. Es dauerte eine Woche, bis ich mit Charlie ein schickes Hotel im eleganten Teil der Stadt beim Forest Park besuchte. Ich konnte mich an das Tischzeug aus weißem Leinen nicht gewöhnen, all die Gewürze, der Drehaufsatz mitten auf dem Tisch mit den vielen Fläschchen und Flaschen für Weinessig und Soßen, scharfes, pfeffriges Zeug, das man sich über das Fleisch goß oder zum Fisch aß. Ich kannte mich mit Fisch nicht aus, außer mit Bachforelle, Büffelfisch, Wels und Stockfisch. Eine Serviette hatte ich noch nie benutzt. Jeder schien einen goldenen Zahnstocher zu besitzen und benutzte ihn wie selbstverständlich beim Reden, alle stocherten da manierlich vor sich hin, und das, was sie zutage förderten, spuckten sie entweder in die Hand oder auf den Teller. Die Lokale, die Charlie besonders mochte, lagen beim Dampferkai am unteren Ende der Washington Avenue.

Ich bekam andauernd Durchfall: das feine Essen, der Wein, das Bier; aber in der Pension gab es nach hinten raus zwei prächtige Klos, mit Haken für zurechtgeschnittenes Zeitungspapier, Waschbecken, Rollhandtuch und einem Haken für Schal oder Mantel. Ich war an diese Eleganz einfach nicht gewöhnt. Auch mit Stadtmenschen zu reden war ein Problem für mich, zum Beispiel mit den Fremden, mit denen Charlie auf der Market Street oder bei der Eads Bridge ins Gespräch kam. Immer wollten sie wissen, was mit dem Wetter war. Ob es regnen würde. Was Wunder, daß Charlie und ich es in der ersten Woche in Saint Louis bis zur galoppierenden Schwindsucht miteinander trieben. Manchmal schnappten wir in Shaws Botanischem Garten ein bißchen Luft oder liefen am Concordia Seminary herum, aber dann gleich zurück ins Bett.

In der zweiten Woche ging Charlie oft weg, wenn ich noch schlief. Er wollte herausfinden, wie wir den Fluß runter nach New Orleans kommen und dort ein Schiff nach Brasilien finden könnten. Wenn er zurückkam, roch er nach

Bourbon, und manchmal hatte er ein bißchen Geld dabei, das er beim Kartenspielen unten an der Water Front oder in einer Spelunke bei der Brauerei von Anheuser Busch gewonnen hatte. Bald brachte er immer mehr Zeit mit Spielen zu, und für einen Spieler vom Lande liebte er die Karten wirklich sehr. Er sagte, eigentlich sei seine Kriegszeit ein einziges drei Jahre dauerndes, von ein paar Schlachten unterbrochenes Kartenspiel gewesen. In Saint Louis fing er damit wieder an. Aber mit dem Kartenspielen ist es wie mit Huren, Alkohol oder Opium – man gewöhnt es sich leicht an und wird es schwer wieder los. Er sagte immer: »Hör zu, Nellie, ich hab genug auf die Seite gelegt, da unten reicht das für eine richtig große Plantage.«

In der zweiten Woche sah Charlie irgendwie verhärmt aus. Zuerst dachte ich, es läge daran, daß wir so oft zusammen ins Bett gingen, aber als er dann die Pensionsrechnung nicht bezahlen konnte, wußte ich, daß er beim Kartenspiel verlor. Seine silberne Taschenuhr und die Goldkette verschwanden und dann auch sein Rubinring. Wir legten uns hin, und er redete von einer Glückssträhne, von einem tollen Blatt, das ihm ein Heidengeld einbringen würde, und dann machten wir uns übereinander her, und wenn er erschöpft war, streichelte er mich mit seinem Armstumpf. Es klingt vielleicht komisch oder sogar grotesk, wenn ich das hinschreibe, aber es war sehr befriedigend. Ich war nicht verliebt in Charlie, ich war ihm körperlich sehr nah – der erste Mann, der je in mir drin gewesen war, der erste Mensch außer Tante Letty, der sich etwas aus mir machte, der mich als richtigen Menschen angesehen hat, als denkendes und fühlendes Wesen.

Gegen Morgen fiel Charlie meistens in eine Art Halbschlaf, knirschte mit den Zähnen und fluchte vor sich hin. Wenn er aufwachte, war er müde, wusch sich am Becken und ging dann den Tag über aus. Wenn er nicht da war, schlenderte ich in der Stadt herum, überwand diese lähmende Angst, war tapfer und achtete selbst auf die Kutschen und die

Rollwagen mit den Bierfässern – spazierte zwischen den Spatzen herum, die sich um frische Pferdcäpfel zankten. Am Ende war die Stadt doch nicht so erschreckend, und rohes Volk traf man auf der Straße nicht.

Die Bäume waren grün, und manche Dandys tippten sich an den Hut, und ich erinnere mich, daß sich ein paar von ihnen – Schwerenöter – an mich hängten und fragten, ob ich nicht Lust auf eine Flasche und ein bißchen Spaß hätte. Ich sagte höflich: Nein danke, und machte mich los. Ich war erst fünfzehn, aber groß und kräftig und entwickelt wie eine reife Frau. Ich hatte keine Angst vor Männern, bloß vor der Stadt. Ich wußte natürlich nicht, daß sie Schwerenöter waren, selbst das Wort hatte ich noch nie gehört. Ich hielt sie für freundliche Leute, die gemerkt hatten, daß ich fremd war, und helfen wollten. Aber so dumm, mich ihnen anzuvertrauen, war ich dann doch nicht.

Zwei Wochen lang ging das so. Eines Nachmittags kam ich zu unserer Pension zurück. Ich hatte mir den Lucas Place angesehen, war da herumspaziert und hatte schließlich Hunger bekommen. Es war sechs Uhr, und von der Christ Church Kathedrale läuteten die Glocken. Die Frau, die die Pension führte, eine kleine Schmächtige mit braunen Haaren, stand im Flur hinter dem Eingang und versperrte mir den Weg zur Treppe. Sie sagte: »Brauchen gar nicht erst raufgehen. Sie haben hier kein Zimmer mehr.«

Ich muß völlig verdattert und starr vor Schreck gewesen sein. Sie schüttelte den Kopf, als täte ich ihr leid. »Der ist weg, und Sie hat er sitzen lassen, das steht fest. Hat Taschen und Koffer runtergeschafft, als ich gerade nicht hinsah, und ist verduftet, samt Laken, Bettdecke und allem.«

Ich stammelte etwas, ich weiß nicht mehr, was. Dann sagte ich: »Aber was soll ich denn jetzt machen? Wo soll ich denn jetzt hin?«

»Das ist Ihre Sache, Mädchen. Und jetzt ab durch die Mitte!«

»Aber meine Tasche, meine Sachen?«

»Wie bitte? Die werden inzwischen im Leihhaus sein. Der hat alles mitgehen lassen, was durch die Tür paßte und nicht angenagelt war.«

Mit diesen Worten nahm sie mich bei den Schultern und schob mich zur Tür hinaus. Vor mir lag die Straße. Schluchzend, aber ohne Tränen, stand ich da und hatte nur das, was ich auf dem Leib trug, Rock, Bluse, Korsett, Unterhose, meine kleine Jacke, Schuhe, Strümpfe, dazu eine kleine Handtasche mit ein paar Münzen drin, weniger als ein Dollar. Am liebsten hätte ich vor den Leuten auf der Straße losgeheult, aber ich wußte, es würde nichts ändern. Ich wußte, ich würde Charles nie wiedersehen. Tagelang hatte ich mich geweigert, Tante Lettys Uhr für ihn zu versetzen, und zweimal hatte er mir deswegen eine gelangt. Ich versuchte gar nicht erst, ihn zu finden. Ich machte mich zwar auf den Weg zum Fluß. Aber als ich all die Rollwagen sah, das Wirrwarr der Hafenarbeiter und Passagiere, die Kisten und Ballen, drehte ich ab und fand einen kleinen Park. Da setzte ich mich hin und schluchzte jetzt nicht mehr. Ich spürte keinen Schmerz, merkte nicht, daß es dunkel wurde und daß die Straßenlaternen angezündet wurden. Ich war völlig fertig. Wenn ich doch bloß meine alte Teppichtasche noch gehabt hätte.

Aber eines wußte ich: Auf die Farm würde ich nicht zurückgehen. Ich begriff langsam, wie es sich in der Stadt lebte. Mir gefielen die eleganten Klos, die Serviettenringe, das kalte Bier, saubere, gestärkte Unterhosen, Schuhe, die einem paßten, Leute, die herumliefen und lachten und sich unterhielten. Ich hatte es sogar schon mit Zeitschriften und Zeitungen probiert. Wenn ich bedrucktes Papier zwischen den Fingern hielt, überliefen mich jedesmal kleine Schauer, ich wollte etwas erfahren über Sachen und Ereignisse und was sie bedeuteten. Ein bißchen zumindest. Ich hatte verrückte Vorstellungen davon, wie andere Leute lebten, und von Orten, über die ich nichts wußte. Sachen, die dann in vielen Fällen ganz anders waren, als ich sie mir vorgestellt hatte. Ich dachte nach, während ich da saß und mir Mut einredete, und zum erstenmal in meinem Leben sah und spürte ich etwas, das über die vernebelte Farm hinausreichte, über das fettige Essen, die geilen Tiere, die irgendwann geschlachtet wurden, und über das elende Leben zwischen Farmhaus und Scheune und Feldern voller Unkraut und Baumstümpfen.

Gebeugt und ängstlich saß ich auf der Parkbank und wartete. Ich war allein, hatte Hunger, wußte nicht, in welcher Richtung ich nach Hilfe suchen sollte. Ich wußte, wo es zum Fluß ging und wo zur South Side mit den vielen Biergärten, aber mehr auch nicht. Es wurde immer später, und ich fing an zu zittern. Der Abend war nicht kalt, aber ich zitterte trotzdem. Später sahen immer wieder Leute zu mir herüber, starrten mich bloß an, während sie vorübergingen, und ich kam mir vor wie eine abgehetzte Füchsin, die man in die Enge getrieben hat. Ich ging tiefer in den Park und fand eine Hütte, in der Gartenwerkzeug verwahrt wurde. Sie war verschlossen, aber zwischen ihr und einem Verschlag daneben war so viel Platz, daß ich mich hineinzwängen konnte. Ich schlief, und komischerweise schlief ich gut. Ich war gesund und müde, und schlafen war etwas, das ich gern tat. Die Sonne schien, als ich aufwachte und feststellte, daß ich nicht allzu zerknittert aussah. Ich klopfte mir den Staub aus den Kleidern und rückte den Hut zurecht. An einem Brunnen trank ich einen ordentlichen Schluck Wasser und trat hinaus auf die Straße. Die Leute gingen ihren Geschäften nach, sie liefen herum, redeten, fuhren in Kutschen und Droschken vorbei, und mir ging der alberne Gedanke durch den Kopf: Wieso merken die nicht, was mit mir los ist, und warum kommen sie mir nicht zu Hilfe.

Ich legte eine Hand auf die Brust und fühlte etwas Hartes. Ich zog Tante Lettys Uhr hervor. Ich hatte sie unter dem Kleid getragen, seit Charlie angefangen hatte, Sachen zu versetzen, um Geld für sein Spiel zu haben. Er hatte versucht, sie mir wegzunehmen, und hatte mich dabei sogar geschlagen, aber ich war stärker als ein schmaler Mann mit nur einer Hand, und schließlich gab er klein bei. Von Charlie wußte ich, daß es Läden gab, wo man für alles, was irgendwie wertvoll war, Bargeld bekommen konnte.

Ich stand da. Ein Mann ging vorüber, tippte an seinen Hut und sah sich noch einmal um. Ich hielt die Uhr in meiner Hand fest gepackt, und ich glaube, in diesem Augenblick zündete etwas in meinem Kopf und meinem Körper. Der lächelnde Mann, der Finger am Hut, die Uhr, die meine Tante Letty von den Flegels bekommen hatte, die in Saint Louis ein Freudenhaus betrieben. Ich weiß nicht, was ein anderes Mädchen in diesem Moment getan hätte. Ich vermute, neunundneunzig von hundert wären zum Judenladen gegangen und hätten die Uhr versetzt. Ich jedoch beschloß, das Haus der Flegels zu suchen, wo Tante Letty gearbeitet hatte, und diese Leute um Hilfe zu bitten. Wenn das mit der Edelhure keine Lüge gewesen war.

Vernünftig erklären kann ich nicht, wie ich zu diesem Entschluß kam. Ich habe mich immer auf meinen Instinkt verlassen, und auch wenn er mich ein paarmal in Schwierigkeiten brachte, hat er sich doch meistens als richtig erwiesen, jedenfalls öfter als umgekehrt. Von Wahrsagerei, Kaffeesatzlesen und Kristallkugeln habe ich nie viel gehalten, aber es gibt ein paar Dinge, die kann ich nicht so leicht erklären wie eins und eins ist zwei. Mir kam es dann immer so vor, als würde ich von einem anderen Ich vorangeschoben, das irgendwo neben mir steht und sagt: Los jetzt!

Aus Tante Lettys Erzählungen wußte ich, daß die Leute Sigmund und Emma Flegel hießen. Daß ihr Haus an einer Lucas Avenue oder einem Lucas Place lag – ein zweistöckiges, weißgraues Steinhaus, im ganzen Block das einzige in dieser Farbe, während alle anderen rötliche Ziegelhäuser waren. Und davor sollte eine kleine Negerfigur mit einem eisernen Pferdering stehen. Das war alles, was ich von Tante Lettys Erzählungen über ihr Leben dort behalten hatte, und es war Jahre her.

Zuerst versuchte ich, die Straße und das Haus zu finden, indem ich aufs Geratewohl herumlief, aber irgendwann wurde mir klar, wie unsinnig das war. Also fragte ich einige Damen nach der Lucas Avenue, und sie erklärten mir den Weg. Inzwischen war ich schon einen halben Tag unterwegs und ziemlich verschwitzt. Ich trank aus einem Brunnen an der Straße, aber davon wurde mir übel, und hinter einer Hecke kotzte ich alles wieder aus.

Es war später Nachmittag, als ich glaubte, ich hätte das richtige Haus gefunden. Zuerst war ich eine Meile in die eine Richtung gelaufen, dann entschloß ich mich zu der anderen Richtung. Ich hatte mir die Absätze schief gelaufen und Blasen an den Füßen. Ich war todmüde. Aber da war sie, die kleine Negerfigur mit dem Ring in der Hand, da war das Haus, alle Fensterläden geschlossen und steinerne Stufen vor der großen Flügeltür. Die Fassade sah aus wie die von anderen Häusern, in denen ich schon gewesen war. Die Straße kam mir ruhig und respektabel vor, obwohl ich von respektablen Straßen eigentlich wenig Ahnung hatte. Konnte dies eines der besten Freudenhäuser von Saint Louis sein, wie es meine Tante genannt hatte? Wenn nicht, würde ich mich einfach hinlegen und sterben. Ich hatte den Punkt erreicht, an dem ein Tier nur noch den Gnadenstoß erwartet.

Mir blieb nichts anderes übrig, ich mußte es selbst herausfinden. Ich nahm die kleine Uhr in die rechte Hand. Ich trug graue Baumwollhandschuhe mit drei schwarzen Streifen auf dem Handrücken. Charlie – er schien in diesem Augenblick Millionen Meilen weit weg zu sein – hatte unbedingt gewollt, daß ich auf der Straße Handschuhe anzog.

Ein Glockenzug hing blankgeputzt und golden aus einem eisernen Maul. Später fand ich heraus, daß es das Maul eines Löwen sein sollte. Ich zog erst leicht, dann fest, und hörte irgendwo drinnen ein leises Bimmeln. Die Arme vor der Brust verschränkt, stand ich da; ich konnte keinen Schritt mehr gehen, selbst wenn ich gewollt hätte. Über der Tür war ein Oberlicht und vor mir, in der Mitte der Türfüllung, eine kleine Luke. Auf beiden Seiten waren Lampen angebracht, wie Kutschenlaternen mit weißem Milchglas. Unter mir ein geflochtener Fußabtreter.

Ich wollte gerade noch einmal läuten, als sich die Luke öffnete und eine Stimme fragte: »Ja, bitte?«

Ich sagte: »Kann ich Mr. Flegel sprechen? Bitte!«

»Wozu?«

Es hatte keinen Zweck, dieser Stimme etwas zu erklären, das ich mir selbst noch nicht überlegt hatte. Also sagte ich: »Ich soll ihm eine Nachricht überbringen, von einer alten Freundin.«

»Von welcher alten Freundin?«

Einer plötzlichen Eingebung folgend, machte ich eine verzweifelte Geste. Ich hielt die Uhr hoch. Einen Moment lang herrschte Stille. Dann ging die Tür auf, vielleicht fünf Zentimeter, und eine kleine Hand, die Hand einer Frau, tauchte auf, sie war geöffnet – was soviel bedeutete wie: Laß sehen, gib her.

Ich legte die Uhr in die Hand, sah, wie die Tür, die mit einer dicken Stahlkette gesichert war, zugeknallt wurde, hörte den Schlag, als der Riegel vorgeschoben wurde, und stand wieder da. Nun war auch noch die Uhr weg, die Uhr, die ich in etwas Eßbares oder in eine Schlafstelle hätte verwandeln können. Ich blieb stehen, rührte mich nicht. Mir tat alles weh. Plötzlich hatte ich das Gefühl, ich müßte pinkeln, und wollte weglaufen. Aber erst mal konnte ich gar nichts tun, sondern mußte abwarten, ob ich meine Uhr zurückbekommen würde.

Leute gingen vorüber und sahen zu mir herauf. Ich stand da und überlegte. Verdammte Glocke – ich würde so lange gegen die Tür poltern, bis ich meine Uhr zurückhatte. Ich wollte gerade die Faust heben, als die Tür wieder aufging, diesmal ohne Kette. Sie wurde halb geöffnet. Ein kleiner, dicker Mann mit Schlaf in den Augen, das eiergelbe, dünne Haar wirr durcheinander, der Schnurrbart ungezwirbelt. Das Nachthemd hatte er sich in die graue Hose gestopft, die Hosenträger hingen lose herunter. Mit einer Hand hielt er mir die Uhr entgegen.

»Wo haben Sie die her?«
»Sind Sie Mr. Flegel?«
»Jedenfalls nicht General Grant oder die lustige Witwe.«
»Meine Tante Letty hat sie mir geschenkt.« Und dann sprudelte es aus mir hervor: »Sie sagte, ich sollte zu Ihnen gehen, wenn ich nach Saint Louis käme.«

Es war einer dieser Gedankenblitze, die eine Situation entweder retten oder völlig verderben. Ich hatte nicht die Zeit und nicht die Kraft zu irgendwelchen Erklärungen.

Der Mann sah erst mich und dann die Uhr an. »Kommen Sie herein, kommen Sie herein. Wie heißen Sie?«
»Nellie.«
»Und wie geht es Letty?«
»Letztes Jahr ist sie gestorben.«
»Ein gutes Mädchen. Kommen Sie rein.«

Ich stand in einem düsteren Flur, eine große Hutablage mit einem Spiegel, ein altmodischer Schirmständer, dicke Teppiche auf dem Boden und am Ende des Flurs ein großer Salon, vollgestopft mit schwerem Mobiliar, und alle Jalousien heruntergelassen. Alles war so dunkel, daß ich nichts Genaues erkennen konnte, aber mir fiel der Geruch auf, Puder, Möbelpolitur, abgestandener Zigarrenrauch und verschütteter Whisky. Den Salon in einem Hurenhaus kann man noch so sehr lüften und putzen, der Geruch bleibt. Und immer auch der Geruch von Frauen. Das und eine Ahnung von anderen starken Düften setzt sich in den Stoffen und Tapeten fest. Nach einer Weile fällt es einem kaum noch auf.

Der Mann führte mich einen Gang entlang, in dem lauter Gemälde in schweren goldenen Rahmen hingen. In dem Halbdunkel konnte ich auf ihnen kaum etwas erkennen. Wir kamen in eine Küche, die hellgelb gestrichen war, ein großer Kohleherd mit silbernen Beschlägen, jede Menge Kupfertöpfe an Haken, und in einem großen Topf schmurgelte etwas vor sich hin. Eine große, schlanke Frau mit glänzenden braunen Augen sah einem dicken, idiotisch dreinblickenden Mädchen beim Erbsenschälen zu.

»Emma, das ist Letty Browns Nichte. Erinnerst du dich an Letty?«

»Ach ja. Und woher kommen Sie jetzt?«

»Von der Farm. Erfreut, Sie kennenzulernen.«

Der Mann hielt die Uhr hoch. »Und das hat sie uns mitgebracht.«

Ich sagte: »Tante Letty hat sie mir geschenkt, bevor sie starb. Sie hat mir gesagt, ich sollte zu Ihnen gehen. Sie würden sich um mich kümmern.«

Sie sprachen deutsch miteinander, was ich natürlich verstand. Ich sähe ziemlich harmlos aus, sagten sie, aber ob es vielleicht doch eine Falle sein könnte? Niemand könnte so sehr nach einer Landpomeranze aussehen wie ich. Ich hätte ja offenbar nah am Wasser gebaut, aber dieser wohlgeformte Arsch. Sollten sie es riskieren? Ich stand einfach da, den Essensduft in der Nase. Das idiotische Mädchen – sie war tatsächlich schwachsinnig, wie sich dann herausstellte – kaute auf einer Schote herum und starrte mich an, wischte sich die Nase an der Hand ab und bekam dafür eins hinter die Ohren.

Emma Flegel musterte mich von allen Seiten. »Wie alt bist du denn, Nellie?«

Darauf war ich vorbereitet. Ich wußte nicht, wie alt man sein mußte, wenn man im Hurenhaus eingestellt werden wollte. Also griff ich lieber hoch. »Achtzehn.«

Zig Flegel sagte: »Du bist doch hoffentlich keine Jungfrau mehr. So was wollen wir hier nämlich nicht. In *der* Branche sind wir nicht.«

»Mein Mann hat mich verlassen.«

»Ein Unglück!« sagte Emma Flegel ungerührt auf deutsch.

»Er ist nach Brasilien abgehauen. Ich bin noch nie mit einem anderen Mann zusammengewesen. Ich bin sauber und gesund und möchte dasselbe tun, was Tante Letty getan hat.«

Sie steckten die Köpfe zusammen und musterten mich geschäftsmäßig, ganz die praktisch denkenden Fleischverkäufer. Das war es, was einem in ihren feisten deutschen

Gesichtern vielleicht als erstes auffiel, dieser schlaue Bordellbesitzerblick.

Ich sagte: »Ich würde gern was essen. Ich habe Hunger, und pinkeln müßte ich auch mal.«

Emma Flegel lachte laut. Sie legte mir einen Arm um die Schulter. »Trudy zeigt dir, wo das Klo ist, und ich sorge dafür, daß du eine Portion Stew in den Bauch kriegst und ein paar Tassen anständigen Kaffee und selbstgebackenes Brot.«

Nachdem ich mich endlich erleichtert hatte, löffelte ich in fünf Minuten einen riesigen Suppenteller leer mit dem köstlichsten Essen, das ich je genossen hatte. Während ich den Teller mit einer Brotrinde auswischte, lächelte ich Zig und Emma Flegel an. In diesem Augenblick war es mir egal, ob sie mich nahmen und mein Fleisch verkauften oder ob sie mich wieder auf die Straße setzten. Ich war satt und nippte an einer Tasse Kaffee mit Sahne. Sie taten auf die europäische Art Zichorie dazu.

Zig Flegel zupfte immer wieder an seinem Schnurrbart. Er sagte, ich könnte mit Trudy in dem Zimmer über der Küche schlafen, morgen früh würde man weitersehen. Der Betrieb mit den Abendgästen würde bald losgehen. Ich schob mir zwei Scheiben Brot in die Tasche. Sie sagten, Trudy sei schwachsinnig, aber harmlos. Sie würde mir zeigen, wo ich schlafen konnte. In der Tür drehte ich mich noch mal um: »Könnte ich bitte meine Uhr zurückhaben?«

Emma Flegel nickte. »Nellie, ich glaube, du packst es, du machst das gut.«

Mindestens tausendmal habe ich diesen Tag in der Erinnerung durchlebt.

Die meisten Huren sind furchtbare Lügnerinnen, wenn es darum geht, wie sie Huren wurden. Sie erzählen alberne oder traurige Geschichten, die den Gast beeindrucken sollen. Nur ist an diesem Gesülze meistens kein Wort wahr. Aber bei mir ist es genau so gewesen, wie ich es hier aufgeschrieben habe, ohne Beschönigung und Drumherum. So kam es, daß ich in einem der besten Freudenhäuser von Saint Louis Hure wurde.

SECHSTES KAPITEL
BEI DEN FLEGELS

S igmund Flegel war, nach dem, was er erzählte, früher Stallknecht auf einem Gestüt in Oldenburg in Niedersachsen und dann mit einer Ladung Zuchtstuten und einem Hengst für einen reichen Amerikaner ins Hinterland des Staates New York gekommen. Dort wurde er dann als Kutscher eingestellt und lernte Emma kennen, die auf dem Gut als Küchenhilfe arbeitete. Sie stammte aus Lübeck. Eines Morgens erwischte der Gutsbesitzer die beiden zusammen im Bett und wollte sie nur behalten, wenn sie heirateten. Ihre Stellung war ihnen das wert. Mit der Zeit sparten sie sich einiges zusammen. Wie sie es jedoch in zwanzig Jahren zu einem der besseren Hurenhäuser von Saint Louis brachten – dieser Teil der Geschichte war und blieb immer ziemlich unklar. Tatsache ist, daß sie gute Beziehungen zum Rathaus und zur Regierung des Bundesstaates hatten und sich dadurch Respekt und Protektion bei der Polizei verschafften. Die beiden waren jedenfalls ein gutes Gespann, bei all ihrer »Gemütlichkeit« tüchtige Arbeiter und mit allen Wassern gewaschen.

Zig – Sigmund nannte man ihn nur, wenn er wütend auf einen war – hatte ein aufbrausendes Temperament. Er war dick, hatte Plattfüße und blaßbraune Augen in runzligen Höhlen, wie eine alte Schnappschildkröte, und einen gewichsten, nach oben gezwirbelten Schnurrbart, der immer fleckig von seinem Schnupftabak und von den Zigarren war, die er in einer Bernsteinspitze rauchte. Er hatte eine freundliche Art, außer wenn er sich ärgerte, dann spuckte er Feuer. Mit seinem prüfenden Blick und seinem Knurren hielt er das Haus in Ordnung, und wenn es sein mußte, auch mit der flachen Hand. Eine Faust machte er nie, wenn er zuschlug, aber wenn ein Mädchen bestraft werden mußte, dann setzte es Ohrfeigen von links und von rechts. Ein gleichmäßiges *Peng, Peng, Peng,* mitten ins Gesicht, schnell und schmerzhaft. Er erzählte, als junger Mann bei der Kavallerie sei er selbst von seinem Oberst so bestraft worden. »Wenn der einen zu Boden schlug, ist man wieder aufgesprungen, hat gelächelt und salutiert.«

Sehr oft brauchte Zig die Mädchen aber nicht zu bestrafen. Er war fair und unparteiisch. Einen Platz für jedes Ding und jedes Ding an seinem Platz – so hatte er es gern. Er steckte voll altertümlicher deutscher Redensarten und Sprichwörter. »Raum für alle hat die Erde« war einer seiner Lieblingssprüche. Zig hatte einen Riecher für Geld. Aber er knauserte nicht, weder beim Essen noch bei der Wäsche oder bei den Möbeln. »Das Beste kommt zuletzt am billigsten.« An Silvester kamen ihm oft die Tränen, und er sagte, er sei seiner toten Mutter ein schlechter Sohn gewesen.

Emma Flegel war im Alter immer dünner geworden. Unter ihrer Gesichtshaut konnte man fast die Knochen sehen. Das Haar trug sie mit Samtbändern hochgebunden. Es war blaßgolden, schimmerte aber nicht. Sie hatte sehr große Füße und große Hände, und immer setzte sie einen Fuß bedächtig vor den anderen, als wollte sie erst prüfen, daß sie auch beim nächsten Schritt festen Boden unter sich hatte. Sie war beides, Wirtschafterin und Madame. Zig kümmerte sich um das Haus, das ihnen übrigens gehörte, und um die Buchhaltung, kaufte den Wein und schmierte die Behörden. In den meisten Häusern gibt es eine Madame und außerdem eine Wirtschafterin, die sich um die Bettwäsche, die Hausmädchen und die Ordnung bei den Mädchen oben kümmert. Aber Emma übernahm beide Aufgaben und hatte deshalb alle Hände voll zu tun, wenn die Freier – so nannte man die Gäste, wie ich nun erfuhr – bedient werden wollten.

Anders als Zig regte sich Emma nie auf. Sie schlug nicht zu, dafür konnte sie einen kneifen. Trotz ihrer ruhigen, ausgeglichenen Art war sie ein bißchen verschroben. Sie sei die »Tochter eines Kapitäns zur See«, verkündete sie oft voller Stolz, und blickte auf Sachsen und alle anderen Deutschen von oben herab. Sie sammelte Muscheln und schlief mit Zig in einem riesigen Bett, das am Kopfende und am Fußende mit Schnitzereien von Tieren und Tannen und Kobolden verziert war. Emma hatte unter den Mädchen immer einen Liebling, mit dem sie schmuste, den sie auf die Wange oder den Hals küßte und mit dem sie ihr Mittagsschläfchen hielt. Sie trank nie, aber sie rauchte kleine schwarze Zigarren. Sie war eine richtige Hausfrau und eine gute Köchin, obwohl ihr nicht viel Zeit für die Küche blieb. Die idiotische Trudy mit ihren Glotzaugen und ihren feuchten, braunen Lippen war ihre Nichte. Außerdem waren da noch eine dicke deutsche Köchin namens Elsa und zwei dicke junge deutsche Hausmädchen. Alle drei wohnten außer Haus und kamen nachmittags um vier. Die Hausmädchen waren keine Huren, aber wenn ein Gast unbedingt wollte, gingen sie mit nach oben und machten die Beine breit, und dabei kicherten sie die ganze Zeit. Zig war damit zwar nicht ganz einverstanden, aber Emma wollte, daß sich der Gast wohl fühlte, vor allem wenn es sich um einen Stammgast handelte. Außerdem gab es noch einen Kutscher namens Alex, der zugleich Faktotum und Kellner war, angeblich ein Stiefbruder von Zig, ein triefäugiger Trunkenbold mit einem dicken blonden Bart.

Ich wollte, daß sie mit mir zufrieden waren, deshalb paßte ich gut auf. Wer nicht wußte, was in diesem Laden los war, hätte das ganze für eine fröhliche deutsche Hauswirtschaft halten können – sauber, ordentlich und mit zuviel Möbeln.

Als ich kam, waren fünf Mädchen im Haus, aber nur an zwei von ihnen kann ich mich erinnern. Frenchy war in Wirklichkeit Italienerin. Scharfzüngig, schwatzhaft, hitzig, mit dunklem Haar, das wie Teer glänzte, und einer dunklen Pflaumenhaut, die immer gut roch und warm war. Sie hatte große Titten, eine schmale Taille und die beweglichsten Hüften, die ich je gesehen habe – als säße ihr Oberkörper auf einem Drehzapfen. Auf ihren winzigen Füßen konnte sie sich drehen wie ein Kreisel. Dabei wirkte sie immer ein bißchen oberlastig. Frenchy hatte schöne Zähne und breite Lippen, und sie lachte und sang und fluchte fast die ganze Zeit. Sie sprach einen breiten Dialekt, kannte aber sehr lange Wörter und las Bücher, die sie zum Weinen brachten. Sie würde das genießen, sagte sie. Sie schickte Geld für Garibaldi nach Italien und später auch an Sozialisten, die im Gefängnis saßen. Am liebsten würde sie große Bomben werfen, sagte sie. Sie war sehr stark und haßte jede organisierte Ordnung, angefangen bei Königen, Päpsten, Politikern und allen, die sie nicht leiden konnte. Wir wurden bald dicke Freunde. Frenchy kümmerte sich um die »outrierte« Kundschaft, wie sie es nannte. Das Wort war mir neu. Sie konnte Münzen, die die Gäste auf die Tischkante legten, mit ihrer Fotze aufheben.

Belle war eine große, träge Blondine, mit fast weißem Haar, das sich um die Ohren und am Hals lockte. Sie war schön und kräftig, und in ihren großen grünen Augen lag etwas leicht Verrücktes. Belle bewegte sich langsam und hatte eine sanfte Stimme. Zig sagte immer: »Man könnte meinen, in ihrem Mund schmilzt Butter nicht.« Aber wenn sie Bourbon getankt hatte, konnte Belle fuchsteufelswild werden. Sie hatte schon mehrmals den Salon demoliert und versucht, Feuer zu legen. Die Flegels behielten sie, weil sie eine großartige Hure war und der Liebling von mehreren Leuten aus der Stadtverwaltung und von zwei sehr reichen Fabrikbesitzern. Wenn die beiden Freier in der Stadt waren, nahmen sie das ganze Haus in Beschlag und schenkten Belle Ringe und Pelze, die sie weiterverschenkte oder wieder verlor oder sich stehlen ließ. Geld oder irgendwelche wertvollen Sachen konnte sie nie lange festhalten, und ihre Wäsche war immer zerrissen und zerschlissen, wenn Emma Flegel sie nicht mit Froufrou und Spitzenhöschen und Négligés versorgte. In nüchternem Zustand war Belle sehr reinlich, wusch und badete und parfümierte sich immerzu und feilte an ihren Fingernägeln herum.

Sie behauptete, sie käme aus Virginia, und Robert E. Lee sei ein Verwandter von ihr. Aber Zig sagte, sie komme von einem Hausboot, weißes Gesocks aus Memphis, und als einer von den Leuten aus der Stadtverwaltung sie entdeckt habe, da hätte sie sich mit Flußschiffern abgegeben, für einen Vierteldollar die Nummer, und die Münzen hätte sie im Mund aufgehoben, weil sie sie nirgendwo hintun konnte, nackt, wie sie war. Der städtische Beamte, der Belle zu Zig brachte, war ein wichtiger Mann mit einer angesehenen Familie und konnte sie deshalb nicht in einer Wohnung in Saint Louis unterbringen. Belle sagte immer, Ed, dieser Beamte, sei in sie verliebt. »Ich bräuchte nur mit dem Finger zu schnippen, und er würde mit mir auf und davon gehen.« Aber geschnippt hat sie nie, weil sie nämlich genausogut wie wir anderen wußte, daß solche politischen Größen nicht mit einer Hure weglaufen, und schon gar nicht mit einer, die völlig überschnappte, wenn sie besoffen war.

Die drei anderen Mädchen, die damals dort waren, habe ich nur als stumpfsinnige Deutsche in Erinnerung, ausdruckslos, willig, tüchtig. Im Haus machten sie keine Probleme, und in ihrer freien Zeit stickten sie. Man sollte meinen, soviel Tugend sei für ein Hurenhaus von Vorteil, aber in Wirklichkeit wurden die Gäste diese Sorte von deutschen Mädchen irgendwann leid. Zig wechselte die Huren ständig, war immer auf der Suche nach etwas anderem, nach einer Ergänzung der Talente, mit denen Frenchy und Belle die Stammgäste munter machten.

Damals wußte ich noch nicht, daß ich selbst mal eine der Attraktionen des Hauses werden und lange bleiben würde. Sie nannten mich Goldie Brown. Ein betrunkener Reporter von Mr. Pulitzers Zeitung, die in Saint Louis erschien, erzählte später in der Stadt herum, Frenchy, Belle und Goldie seien die drei Grazien von Saint Louis. Mir mußte erst jemand erklären, was er mit Grazien meinte.

Zwei Tage schlief ich bei Trudy, aß ordentlich und erholte mich. Dann sagte Emma Flegel, wenn ich arbeiten wollte, könnte ich am Abend anfangen. Sie würde mir das Haar frisieren, die Eichenwanne im oberen Stock füllen lassen, mir die Nägel schneiden und ein paar gute Kleider rauslegen. Die Kleider, die ich anhatte, würde sie nicht mal einer Vogelscheuche überziehen, sagte sie.

Während ich in der Wanne saß und Trudy noch mehr Eimer mit heißem Wasser hereinbrachte, erklärte mir Emma Flegel meine Pflichten als Hure. Ihren breiten deutschen Akzent kann ich nicht hinschreiben, aber sie sagte ungefähr Folgendes:

»Wir sind ein solider Laden und eingeführt. Bei uns verkehren nur die besten Leute und deren Freunde und Herrschaften, die zu Besuch in der Stadt sind und von unseren Kunden empfohlen werden. Die einzige Regel, die wir haben, lautet: Du übst deine ›Kunst‹ aus, und du kannst dich nicht weigern, einen von unseren Gästen zu nehmen. Munter und hilfsbereit, hast du dafür zu sorgen, daß er glücklich wird. Er ist dein Herr, und du bist seine Sklavin. Wenn er etwas will, dann tu's. Der Herr seinerseits weiß als Stammgast, daß wir dazu da sind, ihn innerhalb vernünftiger Grenzen zu erfreuen. Frenchy übernimmt die mit den kleinen Sonderwünschen, und dich werde ich in den ersten Wochen zu den einfachen Gästen lotsen, die sich leicht zufriedenstellen lassen. Sei freundlich zu ihnen, sprich leise, und wenn ›ein lustiger Bruder‹ bei Laune gehalten werden will, dann laß dich von ihm führen. Bei den jungen Schüchternen mußt du auch schon mal selbst zugreifen und hinlangen, aber eine Zeitlang halten wir dir die erst mal vom Leib. Kurzum, sei nett, sei sauber, sei hilfsbereit. Manche Gäste sind schon ein bißchen älter und brauchen Geduld. Noch Fragen, Goldie?«

Ich sagte, nein, ich hätte keine Fragen mehr. Ich hatte zwar noch etliche, aber weil ich neu im Geschäft war, hielt ich es für besser, wenn ich meine Ahnungslosigkeit nicht gleich durch Fragenstellen zu erkennen gab.

Emma Flegel erklärte mir, wie die Begrüßung im Salon ablief, und dann die Arbeit mit dem Gast oben; wie man ihm beim Ausziehen half, mit welchen Stellungen man ihn erregte, und bestimmte Gesten und Ausdrücke, die ihm gefielen.

»Tu so, als erlebtest du gerade den Fick deines Lebens, stöhne, wälz dich herum, bitte ihn um Gnade, zeig ihm, was für ein Kerl er ist – und sei nachher entzückt über seine Größe, sein Gewicht und seine Ladung. Stoß kleine Schreie aus, wenn er will, daß du zusammen mit ihm kommst. Es ist allerdings das beste, wenn du nicht wirklich kommst. Aber tu auf jeden Fall so. Du wirst feststellen, daß manche Freier es mögen, wenn du dich schüchtern gibst und sie dich zwingen müssen, sie ranzulassen, und manche wollen, daß du dabei schmutzige Wörter rufst. Kennst du solche Wörter?«

»Ja«, sagte ich und dachte, was ich von der Farm kannte, würde ausreichen.

Sie nannte ein paar Beispiele, und die waren tatsächlich nicht viel anders als die, die ich schon gehört oder mit Charlie Owens, diesem Mistkerl, selbst benutzt hatte.

»Du nimmst heute abend vier oder fünf Gäste. Treib sie nicht zur Eile. Zu dieser Sorte von Häusern gehören wir nicht. Nach jeder Nummer wäschst du dich gründlich, bringst Haar und Négligé in Ordnung und kommst herunter. Wenn er dir eine Flasche Parfüm anbietet, bedank dich. Zig wird sich darum kümmern. Wenn er dir Geld zusätzlich gibt, kannst du es behalten. Du darfst dich mit ihm nicht außerhalb des Hauses verabreden. Zig wird dich zu Partys in Hotels oder Privathäusern fahren, wenn so was bestellt wird. Aber bitte den Herrn immer, hierher zurückzukommen; sag ihm, du bist verrückt nach ihm. Wegen solcher Reden kommt er ja her, wegen unserer Art von Aufmerksamkeit. Wenn er sieht, daß du jung und neu im Geschäft bist, fragt er dich vielleicht, durch welches Unglück du hierher geraten bist. Am besten gefällt es ihnen, wenn du erzählst, ein älterer Mann habe dich zugrunde gerichtet und du seist unschuldig. Sieh zu, daß es traurig klingt, und klammere dich an ihn, während du es erzählst. Auch wegen so was kommen sie. Du wirst sehen, das Ficken ist nur ein Teil von dem, womit wir unseren Gästen zu Diensten sind.«

Ich bekam weiße Seidenstrümpfe, die ersten, die ich je gesehen oder getragen habe, gelbe, mit Rosenknospen verzierte Strumpfhalter, Hausschuhe mit hohen Absätzen und ein Négligé mit einem federbesetzten, umgeschlagenen Kragen. Das war alles, von einem Taschentuch abgesehen, das ich mir in den Strumpfhalter schieben konnte. Emma arrangierte alles so, daß es aussah, als würden mir die Titten fast aus dem Négligé kullern. Sie küßte mich und sagte dann: »Ach, ja.«

Ich hatte Angst. Draußen war es schon dunkel. Ich hörte das Getrappel von Kutschpferden, das Rumpeln von Droschken, Stimmen im Salon. Im Flur hängte sich Frenchy bei mir ein. »Also los, Farmerin.«

Die Wände des Salons waren blaßrosa, mit vielen Bildern in schweren Goldrahmen, Jagdszenen, Berge mit Schneegipfeln, auch Bilder von nackten Mädchen, die vor Türken oder Arabern tanzten. Auf kleinen Tischen standen Marmorfiguren von Mädchen, die Bäume umarmten oder an Blumen rochen. Die Möbel waren glänzend gelbbraun. Später erfuhr ich, daß man es Biedermeier nannte und daß sie aus Deutschland herübergebracht worden waren. Öllampen mit Schirmen aus rotem und grünem Glas hingen von der Decke, bemalt mit Blumen und Mädchen, die durch Gebüsche tollten und von behaarten Gestalten mit kleinen Hörnern auf dem Kopf und Tierbeinen unterhalb des Knies und einer großen Erektion vor dem Bauch verfolgt wurden. Ein Ofen in der Ecke war mit farbigen Kacheln verkleidet. Auf dem Boden standen große Vasen mit trockenen Zweigen, die mit goldenen Bändern geschmückt waren. Noch heute kann ich jede Einzelheit in diesem Salon aufzählen. Zig war sehr stolz auf die Möbel und sagte immer, die Ölgemälde seien »alle echt, alle handgemalt, von den besten deutschen Künstlern in Düsseldorf«.

An meinem ersten Abend saßen drei Gäste mit Zylindern im Salon auf einem großen roten Sofa, und auf dem Schoß von einem saß schon ein Mädchen in einem blauen Umhang und spielte an seinem Hosenschlitz. Emma in einem dunklen Kleid mit hohem, durch Fischbein versteiften Kragen nahm mich und Frenchy am Arm und führte uns zu den beiden anderen Gästen.

»Die Besten im Haus. Das ist Frenchy, das ist Goldie.«

»Ist mir ein Vergnügen«, sagte Frenchy.

Sie setzte sich einem der beiden Gäste auf den Schoß, und ich nahm den anderen. Er war in mittlerem Alter, ein bißchen korpulent, auf der Nase ein Zwicker mit Goldrand, das dünne Haar auf einer Seite nach vorn gekämmt, und eine dicke Goldkette über der karierten Weste.

Ich setzte mich auf seinen Schoß, und er nahm mich in die Arme. Ich machte es wie Frenchy, ich umarmte ihn. Ich war plötzlich ganz ruhig. Der Raum roch nach Bier und Brandy, Zigarrenrauch und Puder und nach Frauenkörpern.

Mein Freier küßte mich auf den Hals und die Wangen, vergrub seinen Kopf zwischen meinen Brüsten und führte dann meine Hand an seinen Schlitz. Plötzlich wurde mir klar, daß ich schon bei der Arbeit war. Mein Gast gab einen ächzenden Laut von sich. »Du bist aber ein großes, schweres Mädchen. Sollen wir raufgehen?«

Emma Flegel beobachtete mich und lächelte. »Herr Schwarzkopf«, sagte sie, »heute abend haben Sie sich die Perle des Hauses ausgesucht.«

Seit der Begrüßung hatte ich kein Wort mehr gesprochen. Ich stand auf, der Gast erhob sich ebenfalls und zog sich im Schritt die Hose zurecht. Zu beiden Seiten der Treppe standen zwei Statuen, halbnackte Mädchen, die kleine Lampen hielten, und die Stufen waren mit einem blaugelben Teppich belegt. Ich schmiegte mich an meinen Gast, und er hatte mir den Arm umgelegt, so gingen wir hinauf. Ich hatte das zweite Zimmer links bekommen. Aus anderen Zimmern hörte ich Gelächter und das Geräusch von leichten Schlägen.

Mein Arbeitszimmer war klein, ein großes, frisch gemachtes Bett, zwei Stühle, ein mannshoher Spiegel mit einem Marmorfuß, ein Krug und eine Schüssel aus Porzellan, ein Stapel Handtücher, ein Stück rosa Seife in einer Porzellanschale. Neben dem Waschständer ein großer Nachttopf mit einem goldenen Muster um den Rand.

Mein Gast sah sich zufrieden um. Ich ließ das Négligé fallen und fing an, die Strümpfe auszuziehen. Er sagte: »Nein, nein, laß sie an! Mit Schuh und Strumpf sieht ein Bein viel besser aus.« So schäkerten wir eine Zeitlang herum, aber ich wollte es hinter mich bringen.

Ich half ihm aus Jacke, Weste und Hose und hängte alles über eine Stuhllehne, wie es mir gesagt worden war. Er trug lange Unterhosen, was damals alle Männer taten, im Winter wie im Sommer. Er trug auch ein Leberband, das angeblich irgendeinen medizinischen Nutzen hatte. Seine Sockenhalter hatten goldene Schnallen.

Ich legte mich auf das Bett, nur noch Strümpfe und Schuhe am Leib, schob die Hände hinter den Kopf, lächelte und versuchte verlockend auszusehen. Einen Augenblick lang sagte ich mir: Nellie, das ist doch alles nur ein blöder Traum. Du liegst gar nicht, gut riechend nach dem Bad, in diesem großen, weichen Bett, und dieses dämlich dreinblickende Dickerchen kommt auch nicht auf dich zu und hält seinen Schwanz in der Hand, als wollte er dir eine Süßigkeit bringen. Aber es war kein Traum. Er warf sich auf das Bett und redete plötzlich sehr aufgeregt von dem, was mir jetzt passieren würde. Ich spürte, wie ich errötete und wie mir heiß wurde. Aber sobald er angefangen hatte und in mir war, da war es genau wie die paarhundertmal bei Charlie und mir. Ich ging mit, vergaß mich und kam zusammen mit ihm.

So war für mich das erste Mal in einem Haus als Hure. An die vier anderen Gäste dieses Abends kann ich mich nicht erinnern. Ich weiß nur noch, daß ich mit keinem einen Orgasmus hatte, sondern bloß so tat. Ich war stolz auf mich, weil ich meine Sache für die Flegels so gut machte. Alle sagten zu Emma, wie gut das neue Mädchen wäre. Ich bekam zwei Fläschchen Parfüm, und mein erster Freier schenkte mir ein goldenes Fünfdollarstück, als ich ihm in die Hose half. Er sagte, ich würde ihn wiedersehen. Und so war es auch, zweimal die Woche, fünf Jahre lang. Ich wäre auch zu seiner Beerdigung gegangen. Aber er war ein bekannter Lederfabrikant, und die Flegels sagten, wir gingen nie zu den Begräbnissen von unseren Gästen. »Wäre taktlos – und dann die Familie, vielleicht weiß sie gar nichts von uns.«

Erst gegen vier Uhr morgens legte ich mich zum Schlafen ins Bett. Im Haus roch es nach Alkohol, kalten Zigarren, Nachttöpfen voller Urin – von den Gästen und den Mädchen – und nach gebrauchtem Seifenwasser.

Als ich das letzte Mal mit einem Gast nach oben ging, bat er mich, für ihn zu pinkeln, und dabei sah ich zum erstenmal, daß auf dem Boden der Schüssel ein Bild von zwei Leuten war, die unser Spiel spielten. Ich war so müde, daß ich es mir nicht genau ansah. Schließlich lag ich allein im Bett, sank nach hinten und versuchte diesen Abend irgendwie zu begreifen, all die Männer, ihre Gesichter, ihr Keuchen, ihre vor Erregung weit aufgerissenen Augen und die offenen Münder, ihre kleinen Angewohnheiten, die Bisse und Kniffe und Ticks und Wünsche. Ich schlief ein. Mein Körper war erschöpft, mir schwirrte der Kopf von der Anstrengung, die es kostete, aufmerksam zu sein, zuzuhören, zu gefallen, meine Rolle zu spielen – und alles gleichzeitig. Aber ich war glücklich, daß ich ein Dach über dem Kopf hatte und Freunde. Was Charlie anging, begriff ich jetzt, daß es mit ihm so weit nicht her war. Zum erstenmal begehrten mich wichtige Männer, schmeichelten mir, machten mir Vergnügen, gaben mir das Gefühl, in der Welt, im Leben dazuzugehören. Ich war erst fünfzehn, aber ich wußte, ich war jemand, und ich war gern das, was sie ein »gutes Mädchen« nannten.

Ich wußte an diesem Abend noch nicht, daß es nicht viel bedeutete, wenn jemand sagte, ich sei ein »gutes« Mädchen

– ungefähr soviel, wie wenn man sagt: »Schönes Wetter heute.« Aber es lag doch Freundlichkeit darin, und davon hatte ich bis dahin noch nicht viel erlebt. Ich war nicht sentimental und ohne Selbstmitleid, ich hatte aber auch nicht das Gefühl zu sündigen oder irgendwelche Schuldgefühle. Mein Vater und die anderen Christenmenschen von Indian Crossing führten ein elendes Leben und gingen immer nur unfreundlich miteinander um. Ihre Beschränktheit, die Art, wie sie ihre Frauen und Kinder und Fremde behandelten – das alles hatte in mir keinen Funken von Liebe zu ihrem Glauben und ihren Vorstellungen von Sünde geweckt. Ich wußte, ihre heuchlerische Art, ihre frommen Sprüche machten keine guten Menschen aus ihnen. Erst als ich um einiges älter war, erkannte ich, daß die meisten Gläubigen nur scheinheilig sind und daß im wahren Christentum viel Gutes steckte, solange es noch nicht in lauter einzelne Gruppen aufgeteilt war. In meiner Branche und auch außerhalb habe ich selten erlebt, daß einfache Wahrheiten und hochtrabende Glaubensgrundsätze auf das gleiche hinausliefen.

Deshalb habe ich nie geglaubt, daß Sexualität Sünde sei. Ich glaube auch nicht, daß es überhaupt Sünder gibt. Die Gäste, die ich bei den Flegels kennenlernte, die Freier, mit denen ich mich abgab, meine regelmäßigen Kunden waren hauptsächlich Männer aus der Mittel- und Oberschicht, die das Leben zu Hause nicht übermäßig interessant oder aufregend fanden. Sie hatten das Gefühl, die Jahre würden wie ein durchgegangenes Pferdegespann an ihnen vorüberrasen. Sie versuchten, ein paar Lücken zu füllen, was ihre körperlichen Erfahrungen betraf, ein paar letzte sexuelle Gelüste zu erleben. Ich könnte nicht behaupten, daß sie wie unzüchtige, lasterhafte, brünstige Tiere waren. Ich will damit nicht sagen, daß nicht auch solche manchmal zu uns kamen, Leute mit verrückten Ideen, die auf Schmerzen und Wehtun aus waren, die nicht richtig tickten, und diese brutalen Scheißkerle, die alle Frauen haßten, die Schwielen und Blut sehen und Heulen und Schreien hören wollten. Sie waren bei den Flegels in der Minderzahl und wurden kaum reingelassen.

Wenn ich erklären sollte, was ein gutes Hurenhaus ist, würde ich sagen: es ist wie ein Scheunenhof, auf dem die Leute herumschnüffeln und herumlaufen, sich aneinanderdrücken, sich zusammentun und kommen. Also das tun, wozu wir da sind. Die Stellungen und die Spiele sind vielleicht lächerlich. Vielleicht bleibt auch das Gefühl, alles ginge ein bißchen zu schnell oder es wäre am höchsten Punkt dann doch nicht das, was es sein sollte. Ich glaube, das Ende eines Ficks ist wie ein kurzer Sterbe-Augenblick. Die Tiere auf dem Scheunenhof wissen das; vielleicht spürten auch die Gäste bei Flegels, daß dort Leben und Tod im Spiel waren.

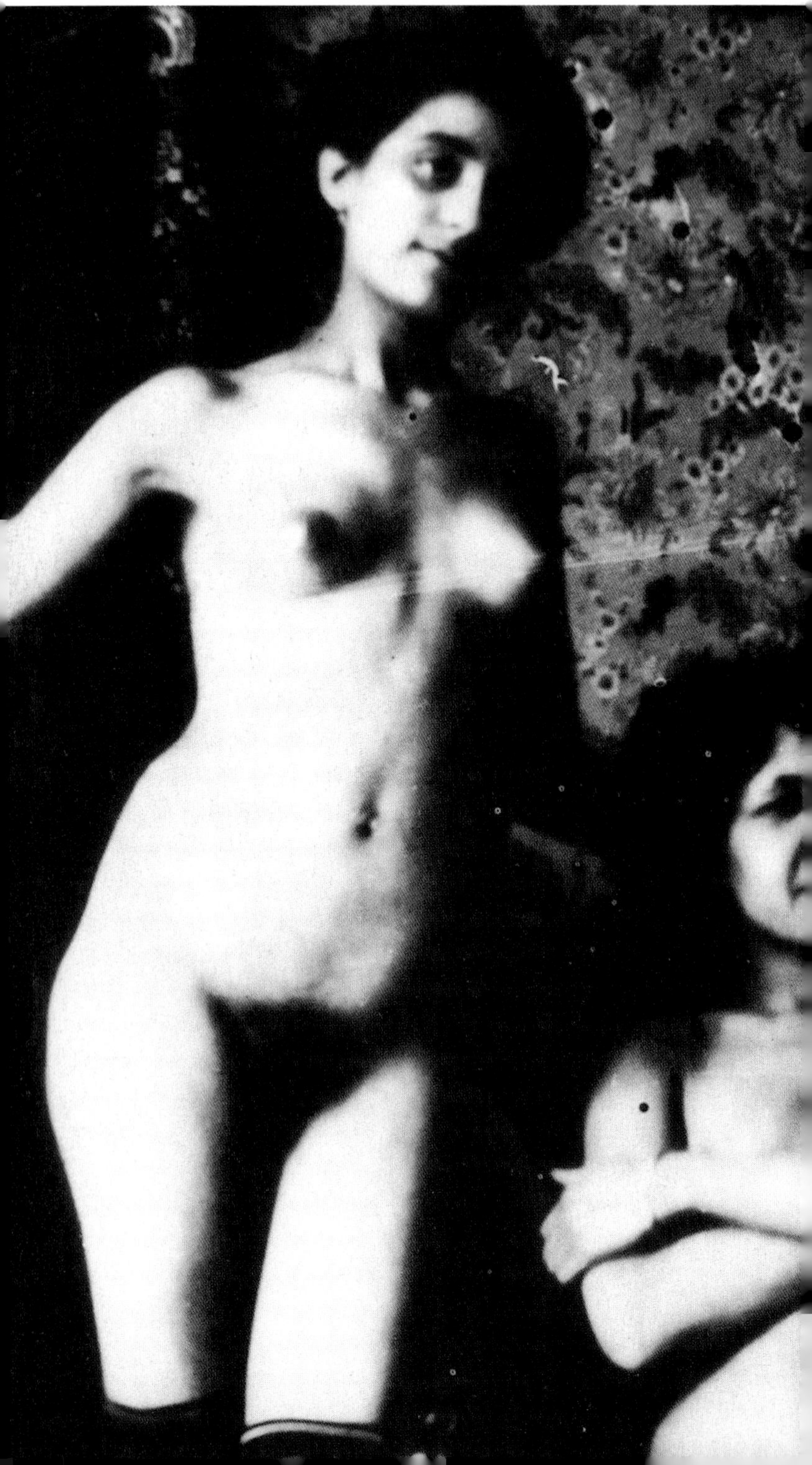

ZWEITER TEIL
GUTE ZEITEN UND SCHLECHTE

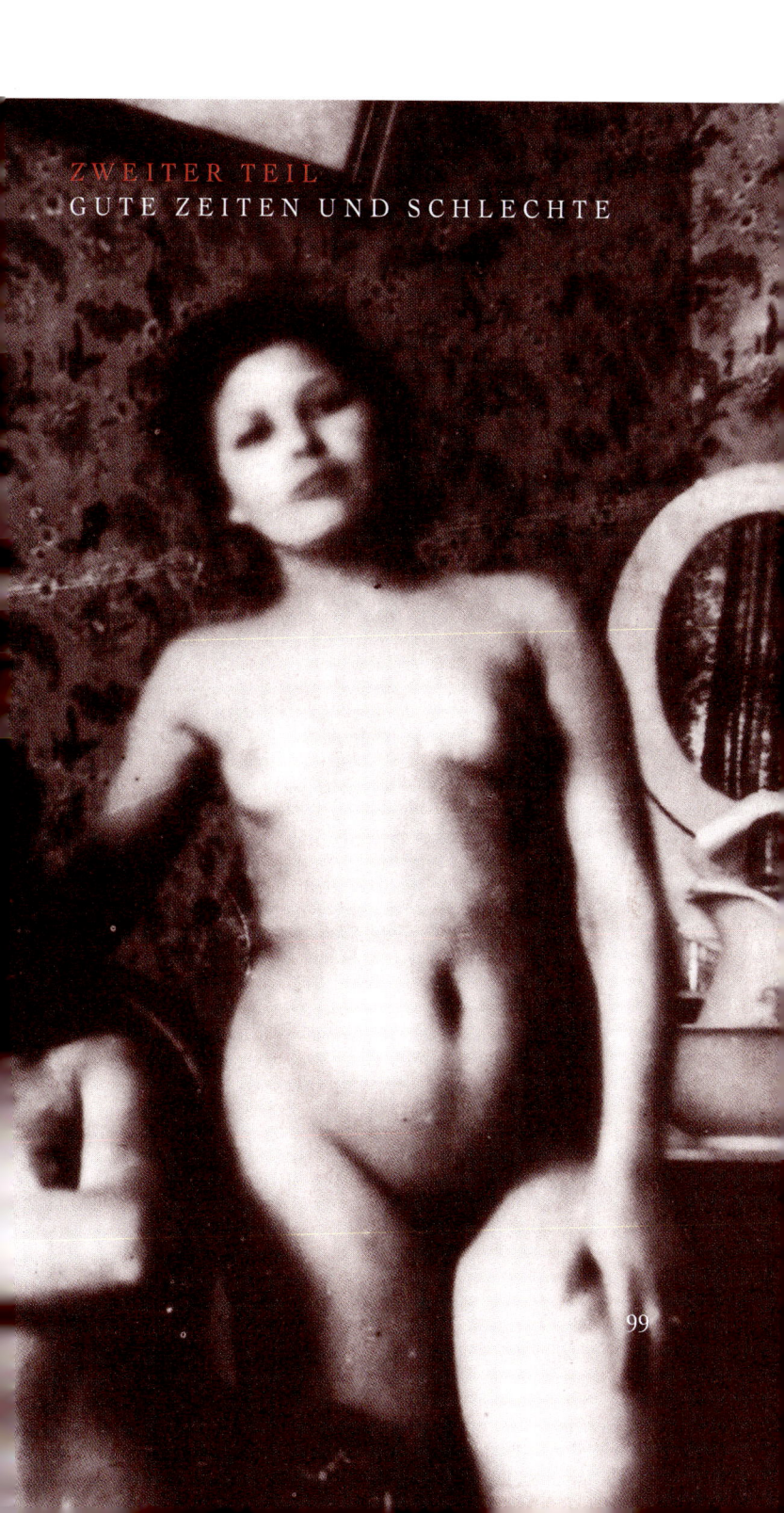

SIEBTES KAPITEL
DAS LEBEN IN EINEM HAUS

Zig und Emma Flegels Haus war in manchen Punkten anders als andere Hurenhäuser, aber es gibt natürlich keine festen Regeln oder Vorschriften, wie man ein Bordell zu führen hat. Auch wenn es so was wie eine Methode oder eine amerikanische Tradition gibt, geht es dabei doch nicht sehr streng zu.

Eine echte Geschäftsgrundlage ist allerdings nur vorhanden, wenn offizielle Protektion von seiten der Stadtverwaltung besteht. Die Leute von der Stadt und die Polizei müssen für das Geld, das sie bekommen, garantieren, daß das Haus nicht schikaniert wird und daß es keine Razzien gibt. Die Polizei allein kann das in keiner amerikanischen Stadt gewährleisten. Sie kann wegsehen und sich heraushalten, aber wenn nicht städtische Beamte und oft auch Leute des County und des Bundesstaates ebenfalls geschmiert werden, dann ist es sinnlos, bis zu sechzigtausend Dollar in die Einrichtung eines Hauses zu stecken, Huren einzustellen, die etwas von ihrem Beruf verstehen, einen Weinkeller anzulegen, eine gute Köchin zu engagieren, Hausmädchen anzulernen – nicht, solange man nicht dieses spezielle Einvernehmen mit dem Gesetz erzielt.

Es wird immer viel über Prostitution und über (sogenannte) Reformbestrebungen geredet. Aber vor dem, was sich 1917 in New Orleans abspielte, wurden kaum einmal mehrere Häuser gleichzeitig geschlossen. Razzien gab es fast immer nur in Läden der unteren Kategorie oder in Häusern, deren Madame sich mit ihren Schmiergeldbeziehern zerstritten hatte. Meistens wurde ein Haus von der Polizei gewarnt, wenn wegen irgendeines Skandals in der Stadt oder vor einer Wahl eine Razzia stattfinden sollte. Entweder machte dieses Haus dann ein paar Tage später wieder auf, oder es wechselte die Adresse. Straßennutten werden während solcher Reformkampagnen oft verhaftet, aber die Mädchen in den Häusern fast nie.

Saint Louis war eine ziemlich freizügige Stadt, als ich bei den Flegels anfing. Jeder hielt die Hand auf, das Schmiergeld wurde an Kassierer bezahlt, die sich dann um die Verteilung kümmerten; der kleine Polizist, der seine Runde machte und auf ein Bier und einen Teller Ochsenschwanzsuppe in Zigs Küche kam, war genauso dabei wie die führenden Leute der großen politischen Parteien, denen oft die Gebäude gehörten, die an die Betreiber der Hurenhäuser vermietet waren. Es gab auch ehrliche Beamte – und Kälber mit zwei Köpfen ebenfalls.

Ein Bordell wurde meistens nach dem Namen seiner Madame benannt. Unseres hieß »Flegel's«. Es gab in der Gegend aber auch Puffs mit Namen wie Liberty Hall, Mahogany Hall, Palace de Dance, Venusberg, House of All Nations. Zuviel Phantasie und zuviel Auffälligkeit waren aber gefährlich. Die Puritaner stöberten diese Häuser auf, brachten sie ins Gerede und versuchten dafür zu sorgen, daß sie geschlossen wurden.

In den ersten beiden Wochen bei Flegel's übernahm ich die »Mama-und-Papa-Ficker«, wie Zig sie nannte – meistens ehrbare Bürger in vorgerücktem Alter mit guten Manieren und ein bißchen schüchtern. Sie wollten ein junges Mädchen in den Armen halten und sonst nichts Besonderes, und wenn sie sich erleichtert hatten, sagten sie höflich Danke und schenkten einem womöglich ein Fünfdollargoldstück. Erst nach und nach lernte ich von Frenchy und Belle den ganzen Umfang unseres Arbeitsgebietes kennen, was ein gutes Hurenhaus wie Flegel's den Gentlemen, die dort zu Gast waren, alles zu bieten hatte.

Dem Gast war jede sexuelle Handlung erlaubt, die seinen körperlichen Trieb befriedigte, soweit sie keinen Schmerz verursachte und soweit dabei kein Blut floß. Was die Art der

Spiele anging, konnte sich eine Hure den Wünschen oder Erwartungen eines Gastes nicht verweigern.

Die Wörter abartig oder pervers haben beim wirklichen Sex zwischen Mann und Frau keine Bedeutung. Als Farmermädchen kannte ich von den Tieren alle intimen Handlungen, die man in der Natur beobachten kann. Der Mann, ob Rohling oder Spaßvogel, ist in dieser Hinsicht seines Verhaltens gegenüber Frauen nicht abartiger oder perverser als Hund oder Kater, Ganter oder Bulle. Das Schnüffeln und Lecken, das Beißen und Besteigen, die Balztänze der Lust – das alles findet man auch auf dem Scheunenhof. In der Welt draußen herrscht vielleicht eine gewisse Förmlichkeit, und es mag dort Gründe geben, den Trieb des Mannes und seine Gelüste zu kanalisieren und einzudämmen, aber bei Flegel's predigten wir weder Zurückhaltung noch Maßhalten, und wenn wir uns hinknieten, dann nicht zum Beten.

Wenn wir uns durch Wörter weniger schockieren ließen, wären wir alle gesünder. Als ich in einem Buch, das ein Gast mitgebracht hatte, zum erstenmal die Wörter Fellatio und Cunnilingus las, konnte ich mich vor Lachen kaum halten. Es kam mir so krank vor, so jenseits aller Vernunft, zwei Gewohnheiten, die sich bei der Menschheit großer Beliebtheit erfreuen, mit derart schweren lateinischen Wörtern zu behängen. Lecken und Lutschen gehört zu den natürlichen sexuellen Spielen, und jeder kann es jeden Tag bei jedem Haustier beobachten. Nach dem Bürgerkrieg war es in Amerika so beliebt wie eh und je. Aus der Unterhaltung mit Gästen erfuhr ich, daß es beim Spiel mit den Ehefrauen auch daheim in manchen Betten vorkam – außer wenn die Frau prüde oder kitzlig war. Es gab Freier, die kamen zu Flegel's und erzählten, ein Priester oder ein Geistlicher hätte ihrer Frau geraten, sie sollte den Akt unterlassen und sollte auch nicht zulassen, daß ihr Mann es mit ihr tat. Ich wußte von mehreren Fällen, in denen darüber Ehen zerbrachen, und in einem Fall kam es zu einem Doppelmord. Wir bei Flegel's kümmerten uns um die, die daheim abgewiesen wurden. Vielleicht hätte es keine Familien mit zwölf oder zwanzig

Kindern gegeben, wenn die Frauen ein bißchen vernünftiger in bezug auf das gewesen wären, was in diesem Buch – ich besitze es noch – *coitus more ferarum* oder Onanismus genannt wird.

Für diese Bestandteile des Geschlechtslebens gab es im Lauf der Jahre verschiedene Namen. Ein Gast konnte sich, dem Volksmund zufolge, die Nudel lutschen oder einen blasen oder seinen Hut an die Decke nageln lassen. Wenn der Gast den aktiven Part übernahm, dann war er der Mufftaucher, der Punzenlecker, der Büchsenschleck. Die gebräuchlichste Bezeichnung war Französisch, obwohl es überhaupt keine französische Spezialität war. Wenn es gegenseitig gespielt wurde, hieß es Neunundsechzig oder Gabel und Löffel.

Als erstes lernt ein Mädchen in einem Haus, daß der Geschlechtsakt eigentlich aus der Reizung bestimmter Nervenenden am männlichen Organ besteht. Dem Schwanz ist es ziemlich egal, wie er liebkost oder gedrückt wird, solange es mit einer Ejakulation oder, wie man in Büchern lesen kann, in der Tumeszenz endet – was man üblicherweise Kommen nennt. Die Poesie, die Spiele, die Sprache der Liebe und die Romantik, die den Sex umsponnen haben, erwecken den Anschein, als stünde das alles auf einer höheren Ebene, die von der Gesellschaft gebilligt wird – von der hebräisch-christlichen Gesellschaft, die in mancher Hinsicht der Natur zuwiderläuft. Viele unserer Schwierigkeiten kommen daher, daß wir uns einreden, Gesellschaft und Natur seien dasselbe.

Ein Mädchen in einem Haus machte sich nicht lustig darüber, wenn ein älterer Herr eine spezielle Aufmerksamkeit erbat, für die er von seinen Freunden, falls sie davon gewußt hätten, ausgelacht worden wäre, oder wenn ein junger Mann sich den Hintern versohlen lassen wollte, während er an einer Titte lutschte, was ihn die Mama zu Hause nicht mehr tun ließ. Sobald sich gezeigt hat, daß eine bestimmte Verhaltensweise für einen Mann befriedigend ist und ihn kommen läßt, wird dieses Spiel so gespielt, wie es dem Gast gefällt, wobei die Schamteile meistens, aber nicht immer, der

Ort des Geschehens sind. Gewalt war bei Flegel's nicht erlaubt, ausgenommen das, was Frenchy als Spezialistin für Peitschen und andere Formen von Bestrafung, die manche Freier verlangten, austeilte. Frenchy ließ sich auch den eigenen Hintern verhauen – es kostete dann zusätzlich.

Im ersten Monat bei Flegel's war ich sicher, daß ich mit jedem Gast und jeder Situation fertig werden würde. Der größte Teil der Kundschaft bestand aus Stammgästen oder deren Freunden, die zu Besuch in der Stadt waren und eine »Spritztour« machten, wie sie es nannten. Aber manchmal begrüßten wir auch einen neuen Gast, wenn er mit der richtigen Empfehlung kam.

Einmal war ein Tourneetheater in der Stadt, mit einem berühmten Schauspieler, der schon mehrmals verheiratet gewesen war und auch später noch mehrmals geheiratet hat. Ich fand ihn ziemlich häßlich, aber ein lustiger Kerl war er trotzdem und im Salon der Liebling von allen. Wenn er Saint Louis besuchte und zwischen zwei Ehen ins Haus kam, nannten ihn alle Pug. Im Salon ging es hoch her, wenn er da war, der Musikautomat oder das Klavier spielte, und die beiden Hausmädchen schenkten Bier, Brandy und Wein aus. Zig selbst spielte auf dem Klavier »mit Schlamperei« manchmal Walzer von Strauß oder andere Stücke, die gerade in Mode waren. Pug hatte zwei Mädchen auf dem Schoß. Im Korridor hängten Gäste ihre Zylinder an die Garderobe mit den Hirschhornhaken und dem Wappen der Kaiserschützen. Um elf fing bei Flegel's der Abend an. Die Mädchen trugen ein Négligé, einen Kimono oder ein rotes Jäckchen, dazu schwarze Spitzenunterhosen und Strümpfe. Der Salon bot Platz für ungefähr zwölf Gäste, und hinten gab es noch einen Privatsalon, der ein weiteres halbes Dutzend faßte, mit einer Vorhangecke für den Gast, der keine Gesellschaft wünschte oder nicht bekannt werden lassen wollte, daß er ins Hurenhaus ging.

An diesem Abend erklärte Pug allen, die im Salon versammelt waren, vor hundert Jahren hätte keine vornehme Dame Unterhosen getragen – nur Huren, und es hätte einen

Riesenskandal gegeben, als es einige Damen wie die Kokotten machten und bequeme, warme Unterhosen anzogen. Der übliche Zigarrenrauch hing in der Luft, und für die Mädchen gab es Rheinwein mit Selters. Zig erlaubten den Huren nichts Hochprozentiges. Jede von uns ging ungefähr sechsmal pro Abend nach oben, und wenn man besoffen ist, kann man nicht mehr anständig arbeiten.

Pug stand auf, ließ die beiden Mädchen von seinem Schoß auf den Boden plumpsen und ergriff meinen Arm. »Und jetzt zu uns beiden, Goldie.«

Soviel Erfahrung hatte ich schon, daß ich lächelte, ein bißchen mit den Hüften wackelte und sagte: »Das ist aber nett, Sir.«

Ich mußte ihm die Treppe hinaufhelfen, während er bei Zig noch einen Eimer Eis und Wein aufs Zimmer bestellte. Pug war nicht völlig betrunken, aber ein bißchen durcheinander war er wohl. Er sang immer wieder ein Lied, das ich nicht kannte und seither auch nie mehr gehört habe.

Auf dem Zimmer half ich ihm aus der Weste. Seine Jacke hatte er unten gelassen. Ich öffnete ihm Krawatte und Kragen, er streifte die Hosenträger ab und ließ die Hose herunter, stand schwankend und singend da, während ich ihm die Knöpfschuhe auszog. Da stand er in seinen langen Unterhosen, der Bauch wölbte sich über dem Unterleib. Er schnippte immer wieder mit den Fingern und verlangte nach einer Zigarre. Er roch wie eine verdorbene Miesmuschel. Er schnippte weiter mit den Fingern. »Los, tanz jetzt! Ich will es – der alte Pug will es.«

Ich sagte, ich könnte nicht tanzen, aber alles andere täte ich mit dem größten Vergnügen. Ich ließ meinen Umhang fallen und legte mich aufs Bett. Er kam herüber, sah mich an und begann zu stöhnen. Er redete mich mit einem Frauennamen an, nannte mich Kate. »Kate, du elende Schlampe – du miese Schlampe...« und so weiter. Ziemlich abscheuliches Zeug, und währenddessen nannte er mich die ganze Zeit bei dem Namen dieser Frau. Er stank nach Schweiß und Whisky und der Sabber triefte ihm aus dem offenen

Mund; ich glaubte schon, er würde umfallen und abkratzen. Ich wünschte es mir sogar, solche Angst hatte ich inzwischen. Ich hatte früher schon ein paar rauhbeinige Gäste gehabt, aber keiner war so groß gewesen oder hatte einen derart irren Blick gehabt wie Pug in diesem Moment.

Wenn er gewalttätig wurde, gab es für mich mehrere Möglichkeiten, die mir Frenchy und Belle gezeigt hatten. Manchmal half es, wenn man einem ungehobelten Gast gut zuredete. Falls das nicht wirkte, lag auf dem Waschständer eine Hutnadel bereit. Einen nüchternen Rohling konnte man schon mal besänftigen, wenn man ihm damit drohte, aber einen betrunkenen nicht immer. Außerdem gab es den Trick, sich ganz nah an den Gast heranzumachen, der einem Ärger machte, und ihm dann das Knie zwischen die Beine zu rammen und die Eier zu quetschen. Kein Mann, der einem gefährlich wurde, konnte nach einem solchen schmerzhaften Hieb weiter herumwüten. Er würde sich krümmen und vor Schmerz aufschreien. Daraufhin würden dann Zig und Alex, der Kellner, heraufgestürzt kommen, während man selbst aus dem Zimmer huschte.

Es war das letzte Mittel für eine Hure, die sich nicht mehr zu helfen wußte, wenn der Freier drauf und dran war, sie in Stücke zu reißen oder schwer zu verletzen. Bei Flegel's mußte man es selten einsetzen. Aber jetzt umklammerte Pug mit beiden Händen meinen Hals und hob mich in die Höhe, obwohl ich ziemlich groß war. »Verdammt, Kate, du luchst mir kein Geschenk mehr ab. Ich schlag dir den Schädel ein, daß dein Hirn an die Wand spritzt.«

Ich versuchte mich zu wehren, aber er war größer und stärker. Er schleuderte mich herum, und ich hatte das Gefühl, jetzt ist es aus. Ich war nackt, bis auf die schwarzen Strümpfe, die gelben Strumpfhalter und die roten Schuhe mit den hohen Absätzen. Zig war stolz auf diese Schuhe, die er eigens für Spezialgäste mit einem Schuhfimmel besorgt hatte. Ich konnte Pugs Schritt mit dem Knie nicht erreichen. Er schüttelte mich wie eine mit Stroh gefüllte Vogelscheuche. Ich versuchte zu schreien, aber er war drauf und dran, mich zu erdrosseln. Mit der Fußspitze und dann mit der Ferse trat ich nach seinem Hängebauch. Ich trat noch einmal, so fest ich konnte. Ich landete in einer Ecke, als Pug mich fallen ließ und sich fluchend und schreiend an den behaarten Wanst griff. Ich wurde ohnmächtig, ging aus wie eine Kerze im Sturm. Als ich wieder zu mir kam, hockte Frenchy, nackt wie ein Häher, neben mir und flößte mir Brandy ein. Ich merkte, daß ich schluchzte und würgte. Während Emma Flegel mich in eine Decke wickelte, hörte ich die Unruhe im ganzen Haus. Emma sagte: »Du bist in Ordnung, Goldie. Du bist in Ordnung.«

Mit rauher Stimme erwiderte ich bloß: »Wirklich?«

Unten hörte ich Pug schimpfen und schreien, aber ich konnte nichts verstehen. Ich hatte eine große Beule am Kopf, und ein Auge schwoll langsam zu.

Bald waren alle Gäste gegangen und die Lampen im Salon wurden gelöscht. Ein Wachtmeister kam zu mir nach oben. Ich lag auf dem Sofa und drückte mir ein Stück rohes Rindfleisch auf das geschwollene Auge. Ich konnte das Würgen nicht unterdrücken, aber es kam nichts hoch. Frenchy hielt meinen Kopf auf dem Schoß und sagte immer wieder: »Dieses dreckige Schwein, dieses miese, dreckige Schwein.«

Zig und der Wachtmeister kamen herüber. Ein kleiner, dicker Schwede mit sehr dunklen Augen, der in unserer Küche gelegentlich etwas aß und trank, aber nie ein Mädchen mit nach oben nahm.

Er bat Zig, alle rauszuschicken, dann schoben er und Zig sich Stühle heran und setzten sich zu mir. Zig zog mir die Decke über die Schultern, denn ich zitterte und klapperte mit den Zähnen.

»Also Goldie, du bist doch ein gutes Mädchen. Der Wachtmeister ist hier, um dich zu beschützen. Nicht wahr, Sven?«

»Goldie, Mr. Flegel sagt mir, du würdest dem Herrn bestimmt keinen Ärger machen.«

Ich war überrascht. »Nein, natürlich nicht. Ich wollte bloß... Ich meine...«

»Er ist schwer verletzt. Er hat einen Bruch ... weißt du, was das ist? Das war dein Schuh. Der hat ihm die Bauchdecke zerrissen, und jetzt hängt ein Teil von seinem Darm raus. Schlimme Sache.« Er zeigte mir auf seiner blauen Jacke die Stelle, wo es passiert war. »Hör zu, Goldie, er ist nur auf der Durchreise, und er sagt, morgen früh würde er Zig und dich anzeigen. Gleich morgen früh.«

Ich fing an zu weinen. Zig nahm meine Hand. »Goldie, überlaß nur alles Onkel Zig. Und unserem guten Freund Sven. Wir möchten, daß du eine Aussage unterschreibst. Wegen gewisser Handlungen und Tätlichkeiten. Sven geht dann zu Pug und redet ein ernstes Wort mit ihm, sobald der Doktor ihn zur Ruhe gebracht hat.«

»Worüber?«

»Darüber, daß wir deine wahre Geschichte in die Zeitung setzen und Anzeige gegen Pug erstatten.«

»Muß ich das unterschreiben?«

Ich nahm das Blatt mit der kurzen Erklärung und las. Ich verstand wenig. Damals bewegte ich beim Lesen noch die Lippen. Ich sagte: »Da steht, ich wäre vierzehn ... ich bin aber ...« Ich wollte sagen, ich sei fünfzehn, nicht vierzehn, aber der Polizist lächelte nur.

»Der Richter hat vier junge Töchter. Der liest das hier, und dann jagt er diesen Schauspieler entweder auf dem schnellsten Weg aus der Stadt, oder er bringt ihn wegen Belästigung Minderjähriger vor Gericht.«

Ich unterschrieb mit Goldie Brown, trank dann etwas, das mir Emma Flegel in einem Glas in die Hand gedrückt hatte, und schlief ein. Ich fragte mich, was Wachtmeister Sven wohl gesagt hätte, wenn er erfahren hätte, daß ich in Wirklichkeit erst fünfzehn und nicht achtzehn war, wie ich Zig und Emma erzählt hatte. Wahrscheinlich nichts – unten bei den Deichen arbeiteten Huren, die waren zwölf.

Am nächsten Morgen hatte ich einen steifen Hals, mein Auge war völlig zugeschwollen, und an der Kehle hatte ich blaue Flecken. Später hörte ich, Pug hätte sich für eine

Woche in ein Krankenhaus begeben, wo man ihm ein Bruchband anpaßte. Als Erklärung wurde ausgestreut, er wäre auf dem nassen Bürgersteig ausgerutscht. Seine Truppe reiste bald ab. Ich hatte nie wieder mit diesem Schauspieler zu tun, und wenn er mit seinem Stück noch einmal nach Saint Louis kam, dann war eines von den Hurenhäusern, wo er sich bestimmt nicht blicken ließ, das Flegel's.

Zum erstenmal bekam ich mit, wie die Zusammenarbeit zwischen der Polizei, den Gerichten und den Hurenhäusern mit solider Protektion funktionierte. Es war mir auch eine Lehre, daß man sich vor abgedrehten, gefährlichen Gästen in acht nehmen mußte, und Frenchy erklärte mir, es gäbe Anzeichen, an denen man erkennen könnte, wenn ein Freier nicht richtig tickte.

»Sie schwitzen unnatürlich stark, sie tun übertrieben höflich, verstehst du – und sie sehen dir nicht richtig in die Augen, wenn sie mit dir reden. Starren dich nur an, wenn es nichts zu sagen gibt. Und achte auf ihre Flossen. Wenn sie ständig die Finger verbiegen und verdrehen, dann sieh dich vor. Wenn du sie zum Bumsen ins Bett und an die Muschi kriegst, kannst du sie vielleicht zur Ruhe bringen. Wenn nicht, dann sag einfach, du hättest da etwas ganz Besonderes extra für sie, und mach, daß du wegkommst. Wenn die Mutter von so einem eine Schlampe war, dann zahlt der Fiesling es irgendeinem Mädchen heim, darauf kannst du wetten, Goldie.«

Eine Woche lang lag ich steif wie ein Stockfisch im Bett. Dann schminkte ich mir das Auge und den Hals dick weiß und nahm wieder ein paar Freier. Die Stammgäste waren sehr lieb zu mir. Manche wurden richtig anhänglich, nahmen mich mit nach oben und ließen sich, während wir es machten, ganz genau erzählen, wie alles vor sich gegangen war. Am Ende qualmten ihnen die Ohren.

ACHTES KAPITEL
UNTERWEGS IN DER STADT

Nach Pugs tätlichem Angriff wurde ich erwachsener, eine echte Professionelle. Später ist mir so etwas nie wieder passiert. Abgesehen von den Erschütterungen durch irgendwelche Krisen ist das tägliche Leben auch in einem Hurenhaus eigentlich ausgesprochen langweilig. Wie anderswo tröstet man sich auch hier über die Langeweile des Daseins hinweg, indem man über Kleinigkeiten spricht, als wären sie die großen Antworten. Kleine Freuden, kleine Ärgernisse und Streitereien werden zu etwas Großem aufgebauscht. Soldaten haben mir erzählt, im Krieg sei es genauso, trotz all der großartigen bunten Bilder, trotz Fahnenschwingen und Kampfgesang. Die meiste Zeit würde man warten, versauern, sich langweilen. Und wenn es dann ans Töten und Sterben ginge, käme alles so schnell, daß ein Soldat nur einen verschwommenen Ausschnitt von dem, was da vor sich ging, mitbekam. Einer erzählte mir von der Schlacht bei Cold Harbor – es sei gewesen wie Stücke von Gesichtern in einem kaputten Spiegel. Ein junger Kerl, ein Kavallerist, der bei den Sioux-Kriegen dabei war, erzählte mir, irgendwann hätte das Töten angefangen, ihm Spaß zu machen.

Das Leben im Hurenhaus ist so langweilig wie anderswo auch. In der freien Zeit bei Flegel's unterhielten wir uns über die Gäste, über das, was sie von uns verlangten und was sie zuwege brachten, darüber wie sich irgendein verrückter Freier im Suff aufführte, über die kleinen Streiche, die wir uns gegenseitig spielten, über die Suppe, die wir vorgesetzt bekamen, oder wie uns eine neue Frisur stand, falsche Zöpfe, Haarpolster, Locken. Huren sind ganz normale Leute, die eine Arbeit verrichten, von der die Gesellschaft nichts hören will. Ich war noch nicht erwachsen, deshalb dauerte es ein paar Jahre, bis ich verstand, warum eine erwachsene Frau Hure wurde und wie sie sich selbst sah.

Später als Madame konnte ich ein Mädchen fast auf den ersten Blick einschätzen und erkannte sofort, wie sie zurechtkommen würde, und sogar, wo sie Ärger machen würde. Und welche ich am besten gleich wieder wegschickte – »Nein, danke, nicht hier – guten Tag und auf Wiedersehen.«

Aber mit sechzehn hatte ich den Kopf noch voll von dem, was man, wie ich dann lernte, Illusionen nannte; wirre Vorstellungen, wie es in der Welt zuging, was das Leben einem zu bieten hatte oder was es aus einem machen würde und was die Zukunft brächte. Ich besorgte mir mein Wissen durch Zuhören und Hinsehen. Ich hatte einen starken, schönen Körper, wunderbare Brüste mit erdbeerroten Spitzen – nicht braun oder gefleckt wie bei manchen –, meine waren sehr voll, aber nicht zu groß. Meine Haut war perlrosa, das Haar auf dem Kopf, unter den Armen und zwischen den Beinen rotgolden. Von Natur aus war ich schon vorsichtig, aber manchmal noch zu vertrauensselig. Ich hatte noch nicht kapiert, daß die Gesellschaft draußen vor unserer Tür nur aus einer dünnen Schicht moralischer und sozialer Werte bestand – eine Teigkruste aus frommen Redensarten und steifer Höflichkeit. Eine Hure läßt sich von all dem nicht beirren und erkennt, wie es in der Gesellschaft wirklich zugeht. Mit der Zeit begriff auch ich, daß Kirche, Politik, Geschäft, Ehe nach Regeln funktionierten, die von denen bei Flegel's nicht sehr verschieden waren. Hier wie dort waren Bestechung, Unredlichkeit, Lügen, Korruption bis zu den höchsten Stellen und Betrug an den Steuerzahlern gang und gäbe.

Das Hurenhaus war ehrlicher, wenn es jemandem etwas versprach, einfach deshalb, weil es ehrlich sein mußte. Unser Gemüsehändler wog mit einer falschen Waage, der Priester, der unseren Laden dichtmachen wollte, wurde wegen Unzucht mit seinen Chorknaben in die Verbannung geschickt, die Geschäftsleute an der Spitze der Reformpartei waren die Vermieter von einigen der schlimmsten Hurenhäuser und der billigen Negerpuffs am Fluß. So hatte ich mir die Welt nicht vorgestellt. Es war wieder wie auf der Farm. Für mich war das ein Schock – ein richtiger Tritt gegen das Schienbein.

Mittwochs hatten wir Mädchen bei Flegel's bis fünf Uhr frei und sonntagvormittags ebenfalls. Wenn ein Mädchen seine Periode hatte, arbeitete es drei Tage lang nicht und hatte Ausgang bis zwölf Uhr nachts. Ein Mädchen, das die ganze Nacht einfach wegblieb, setzte Zig an die Luft – außer natürlich, wenn er selbst es mit der Kutsche zu einem Freier geschickt hatte. Das war seine deutsche Dickköpfigkeit: »Donner und Blitz! Ist das hier ein Hurenhaus oder ein Ball. Wir halten uns an die Uhrzeit!«

Frenchy und ich bummelten durch die Läden, stolzierten in Hotelhallen herum und zwinkerten einem Hausdetektiv zu, den wir kannten. Aber nie sahen wir uns nach einem Schwerenöter um oder zwinkerten einem Gentleman zu. Wir wußten, das würde nichts bringen. Sobald wir aus der Reihe tanzten, würde die Gesellschaft über uns herfallen, aber wenn wir selbst ein Teil des Spiels wurden, dann war es anders.

Oder wie Zig es ausdrückte: »Solange man das Gefüge der Gesellschaft nicht durcheinanderbringt, kommt man mit allem durch, außer mit Mord. Und vielleicht sogar damit, wenn man die richtigen Beziehungen hat.«

Wenn ich in der Stadt herumfuhr oder durch die Straßen schlenderte, war ich Teil einer Welt, die Millionen Meilen von den Tagen mit Tante Letty entfernt war. Von Zeit zu Zeit schickte ich meinen Leuten auf der Farm Geld, jedenfalls bis dann meine Mutter starb. Daß sie tot war, erfuhr ich von einer Frau aus Indian Crossing, der ich eines Tages auf der Straße vor einem eleganten Textilgeschäft in der Nähe des Lafayette Parks begegnete. Ich merkte, wie mein

Aussehen und meine Klamotten sie beeindruckten. Sie sagte, meine Mutter hätte »eines Tages die Trübsal bekommen und sich hingelegt«. Mein Vater hatte sie mit Kräutertee versorgt, aber nach drei Tagen war sie tot. Ich gab dieser Frau, einer Mrs. Miller, fünf Dollar, damit sie einen großen Blumenstrauß auf das Grab legte, und ging dann schnell weiter. Ich setzte mich in die Damenbar von einem Hotel und trank zwei Gläser Roggenwhisky hintereinander. Mir ging durch den Kopf, wie erschöpft Ma gewesen sein mußte, zermürbt von der ganzen Schinderei, Kinderkriegen, Fehlgeburten, Kochen, Waschen, die Arbeit auf der Farm, Schweinefüttern, Schlachten, Melken, im Schlamm und im Regen, bei Graupeln und Schnee. Die Finger blaugefroren, mit dreißig sämtliche Zähne kaputt und eine Haut wie Schmirgelpapier. Nie ein freundliches Wort, nie ein anständiges Kleid, nie passende Schuhe. Ich habe an diesem Tag nicht geweint, weil sie tot war. Ich habe geweint, weil sie jetzt Ruhe hatte, keine Schmerzen mehr litt, nicht länger herumgestoßen wurde von meinem Vater, diesem frommen Vieh, der nie Mitgefühl und Freundlichkeit und Liebe für sie aufbrachte. Arme Ma, ehrbar, anständig, gläubig, fleißig – ich konnte nur noch heulen um das arme Luder und liebte sie mehr, als ich sie zu ihren Lebzeiten je geliebt hatte.

Ich trug einen kleinen Schleier auf dem Hut, den Frenchy mir zurechtgemacht hatte. Diesen Schleier zog ich jetzt herunter, um meine Tränen zu verbergen. Ich war sechzehn. In Wirklichkeit hatte ich meine Mutter nie geliebt, und sie hatte keine Zeit gehabt, mich zu lieben. Ich hatte das Gefühl, irgend etwas stimmte nicht mit mir – mit Goldie Brown, wie ich mich nannte. Man mußte seine Mutter und seinen Vater doch lieben; das sagte jeder. Aber ich konnte nicht, solange sie lebten. Ich empfand nichts für die, die ich auf der Farm zurückgelassen hatte. Ich sagte mir, das ist böse. Und ich antwortete mir: Es tut mir leid, daß Ma so ein schlechtes Leben hatte, es tut mir leid, wie grausam es in ihrem Leben zuging, das Elend und wie sie gestorben sein mußte. Ganz hinüber und innerlich alles irgendwie kaputt und verheddert. Und keiner hatte einen Arzt geholt. Was auch nichts gebracht hätte. Der Quacksalber von Indian Crossing war ein schmuddeliger alter Mann, der angeblich Opium nahm und nichts konnte, außer einen Hautausschlag kurieren und Bauchweh.

Nachdem ich die Hotelbar verlassen hatte, erblickte ich mich im Spiegel eines Schaufensters, gut angezogen, mit einem flotten Hut auf dem Kopf, den kleinen Schleier über den Augen, die Taille eng geschnürt, kesser Hintern, Schuhe aus grauem und braunem Leder, darüber schmale Fesseln. Eine Zwanzig-Dollar-Hure bei Flegel's.

Zig zahlte den Mädchen ein Drittel von dem, was sie verdienten. Außerdem bekamen sie von den Gästen Geld geschenkt und Parfüm (das Zig für die Hälfte zurückkaufte). Ein Mädchen gab sein Geld beim Schneider aus, für albernen Kram wie Elfenbeinkämme oder Puderdosen mit Spiegel, unnützes Zeug, Schmuck, der nie viel wert war, wenn man ihn versetzen mußte. Trotzdem legte ich Geld zurück, und Zig brachte meine Ersparnisse auf die Bank. In Geldsachen war er sehr ehrlich.

Ich beschloß, runter zum Fluß zu gehen und dort zwei Grabsteine für Tante Letty und Ma zu bestellen. Das tat ich auch. Bin aber nie hingefahren, um sie mir an Ort und Stelle anzusehen.

Zig war der Ansicht, daß es für die Gesundheit der Mädchen gut war, wenn sie von Zeit zu Zeit nach draußen kamen, spazierengingen und ein bißchen turnten. Damals turnten die Leute nicht. Sie fällten Bäume und bestellten ihre Farm. Dort draußen stellte ich dann fest, daß Saint Louis, Missouri, eine aufregende Stadt war. Es ging hoch her bei den Ganoven und den Kavalieren in den Hotels, und von denen gab es in der Stadt ein paar sehr ansehnliche – Kavaliere wie auch Hotels. Das Lindell Hotel zum Beispiel, kunstvolle Verglasungen, soweit das Auge reichte. Die beliebtesten Nobelhotels waren das Southern mit seiner großartigen Treppe und das Planters House.

Manchmal hatte ich einen Tag und eine Nacht frei, dann zog ich mein bestes Kleid an, nichts wie Rüschen und Federn, und irgendein Spieler oder ein Geschäftsmann, der den Fluß heruntergekommen war, lud mich ein – mit Zigs Genehmigung. Wir aßen und tranken, und nachher oben, in einem todschicken Hotelzimmer, schlugen wir uns die Nacht um die Ohren, bis der Morgen uns fand, wie wir mit verquollenen Augen dalagen und der Zimmerkellner mit einer Karaffe Eiswasser und zwei Gläsern Whisky gegen den Kater auftauchte. Oft arrangierte Zig Partys für ehrbare Familienväter, die geschäftlich in Saint Louis zu tun hatten, Männer, die sich amüsieren und ein paar Huren in der Stadt ausführen wollten. Und die sich im Bett wohl einiges erhofften, was es daheim nicht gab, was man aber in Saint Louis finden konnte, der »Weltstadt mit Zukunft«, wie es immer in der Zeitung hieß. Aber am liebsten war es Zig, wenn die Gäste ins Haus kamen. »Ich bin doch kein Mietstall, der Pferde ausleiht.«

Als ich später in New Orleans auf diese Zeit zurückblickte, wurde mir klar, daß Saint Louis eigentlich eine Stadt des Südens war, etwas zu weit nach Norden geraten, aber immer noch erfüllt von dieser Behäbigkeit – das ist das richtige Wort –, von dieser geruhsamen Art, sich zwischen Whisky, Schiebereien und Pferdehandel das Leben angenehm zu machen.

Aus der Ferne erinnere ich mich auch noch an die vielen breiten Veranden, auf denen die besseren Leute in ihren weißen Kleidern saßen und ihre Toddys und Juleps tranken; und immer jede Menge Schwarze – Neger nannten sie die in Saint Louis nicht –, die so taten, als wären sie immer noch Sklaven, aber das war nur Getue. Die Schwarzen lebten unten bei den Deichen. Die Raddampfer waren nicht mehr so beliebt wie vor dem Krieg, aber immer noch unterwegs, und alles redete immerzu von dem Wettrennen zwischen der Robert E. Lee und der Natchez. Auch das war nur Getue; im Grunde wollten alle vor allem immer reicher und reicher werden.

Das geschäftige Treiben auf dem Fluß bewirkte jedenfalls eines. Es zwang die Leute, Wein, Bier und Whisky zu trinken. Das Wasser konnte man nämlich kaum trinken. Das war eine Tatsache.

Zig sagte, wenn die Neger so weitervögelten, und bei denen hatte ein Paar zehn bis zwanzig *pickanninies*, »dann stände das Land in fünfzig Jahren bis zum Arsch in Schwarzen«. Sie wohnten am Fluß und hatten ein schweres Leben. Ihre Hütten und Buden bauten sie sich aus allem, was sie in die Finger bekamen, was sie stehlen oder wegschaffen konnten. Wie sie dabei immer so fröhlich blieben, habe ich nie verstanden. Sie waren begeisterte Prediger, warfen sich zu Boden und kratzten zusammen mit ihren aufgestachelten Geistlichen im Stroh nach dem lieben Gott. Und weil sie auch große Ficker waren – was hätten sie sonst auch tun sollen, solange sie nicht arbeiteten –, füllten sie die ungepflasterten Straßen am Fluß mit schwarzen Babys, von denen aber etliche weißer waren als so mancher Gast und so manches Mädchen, das ich kannte.

Viele von den armen Weißen bumsten mit Hellhäutigen und Mittelbraunen am Fluß und in den Elendsquartieren, wo dieser üble Whisky verkauft wurde. Da gab es Negermädchen, die verhökerten ihre Ritze oder einmal Blasen direkt auf der Gasse, und lachten trotzdem immer, wenn auch vielleicht ein bißchen zu schrill. Die Negerzuhälter lebten mit Stil und schlitzten ihre Frauen mit dem Rasiermesser auf. Für mich war eine Negerfrau auch als Hure immer ein Mensch, aber die Männer, die auf ihre Kosten lebten, konnte ich nicht ausstehen.

Das alles war, wie ich mit der Zeit bei den sonntäglichen Spazierfahrten durch die Stadt erfuhr, Millionen Meilen vom Vandeventer Place entfernt, wo die vornehmen Leute wohnten – und die Männer mit den dicken Westen und den Goldketten und den goldenen Zahnstochern, die zu uns kamen und so seriös und ehrbar dasaßen. Die vielen großen, alten Bäume und die herrlichen Villen zogen mich an;

der Hirsch aus Gußeisen auf dem Rasen, die Holzverzierungen an Dächern und Türen, und mehr Kamine, als ein Haus überhaupt brauchte. Ein paar von diesen Häusern sah ich auch von innen, Lampen aus Kristallglas, baumelnde Kronleuchter und so viel Silberbesteck und orientalische Nischen und polierte Möbel, daß man damit einen Palast hätte füllen können. Ich kam, wenn die Frau Gemahlin in den Osten gefahren oder irgendwo weit weg zu Besuch war. Es war amüsant, sich mit dem Herrn des Hauses in dem großen Bett abzugeben, das er sonst mit der eigenen Frau teilte.

Früher hatten an der Lucas Avenue in der Innenstadt die vornehmsten Leute gewohnt. Mit ihr verbanden sich alte Namen, die Namen der frühen Siedler, die es inzwischen zu was gebracht hatten, die umgezogen oder gestorben waren. Jetzt war hier der Bezirk der wirklich luxuriösen Hurenhäuser, der *bordellos*, wie die Zeitungen sie nannten, wo die Kutschenkundschaft angeblich nur Champagner trank. In Wirklichkeit kamen viele Kunden mit Mietdroschken und tranken lieber Bourbon als Schampus. Ich habe noch nie einen Zeitungsartikel über ein Freudenhaus gelesen, der nicht ein bißchen romantischer klang, als es in Wirklichkeit war. Und auch geheimnisvoller. Schließlich war es doch auch nur ein Geschäft, egal ob in den erstklassigen Etablissements oder in denen der untersten Sorte. Zig sagte immer: »Ein Mittelding gibt es nicht – entweder ist eine Hure einen Dollar wert oder zwanzig.«

Wir von der Lucas Avenue sahen auf die armen Nutten in den Hurenhäusern an der Chestnut und der Market Street herab, die direkt neben Vaudeville-Theatern und Varietés und Spielhöllen lagen, wo ein Mann sein Glück beim Faro und anderen Spielen auf die Probe stellen konnte und Alkohol von jeder Sorte und Liebe in jedem Stil fand.

Morgens war es laut dort und ziemlich trostlos. Vor den Theatern und Spiellokalen schleiften die Straßenmädchen auf der Suche nach Kundschaft ihre Röcke durch den Matsch. Oft waren sie jung und hübsch, aber viele waren auch schon ein bißchen angeschlagen und sahen nur noch unter einer gelben Straßenlaterne verführerisch aus. Die wirklich vornehmen Kurtisanen traf man in der Halle des Southern Hotel oder des Planters. Sie führten ein Leben, von dem wir Hausmiezen zwar alle träumten, an das wir uns aber nicht heranwagten. Dazu brauchte man nämlich allerbeste Protektion, mußte sich wirklich auskennen und obendrein piekfeine Manieren haben.

Je näher die Straßen am Fluß lagen, desto schlimmer die Kundschaft und desto verkommener und kaputter die Freudenhäuser. Cowboys und Fallensteller und gelegentlich sogar mal ein verdammter Indianer – die kamen zum Feiern nach Saint Louis, nahmen die Mädchen mit hoch, spritzten ab und führten sich auch nachher noch auf wie die Wilden. Rochen übrigens auch nicht besonders gut, wie ich hörte. Kaum einer von diesen Schuppen hatte eine Badewanne, und selbst in vielen besseren Häusern benutzten sie noch Zinkwannen. Die Flußschiffer und Viehtreiber, die Vagabunden und Tippelbrüder, das Personal von den Zügen – meistens waren diese Leute bewaffnet. So gab es fast jede Nacht Schießereien und Messerstechereien und dabei manchmal grausige Verbrechen. Alle sagten, früher sei alles anders gewesen, als der Fluß noch alles beherrschte und die Steuermänner mit den Goldketten in der Stadt das Sagen hatten, Zigarren verschenkten, Drinks spendierten und gelegentlich mal ein Hurenhaus kurz und klein schlugen, aber nachher, wie echte Gentlemen, für den Schaden auch aufkamen. Nostalgie ist was Schönes, aber wenn man sich die alten Zeiten genauer ansieht, findet man doch wieder nur lauter Lügen. Die Vergangenheit hatte immer einen rosigeren Arsch.

In der Stadt erinnerte vieles an die Vergangenheit. Aber ich war jung und interessierte mich nicht besonders für das, was vor sich ging. Ich hatte noch nicht angefangen zu lesen; das kam erst mit den schlimmen Nächten und dem Alter, als ich nicht mehr gut schlafen konnte. Aber ein Schauder überkam mich, als mir ein Freier die große, mit Vogelmist verdreckte Steintreppe vor dem alten Gericht zeigte, wo die Sheriffs früher Sklaven im Dutzend verkauft hatten. Ich fand, Zig hatte recht, wenn er sagte, eines Tages würde es mehr Neger als Weiße geben und dann würden sie die Macht übernehmen. »Das täte ich gern noch erleben, wie die Yankees und die Siedler Cakewalk tanzen.«

Ich bin nie irgendwo gewesen, wo die Zahl der Leute, die wir Amerikaner nannten, von denen übertroffen wurde, die wir Ausländer nannten. Aber die Hälfte der Einwohner von Saint Louis war im Ausland geboren, und diese Hälfte bestand zum größten Teil aus stiernackigen Deutschen. Es gab auch ein paar Italiener, die einen Affen an der Kette dabeihatten, ein paar Schweden oder Norweger, blond und hager, die mit Frau und einem halben Dutzend Kinder zu einer Erdhütte und einem Stück Land in Dakota unterwegs waren. Die Deutschen waren meistens wohlhabend oder sogar stinkreich. Sie hatten dicke Bäuche und solide Firmen. Sie waren sehr politisch. Sie hatten ihren Carl Schurz, der im Krieg General gewesen war und dann eine Zeitlang in Washington versuchte, den Raffkes und Abzockern und der Korruption den Hahn abzudrehen. Aber bald war es so, daß sich die Reformer selbst wieder schmieren ließen. Deshalb wurden immer neue Reformprogramme aufgelegt, und Carl Schurz kämpfte gegen die Korruption bei der Straßenbahn und gegen den Whisky-Trust und gegen die Schiebereien bei der Eisenbahn. Die meisten Deutschen aßen zuviel, hörten sich viel Musik an, versammelten ihre großen Familien in Biergärten und sangen Lieder. Im Bett waren sie ziemlich munter, aber auch sehr sentimental und ein bißchen knauserig. Einem »Kraut«, wie wir sie nannten, konnte man, wenn er in Unterhosen vor einem stand, so leicht keine Flasche Parfüm abluchsen.

In Saint Louis konnte man das amerikanische System der Korruption sehr gut studieren. Es war wie in jeder Stadt, die ich kennengelernt habe. Die ehrbaren Leute stimmten für die Kandidaten, die ihre Finger im Stadtsäckel hatten, und die Polizei machte bei dem Schwindel genauso mit wie die Gerichte. Und immer gab es auch ein paar brave Leute mit Scheuklappen, die nicht mitbekamen, was da ablief, und statt dessen wieder eine Reformbewegung in Gang brachten, ob in Saint Louis oder in Cleveland oder in New York. Man holte einen neuen Bürgermeister, neue Verwaltungsleute, einen neuen Polizeichef. Aber der alte Schwindel ging weiter wie bisher. Vielleicht weil die Miethäuser und die Hurenhäuser den feinen Leuten und den Scheinheiligen und Frömmlern gehörten. In ihren Häusern wurde gezockt, und sie brachten eine gute Miete ein.

Niemand wollte den armen Weißen und den Schwarzen eine Chance geben, aus ihrem Dreck rauszukommen. Wahlen wurden mit Geld entschieden, Gauner und Intriganten wurden in die Ämter gewählt, und ein Teil des Schmiergeldes wurde am Ende bei Flegel's ausgegeben.

Zig sagte immer, die Leute kämen genauso oft zum Essen ins Haus wie wegen der Mädchen. Wer gern deftig aß, für den war das Essen bei Flegel's wirklich etwas Besonderes. Die Köchin freute sich, wenn die Leute ihre Rebhühner mit Sauerkraut oder die Klare Brühe mit Markklößchen lobten und der Tisch mit Gästen und Mädchen voll besetzt war. Und wenn Zig sein Glas hob und »Zum Wohlsein« sagte, dann kam Beifall auf, die Gäste langten zu und ließen es sich schmecken. Huren sind meistens schlechte Esser, nicht so Belle und ich – uns schmeckte es.

Ich nahm ein bißchen zu, aber es war die Zeit der rundlichen Frauen, bevor die verdammte Irene Castle ihren Tanztee aufbrachte und diese dünnen Modepüppchen in den Flüsterkneipen den Ton angaben. Wenn ein Mädchen hier und da ein bißchen mehr zu bieten hatte, hielten sich die Männer gern daran fest. Meistens gab es zum Nachtisch Nußtorte mit Kaffee und Sahne oder Bienenstich. Wie wir danach noch rammeln konnten, weiß ich nicht – aber in den Betten war Betrieb.

Zig hatte alle möglichen französischen Spitzenweine am Lager, wenn es jedoch mal was Besonderes zu feiern gab, holte er am liebsten eine Flasche Schnaps aus dem Keller, Steinhäger, Kümmel, Kirschwasser. Bei Flegel's entwickelte ich Sinn für Qualität, und das war mir später eine große Hilfe, als ich selbst Madame wurde und einen eigenen Weinkeller für die Kundschaft einrichtete. Wenn Huren nicht viel essen, dann trinken sie meistens, und die, die doch aßen, wurden ein bißchen zu dick. Zig lockte die Mädchen oft mit einem Marmeladenbrot oder mit Westfälischem Schinken oder Lachsschinken auf Brot. Und was für ein Brot das war! Nach all den Jahren schmecke ich es immer noch. Zig ließ es bei einem Bäcker an der Market Street backen, der die alten Rezepte noch kannte: Graubrot, Kümmelbrot, Pumpernickel.

Nach einem kräftigen Mittagessen öffnete Zig die beiden oberen Knöpfe seiner Hose und sagte, er hätte zuviel gegessen – was zutraf. Zig schätzte ein angenehmes Leben und ein ordentliches Haus, er duldete keine Widerworte, und ein Mittagsschläfchen nach einer üppigen Mahlzeit ging ihm über alles. Er legte sich auf das größte Sofa im Salon, eine Zeitung oder ein rotes Taschentuch auf dem Gesicht, und fing an zu schnarchen und zu schnauben. Emma nahm das Mädchen, das gerade ihr Liebling war, zu einem »Nickerchen« mit auf ihr Zimmer – was soviel hieß wie ein bißchen Schmusen und Zutzeln und Zwicken auf eigene Rechnung.

Emma Flegel hatte zwei Schneiderinnen, die ins Haus kommen durften, um Kleider, die die Mädchen bestellten und bezahlten, abzustecken und anzuprobieren, und so lernte ich, wie man sich gut anzieht. Damals war das Korsett noch steif, mit Fischbein- und Stahlstegen, aber die schweren Sachen aus der Zeit davor trug man nicht mehr.

Eine der Schneiderinnen war eine alte Hure, die in die Schneiderbranche gewechselt war, und sie machte mir mein erstes Jackenkleid aus blauem Samt. Ich war ein bißchen verrückt nach Samt. Sie meinte, ich könnte von Glück sagen, daß ich die Mode, die noch ein paar Jahre vorher im Schwange gewesen war, verpaßt hatte. Unter sehr langen, bis auf die Straße reichenden Röcken trug eine bessere Dame oder eine modische Hure einen mit Spitzen besetzten Unterrock aus weißem Kambrik, darunter einen Unterrock ohne Spitzen, darunter zwei Flanellunterröcke mit verziertem Saum und, um ganz stilvoll zu sein, noch einen weiteren Unterrock mit einer aus Pferdehaar oder Stroh gewebten Borte am Saum, damit er sich bauschte wie ein Ballon. Unter all dem kamen mit Stickerei verzierte Unterhosen. Handschuhe, Strümpfe, Schleier, Hüte, Federn, wadenhohe Schuhe, Kettchen, Uhren, Nadeln, Polster, Locken vervollständigten diesen Aufzug. Da kam einiges an Gewicht zusammen.

Wir trugen noch ein Kamisol über dem Korsett und gestärkte Musselinunterröcke, aber nicht mehr so viele. Flanell war der Fluch der älteren Dame; angeblich nahm er den Schweiß auf, und weil er fast kugelsicher war, hielt er die Zugluft und damit auch Erkältungen fern. Irgendein Narr behauptete sogar, Flanell sei gesund, weil die rauhe Oberfläche die Haut anregte und sauber rieb. Aber da die meisten erstklassigen Hurenhäuser Badezimmer hatten, ließen wir den Flanell weg, außer wenn es wirklich kalt war.

Ich mochte Tüll, Spitzen, Seide, Gaze, Kammgarn. Die Wespentaille machte es nötig, daß alles außer den Titten und dem Hintern eng geschnürt und zusammengepreßt wurde. Für Mädchen mit schmalen Hüften gab es Polster aus gewebtem Pferdehaar, die man Turnüren nannte. Damit konnte jedes dürre Mädchen dafür sorgen, daß es einen herrlichen Hintern bekam.

Während der Arbeitszeit bei Flegel's trugen wir meistens praktische, lockere Kleidung, aber an ihren freien Tagen konnte sich eine Hure so elegant anziehen, daß Mrs. Astors Lieblingspferd neben ihr wie eine graue Maus gewirkt hätte. Wir waren immer so modisch gekleidet wie irgendeine andere elegante Frau.

NEUNTES KAPITEL
IM SEX-GESCHÄFT

Es wäre immer wieder das gleiche und mehr davon, eine langweilige Geschichte, wenn ich mein Leben während all der Jahre, die ich als Hure bei Flegel's in Saint Louis zubrachte, im einzelnen erzählen würde. Das Leben im Bumsladen ist die meiste Zeit genauso eintönig wie das Leben eines Matrosen oder eines Lokomotivführers. Manchmal kommt es zu einer plötzlichen Krise, aber nicht sehr oft. Aus dem unablässigen Mahlen der Stunden werden Tage oder in meiner Branche Nächte, aus Wochen werden Monate, und ehe man sich versieht, ist man wieder ein Jahr älter. Ein paartausend Nächte im Salon, ein paartausendmal auf dem Bett.

Die Stadt wuchs. Es gab Ausstellungen und Kongresse, Wahlen, Skandale. Politische Betrügereien, über die wir manchmal durch die Betrüger selbst auf das beste unterrichtet waren. Die andere Welt lag draußen, jenseits der Salonvorhänge. Nur ihre Geräusche und ihr Geruch drangen manchmal durch die importierten Stores und die schweren Draperien bei Flegel's herein. Wir sahen diese Welt, als stünden wir halb abgewandt. Von einem Kuchen, den jemand anderes aß, bekamen wir die Krümel ab. Wenn wir das Haus mal verließen, dann war das wie ein Besuch in feindlichem Indianerland – nur ohne die Gefahr.

Die älteren Gäste starben weg. Ihre Söhne kamen, um sich die Unschuld abzustoßen. Neue Leute schwangen im Rathaus große Reden, und sie redeten vom Geld; vielleicht sind Geld und Macht ja das gleiche. Wir kannten die Freier, wie sie außerhalb ihrer Familie waren, wir sahen ihre kleinen Unarten, ihre Anwandlungen von Einsamkeit, ihre Zweifel.

Wie trüb und traurig einem Millionär, einem Möbelfabrikanten, einem Transportunternehmer, einem reichen Getreidehändler zumute sein kann, wenn er morgens um zwei im Bett einer Zwanzig-Dollar-Hure liegt, während die Regentropfen wie Trockenerbsen ans Fenster prasseln, und er aufstehen und nach Hause muß.

Die Moden wechselten, die Turnüren wurden kleiner, die Rüschen eleganter, die Hüte senkten sich tiefer ins Gesicht, die Krempen wurden breiter, nichts wie Reiher und Goldfasan. Oder auch schmalere Krempen mit Jetbesatz und Bändern. Jedes Mädchen hatte eine Sammlung von silbernen und goldenen Stiefelknöpfern, Flacons mit langsam eintrocknendem Parfüm, und neben dem Spiegel oder auf der Kommode ein Blechfoto mit dem Bild von einem Schauspieler oder einem Preisboxer oder einem Politiker, irgendeinem Helden. Das Leben verlief so regelmäßig, wie die Sonne auf- und untergeht; ein regelmäßiges Auf und Ab zwischen Freude und Elend, Hoffnung und Hoffnungslosigkeit und Selbstmordgedanken. Ein Achselzucken für die Gegenwart und vage Vorstellungen für die Zukunft – das auch. Was diese Zukunft anging, da belogen sich alle gegenseitig und jeder obendrein sich selbst. Eines Tages würde ein starker, reicher Mann von Format kommen und uns aus dem Hurenhaus entführen. Eine großartige Villa würde er haben oder ein eingewachsenes Landhaus, wie das auf den Noten, die im Salon beim Klavier lagen – alles umrankt von den größten, schönsten Rosen und am Himmel darüber der herbstliche Vollmond. Aber dieser Traum blieb verschwommen, und insgeheim fand ich die Vorstellung von dem Landhaus und den Rosen so öde wie einen Nebeltag. Mir war das zu dicht an der Farm, von der ich kam.

Ich war eine großartige Hure. Ich wüßte nicht, warum ich das nicht sagen soll – da mich inzwischen so viele Jahre von meinen jungen Tagen und Nächten trennen. Napoleon oder Ulysses Grant haben nie verschwiegen, daß sie großartige Generäle waren. Mir ist auch nie ein Schauspieler über den Weg gelaufen, der nicht verkündet hätte, daß er großartig sei. Und Richter, Senatoren, Parteibosse, all diese Leute beeindruckten mich im Bett oder im Salon als Männer, die wußten, was sie wert waren und was sie konnten.

Eine Hure, so kam es mir immer vor, ist in mancher Beziehung einfach bloß eine besonders gute Frau. Zumindest in dem Lebensbereich, der besonders intim ist. Einer Ehefrau gegenüber ist sie insofern im Vorteil, als sie in einer erregenden Umgebung auftritt. Sie ist keine langweilige Angewohnheit. Sie versteht es, einen Mann sexuell so zu befriedigen, daß er nur noch ein bibbernder Wackelpudding ist. Sie schmeichelt ihm, mäkelt nie und macht ihn nicht herunter. Eine Hure stärkt das Ego des Mannes, seine Vorstellung, er sei bedeutend, vital, männlich, ein ganzer Kerl, ein echter Hengst, der Alkohol in rauhen Mengen verträgt und spendabel ist wie kein zweiter, der faszinierendste Geschichtenerzähler, Witzbold und Draufgänger, den die Welt je sah.

Seine schlampigen Angewohnheiten sind uns egal, wir fragen ihn nicht, was wir mit dem aufsässigen Dienstmädchen machen sollen, und beschweren uns nicht darüber, daß die Wasserleitung kaputt ist. Eine Hure ist nie ungebadet und nie unparfümiert. Sie ist immer frisiert und geschminkt, wenn der Mann da ist, und er erblickt sie in romantischem Lampen- oder Kerzenlicht. Ihren Körper verweigert sie nicht, redet nicht von Kopfschmerzen oder von den Unarten der Männer. Nie ist sie mürrisch, und nie tut sie so, als wollte sie sagen: Mach, daß du fertig wirst, du alter Bock – das *denkt* sie nur.

Wir Mädchen bekamen die Schlafzimmergeschichten von vielen Familien aus Saint Louis in allen Einzelheiten zu hören – in den Armen von Ehemännern, die bei uns beides wollten, ihren Kummer und ihre Langeweile abladen und ihre Klöten erleichtern.

Ich ging auf die Männer ein, interessierte mich für ihre Art. Ich hatte nicht nur meinen Körper, ich hatte auch einigen Verstand. Das soll keine Angeberei sein. Wieviel Verstand einer hat, hängt nämlich damit zusammen, was für Großeltern er vor ein paarhundert Jahren hatte. So hat es mir jedenfalls ein Arzt aus Berkeley erzählt, nackt, in meinem Haus in San Francisco, als er mir erklären wollte, warum er so oft keinen Steifen bekam. Keiner in seiner Familie hatte ihn mit fünfunddreißig noch richtig hochbekommen.

Ich war ungebildet, konnte kaum lesen und schreiben, aber ich übte Schönschreiben mit einer Spencer-Stahlfeder und einer Flasche blauer Tinte. Ich versuchte, Sachen aus Zeitungen und Illustrierten abzuschreiben. Ich besorgte mir ein Buch über Schönschrift und übte Schwünge und Schnörkel und zeichnete Vögel und Wolken und Früchte, kunstvolle E's und K's und H's. Nach einiger Zeit bekam ich einen Brief in Schönschrift ganz gut hin. Ich versuchte auch, das G am Ende von Worten, die mit G endeten, wirklich zu sprechen – nicht *goin'*, sondern *going!* So ganz habe ich die Grammatik nie kapiert, aber dadurch, daß ich den vornehmsten Leuten, die die erstklassigen Hurenhäuser besuchten, beim Reden zuhörte, konnte ich mit der Zeit einfache Fehler vermeiden. Lieber hätte ich mich einbuchten lassen, als *ain't* zu sagen – beinahe jedenfalls. Aber richtig durchschaut habe ich die Geheimnisse der Sprachlehre nie, bis heute nicht. Und was die Etepetete-Wörter angeht – ich schreibe, wie ich rede, und ich will den Sinn von dem, was ich schreibe, kapieren, so wie ich es verstehe.

In all den Jahren wurde ich nie schwanger. Emma Flegel zeigte uns ein paar Tricks mit Spülungen und Einsätzen, die dagegen halfen. Für den seltenen Fall, daß eine Hure doch etwas angehängt bekam, konnte man in jedem Drugstore eine schwarze Pille kaufen – wenn man die drei Tage lang nahm, und heiße Bäder dazu, kam man meistens klar. »Sie ist vom Dach gefallen« sagten wir, wenn eine von uns ihre Tage zu spät bekam.

Als Huren lernten wir, wie man sich bei einem Freier unauffällig vergewisserte, daß er nicht Großes oder Kleines Casino hatte. Wir wurden sehr gute Schauspielerinnen und täuschten alle Stufen des sexuellen Lustspiels bis zu einem ausgewachsenen Orgasmus vor, stöhnten unter Drehen und Winden Liebeswörter und warfen dabei den Kopf hin und her. Die meiste Zeit über fühlten wir nichts dabei und dachten vielleicht, daß die Stockfischfrikadellen beim Mittagessen zu salzig gewesen waren, oder überlegten, ob hohe Knöpfschuhe das Richtige für den Sonntagsspaziergang im Park wären. Die große Sünde im Bett war es, einen fahren zu lassen, wenn er nicht als erster furzte.

Nicht, daß wir nicht manchmal bei einem Freier, den wir mochten, bis zum Ende mitgegangen wären. Ich war damals ein gesundes, leidenschaftliches Mädchen und mochte einen gutgebauten, gutaussehenden Mann mit Schnurrbart oder Koteletten, vollem Haar und breiter Brust. Nicht zu jung, aber groß, stattlich, in der Blüte seiner Jahre. Es gab mehrere Gäste, die immer nach Goldie fragten und so waren, wie ich es gerade beschrieben habe. Da war ein Spieler, der sich in den Zügen, die nach Westen fuhren, seine Dummen suchte. Er arbeitete auf den Routen in Richtung Colorado und San Francisco. Oder ein Holzhändler, der in Michigan sämtliche hohen Bäume abholzte, und ein Pferdezüchter, der sich auf Traber und Rennpferde spezialisiert hatte. Allen schenkte ich meine ganze Aufmerksamkeit. In keinen von ihnen war ich verliebt, aber es gefiel mir, wenn ich mit ihnen im Bett war, ihre Lebhaftigkeit spürte und mich selbst so lebendig fühlte wie eine Frau, die tut, was Frauen eben tun.

Wir spielten alle möglichen verrückten Spiele. Warfen Weinflaschen an die Wand und probierten nach Postkarten Stellungen aus, unterhielten uns über verrückte Pläne, in die Türkei oder nach Paris oder nach Südamerika zu gehen. Am Morgen roch es wie in einer Proletenabsteige, vergossener Bourbon, übergelaufene Nachttöpfe, Schüsseln voller Schmutzwasser, leere Flaschen in Eimern mit schmelzendem Eis, Zigarrenrauch und der Geruch von müden Körpern. Der war am stärksten – zermürbte, erschöpfte nackte Leiber. Es blieb einem nichts anderes übrig, als hoch in den zweiten Stock, in eines der sauberen Extrazimmer zu gehen und sich ungewaschen aufs Bett fallen zu lassen und zu schlafen.

Das war der Hurenalltag – gedankenlose Jahre ohne Sinn und Verstand. Ich merkte kaum, wie ich meine Jugend hergab, ohne darauf zu achten, was ich dafür bekam.

Aber solche versumpften, schweinischen Nächte gab es nur für einige besondere Gäste. Ansonsten hieß es, schauspielern und sich zurückhalten. Eine gute Hure haßt die Männer nicht, auch wenn das oft behauptet wird. In Wirklichkeit spürst du als Hure, daß du einem Mann wirklich was zu bieten hast, und bist stolz darauf, daß du darin verdammt gut bist. Wenn es bei einer nicht so ist, gehört sie nicht in ein Haus erster Klasse. Ich rede nicht von Straßenmädchen oder von den Nutten in den billigen Häusern, den armen Schnecken, die in einer Nacht dreißig oder fünfzig brutale Flußschiffer ranlassen. Die behalten die Form nicht lange, in der sie arbeiten können.

In den Jahren bei Flegel's habe ich gelernt, daß Sex achtzig Prozent der Gedanken und Vorstellungen des Mannes ausfüllt. Wenn ihm auf hoher See oder hinter Gefängnismauern oder durch die übermäßige Treue zu einer ausgetrockneten Gemahlin die Frauen lange vorenthalten geblieben sind, hat er Bilder im Kopf, die einen jungen Sultan in die Erschöpfung treiben würden. Sex ist für die meisten Männer eine Sache der Phantasie. Man braucht nur die sogenannten schmutzigen Bücher zu lesen, die Klassiker und das Zeug, das sie einem unter dem Ladentisch zuschieben. Alles von Männern geschrieben. Reine Wichsphantasien, unmöglich, lächerlich, absurd. Wenn ein Mann zu einer Hure kommt, ist er voller Hoffnung, daß irgendwas von diesen Phantasien wahr wird. Das wird es aber nicht. Das kann es nicht werden. Man kann ihn locken und lecken und mit ihm ficken und kann viel von ihm hermachen, aber das meiste von dem, was er im Kopf hat, kommt aus dem Märchenland. Die Aufgabe von einem guten Mädchen in einem Hurenhaus besteht darin, ihn dahin zu bringen, daß er das, was wirklich zwischen zwei Leibern vor sich geht, genießt – ein paar Spielchen und zuletzt dann die Auslösung der zum höchsten Punkt gesteigerten Nervenanspannung und der Samenerguß. Wenn das unromantisch klingt, kann man nur sagen, daß Sex unromantisch ist. Sex ist wirklich und spielt sich zwischen wirklichen Körpern ab; es ist ein Verlangen nach Entspannung wie bei einer aufgezogenen Uhrwerkfeder. Es ist tierische Lust, die großen Genuß bringt. Wer von romantischem Sex spricht, verwechselt ihn mit der Liebe. Und an passender Stelle werde ich versuchen, die Unterschiede zu erklären und auch, wie Sex und Liebe zusammengespannt werden können. Das versponnene Gesäusel der Dichter ist jedenfalls nur hochtrabende Masturbation – sonst gar nichts.

Die älteren oder regelmäßigen Gäste bei Flegel's wußten, daß ihre Phantasien nur Phantasie waren. Sie kamen zu uns wie in einen Club. Wein und Whisky waren vom Besten, dazu gute Musik, eine elegante Umgebung und höfliche Bedienung. Jedem Wunsch wurde entsprochen. Und wie kann man einen Abend besser beschließen als mit ein paar Drinks, Pastetchen, ein bißchen Räucherschinken auf herzhaftem Brot, eisgekühltem Wein und einem letzten Zug aus einer guten Havanna? Und dann hinter einem aufmerksamen, munteren Mädchen nach oben gehen – mit einem Hintern und Titten, die so weich und so warm und so jung waren, verglichen mit dem, was zu Hause erreichbar war, falls dort überhaupt etwas erreichbar war. Zig sagte immer: »Wenn das gute Hurenhaus untergeht, dann verschwindet die Kultur aus der amerikanischen Lebensart.« Viel ist vom guten Hurenhaus tatsächlich nicht mehr übrig, während ich dies schreibe.

Für die Gäste, die sich auskannten, war Sex wie ein entspannendes Bad, eine Massage, ein Lied, eine halbe Stunde Lachen und Ficken mit einem gutriechenden Mädchen. Und in jenen Tagen ging von unrasierten Achselhöhlen die Verheißung anderer Körperteile und ihrer Wunder aus. Phantasie war bei Flegel's nicht nötig.

Im Laufe der Zeit änderten sich die Moden in der Gesellschaft, und oft gingen diese Veränderungen von den besseren Hurenhäusern aus. Ich habe schon erwähnt, daß die Kurtisanen die ersten waren, die Unterhosen trugen, große, sackartige Dinger mit Schlitzen hinten und vorn, damit auch die weibliche Natur zu ihrem Recht kam. Sie machten auch gestreifte Strümpfe und Puder populär. Die Achselhöhlen zu rasieren war ebenfalls eine Neuerung, die von den Hurenhäusern ausging. Mir hat sie nie gefallen. Den meisten Männern auch nicht. Der feine würzige Flaum einer Achselhöhle hat etwas Sinnliches. Aber die Mode ging über die Tradition hinweg, und das Rasieren setzte sich durch. Sogar das Schamhaar wurde mit Schere und Rasiermesser zurechtgeschnippelt. Zig rasierte den Mädchen, die es nötig hatten, eigenhändig die Beine. Er wollte keine Schnitte und Narben an den Mädchen, und über jedem Hurenhaus lag der Schatten drohender Selbstmordversuche. Zig hielt seine Rasiermesser unter Verschluß.

Ferien, Feiertage, Kriegsgerüchte, politische Ereignisse waren gute Zeiten für Hurenhäuser. Wenn die jungen Männer aus dem College zurückkamen oder wenn der Sommer zu Ende ging, herrschte in unseren Salons und in den Zimmern oben Hochbetrieb. Weihnachten gab es Eierflip für alle. An Silvester zogen die unverheirateten Freier mit ihren Gästen durch das Viertel, besuchten ihre bevorzugten Häuser und brachten Flaschen und kleine Geschenke mit, während ihre Kutschen oder Mietdroschken mit den dampfenden, auf der Straße scharrenden Pferden draußen warteten. Die Gäste kamen im Pelzmantel und Zylinder herein, mit roter Nase und wehendem Atem. An Feiertagen hatten wir immer mehrere Schlummernummern, Freier, die gegen einen Aufpreis die ganze Nacht blieben. Im dritten Stock gab es meistens eine Bunte Reihe, wobei eine gleiche Anzahl von Mädchen und Männern, vier, sechs, acht, das neue Jahr begrüßten. Ich habe auch erlebt, daß sich sechs Paare in wechselnden sexuellen Kombinationen die Nacht um die Ohren schlugen – wie ein Güterzug, bei dem die Wagen immer wieder angekoppelt und abgekoppelt und umgekoppelt werden.

Bunte Reihen waren Zig nicht geheuer. Betten und Möbel konnten dabei Schaden nehmen. Manchmal geriet eine Bunte Reihe außer Kontrolle. Ich erinnere mich an einen Neujahrsumzug, der auf dem Dach endete, lauter singende, Flaschen schwenkende nackte Männer und Frauen. Zwei Mädchen fielen durch das Oberlicht; sie wären fast abgekratzt.

Das Flegel's lag nicht im sogenannten Rotlichtbezirk, sondern in einer Gegend, wo die besseren, feineren Hurenhäuser angesiedelt waren. So wurde Zig von der Polizei nur gewarnt, er solle sich in acht nehmen. Damals hörte ich zum erstenmal den alten Scherz: »Mister, Ihr Ladenschild ist runtergefallen.«

Der Ausdruck Rotlichtbezirk soll ja angeblich von den roten Lampen am Eingang eines Hurenhauses herkommen. Aber an besonders viele rote Lampen vor Freudenhäusern kann ich mich nicht erinnern, auch nicht in Storyville, dem Bezirk von New Orleans, wo die Häuser legal waren und sogar Reklame machen konnten. Die Geschichte mit dem roten Licht geht in Wirklichkeit auf die Frühzeit der Eisenbahn in Kansas City zurück, wo die ganze Nacht über Güterzüge auf den Rangierbahnhöfen abgefertigt wurden. Die Bremser mit ihren roten Signallaternen besuchten oft die Hurenhäuser in der Nähe des Bahnhofs von KC und hängten ihre Laterne vor das Haus, in das sie gegangen waren. Der Fahrdienstleiter mußte dann Jungs herumschicken, die überall, wo ein rotes Licht brannte, den Bremsern die Nachricht brachten, daß ihr Zug abfahrbereit war. So kam die Vorstellung auf, eine rote Lampe wäre ein Zeichen für ein Hurenhaus.

Im Sommer war Saint Louis ein Backofen. Der Fluß machte die Hitze feucht, und man kam sich vor wie ein Schwamm, den man ständig auswringen mußte. Im Juli und August gingen Zig und Emma meistens auf Reisen, besuchten andere Häuser oder kauften Möbel im Osten oder sahen sich nach Mädchen um, die für ihr Haus in Frage kamen. Frenchy fuhr im Sommer meistens nach Pittsburgh zu ihren Verwandten und brachte ihnen Geschenke mit. Die deutschen Mädchen fuhren auf die Farm der Flegels, zum Eierauflesen oder Gemüseeinlegen, oder sie legten sich einfach in die Hängematte und machten dumme Gesichter. Belle und ich fuhren ein paar Jahre lang in das schicke Seengebiet um den Lake Winnibigoshish in Minnesota und quartierten uns in einem anständigen Hotel ein, wo man gegen zwei Flittchen nichts hatte, solange sie sich wie Damen aufführten. Die besten Hotels wiesen uns ab. Aber einige, in denen es munter zuging, verdarben uns den Spaß nicht. Wir taten sehr vornehm, aßen gut und leerten die eine oder andere Flasche. Bei Belle mußte ich allerdings aufpassen, sie ließ sich gern vollaufen. Ich war eine mäßige bis mittlere Trinkerin, aber nicht abhängig. Später habe ich kaum noch getrunken.

Wir gaben uns als Putzmacherinnen aus; die waren in der damaligen Zeit oft Amateurhuren oder galten zumindest als leichtlebig. Wenn uns danach war, angelten wir uns auch schon mal einen Kerl, einen Stutzer aus Kansas oder einen Provinzbankier, warfen ihnen unsere Schmachtblicke zu und fuhren dann in ihrer Kutsche mit oder gingen mit ihnen in Spielhäuser. Und wenn wir das Gefühl hatten, es würde keinen Ärger geben, gingen wir auch mit ihnen ins Bett.

Einmal waren wir mit einem jungen Bankvorsteher aus Duluth und seinem Freund, einem Fleischgroßhändler aus Chicago, eine Nacht in einem todschicken Hotel am See. Wir frühstückten zusammen in unserer Suite, und alles schien okay zu sein. Da legte der Fleischhändler, ein richtiger Volltrottel, zwei Zwanzig-Dollar-Goldstücke auf den weißen Marmorsims am Kamin. Belle, die einen Kater hatte, sah hoch, ging zum Kamin rüber, nahm die Münzen und ließ sie in der Hand klimpern.

»Wofür, zum Teufel, haltet ihr Angeber uns eigentlich? Für Nutten? Haben wir euch gebeten, dafür zu blechen? Wie die Promenadenfotzen hier aus der Gegend? Haben wir das?« Sie war fuchsteufelswild, schleuderte die Münzen den beiden Männern nach, die Reißaus nahmen, sich mit Hut und Spazierstock zu schützen versuchten und die Treppe in die Halle hinunter stürzten. Belle schob sich an den erstaunten Hotelgästen vorbei, hob die Münzen noch einmal auf und warf sie die breite Treppe hinunter und schrie, so laut sie konnte: »Verdammte Hundesöhne! Was denken die sich! Hätten es mit ein paar beschissenen Huren zu tun!«

Mit versteinertem Blick forderte uns der Hoteldirektor auf, wir sollten unsere Sachen packen und innerhalb von zehn Minuten das Haus verlassen.

Während der ersten Jahre bei Flegel's verbrachte ich im Sommer meistens zwei angenehme Monate auf der Farm der Flegels, zehn Meilen westlich der Stadt. Ein großes Anwesen, alles in bester deutscher Ordnung. Kälber, Pferde, Schweine, die ganze verdammte Arche Noah, die man auf einer Farm eben findet. Es war allerdings ein himmelweiter Unterschied zu dem heruntergekommenen Hof von meinem Vater. Es gab kleine Kühlhäuser über einem Bach, gefüllt mit Töpfen voller Rahm, und Quarkkäse, die in Gazebeuteln von der Decke hingen, und Cheddarkäse, groß wie Wagenräder. Es gab eine Räucherkammer, in der Schinken über einem Feuer aus Hickoryspänen geräuchert wurden, Gänse, die in Ställen gehalten und mit einem Trichter gefüttert wurden, den man ihnen in den Schnabel steckte. Pfundweise wurde ihnen der geschälte Mais in den Schlund gestopft, damit sie fett wurden und ihre Leber dick für die *patés*.

Der Geruch von Kuhmist und Maisfutter machte mich traurig. So weit man geht, den Erinnerungen an die eigene Kinderzeit entkommt man nicht. Die beiden Kinder der Flegels waren auch oft da. Große, weiße, dickliche Kinder. Ein Junge und ein Mädchen, farblos, wie zu kurz gebackene Brötchen. Zu fein angezogen, zu behütet. Sie wohnten in dem großen weißen Farmhaus, während wir Huren, wenn wir auf der Farm waren, weiter unten in dem kleinen Haus der Verwalter unterkamen. Ein dänisches Ehepaar, die beide kein Wort Englisch sprachen, beide über siebzig, und beide schufteten den lieben langen Tag, obwohl die Frau tief gebückt ging und steife Glieder hatte. Zwischen herrlichen Nußbäumen und Kastanien waren Hängematten ausgespannt. Oft schaukelte ich in einer von ihnen, blätterte in einer Modezeitschrift, gähnte, kratzte mich, nippte an einer Limonade und hörte zu, wie sich die deutschen Huren unterhielten. Es waren immer drei oder vier da, die über die alte Heimat und die Eltern dort schwätzten und dabei strickten oder Muster und Sinnsprüche in schwere Seide stickten und mit Rosenknospen verzierten.

Ich strickte nicht und stickte auch keine Sinnsprüche in Seide. Ich ruhte mich einfach aus, wie eine Katze. Oder ich sah den teigigen Flegel-Kindern zu, die sich in ihrem mit Korbgeflecht verkleideten Wägelchen von einem dicken Pony herumziehen ließen, das mit dem Schwanz wedelte und seine Äpfel auf den frischgeharkten Kiesweg fallen ließ. Ich sah diese beiden überfütterten Kinder – sprechen durften sie mit uns nie –, wie sie da fein und geschniegelt vorbeifuhren, und dachte an die Zeit, als ich so alt war wie sie, ärgerte mich dann wieder über mich selbst und sagte mir: Spar dir dein Selbstmitleid, Goldie Brown, spar dir dein Mitleid.

Ein paarmal wollte ich mir die Grabsteine ansehen, die ich für die Gräber von Tante Letty und meiner Mutter bestellt hatte. Aber aus diesen Plänen ist nie etwas geworden. Ich malte mir die Reise aus, zuerst in den Hauptort des County, den Berg hinunter nach Indian Crossing, die Spurrillen auf dem Weg zum Friedhof, und schon fing ich an zu schwitzen und wurde nervös und mußte nach Luft schnappen. In mir ging es drunter und drüber bei dem Gedanken, ich würde nach Hause fahren. Am Ende sagte ich mir dann: nächstes Jahr, *nächstes* Jahr, zündete mir eine Orientzigarette an, schaukelte in meiner Hängematte und verscheuchte die Fliegen. Nie habe ich den Mumm aufgebracht, noch einmal hinzufahren.

Viel besser fühlte ich mich, wenn mir Zig einen Wagen schickte und mich in die Stadt holen ließ, weil dort ein paar

Gäste aufzumuntern waren. In einem Sommer waren mal zwei amerikanische Senatoren und ein paar kalifornische Eisenbahnleute in Saint Louis. Das Flegel's war gebeten worden, sich um sie und ihre Bedürfnisse zu kümmern. Es ging um Spenden für den Wahlkampf zu einer Präsidentenwahl. Im Grunde genommen brachte ich damals den Stein ins Rollen, indem ich es dem Vorsitzenden besorgte.

In dieser Stimmung, wenn ich dauernd an die Farm dachte, tat mir die Arbeit gut. Ich war so fickerig wie eine Katze, der man den Arsch mit Terpentin eingerieben hat. Irgend etwas begann sich mit mir zu verändern. Es zeigten sich die ersten Anzeichen von etwas, das eine gute Hure verdirbt. Ich fragte mich nämlich, was zum Teufel mit meiner Zukunft war. Konnte ich immer so weitermachen? Solche Gedanken haben mehr Huren verdorben als Whisky, Drogen, Zuhälter oder Syphilis. Eines Morgens wachst du auf und kannst den Tag, das Sonnenlicht nicht leiden, das Essen schmeckt dir nicht, du entdeckst einen Pickel auf der Backe. Die ganze Welt ist auf dem falschen Fuß unterwegs, und dann nimmst du irgendwas und schmeißt es kaputt. Aber du änderst dein Leben nicht; dazu bist du zu jung.

Tatsächlich? Ich hatte Geld. Zig hob für mich Sparbücher auf, aus denen klar hervorging, daß ich, verteilt an mehreren Stellen, eine anständige Summe hatte. Ich besaß eine Garderobe, die mich mehr gekostet hatte, als sie wert war, aber ich dachte, sie und ein paar Ringe und Uhren und Armbänder waren trotzdem einen Haufen Silberdollar wert. Ich war gefragter als je zuvor. Mit Anfang Zwanzig hatte ich noch ein bißchen an Form gewonnen. Frauen gingen damals mehr in die Breite. Meine Zähne waren perfekt, bis auf ein paar Goldfüllungen, die mir ein kleiner Zahnarzt in der Nähe des Rathauses in die Backenzähne gehämmert hatte. Er hatte einen Bohrer mit Pedalantrieb und streichelte mir bei der Arbeit andauernd die Brüste. Ich war gesund und hatte eine gute Verdauung; die Berufskrankheit der Huren, Verstopfung, blieb mir erspart. Beim Blasen schlucken die meisten Huren das Zeug herunter, angeblich ist das gut gegen galoppierende Schwindsucht. Ich habe daran nie geglaubt.

Ich überlegte, daß eine erfolgreiche Hure drei Wege einschlagen kann. Sie kann heiraten. Ich hatte mehrere Anträge von Herren bekommen, die es nicht ernst meinten. Auch einige ernsthafte Anträge – einen von einem Holzhändler, zwei von Spielern, die wahrscheinlich Zuhälter waren. Ein Heiratsantrag kam von einem Reporter, der bei Mr. Pulitzers deutscher Zeitung in Saint Louis arbeitete. Er behauptete, ich wäre seine Lorelei und sagte mir Heine-Gedichte auf; aber der Hintern stand ihm aus seinen verbeulten Tweedhosen heraus, und die Schuhe unter seinen Gamaschen brauchten dringend neue Sohlen. Im Kopf hatte er nichts als Quatsch und Dichtung, also sagte ich zu ihm: »Husch, Fliege, husch.«

Nein, ich wollte nicht heiraten. Ich war nicht verliebt. Ich wußte nicht, ob ich es je sein würde. Ich war, trotz meiner jungen Jahre, nüchtern, realistisch, stolz, durchtrieben, und es kam mir so vor, als trüge ich einen Panzer wie König Artus, eine Rüstung, wie man sie in Museen sieht, Hemd und Beinkleid alles aus Eisen. Meine bestand daraus, daß ich stolz auf mich war und mein wirkliches Ich nicht sehen ließ. Ich wußte natürlich nicht, wie dieses wirkliche Ich war, aber ich schützte es trotzdem.

Ich kannte mehrere Huren, die eine gute Partie gemacht haben. Aber manche eben auch nicht. Sie verließen ihre Ehemänner, fingen an zu trinken, gingen auf die Straße, nahmen Drogen, landeten als krankes Wrack im Armenhospital, und zuletzt wurden ihre Leichen in der Anatomie zerschnipselt. Ein Mädchen aus Chicago, das ich kannte, heiratete einen Kutschenbauer, und ihr Sohn soll ein bekannter Schriftsteller geworden sein.

Paul Dressler, um die Jahrhundertwende ein populärer Schlagerkomponist, fragte mich mal, ob ich ihn heiraten wollte. Er war ein richtiger Hurenbeutel und schrieb, glaube ich, *My Gal Sal* und *On the Banks of the Wabash*. Ein Pfundskerl, immer munter, aß und trank und verlustierte sich mit den Mädchen. Ich glaube nicht, daß er es mit mir sehr ernst meinte, und es kann sein, daß bei ihm noch die eine oder andere Frau im Hintergrund versteckt war. Er hatte einen Bruder, der wurde unter einem anderen Namen ebenfalls Schriftsteller. In New Orleans im Jahre 1912 schenkte mir ein Gast eines von den Büchern dieses Bruders, *Sister Carry*, und es war prima. Das Mädchen darin war real – jedenfalls für einen schreibenden Mann. Männer schreiben oft verdammt dummes Zeug über Frauen. Aber Männer wie den Saloon-Wirt in diesem Buch, der mit dem Geld aus dem Safe weglief, kannte ich. Und das Mädchen hätte ich sogar selbst sein können, wenn ich keine Hure gewesen wäre.

Eines von den stumpfsinnigen deutschen Mädchen bei Flegel's heiratete einen Schweinemetzger, der damit anfing, Räucher- und Dosenfleisch in Kühlwagen zu transportieren, und sie hatten einen Haufen dicke, halslose Kinder; alle sahen sie aus wie junge Mastferkel, als ich ihnen eines Sommers in einem Ferienort begegnete. Heute sind sie eine ziemlich wichtige Familie im Mittleren Westen.

Aber meistens verheiraten sich Huren schlecht, und wenn sie arm heiraten, fragen sie sich nach einer Weile, warum sie sich an irgendeinen Knilch verschenken, der ihnen nur Elend bringt und kein Vergnügen. Meistens machen sie dann ein privates kleines Bumsgeschäft am Nachmittag auf – es sind diese Fälle, wo man dann liest, ein Ehemann hätte ein Paar im Schlafzimmer erschossen.

Der zweite Ausweg für eine Hure bestand darin, daß sie sich von einem reichen Mann aushalten ließ, der sie privat und nur für sich haben wollte. In einer Wohnung oder einem kleinen Haus, in einem halbwegs passablen Viertel, mit Kutsche und zwei Pferden oder später mit Automobil. Manchmal gehörten auch ein Dienstmädchen oder eine Köchin und ein Kutscher oder Gärtner dazu. Ich habe solche Wohnungen gesehen. Tiffany-Glas, Möbel aus heller Eiche, ein Riesenklavier, vielleicht ein Chow-Chow mit dunkelroter Zunge – sehr vornehm. Und zu jedem Geburtstag und an Weihnachten eine Perlenkette, ein goldenes Armband oder ein Ohrgehänge mit Diamanten, dazu ein paar Wertpapiere und Aktien in einem Banktresor.

Für einen Mann, der bekannt war, war es in Saint Louis schwierig, eine Geliebte auszuhalten. Hier drückte niemand ein Auge zu wie in New York oder Chicago, wo sie sogar berühmte Showgirls oder Schauspielerinnen aushalten konnten. Aber es gab in Saint Louis doch gut zwei Dutzend ausgehaltene Frauen, ausgehalten von Brauereibesitzern, Zeitungsverlegern, Reedern, Schuhfabrikanten, reichen Fleischgroßhändlern und ähnlichen Leuten.

Ein großer Nachteil dabei war die Einsamkeit. Die einzige Gesellschaft, die man hatte, waren andere ausgehaltene Huren oder ein paar Schauspielerinnen. Die verschwiegenen »Hummerpaläste« und andere Edelrestaurants kannten einen, setzten einen aber in eine dunkle Ecke oder ins Hinterzimmer. Über dem Freund hing immer die dunkle Wolke der Erpressung. Jemand schickte einen Brief oder machte einen kurzen Besuch, und schon flog die Menage auf. Der zahlende Partner fuhr mit Frau und Kindern nach Bar Harbor am Atlantik oder nach Europa und erlangte Verzeihung, Verzeihung, Verzeihung. Die Ehefrauen kamen oft dahinter, und wenn sie klug waren, machten sie kein großes Geschrei; manche waren sogar erleichtert, jedenfalls, wenn sie Sex haßten. Nur die Blöden schlugen Krach. Zuletzt war das Mädchen jedenfalls immer die Dumme. Scheidungen kamen in den besseren Familien so gut wie nicht vor. Manchmal wußten wir, daß der Stallbursche mit der Gemahlin Neunundsechzig spielte und welche Dame frigide oder lesbisch war – aber die Ehen waren wie in Zement gegossen, und fast immer wurde der Schein gewahrt. Die wenigen Männer, die ihre Mätressen heirateten, mußten die Stadt verlassen; einer brachte das Mädchen um, ein anderer beging in Texas Selbstmord.

Der dritte Ausweg war der, der mir vorschwebte. Selbst ein gutes Haus aufmachen und es so führen, daß es den höchsten Ansprüchen genügte. Heute, nach dem Weltkrieg, klingt das vielleicht nach einem verrufenen, niedrigen Gewerbe. Aber in der Zeit zwischen dem Goldrausch von 1849 und 1917 war das anders, da gab es in jeder größeren Stadt ein erstklassiges Freudenhaus und in jeder Großstadt ein gutes Dutzend. Die besten, vornehmsten Leute schützten sie als eine Einrichtung mit Tradition und waren gleichzeitig Kunden, so daß in New York, Chicago, New Orleans und fünfzig anderen Städten das Freudenhaus ein fester Bestandteil im Leben eines Mannes von Welt war. In gemischter Gesellschaft wurde darüber selbstverständlich nicht gesprochen, aber nur wenige Männer leugneten seine Existenz. Wenn sie unter sich waren, rissen sie Witze über die Liberty oder die Mahogany Hall oder das House of All Nations und zogen sich gegenseitig mit Andeutungen auf. In jungen Jahren waren sie alle dort gewesen, oder sie gingen immer noch hin.

Stolz und in vollem Ernst sagte Zig Flegel: Um ein gutes Hurenhaus zu führen, die nötige Protektion, die Einrichtung, die Beziehungen, die Mädchen, das Hauspersonal, Essen, Wein und Musik beizuschaffen und dafür zu sorgen, daß die Gäste bei Laune und die Mädchen in Form bleiben, braucht man genausoviel Grips, wie wenn man eine Eisenbahngesellschaft, ein Handelsimperium oder auch eine Schiffahrtslinie auf die Beine stellen will.

Das war kaum übertrieben. Aber würde ich mit so einem schwierigen Unternehmen klarkommen?

ZEHNTES KAPITEL
DIE OHRRINGE DES SPIELERS

Der erste professionelle Ganove, den ich näher kennenlernte, also einer, der von seinem Grips und seiner Fingerfertigkeit lebt und nicht wie andere Leute sein Geld mit Arbeiten verdient, war ein Spieler, den man in der Stadt unter dem Namen Highpockets kannte. Er war Mitte Dreißig, mit spitzer Nase, sah gut aus, wenn auch ein bißchen angeschlagen und ausdruckslos, das schüttere, schwarze Haar ölig glänzend und ein Gesicht, so bleich wie ein Fischbauch. Immer war er zu auffällig gekleidet, ein großspuriger Dandy – und seine Hände führten ein Eigenleben, fuhren hierhin und dorthin, zeigten auf etwas, zitterten, machten andauernd kleine Gesten, die aussahen, als wären sie ihnen selbst eingefallen und nicht Highpockets. Er spielte um hohe Einsätze und konnte die Karten von oben und unten austeilen, konnte sie mischen, wie er wollte, und durch Einkerbungen und Kratzer mit dem Fingernagel zinken. Er könnte Asse hervorzaubern, wo noch nie ein As gewachsen war, behauptete er. Meistens jedoch spielte er ehrlich, denn fanatische Kartenspieler können sehr unangenehm werden, wenn sie jemanden beim Tricksen oder Falschspielen erwischen. Highpockets war Experte für Poker, Faro, Red Dog, Whist und überhaupt alle Kartenspiele. Dabei sah er immer so starr und ausdruckslos vor sich hin wie ein Leichenbestatter.

Highpockets gehörte zu den Männern, für die eine Frau im Bett wie Medizin ist. In seiner Vorstellung hatten Lust, Romantik oder Liebe mit dem Vögeln nichts zu tun. Auf so einen Gedanken kam er gar nicht. Wenn er nervös und erschöpft war, kaputt, nach drei Tagen, in denen er nur verloren hatte, oder überdreht und straffgespannt wie eine Banjosaite, nachdem er eine Woche lang gewonnen und wieder verloren und wieder gewonnen hatte, dann kam er auf wackligen Beinen, mit trüben Augen zu Flegel's und roch nach Bourbon, Schweiß, Zigarren – kam ins Haus, nahm sich ein Mädchen mit nach oben und beruhigte seine Nerven mit einem ausgiebigen Fick, bis er zuletzt in tiefen Schlaf fiel. Dann atmete er gleichmäßig und träumte dabei nicht mal, wie er später sagte. Irgendwie löste das letzte Aufbäumen seines Körpers, wenn er in den Armen einer Hure kam, die Bremse, die ihn so reizbar und nervös machte, daß er manchmal ein Glas, wenn man es ihm nicht fest in die Hand drückte, einfach fallen ließ.

Am nächsten Morgen wachte er auf, aalte sich gähnend eine Stunde in einem heißen Bad und nahm sich frische Wäsche aus einer Tasche, die er im Haus stehen hatte. Dann bestellte er einen schwarzen Friseur, ließ sich rasieren, parfümieren, pudern und kam, mit ein paar Münzen in der Hosentasche klimpernd, zum Mittagessen mit Zig und Emma und ein paar von den Mädchen, die schon aufgestanden waren, nach unten. Ich faszinierte ihn. Mein Haar hätte die Farbe von Goldmünzen, sagte er.

An jenem Morgen sagte er »Guten Morgen« auf diese lässige Art, die Berufsspieler an sich haben: »Toller Tag.« Er aß Speck und Kekse, trank mit Zig das dunkle Bier und erzählte Geschichten, wie er gewonnen und verloren hatte, wie er vor einem Lynch-Mob Reißaus genommen hatte, wie er sich aus irgendeinem Kaff gerettet hatte, vor Halunken, die zwar Karten spielen, aber nicht zählen konnten, oder vor Flußpiraten, die hinter seiner Knete her waren.

Highpockets zeigte uns bei Tisch Kartenkunststücke, »Die Spielerrose« und »Den Arm hoch wandern«, deckte jede beliebige Karte auf, er kannte alle möglichen Tricks und Kniffe. Wir hatten ihn alle gern. Wenn er ruhig war und trank, konnte er mit Frauen überhaupt nichts anfangen – und redete schlecht über uns, ein schmales Lächeln auf dem Pokergesicht.

»Frauen sind alle gleich. Ein Busch zwischen zwei Beinen – immer dasselbe. Ein Astloch oder 'ne leere Flasche täten's auch.« So faselte er immerzu davon, wie er die Frauen als Menschen, als Partner, als Ehefrauen verachtete und daß sie auch als Huren nichts taugten. Wir lächelten bloß – er war eben ein spendabler Kunde. Wie viele Männer, die mir im Laufe der Zeit begegnet sind und die eine Frau bloß als Objekt für irgendeine verrückte Idee oder ein verdrehtes Bedürfnis benutzten, hat er nie zugegeben, daß der Verkehr, nachdem er dabei zur Ruhe gekommen war, ihn im Grunde abstieß. Die amerikanischen Hurenhäuser kennen diese Sorte von Männern, und sie wissen, wie sie so einen bedienen müssen, wie sie ihm sein Geld abnehmen und den Scheißkerl dann mit einem Achselzucken laufenlassen.

Highpockets mochte mich, weil ich mich über sein dummes Gerede gegen die Frauen und den Geschlechtsakt nicht aufregte. Ich lächelte bloß. Und er ließ seine Hand durch mein Haar gleiten und sagte: »Goldie, dein Haar könnte beinahe als reines Golderz durchgehen, mit einem sehr hohen Gehalt. Es schimmert wie ein Haufen Münzen unter der Lampe.«

An den Abenden, wenn er seine Sexmedizin brauchte, kam er zu mir, nahm mich mit nach oben und vollführte mit Drehen und Winden und Zähneklappern seinen Tanz in der Horizontalen, bohrte sich in mich und war verrückt nach etwas – den vier Assen der Erleichterung –, das er durch mich zu finden hoffte.

Eines Nachts, nach einer Kartenpartie von vier Tagen in einem Hotel am Fluß mit Fleischaufkäufern und Viehspediteuren, kam er ins Haus, eine riesige Zigarre im Mund, den Zylinder schräg über dem rechten Auge. Er tanzte herum, daß die tabakbraunen Rockschöße flogen, schnippte mit den Fingern und war vor lauter Unruhe kaum imstande, ein Glas mit Zigs Brandy in Empfang zu nehmen.

»Volle vier Tage am Tisch, die Jalousien runter, Lampen an, bloß zum Pinkeln und Kacken mal aufgestanden, hin und wieder ein halbes Stündchen Schlaf und rohe Eier aus dem Weinglas geschlürft. Es ging rauf und runter, rauf und runter. Dann ein Durchmarsch, ein gutes Blatt nach dem anderen. Die Asse kamen, wie ich sie brauchte. Royal flush, so ein Blatt habt ihr noch nicht gesehen, es kam goldrichtig. Drei Damen mit drei Königen geschlagen – zweimal, und zwar auf die ehrliche Tour! Was zu trinken, Zig – für alle. Goldie, mein Liebling, Goldie, mein Püppchen, schieb deinen Hintern nach oben, für einen verdammten Spieler.«

Er war so aufgekratzt und sah trotz seines überdrehten Geredes so abgezehrt aus, daß ich dachte, er würde tot umfallen, bevor er überhaupt mit mir im Bett war.

Er riß sich das Hemd vom Leib, ließ die Hose runter und wankte auf seinen weißen, unbehaarten Beinen zum Bett, in jeder Hand einen Ohrring.

»Hast du schon mal solche Blitzer gesehen, Goldie?«

»Was für Steine?«

»Smaragd, bestimmt. Das hat dieser Typ aus Meehiko gesagt.« (So sprach er Mexiko aus.) »Hab sie gegen einen Pot von viertausend Dollar gewonnen, nachdem ich ihm sein ganzes Bargeld abgeknöpft hatte. Jeden Lappen und jede Münze aus seiner feinen Hose.«

Die meisten Huren hätten in diesem Augenblick gesagt: »Oh, für mich?«

Aber ich pokerte manchmal selbst ein bißchen. »Eigentlich sehen sie nach nichts aus.«

»Ha!« Er hielt sie mir an die Ohren. »Ha, kuck mal in den Spiegel!«

Ich sah einen halbnackten, mageren Mann und ein nacktes Mädchen. Und zwei mit Edelsteinen besetzte Ohrringe an meinem Kopf. Ich sagte: »Nicht übel.«

»Ich sag dir was, Goldie. Du warst mein Glück in dieser Saison. Sie gehören dir. Sobald du dir Löcher in die Ohren machen läßt und sie tragen kannst.«

»Ein Spieler kann so was doch nicht festhalten, selbst wenn ich mir gleich morgen früh die Löcher machen lassen würde. Weißt du was, Highpockets, *du* machst sie mir, und zwar gleich jetzt, und du steckst mir die Ohrringe auch an.«

Er gab ein krächzendes Lachen von sich. Er war von dem viertägigen Spiel immer noch völlig überdreht, bis zum Anschlag aufgezogen wie eine Armbanduhr. Seine Augen waren verquollen, das Kinn mit Bartstoppeln übersät. Er schwankte und hielt die Ohrringe hoch. »Verdammt, mit dir kann man wirklich alles machen.«

Ich holte eine richtig große Nadel aus einem Handarbeitskorb, hielt sie über eine Kerze, bis sie so heiß war, daß ich sie kaum noch halten konnte. Ich wischte sie blank und gab sie ihm. »Also los, Highpockets, mach mir Löcher in die Ohren!«

»Wenn du den Mumm dazu hast, habe ich ihn auch. Man soll keine Herausforderung ausschlagen, wenn die Chancen gut stehen.«

»Mitten ins Ohrläppchen.«

»Goldie, das tut *weh*!«

»Nicht, wenn ich nachher diese Smaragde trage.«

»Jesus«, sagte er leise und schenkte zwei kleine Gläser Bourbon ein. Wir nahmen jeder eins, und ich drehte mein linkes Ohr nach der hellsten Lampe. Ich schloß die Augen und hörte, wie ihm der Atem stockte. Ich war damals selbst ziemlich verrückt. Ich spürte einen heftigen Stich im Ohrläppchen, wie von einer Hummel, hielt den Atem an und biß mir auf die Unterlippe. Ich spürte, wie er den Ohrring hineinschob, und drehte den Kopf nach der anderen Seite. Noch ein Stich und wieder der Schmerz, als der Ohrring folgte. Ich öffnete die Augen und sah mich im Spiegel, bleich, lächelnd, die Zähne zeigend. Dabei fielen mir ein paar Tropfen Blut, wie kleine Rosenblütenblätter, auf die Schultern. Der Schmerz war vergangen, und hinter mir stand Highpockets und starrte auf die Ohrringe. Er lächelte. »Von dir würde ich mir jederzeit Deckung geben lassen, auch bei einem Spiel gegen die James-Bande oder die Coles oder die Youngers, mit den Revolvern auf dem Tisch.«

Während er mich zum Bett hinübertrug, küßte er mir das Blut vom Hals. Ich war genauso verrückt wie er, genauso wild. Nach jeder Nummer stand er auf, kippte einen Bourbon, und dann ging es weiter. Als sein Schwengel schließlich nicht mehr wollte, waren auf dem Kopfkissen lauter Punkte von meinem Blut.

Ich wachte auf und stellte fest, daß Highpockets neben mir immer noch wie ein zufriedenes Baby schlief. Ich tastete nach meinen Ohren. Sie taten nicht mal weh und bluteten auch nicht. Ich zog einen Morgenrock an und ging nach unten.

Es war zwei Uhr nachmittags. Ich ließ mir von der Köchin ein paar Eiersandwiches brutzeln, wie Spieler sie lieben, rohe Zwiebelscheiben reingeschnitten, und dazu eine große Kanne sehr starken Kaffee. Außerdem ein Gläschen von dem siebenjährigen Brandy aus Zigs Privatvorrat. Emma Flegel und Frenchy saßen am Tisch und aßen Toast und Brotsuppe. Frenchy sagte: »Sieh sich einer die Herzogin an. Der Herzog hat ihr den Familienschmuck geschenkt.«

Emma sagte nur: »Na ja ...«

»Glas«, sagte Frenchy. »Aus einem Flaschenboden.«

Emma beugte sich vor, schniefte und fühlte an meinen Ohren herum. »Nein, die sind echt. Ja, sehr hübsch, Goldie. Aber wasch dir die Ohren mit Zaubernuß, sonst gibt es noch eine Entzündung.«

Oben flößte ich Highpockets den Brandy ein und gab ihm eine Tasse Kaffee. Essen konnte er nichts.

»Sag ihnen, sie sollen mir eine Wanne vollmachen. Ich stinke wie ein Skunk. Laß den Niggerfriseur kommen; bügel mir mein Hemd und die Hose. Woher hast du denn die Ohrringe? Was? Von mir? Solche Klunker für eine Hure? Na, so was! Ihr Mädchen spielt euch immer auf, als wäre das, was ihr zu bieten habt, besser als Walpisse.«

Ich sagte ihm, er sollte es sich doch selbst besorgen. Da lachte er nur. Highpockets war wieder der alte.

Die Ohrringe hatte ich drei Monate, dann borgte Highpockets sie sich während einer Pechsträhne aus, verlor, und ich sah sie nie wieder.

Die meisten Huren sehen die Männer nur als Gäste, die man bedient. Mich interessierten die Männer auch als Bürger, als Einzelne, als Aufschneider und Versager. Einige machten diese Veränderung im Leben eines Mannes durch, von der ich schon geschrieben habe: Ihnen wurde klar, das hier war für sie der Salon zur Letzten Chance, und danach würden nur noch die schlaffen Jahre des Verfalls kommen, in denen sie sich, wie alte Kapaune, die Freuden nur noch ausmalen konnten, die sie hätten haben können und nicht gehabt hatten. Früher oder später kommt dieser Gedanke den meisten Männern, manchen aber auch nicht. Ich kannte einen Bundesrichter, der besuchte die Mädchen noch mit sechsundsiebzig zweimal die Woche und wetzte die Matte, was das Zeug hielt. Und manche jungen Männer unter dreißig führen sich auf wie kastrierte Ochsen. Kommen aus gesellschaftlichen Gründen ins Freudenhaus, um ihren Freunden zu beweisen, daß sie echte Männer sind, und dabei erweisen sich dann manche von ihnen als echte Schlappschwänze. Aber im Salon, vor Zeugen sagt man natürlich: »Du machst ein Mädchen ja so richtig fix und fertig, Süßer.«

Meistens jedoch fängt der Mann irgendwann zwischen fünfundvierzig und sechzig an, sich Sorgen um seine Potenz, seine Männlichkeit, seine Kräfte zu machen. Er macht sich Sorgen um seine Stehkraft, seinen verblassenden Charme, und daß er so leicht außer Atem kommt und sich im Sommer auf der Straße nach den jungen Mädchen umsieht, wenn sie ihren Fuß auf das Trittbrett einer Kutsche setzen oder die Plattform der Straßenbahn besteigen. Verbotene Früchte – nicht für ihn bestimmt. Plötzlich sieht er Fußgelenke, mißt mit verstohlenem Blick Titten, die an ihm vorüberwandern. Er sieht eine fremde Frau und fragt sich, wie sie wohl ausgezogen aussehen würde, ob ihre Haarfarbe echt ist und ob die Brüste hochgeschnürt sind, damit sie so fest aussehen. War das unter dem Satin da eben wirklich der Hintern oder nur ein eingenähtes Polster? Manche haben mir erzählt, sie hätten angefangen, Frauen zu riechen und zu schmecken – in ihren Gedanken kommen sie nicht von ihnen los.

Eigentlich ist es traurig, daß ihnen die Natur diesen Drang und gleichzeitig diese Ängstlichkeit gegeben hat. Ihre Kinder wachsen heran oder sind schon erwachsen; und nun stehen sie wie alte Zuchtbullen auf der Weide, dick geworden und ein bißchen steif in den Gliedern. Aber im Kopf, das haben sie mir erzählt, in Gedanken sind sie immer noch bei den alten Gelüsten. Ihr Ego packt sie immer noch bei den Eiern und den Lenden, weckt in ihnen den alten Kitzel und verlockt sie, es mit einer wirklich erstklassigen Nutte zu versuchen, mit etwas Besonderem aus Zig Flegels Hurenhaus. So ist es bei vielen Männern.

Anders als die jüngeren Gäste oder die älteren eingefleischten Junggesellen oder die vornehmen Draufgänger verwandelten sich diese getriebenen, verzweifelten Gäste ganz plötzlich in Hedonisten – wie gut dieses Wort klingt, auch wenn ich es nur aus einem Buch habe. Todernst waren sie, ohne einen Funken Humor, außer bei irgendeinem angestaubten Witz. Oft vergossen sie ihren Samen aus einem Übermaß an Ernst schon beim Fummeln, bevor man sie richtig bedient hatte.

Im Laufe der Zeit wurden manche dieser Hingerissenen zu regelmäßigen Kunden. Munter und laut wie die anderen Stammgäste, gaben sie einem Mädchen einen Klaps auf den Hintern, setzten es sich auf den Schoß, griffen ihr an die Titten, als wären sie ständig bei irgendwelchen römischen Orgien zu Gast. Orgien wie auf einem Ölgemälde, das Zig in dem kleinen Privatsalon hängen hatte. Männer in Leinentüchern mit Blättern im Haar, tanzende Mädchen, die an Trauben knabbern, alle bequem hingestreckt, und der Sklave trägt auf einer Platte den Kopf eines Wildebers herein, während in der Ferne einem Vulkan die Spitze wegfliegt – aber das haben diese Römer bei ihrem Gelage noch gar nicht mitbekommen. Als ich neu im Haus war, habe ich mir dieses Bild oft angesehen und mich gefragt, ob man damals auch »nach oben« gegangen war oder ob sie einen Gruppenfick oder eine Bunte Reihe gleich im Speisezimmer organisiert hatten.

Auch viele Gäste bei Flegel's sahen sich dieses Bild genau an, und manche lächelten dabei traurig. Vielleicht fragten sie sich, wie sie mit Weinblättern im Haar aussehen würden. Aber wahrscheinlich überlegten sie, warum sie sich in einem Hurenhaus in Saint Louis mit Mädchen einließen, die so alt waren wie ihre eigenen Töchter. Warum spielten sie diese albernen Spiele in lächerlichen Stellungen, warum vergeudeten sie ihre Kraft, überanstrengten das Herz und die Drüsen? Wozu? Einer von meinen Freiern, ein Hotelbesitzer, sagte manchmal, wenn er sich gegen Morgen anzog: »Warum bloß, Goldie? Ein bißchen Zittern und Glut in der Asche? Eines Nachts falle ich hier tot um, dann gibt es ein furchtbares Durcheinander. Sieh zu, daß sie meinen Leichnam über die Hintertreppe raustragen, Goldie. Du bist ein tolles Mädchen, aber du bringst mich um.«

Er ist dann doch nicht im Hurenhaus tot umgefallen, sondern sein bester Freund hat ihn bei der Jagd, wie er da durchs Gebüsch schlich, mit einem Rehbock verwechselt und erschossen. Einen Kick wie von einem zweiläufigen Jagdgewehr, Kaliber 12, auf kurze Entfernung hat er bei mir nie erlebt.

Für einen reifen Mann liegt in den einfachen Handlungen des Geschlechtslebens viel Zärtlichkeit – und ein Wissen um den Tod. Es gibt auch Wärme in einem Haus wie dem von Zig und Emma, eine Atmosphäre wie in einem Club, und es kommen Dinge zum Vorschein, denen wir anderswo aus dem Weg gehen. Der Richter, der öfter zu mir kam, pflegte zu sagen: »Die einzigen Lügen, die wir hier brauchen, sind die, daß wir gut aussehen, daß wir männlich, großzügig und freundlich sind. Hier gibt es all die verdammten Phrasen nicht, die ganze Verlogenheit des Gemeinwesens.«

Ich vermute, ich habe in einem Haus wie Flegel's viel gelernt. Ganz bestimmt habe ich mir durch Zuhören und Fragenstellen einiges an Bildung zugelegt, und dadurch, daß ich vieles auf eine Weise erfuhr, wie es die meisten Leute nie erfahren können. Die wichtigen Leute, die zu Zig kamen, waren die Welt ziemlich leid, ihre eigene Welt, immer dieses So-tun-als-ob und dann dem Nebenmann ein Bein stellen.

Die Anwälte konnten alles irgendwie hinbiegen. Beziehungen, Bestechung und Schmiergeld bestimmten diese korrupte politische Szene. Sie redeten über Schwindeleien auf dem Goldmarkt, bei Grundstücksgeschäften, Geschäften mit Indianerland, über Eisenbahnkartelle – Hill, Harriman, Gould, Huntington –, Zuckertrusts, Stahltrusts, Weizentrusts. Ich hatte dasselbe Gefühl wie auf der Farm: Irgendwas lief ungeheuer schief, wenn die Leute zu Jesus beteten, aber seine Ideen eigentlich nur vorschützten, während sie im nächsten Moment hingingen und ihren Mitmenschen das Fell über die Ohren zogen. Diese Einsicht ist mir nicht auf einen Schlag gekommen, aber am Ende war ich mir ziemlich sicher, daß viel von dem frommen Gesülze nur Fassade war.

Mir wurde aber auch klar, daß es bei vielen Menschen Anständigkeit gab. Es gab redliche Leute, die trotz aller Not und schwerer Arbeit und trotz allem Schwitzen versuchten, ehrlich zu sein und sich einen Winkel im Leben angenehm einzurichten. Leute, die wirklich an den Menschen glaubten, die wirklich anständig sein wollten. Ich sah das sogar im Hurenhaus. Der alte Eismann, der aus dem Bürgerkrieg mit einem Holzbein zurückgekommen war und der nun den Mädchen immer selbstgezogene Blumen mitbrachte und sie nie irgendwohin kniff. Die alte Köchin, die einen kranken, versoffenen Taugenichts von Mann und einen geisteskranken Sohn hatte und obendrein die plattesten Plattfüße mit den geschwollensten Zehen, die ich je gesehen habe. Aber sie arbeitete fleißig, lachte viel, drückte sich nie, beklagte sich nie und schrie nur, wenn ihr jemand auf die Zehen trat. Es war gut zu wissen, daß es solche Leute gab, denn der Rest der Welt war bösartig und hinterhältig.

Zig und Emma Flegel waren hart, herrisch, habgierig, aber auch auf eine gutmütige Art sentimental. Bettler, die in einer Januarnacht frierend nach einem Eckchen zum Schlafen suchten, schickten sie nie weg. Weihnachtskarten mit künstlichem Schnee oder Osterkarten, auf denen Küken als spielende Kinder verkleidet waren, konnten sie zu Tränen rühren. Zäh und gerissen betrieben sie ihr geächtetes Gewerbe, aber alles, was im Haus an Essen übrigblieb, abgelegte Kleider, kaputtes Mobiliar gaben sie an die armen Familien unten am Fluß weg, größtenteils verelendete Weiße mit einem Dutzend rotznasiger Kinder. Deren Frauen kamen mit dickem Bauch, weil schon wieder was unterwegs war, und schleppten in Säcken die Brotreste weg, Beutel mit einem Mischmasch aus Wassermelonen, Hummerteilen, Stampfkartoffeln, Hühnerflügeln, dazwischen Zigarrenasche und halb abgenagte Knochen. Nirgendwo sind mir die Armen – wie sollten sie denn ehrlich oder vernünftig sein? – so bemitleidenswert und so vollkommen hoffnungslos erschienen wie hier.

Frenchy grauste es schon, wenn sie nur zusah, wie sie unseren Müll durchwühlten. »Da sind sie wieder, Goldie. Sicher verheiratet mit einem nichtsnutzigen Hinterwäldler von Mann, der ihnen alle neun Monate ein Kind macht, die Zitzen längst vertrocknet von einem Dutzend Bälger, die sich mit ihren Zähnen darin verbeißen. Herr im Himmel, aus ein paar von den hübschen Mädchen wären gute Huren geworden, wetten?«

Zig, ein Lutheraner, der vom Glauben abgefallen war, drohte Frenchy mit dem Finger: »So redet man nicht über Gott und ehrbare Frauen. Die Armen werden immer mit uns sein. Eine Hand wäscht die andere. Und wir kümmern uns um sie. Aber was weiß denn schon eine Hure!«

Worauf Frenchy dreist erwiderte: »Und du, was weißt denn du? Schon mal überlegt, wo das ganze Geld für deine Almosen verdient wird? Zwischen unseren Beinen.«

Normalerweise hätte Zig einem Mädchen, das so mit ihm sprach, eine Ohrfeige verabreicht. Aber Frenchy war im

Haus die Spezialistin für die Freier mit den exotischen Sonderwünschen. Und über Zig hatte Highpockets eines Abends gesagt: »Also Zig, du bist wirklich ein Mann, der die Welt in Gang hält. Du dienst der Natur und hältst dein Geld zusammen wie ein guter Bürger. Rückgrat des Landes, Salz der Erde.«

Und das war Zig wirklich, ein guter Bürger. Er unterstützte die beiden politischen Parteien mit Geld, zögerte nie, für seine Protektion zu zahlen, und hielt seine Kinder vom Hurenhaus fern. Er erzog sie zu besseren Leuten, was sie heute auch sind. Noch Jahre später, als Frenchy längst tot war, mußte ich immer wieder an all die vornehmen Leute in Saint Louis denken, die ein gutes Leben führten, weil wir Huren für ihre Großväter die Beine breitgemacht hatten.

Aber eine denkende Hure ist oft auch eine traurige Hure. Besser als der Whisky half einem Mädchen das Singen gegen den Trübsinn. Eine Gruppe, die sich um einen Banjospieler oder um ein Klavier versammelte, konnte einem Mädchen das Schmollen besser austreiben als ein halber Liter Old Crow, und richtete auch weniger Schaden an. Gesungen wurde meistens Stephen Foster, und wenn ein neuer Schlager herauskam, probierte ihn jeder aus. Schlüpfrige Lieder kamen seltener vor, als man meinen sollte. Auf das Gefühl kam es an, und so stimmten die Gäste und die Mädchen gemeinsam *Old Rosin the Bear* und *Nelly Bly* und *The Hunters of Kentucky* an. Ich kann mich an Lieder erinnern, die heute keiner mehr singt. *My Old Aunt Sally*, *Root, Hog and Die*. Und manche, die später umgeschrieben wurden: *My Long Blue Tails*, *Wait for the Wagon*, *Come Where my Love Lies Dreaming*.

Heute kommt einem manches von dem, was wir, um Zigs Klavier versammelt, gesungen haben, vielleicht schmalzig vor. *Tis But a Little Faded Flower*, *Mollie Darling*, *Grandfather's Clock*. Es waren auch richtige Rührstücke dabei. *Rose of Killarney* brachte die politischen Iren, die den Staat nach Strich und Faden beklauten, jedesmal zum Heulen, genauso wie *Write Me a Letter from Home*, so daß wir zur Aufmunterung nachher *Shoo Fly, Don't Bother Me* einschieben mußten. Mit Trinken und Singen, wenn jeder den anderen umarmte und das Banjo schrammelte und das Klavier die tiefen Töne dazugab, war es nicht schwer, dem Abend eine fröhliche Stimmung zu geben, die dann auch zu näheren Bekanntschaften und Ausflügen nach oben führte.

Zig liebte schmalzige deutsche Lieder, in denen es um schwarze Wälder und Kobolde ging, und Trinklieder, in denen Studenten nicht genug bekommen konnten. Auch ein bißchen ernste Musik und die alten Tanzmelodien. Ich weiß nicht, ob er ein guter Klavierspieler war. Ich habe mir aus Musik nie viel gemacht, von ein paar populären Balladen abgesehen. Mir hat nie jemand erklärt, woran man gute Musik wirklich erkennt. Ich hielt mich an die Farm- und Country-Musik und später an die Ragtime- und Vaudeville-Schlager. In Storyville spielten bei mir drei Schwarze. Sie bekamen jeder ein paar Dollar für den Abend und zu essen, soviel sie wollten. Was die spielten, daraus wurde dann der Jazz oder war es schon. Mir ist Stephen Foster aber immer mehr zu Herzen gegangen.

ELFTES KAPITEL
ALS GELIEBTE AUSGEHALTEN

Im Jahr 1876 fing ich an, ernsthaft über die Zukunft nachzudenken. Ich war zweiundzwanzig, und Flegel's war nicht mehr das gleiche Haus wie früher. Innerhalb von wenigen Jahren hatte sich etwas verändert – oder viele kleine Veränderungen waren zusammengekommen. Und das hatte, außer bei einigen treuen, alten Kunden, dazu geführt, daß neuere, mondänere Häuser in Mode kamen, mit Mädchen, die neu in Saint Louis waren. Plötzlich sah das Freudenhaus von Zig und Emma Flegel ein bißchen alt und vielleicht auch ein bißchen verstaubt aus. Im Grunde lag es wohl daran, daß die Flegels schon reich waren, sehr reich. Ihre Kinder wurden größer, und nun wünschten sich auch die Eltern ein bißchen Ehrbarkeit nach außen hin.

Emma nahm immer noch gern eins von den neuen jungen Mädchen mit in ihr Bett und war dann vielleicht ein Jahr verknallt, ehe sie sich einen neuen Liebling suchte. Ich war sechs Monate lang ihr Schmusetier gewesen, gleich nachdem ich ins Haus kam. Da fütterte sie mich mit den besten Erdbeeren, küßte und knuddelte mich in einer dunklen Ecke, nahm mich mit ins Bett, streichelte mich, schmuste und spielte mit mir wie mit einem Hündchen, mit dem man gar nichts anderes tun konnte, als es lieben. Das Wort Lesbianismus hatte ich noch nie gehört – ich fand es alberner als die Spiele.

Ich hatte nichts dagegen, und vor allem – ich war ahnungslos. Eine Frau zu streicheln und mit ihr zu spielen war offenbar ein Teil des Lebens an dem Platz, den ich für mich in der Welt gefunden hatte. Ein bißchen Rillenwetzen und Nippelknabbern gehörte dazu, wenn es der Madame Spaß machte und man den normalen Betrieb im Hurenhaus nicht stören wollte. Die Madame konnte einem Mädchen, das aufsässig war oder sich nicht in die Abläufe und Gewohnheiten eines Hauses fügte, das Leben ziemlich schwermachen. Und wenn die Natur so was zuließ, warum sollte ich dagegen sein?

Ich blieb nicht lange der Liebling, was mir nur recht war, denn die anderen Mädchen hackten auf mir herum, kniffen mich, bis ich überall blaue Flecken hatte, traten mich mit ihren Pantoffeln und kamen mir mit Schimpfwörtern, die ich nicht verstand.

Ich wußte nur eines – daß ich ein gutes Leben hatte. An den freien Tagen besuchte ich manchmal zusammen mit Frenchy die miesen Hurenhäuser, wo Freundinnen von ihr arbeiteten. Frenchy war aus einem Etablissement der untersten Stufe nach oben gekommen – »bloß durch mein Talent«, wie sie immer sagte.

Diese miesen Bordelle waren in heruntergekommenen Häusern in den dichtbevölkerten Stadtteilen von Saint Louis, und der Geruch von schimmligen Wänden, Senkgrube und Klo, Whisky und ausgespucktem Kautabak war so durchdringend, daß es einem den Atem verschlug. Die Huren waren älter und sahen verkommen aus, mit zottigem Haar, in dem sie dauernd herumkratzten. Sie benutzen zuviel Schminke im Gesicht, richtiger Camembert, aber das paßte zu ihren schlechten Zähnen und zu ihrer verlotterten Kleidung. Jedes junge Mädchen mit ein bißchen Mumm und Verstand konnte von hier in ein besseres Haus aufsteigen. Aber viele blieben einfach, bis sie Tripper bekamen oder zusammengeschlagen oder umgebracht wurden, oder sie taten sich mit einem Gangster zusammen, kamen auf die schiefe Bahn und endeten im Kittchen oder im Armenhospital, wenn nicht im Irrenhaus. Viele – mehr, als man denken sollte – verschlug es auch ins ehrbare Leben, mit irgendeinem Trampel von Ehemann. Mit den Huren und der Moral ist das nicht so einfach. Sie sind Menschen, wirkliche Menschen – keine Sachen; ich habe immer gestaunt, wie sie es schafften, sich durchzuschlängeln, wie sie in Schwierigkeiten gerieten und wieder herauskamen, wie sie gute Zeiten und schlechte Zeiten hatten, Charakter zeigten und Kampfgeist. Jeder hat eine Vorstellung von Huren, aber kein wirkliches Bild.

Darüber gab es die Häuser der Mittelklasse für die Arbeiter und Herumtreiber, die Leute, die in der Stadt arbeiteten, für alle, die sich genau überlegten, wieviel sie ausgeben konnten. Der Verkäufer, der Fuhrmann, der Holzfäller, der Ehemann, der daheim nicht das bekam, was er brauchte – sie alle konnten sich hier den Kolben ölen oder, wie man auch sagte, die Pfeife ausklopfen.

Frenchy hatte eine Kusine, die in einem von diesen Läden arbeitete. Es sah alles einigermaßen nach was aus, ordentliche Tapete, einfache Sofas und ein Banjospieler im Salon. Die Madame und die meisten Mädchen stammten aus der Gegend, mit Mais hochgepäppelte Kansas-Mädchen und Frauen, die von einer kaputten Farm oder einer kleinen Ranch weggegangen waren. Manche waren auch von ihren Männern sitzengelassen worden, zum Beispiel von einem Bremser bei der Eisenbahn oder von einem Zimmermann, die weggingen und die Frau ohne Geld für Miete und Essen zurückließen.

Die Mädchen saßen in Unterwäsche oder im Négligé herum, tranken Bier, hänselten sich gegenseitig und fühlten sich wohl mit den einfachen Gästen, die mit staubigen Schuhen und Melone zu ihnen kamen. Diese Läden hatten etwas Moralisches an sich, in ihnen spiegelte sich die Welt der Huren und ihrer Gäste. Die Männer waren typische »Mama-und-Papa-Ficker«, wollten es meistens auf die normale, amerikanische Art, wie sie es gelernt hatten. Über Französisch wurde gesprochen und gewitzelt, aber es wurde selten gewünscht und selten angeboten. Italienisch, also durch den Hintereingang, kannte man als Jux aus der Zeit, als die Farmerjungen noch an sich und anderen herumexperimentierten, und galt als Zeichen der verkommenen, sündigen Großstadt. Die Bibelstunden und Predigten über Babel und das Höllenfeuer, die sie in ihren Dorfkirchen gehört hatten, waren in den Hurenhäusern der Mittelklasse immer noch gegenwärtig.

Nur die allermiesesten Puffs und die besten Häuser, wie Flegel's, streiften diese Dorfmoral ab, streiften auch, wie eine Schlange ihre Haut, die Sprache ab, in der der amerikanische Volksmund über Sex redete. Sich zum Vergnügen von jemandem schlagen oder mit hohen Absätzen treten zu lassen oder Bunte Reihe zu spielen war in einem Mittelklasse-Haus genauso unvorstellbar, wie auf die Fahne zu spucken oder einem Bild von Martha Washington einen Schnäuzer anzumalen. Frenchys Kusine erzählte uns, ein Gast in ihrem Haus hätte einem anderen einen Spucknapf an den Kopf geworfen, als der eine Hure fragte, ob sie ihn lutschen würde. Diese Mittelklasse-Häuser soll es vor allem in der Gegend von Saint Louis gegeben haben. Wenn es sie auch anderswo gab, so habe ich sie mir dort jedenfalls nie angesehen.

Die alte Truppe bei Flegel's fiel nach und nach auseinander. Belle, unsere wilde, wunderbare Hure, heiratete einen Schlepperkapitän und schipperte flußabwärts davon. An ihrem Hochzeitstag war sie sturzbetrunken und krächzte immerzu, sie wäre jetzt eine »scheißehrbare Frau«. Frenchy geriet sich eines Tages mit Emma in die Haare, schlug sie zu Boden und packte dann rasch ihre Sachen, um wegzukommen, bevor Zig auftauchte und sie bestrafte. Zig haßte es, ein Mädchen zu bestrafen, aber wenn es sein mußte, hakte er die Manschettenknöpfe auf, zog die Ärmelhalter aus, seufzte und tat es mit der flachen Hand – »Peng, Peng«, auf jede Backe, wie Schnellfeuer. Ein paar Dutzend davon – und man war wirklich am Ende, ohne daß ein blauer Fleck oder sonst eine Spur zurückblieb. Mich hat es zweimal erwischt.

Frenchy machte sich aus dem Staub. Ich blieb zurück, trübsinnig, einsam und ohne Ziel. Die besten von meinen Stammkunden, die immer nach mir fragten, waren weggezogen oder den Sommer über nicht in der Stadt. Die neuen Mädchen waren unterschiedlich. Eine rothaarige Jüdin aus Polen war dabei, die kein Wort Englisch sprach und sich nur mit Nicken und Zeigen und Kopfschütteln half. Das übliche Grüppchen stumpfsinniger Deutscher und außerdem ein dunkelhaariges Mädchen mit einem Fuchsgesicht, das die Angewohnheit hatte, ständig zu schniefen und sich die Nase zu reiben, als würde sie ihr die ganze Zeit weh tun. Ein Schneehuhn erkannte ich auf Anhieb. Eine Kokserin! Als die Flegels so eine einstellten, merkte ich, daß sie nachlässig wurden.

Das alles gehört zur Vorgeschichte meiner Begegnung mit Konrad Ritcher – wie ich ihn hier nennen will; die Familie ist in Saint Louis noch immer bekannt. Er kam 1877 zum erstenmal ins Haus. Ein Fabrikant, der Zigarrenkisten aus Zedernholz für Ritcher herstellte, brachte ihn mit. Ritcher besaß drei Zigarrenfabriken im Mittleren Westen und war sehr erfolgreich. Er produzierte gute Zigarren für verschiedene Firmen, die sie unter ihren eigenen Markennamen verkauften. Aber eine Sorte verkaufte er voller Stolz selbst, unter dem Namen »Golden Clare«. Auf dem Etikett war eine dicke Frau zu sehen, die Tabakblätter und ein Bündel Zigarren hochhielt – alles in Gold, Rot und Blau mit einer altmodischen Schrifttype, ganz verschnörkelt und sehr groß. Die Zigarren hatten zwei spitze Enden und waren sehr stark.

Konrad Ritcher war zweiundvierzig, als ich ihm im Salon bei Flegel's zum erstenmal begegnete, kräftig und untersetzt, nicht groß, aber gut gebaut, glatt rasiert, das dichte braungelockte Haar in der Mitte geteilt. Er trug eine gewürfelte Weste und die übliche Taschenuhr mit Kette und Anhänger. Er schien sehr munter, trank Rheinwein, bot auch den Mädchen und den beiden anderen Gästen welchen an. Er war wie ein Hund, der gestreichelt werden wollte und zugleich Angst hatte, jemand könnte ihn statt dessen treten. Wenn ein Gast ein bißchen zu munter und ausgelassen ist, erkennt man daran seine Anspannung und weiß, daß er sich mit Hurenhäusern nicht auskennt.

Er kam zu mir und setzte sich neben mich, kniff mich aber nicht und machte sich auch nicht sofort über eine von meinen Brüsten her. Mit einem Seidentaschentuch wischte er sich über das Gesicht und fuhr sich damit auch hinter den Stehkragen. Dann lächelte er und sagte ganz leise zu mir: »Du mußt mir helfen, Püppchen. In so einem Laden bin ich noch nie gewesen.«

Ich schenkte ihm mein »Oh-du-starker-Mann«-Lächeln und hakte mich bei ihm ein. »Das erste Mal?«

»Wie bitte?«

»Schon gut. Es wird bestimmt wunderbar. Ein großer, starker Mann wie du. Ich wette, bei einem Mädchen wirst du ein richtiger Teufel.«

»Du bist eine sehr schöne Frau.«

So reden die Neuen fast alle. Ich sagte, ich fände ihn ungeheuer männlich, mit allem, was dazugehört, ein richtiger Kerl. Es beruhigte ihn etwas, aber er schwitzte immer noch eimerweise. Emma gab mir einen Wink, ich sollte ihn nach oben lotsen. Ich stand auf und fragte ihn, ob er sich mal mein Zimmer ansehen wollte. Bei Flegel's bezahlten die Gäste immer, bevor es losging, deshalb wurde auch nie gefeilscht. Ich ging voraus, die Treppe hinauf, vorbei an den Landschaftsbildern und dem Regal mit den alten Bierkrügen, vorbei an der Gruppe nackter Marmorfrauen, die an Früchten knabberten, während Männer mit Ziegenbeinen sie bestürmten. Die Gäste fanden unsere Kunstwerke meistens beeindruckend.

Konrad war sehr still, als wir das Zimmer betraten. Ich öffnete seine Krawatte, nahm ihm den Stehkragen ab und knöpfte seine Weste auf. Dabei gab ich ein leises Schnurren von mir und flüsterte ihm ins Ohr, wie schön es wäre, zur Abwechslung mal einen Mann wie ihn zu haben, und wie ich mich darauf freute, mit ihm ins Bett zu gehen. Nichts Derbes, nichts, was irgendwie vulgär klang. Beim ersten Mal konnte es leicht passieren, daß ein Freier plötzlich scheute und mit Schlips und Kragen in der Hand davonlief. Konrad war genau im richtigen Alter, etwas über vierzig, treu, vielleicht seit zwanzig Jahren verheiratet, mehrere Kinder, und plötzlich spürte er, wie die Zeit verging und daß es da vielleicht etwas Besseres, Jüngeres, Unterhaltsameres gab als eine gelangweilte Ehefrau, für die das Bumsen nur noch Gewohnheit und Pflichtübung war.

Konrad zog sich aus, und zum Vorschein kam ein wunderbarer, stämmiger Leib, Brust und Geschlechtsteile mit dichtem strohblondem Flaum bedeckt und dazu ein erstaunliches, wunderbar aufgerichtetes Gerät, das zeigte, wie lebendig und wie sehr an mir interessiert er war – trotz seiner Schüchternheit. Schon daß er zusammen mit seinem Fabrikantenfreund hier war, zeigte, daß Konrad nach einem Abenteuer, einer Veränderung, nach neuer Hoffnung suchte. Mein Freund von der Zeitung sagte oft: Hoffnung ist die einzige Sünde.

Ich umschlang ihn, berührte ihn hier und da, und bald gingen wir in Stellung, ich mit gespreizten Beinen wie ein appetitliches Gericht, und er schob sich über mich und sagte: »Wie schön, wie schön.« Ich geleitete ihn, und dann legte er sich mächtig ins Zeug und schrie auf, als hätte ihn der Blitz getroffen. Ich spürte sofort, daß er noch nie in einer Vagina gewesen war, die zupacken und festhalten konnte.

Im nächsten Augenblick kam er, und ich kam mit ihm. Ich nehme an, ich war froh über dieses Entzücken bei einem Mann, der noch nie in einem Hurenhaus gewesen war – einem Mann wie Konrad, kein junger Hüpfer, der es sich zum erstenmal besorgen lassen wollte, und auch kein Verrückter, der sich so lange enthalten hatte, daß er sich nun anstellte, als wollte er einen durchsägen, endlos und immer weiter, und man tut und macht und redet ihm gut zu, bis man sich vorkommt, als sollte man ein Maultier vorwärtsprügeln, das keinen Schritt mehr gehen will.

Konrad hatte etwas Frisches, fast Jungenhaftes an sich und war trotzdem ein richtiger Mann. Er lag einfach da, hatte sich nicht zurückgezogen, und ich ließ ihn den

Muskeldruck spüren. Nach einiger Zeit, ohne ein Wort zu sagen, fingen wir von neuem an. Er blieb die ganze Nacht. Im Morgengrauen, ohne Frühstück, verließ er das Haus, den Kragen notdürftig zurechtgerückt, die Krawatte schlecht gebunden. Er flüsterte Zig etwas ins Ohr und gab ihm ein goldenes Zehndollarstück für mich.

Zig erklärte mir, was für ein vornehmer, bekannter Mann Mr. Ritcher war, wie bedeutend die Familie seiner Frau und wie intelligent seine fünf Kinder waren und wie gut die »Golden Clare«-Zigarren schmeckten. Ich war müde, aber froh – ich hatte mich nicht zurückgehalten, sondern war jedesmal wirklich mit ihm gekommen, wenn wir da oben in meinem Zimmer von vorn anfingen. Ich hatte das Gefühl, mein ganzes Leben würde sich ändern, aber wie, das wußte ich nicht.

Ich schlief acht Stunden durch und hörte beim Aufwachen, wie sich das Haus auf den Abend vorbereitete, wie Eiskübel und Flaschenkisten mit großem Gepolter in den Salon geschafft wurden, und das Gezwitscher der Mädchen, die sich ihr Haar zurechtmachten und Emma Flegel wegen irgendwas anmeckerten. Ich hörte das Rascheln der Teppiche, die abgefegt und zurechtgerückt wurden. Ich gähnte, ich reckte mich, blinzelte mir im Spiegel zu. Mir war nach Nichtstun zumute, und ich fühlte mich wohl. Durch meine Adern strömte ein Wein, der nicht aus Flaschen stammte. Das Tripp-Tripp der Hausmädchen mit ihren hohen Absätzen machte mich ganz wach. Die Hausmädchen haßten diese Schuhe, aber Zig bestand darauf. Jetzt brachten sie Schüsseln und Wasser und Handtücher auf die Zimmer. Ich lag da, einen Arm über den Augen, und dachte an die vergangene Nacht, praktische Gedanken, kein sentimentales, romantisches Zeug. Ich war in Konrad Ritcher nicht verliebt. Er kam mir nur so gutmütig vor, so verrückt und so zufrieden mit mir. Er war keiner von diesen abgestumpften Freiern, die irgendwelche verrückten Sachen an deinem Körper ausprobieren wollen, und auch kein Lüstling, der dich beim Ausziehen beäugt, wie eine Katze die Maus beäugt, die sie schon zwischen den Krallen hält.

Ich hoffte, er würde wiederkommen. Ich hatte mich natürlich auch vorher schon für manche Gäste besonders interessiert. Ein Mädchen will gemocht werden, es will sogar sehr gemocht und gehätschelt werden und freut sich, wenn jemand Kätzchen, Pussi, Püppchen, kleine Venus, Kindchen zu ihr sagt. Eine Hure will nicht bloß Fleisch sein. Es gibt ein starkes Bedürfnis, könnte man sagen, als Mensch akzeptiert zu werden. Und nicht bloß, wie Frenchy manchmal sagte, als »aufgetakelte Fregatte, als Loch in der Wand oder als Eimer zum Eierausspülen«. Frenchy fehlte mir, sie war so munter und lustig gewesen.

Huren brauchen, was sie selbst angeht, mehr Verstand als die meisten Frauen, weil sie sich meistens irgendwie gedemütigt fühlen. Sie haben das Gefühl, diejenigen, die sie nachts bei sich zu Gast haben, würden auf sie herabsehen. Sie erleben es, wie andere Frauen die Straßenseite wechseln, wenn sie ihnen begegnen. Es ist dieses Festhalten an der dumpfen Hoffnung, sie könnten als normale Menschen akzeptiert werden, was viele Huren so traurig macht. Ich selbst gab keinen verdammten Pfifferling darauf, wie die Frauen der Freier über mich dachten oder was hinter dem schmierigen Lächeln eines Ladenbesitzers vor sich ging, wenn er für das, was er mir verkaufte, mein Geld nahm. An Einkaufstagen schlug Belle so einem Ladenbesitzer als Bezahlung oft vor, mit ihm nach hinten zu gehen. Ich für meinen Teil fand es immer unmöglich, einem Geschäftsmann Rabatt zu geben. Eine Hure sollte keine Ausverkaufstage einlegen.

Konrad hatte mich nicht bloß als Hure gesehen, für ihn war ich eine Entdeckung. Sicher, er war ein bißchen schockiert gewesen, aber doch auch hochentzückt – so wie manche Leute ein Ölgemälde mit einem Hirsch in einer Schlucht oder ein Kansas-City-Steak ansehen. Oder einen Diamanten, der so groß ist wie eine Haselnuß. Wie eines von den Wundern, von denen man nicht erwartet, daß man sie je selbst zu Gesicht bekommt. Als wäre etwas Heiliges in das eigene Leben getreten, etwas, wofür man alles andere aufgeben würde. Als ich später mit Konrad darüber sprach, stellte sich heraus, daß es bei ihm tatsächlich ungefähr so gewesen war.

Zwei Abende später tauchte er wieder auf – nervös, wie mir Emma sagte, bis ich schließlich nach unten kam und frei war. Oben auf dem Zimmer öffnete er eine kleine, mit rotem Plüsch ausgelegte Schachtel und streckte mir zwei Ohrringe mit kleinen Perlen entgegen, die mit Rubinen eingefaßt waren.

»Goldie, ich danke dir so sehr.«

Ich sagte, sie seien sehr schön und ob sie für mich wären. Ich wußte natürlich, daß sie für mich waren. Und dann stand ich nackt vor dem hohen Spiegel und sagte, er sollte sie mir einhängen. Seit ein paar Jahren hatte ich Löcher in den Ohren, seit Highpockets mit seinen Smaragden gekommen war. Konrad hängte die Ohrringe in die alten Löcher, die ich mit kleinen Goldösen offengehalten hatte.

Er bebte und küßte mich auf die nackte Schulter, und ich lehnte mich zurück und schmiegte mich an ihn, neckte ihn, wurde sogar ein bißchen grober. Er sagte nur: »Ich weiß nicht, Goldie, ich weiß gar nicht, was ich tun soll.«

Ich sagte, ich wüßte es. Er sagte, nein, nein, er hätte sagen wollen, daß er in seinem ganzen Leben noch nie wegen irgendwas den Kopf verloren hatte, nicht in geschäftlichen Dingen, nicht in der Politik und nicht bei Problemen in der Familie. Selbst bei seinen Grundstücksinvestitionen, wenn die anderen Leute wie verrückt kauften, sei er immer nüchtern und überlegt und bedächtig geblieben. Immer wieder benutzte er dieses Wort »bedächtig«, und dann zeigte er mir, wie seine Hand zitterte. Ich zog ihn ins Bett, und es war wie beim erstenmal, nur noch stärker. Er konnte nicht über Nacht bleiben. Beim letztenmal wäre es furchtbar schwirig gewesen, zu erklären, wo er geblieben war. Aber er würde in zwei Tagen wiederkommen. Wir spielten ein paar von den uralten Spielen, von denen er noch keines selbst ausprobiert hatte. Er fing an, mir von seiner Frau zu erzählen, aber ich sagte: Laß doch. Ich wollte von Mrs. Ritcher nichts hören. Warum das hier verderben? fragte ich. Beim Weggehen schenkte er mir seinen goldenen Zigarrenabschneider und versprach, er würde Zig ein paar Kisten von den besten Havannas schicken.

Ein verknallter Freier ist für jede Hure eine Versuchung. Ich hatte es mit ein paar solcher Männer zu tun gehabt. Aber Zig hielt streng darauf, daß ein Gast in seinem Haus sicher war. Er wurde nicht erpreßt, nicht ausgenutzt und nicht um Geschenke angebettelt, nichts, was über eine Flasche Parfüm oder, wenn er sehr zufrieden war, über einen mit Schmuck verzierten Strumpfhalter oder ein Seidenhöschen hinausging.

Ich war nie in die Versuchung geraten, einen verliebten Freier auszunutzen. Ich war immer nur erstaunt und auch ein bißchen erschrocken darüber gewesen, welche Macht die Geschlechtsdrüsen über den Verstand haben, wie sie ein solches Feuer im Körper eines Mannes entfachen können, daß er jedes Augenmaß verliert, allen Sinn für seine Stellung und die Gesellschaft, in der er verkehrt. Damals war die Gesellschaft für mich ein großer Sack voller vornehmer, gutgekleideter Leute mit schönen Hüten. Sie wohnten in großen Häusern, hatten die besten Pferde und die besten Kutschen, redeten vornehm, regierten das Land und füllten die Kirchen. Mir kam es vor, als würden sie für uns andere eine sauberere, bessere Welt schaffen. Ich sah, wie sie zu Weihnachten mit Körben, die von Truthahn und Beilagen überquollen, zu den Armen eilten, und wie sie uns durch ihre Lebensart bessere Manieren beibrachten. Sie wußten auf alles die richtige Antwort, wie man sich ausdrückt und wie man zurechtkommt. Später begriff ich, wie es wirklich war, aber damals waren sie für mich die *besseren Leute*, die *Herrschaften*. Natürlich war das alles Bockmist.

Später wurde mir auch klar, daß die bessere Gesellschaft, diese Herrschaften, gar nicht so viel anders waren als wir oder die armen Schlucker aus der Mittel- und Unterklasse.

Diese besseren Leute hatten die gleichen Wünsche, sie waren genauso verrückt, genauso jämmerlich, genauso habgierig – nur eben auf ihrem Niveau. Ihr Leben wurde vom Geld bestimmt und von dem, was sie Familie nannten. Welche Form die Nase der eigenen Großmutter hatte oder wer wann aus der alten Heimat herübergekommen war. Als Mr. Pulitzer heiratete und seiner Braut nicht sagte, daß er Jude wäre, war das ein Schock für die Gesellschaft. Solche Dinge machten den Unterschied zu unsereinem aus. Aber vor allem das Geld. Ich sah, wie die Flegels langsam zu diesen Kreisen aufstiegen... Und ihre Enkel sitzen heute ganz oben. Wenn ich Ihnen sagen würde, wer sie sind – Sie würden sich wundern.

Aber als Konrad Ritcher zu mir kam, durchschaute ich das alles noch nicht so, wie ich es heute durchschaue. Ich glaubte noch an Menschen, die etwas Besonderes waren, größere, stattlichere, elegantere, alles überschauende und alles wissende Leute. Und wir anderen waren im Vergleich mit ihnen nur Gesocks. Bis zum Weltkrieg, bis 1917, war diese Auffassung im ganzen Land weit verbreitet. Dann flog alles auseinander, es kamen die Flüsterkneipen, die Modepüppchen mit Bubikopf, die Schnapsschmuggler, die verschwitzten Ficks auf dem Rücksitz von einem Marmon, einem Pierce Arrow, einem Buick. Und in den Country Clubs waren die Mädchen sogar umsonst. Da ging es mit dem erstklassigen Hurenhaus bergab, und die Protektion wurde zu teuer, denn die städtischen Behörden und die Polizei konnten in dieser neuen Welt vollen Schutz gar nicht mehr garantieren. Die Gangsterbanden haben das amerikanische Freudenhaus völlig verändert – Schlägertrupps haben dafür gesorgt, daß eine Menge vornehmer Etablissements zugemacht hat.

In meiner frühen Zeit in Saint Louis hat mir die bessere Gesellschaft viele Rätsel aufgegeben, aber als ich selbst Madame wurde, hatte ich sie durchschaut. Diese Leute machten die Regeln, aber sie brachen sie auch, und dann sagten sie, das ist jetzt die Mode, so ist jetzt der Stil. Dann wurde es fast normal und respektabel, in Rasthäusern zu vögeln, im Auto zu knutschen, mit der Frau von einem anderen ins schöne Wochenende zu fahren oder irgendeine Fotze aus einem Broadwaytheater in eine Wohnung zu setzen und auszuhalten, auch wenn alle es mitkriegten. Alles wurde plötzlich zu locker und zu einfach. Liebesnester hießen sie in der Zeitung. Die vornehmen Leute stiegen von ihrem hohen Roß und mischten sich unter die Gangster und die Künstler, die Sänger und die Schwulen. Die ganze Moral, die meine alte Welt so behutsam zusammengebaut hatte, ging den Bach runter.

Wenn ich das hier so aufschreibe, wie es mir einfällt, dann vielleicht deshalb, weil ich mir damals eine bessere Welt und eine bessere Zeit gewünscht habe. Ich dachte an die Welt von Konrad Ritcher und ihre guten Manieren und ihre ehrbaren Grundsätze. Die Angst vor der Sünde – das war es, glaube ich, was ihn umtrieb; dieses Gefühl, daß Lust Sünde sei und trotzdem genossen werden konnte, obwohl immer auch dieses nagende Gefühl mitschwang, daß man gegen die Moral der Gruppe verstieß, in die man hineingeboren war. Streicht man diese Vorstellung von Sünde weg, dann hat man die Zeit nach dem Weltkrieg, in der die Vorstellung von Sünde verlorenging, aber ein Teil der Lust ebenfalls, denn jetzt sagten manche Leute, Lust wäre etwas Natürliches, sie wäre normal. Es gäbe keine Sünde. Konrad, das habe ich bald bemerkt, glaubte an die Sünde, und das hat ihn auch an unserer Beziehung so sehr fasziniert.

Ich begriff bald, alles ist normal, wenn es eine bestimmte Form annimmt. Alles ist falsch, wenn die Leute, die die Formen machen, nein dazu sagen. So lag ich da, wachte langsam auf und dachte, daß mein Leben vielleicht eine neue Richtung nehmen würde, vielleicht in ein anderes Gleis kommen würde. Und Konrads Lust an seiner Vorstellung von Sünde war meine Fahrkarte in eine andere Welt.

Ich hatte schon überlegt, ob ich mich selbst als Madame niederlassen sollte, aber dafür hatte ich nicht genug Geld auf der hohen Kante. Ich hatte immer Kleider und Kram gekauft und hatte trotzdem zehntausend Dollar auf die Seite gelegt. Das reichte aber längst nicht, nicht für ein erstklassiges Haus, wie ich es wollte. Mit fließendem Wasser innen und Marmorbadewannen, Satin an den Wänden, vielleicht sogar Tapisserien, von denen man damals viel sprach, obwohl ich gar nicht wußte, wie sie eigentlich aussahen. Ich wollte Möbel aus Teak und Goldeiche und Mahagoni, ein Klavier mit Perlmutteinlagen und jede Menge chinesische Vasen. Ein gutes Hurenhaus hat Karaffen aus Kristallglas, eine türkische Ecke mit Kissen und Messingtabletts und Krummsäbeln an der Wand. Einen gut gepolsterten Raum für Gesellschaften, Spezialitäten und Bunte Reihen. Ich träumte von einer großen Treppe und daß die Négligés der Mädchen mit Pelz und Reiher- und Pfauenfedern besetzt wären. Dazu ein großer Bernhardiner, der um das Haus und im Hof herumstreunte. Eine gute Madame hatte auch zwei elegante Braune im Stall hinter dem Haus stehen, dazu einen Kutscher mit gestriegeltem Zylinder und eine offene Kutsche auf hochgeschwungenen, biegsamen Federn. Die Protektion für das alles würde eine Menge Geld kosten. Ich war noch nicht soweit, daß ich mich als Madame niederlassen konnte.

Außerdem war ich zu jung, viel zu jung, als daß ich mir bei den Mädchen Respekt hätte verschaffen können, oder bei den Leuten von der Stadtverwaltung und der Polizei und bei den Lieferanten.

Ich fing an, über Konrad nachzudenken, und je mehr Gedanken mir durch den Kopf schwirrten, desto mehr mochte ich ihn. Ich wußte, es gab die Gefahr, daß ich mich in ihn verliebte. Aber ich sagte mir, daß ich das vermeiden könnte. Sich im ausgehenden 19. Jahrhundert in Saint Louis in einen verheirateten Mann zu verlieben bedeutete nur Kummer und Quälerei. So etwas hatte schon zu mehreren interessanten Mordfällen geführt. Meistens wurden sie vertuscht, aber an die Geschichte von General Sickles konnte ich mich noch erinnern. Zig hatte uns erzählt, wie die Frau des Generals in Washington eine Affäre mit einem Vetter des Mannes hatte, von dem unsere Nationalhymne stammt. Der General schoß ihn auf offener Straße kaltblütig nieder und wurde anschließend als Held gefeiert und freigesprochen. In der Beziehung zu einem verheirateten Mann mußte Liebe unbedingt vermieden werden. Ich war damals jung und alles andere als sentimental, und ich war mir sicher, daß ich meine Gefühle in einer solchen Beziehung unter Kontrolle halten konnte.

Ich wollte versuchen, mit Konrad dahin zu kommen, daß er mich zu seiner Geliebten machte und irgendwo in der Stadt unterbrachte. Ich bewunderte ihn und ging gern mit ihm ins Bett. Er war ein gelehriger Schüler und hatte eine natürliche Begabung für jene Dinge, die seine Frau als widerwärtigen Männerunfug abgetan hatte.

ZWÖLFTES KAPITEL
NUR NOCH FÜR EINEN

Ich mußte nicht lange schwatzen oder irgendeine tragische Szene aufführen, damit Konrad mich zu seiner Geliebten machte. Eines Nachts kam er selbst auf die Idee. Wir hatten Schlehenlikör mit Sodawasser getrunken. Es war fast Morgen. Wir hatten es längere Zeit getrieben, und inzwischen gingen die Nachtgeräusche langsam in Morgengeräusche über. Ich fühlte mich angenehm erschlafft. Er war ein zärtlicher Mann, und ich konnte mich gut mit ihm unterhalten. Wie die meisten Männer hatte er mich danach gefragt, wie ich Hure geworden war. Ich erzählte ihm nicht die üblichen Lügen von gewaltsam geraubter Tugend und zertretener Unschuld, die viele Männer so gern hören. Oder die alte Geschichte von einer schrecklichen Verstoßung. Huren erzählen den Männern alle möglichen Legenden, die derart abgedroschen sind, daß kein Mensch, der Verstand genug hat, sich ein Butterbrot zu schmieren, sie glauben sollte. Ich erzählte Konrad von der Farm, von dem schweren Leben dort, die Felder gelb von wucherndem Ackersenf, die Plackerei im Morgengrauen beim Licht einer Laterne. Ich erzählte von einer Kuh, die sich ein Bein gebrochen hatte, vom kalten, harten Winter, wenn alles blau und grau und gefroren war, von dem Eintopf aus Maismehl und Wild, von dem wir lebten, bis der Frühling kam und das bißchen Gemüse zu sprießen anfing. Von dem Quietschen der ungeschmierten Radnaben an den vorüberrollenden Wagen und von dem Kreischen der Sägemühle unten am Hügel und von unseren Ausflügen zur Getreidemühle und zum General Store an der Kreuzung. Ich erzählte ihm von Charlie. Über den konnte ich mich nach all den Jahren, seit er mich sitzengelassen hatte, immer noch aufregen.

Jahrelang hatte ich an all das nicht mehr gedacht, und nun schüttete ich es auf einem Bett im Hurenhaus vor einem Mann aus, mit dem ich eine halbe Stunde vorher noch ein paar wirklich verrückte Spiele gespielt hatte ... Aber plötzlich war sie wieder da, meine Kinderzeit, die Waschbären, die wir mit Blendlaternen nachts in den Bäumen stellten, der Büffelfisch und der Hecht, die wir in Notzeiten aßen, die Säcke, die wir von der Mühle zurückschleppten, die Tage, an denen wir barfuß, übersät mit Insektenstichen, herumliefen oder auf der windschiefen Veranda saßen, bloß dasaßen und irgendwohin starrten. Ich hatte damals das Gefühl, nichts würde sich je ändern, nichts würde je viel Sinn haben. Wir aßen unser Schmalz aus der Bratpfanne und waren für den Rest der Welt die Trottel vom Lande. Ich muß lange so geredet haben.

Konrad setzte sich aufrecht, rieb sich die nackte Brust und nahm sich aus dem Lederetui auf dem Waschständer eine Zigarre. Ich dachte an die große Treppe und den Paradekorridor im Southern Hotel an der Walnut Street – wohin er sich mit mir zusammen nie getraut hätte. Und was war mit White Sulphur Springs? – nein, da wären zu viele Leute aus den vornehmen Familien von Saint Louis.

»Ich würde dich gern unterbringen, Goldie, besser als hier.«

So etwas hatte ich schon von vielen Männern gehört, von Schnorrern, die glaubten, auf diese Weise würden sie von mir was Besonderes bekommen. Ich sagte keinen Ton, wartete einfach ab, wie weit er mit seinen Versprechungen gehen würde.

»Ich habe das Gefühl, Goldie, du magst mich ein bißchen.«

»Das weißt du doch. Du bist einfach ein toller Mann, Kon.« Solchen Quark tischte man jedem guten Kunden auf, jedem Gast, der wissen wollte, was man von ihm hielt. Ich fügte hinzu: »Ich meine es ernst, Kon. Du brauchst mir nicht mit irgendwelchen Versprechungen zu kommen.«

»Nein, nein. Ich habe an ein kleines Haus in einer netten, ruhigen Straße draußen am Fallon Park gedacht. Ich habe ein paar Möbel von meiner Mutter eingelagert. Solide Stücke, und was du sonst noch brauchst, kaufen wir dazu. Zwei Straßen weiter ist ein Mietstall, von da kannst du dir jederzeit einen Wagen kommen lassen.«

Ich muß ihn wohl einfach nur angeglotzt haben. Aber ich sah, er meinte es ernst, wie nur ein Deutscher irgendwas ernst meinen kann.

»Und du nimmst mich nicht auf den Arm?«

»Nein. Und was die Haushilfe angeht, es gibt da ein Polenmädchen, das eine Stelle sucht. Ihre Mutter arbeitet in einer von meinen Zigarrenfabriken. Wirst du dir das Haus ansehen – das nächste Mal, wenn du nicht ... nicht arbeitest?«

Sorgfältig zündete ich Konrads Zigarre an. Es ist eine Kunst, einem Mann Feuer zu geben, die Flamme so zu halten, daß er die Zigarre langsam zwischen den Lippen in ihr drehen kann, ohne dabei vom Deckblatt mehr anzubrennen als unbedingt nötig. Er blies Rauchringe zur Decke. Ich blies das Zündholz aus. In meinem Kopf ging es hin und her, wie der Ellbogen eines Geigers – Ja, Nein, Ja, Nein.

»Warum nicht«, sagte ich.

So wurde ich eine ausgehaltene Frau.

Zig Flegel leistete keinen großen Widerstand. Er wurde langsam alt, hatte Probleme mit der Leber, und seine Augen sahen aus wie zu lang gekochte harte Eier. Der Punkt war, er trank zuviel.

Zig seufzte. »Du – du bist ein Glückskind. Du läßt dich nicht unterkriegen, wie? Du läßt dir vom Leben nicht in den Arsch treten, und wenn doch, dann trittst du zurück. Konrad ist ein guter Mann, ein richtiger Graf. Er hat mit Aktien und Grundstücksgeschäften zu tun. Vielleicht ist er reich, vielleicht ist es nur Fassade. Aber dich, Goldie, dich hat er in sein Herz geschlossen.«

Wenn Zig ein bißchen Schnaps getrunken hatte, konnte er endlos so weiterreden und zwischendurch einen Schluck nehmen. Emma Flegel war praktischer veranlagt.

»Irgendwann erlahmt bei diesen Nestbauern die Liebe. Sie fangen an, sich zu langweilen, und dann geht es zurück zu Muttern und den Kindern, und du, du kannst zusehen, wo du bleibst. Du weißt doch, Goldie, Beständigkeit bei Männern gibt es nicht – so sind sie nun mal, immer wieder neue Beine, neue Titten, damit sie was zum Spielen haben. Goldie, ich gebe dir einen guten Rat: Laß ihn mit Juwelen zu dir sprechen, und wenn ihm das Haus gehört, dann sorg dafür, daß er es auf dich überschreibt. Ich habe schon viele gutgläubige Mädchen erlebt, die aus einem Haus, in dem sie es gut hatten, weggegangen sind und als Wrack zurückkamen, kaputt, weil der Mann sie als Fußabtreter mißbraucht hat. Soll ich dir noch einen Rat geben? Sieh zu, daß du so schnell wie möglich schwanger wirst. Schenk ihm ein Kind. Das ist dann eine rechtliche Sache, da kommt er nicht mehr heraus, auch wenn er sich noch so sehr windet. So ein Kind ist etwas, das ihr zusammen gemacht habt. Wenn die Glut erloschen ist und es ihn von dannen zieht, dann wird das Baby die Sache zusammenhalten und dafür sorgen, daß er nicht weit kommt. Laß die Leine ruhig locker, aber gib das andere Ende dem Baby in die Hand.«

Ich war darüber erstaunt, daß Emma Flegel so viel Interesse an mir zeigte – über ihre Ratschläge nicht. Das waren bekannte Hurenweisheiten. Kein Gewäsch über Liebe, Herzen und Rosen. Ein Leben ohne Liebe und Vertrauen. Und etwas anderes kannte ich damals nicht.

Emma umarmte mich, küßte mich sanft auf den Mund, zwickte mich in die Brust und schob mich dann von sich. »So, und jetzt ab mit dir!« Und sie fügte noch eine alte deutsche Redensart hinzu, die Glück bringen soll: »Hals- und Beinbruch.«

Frenchy und Belle waren nicht mehr da, und von den anderen Mädchen habe ich mich nicht groß verabschiedet. Ich schenkte ihnen eine Menge Flitterzeug, das ich nicht mehr wollte, und packte zwei Koffer. Zig, der sich weiter um mein Geld kümmern wollte, sagte: »Wenn irgendwas schiefgeht, wir haben hier immer ein Bett für dich.«

Konrad hatte ein schönes, kleines Haus gefunden. Er nannte den Stil »Stadtgotik«. Es hatte ein Obergeschoß und lag in einem guten Viertel an einer Nebenstraße, die als gute Adresse ein wenig im Sinken war, so daß immer wieder Leute ein- und auszogen und niemand groß auf die Nachbarn achtete. Das Haus lag nach hinten versetzt hinter ein paar Ulmen, die an der Straßenfront standen, und um die Remise wuchs eine hohe Hecke, so daß Konrad fast ungesehen vorfahren und ins Haus kommen konnte. Vorn heraus gab es einen Salon, dahinter ein Eßzimmer und dahinter wiederum eine Küche mit fließendem Wasser. Auch ein Wasserklosett und eine Zinkbadewanne waren vorhanden, deren Ausfluß in eine Senkgrube hinter dem Haus führte, und ein Kellerraum für das Hausmädchen und die Waschwanne. Das Haus hatte Öllampen und Gaslicht. Eine Eichentreppe führte nach oben zu den beiden Schlafzimmern. Das Dach war mit Schiefer gedeckt, und das Eckschlafzimmer hatte ein großes Erkerfenster. Die Möbel von Konrads Mutter waren gar nicht so schlecht, und mit dem, was wir dazukauften, kam mir alles so behaglich und gediegen vor, daß ich fast das Gefühl hatte, ich wäre dort geboren. Viel Farbe gab es in den Häusern von damals nicht, und so drapierte ich manche Möbel mit farbigen Decken und kaufte außerdem Kupfertöpfe für die Küche. Das alte Kristallglas der Familie, das für Mrs. Ritcher nicht gut genug war, war mir nur recht. Ich konnte mich zuerst gar nicht daran gewöhnen – ein Haus ganz für mich allein und dazu echtes Kristallglas!

Ermi war ein großes, dickes Polenmädchen, auf einer Farm großgeworden und erst seit kurzem in der Stadt. Sie konnte nur ein paar Worte Englisch, alles andere lief über Gesten und Schieben und Schubsen. Sie war ahnungslos, kicherte andauernd, aber sie wollte ihre Sache gut machen. Sie kochte vorzüglich – Farmerkost und polnisch, und ich zeigte ihr, wie man ein Steak für einen Gentleman brät und einen Salat anmacht. Konrad kümmerte sich um den Fisch und die

Hummer, die in Eis gepackt mit dem Schnellzug aus dem Osten kamen. Im Keller stand ein Faß Lagerbier und ein Regal mit Weinflaschen, Bordeaux, Port, Rheinwein. Der Eiskasten auf der hinteren Veranda faßte zwanzig Pfund Eis. Ich mußte Ermi beibringen, wie man das Wasserklosett benutzt – sie pinkelte immer zwischen den Büschen, bis ich das abstellte.

Oben stand ein großes, reichlich mit Schnörkeln verziertes Messingbett, und an dem Nachmittag, an dem ich einzog, weihten wir es zünftig ein. Konrad, ganz aufgeregt, machte sich an mich heran, schlug mein Kleid hoch und fing an, hier und da etwas aufzudröseln. Eine Frau ausziehen war damals keine Kleinigkeit. Knöpfe, Träger, Haken, meterweise Unterröcke, hochgeschnürte Schuhe und Korsettschnüre. Ich lachte bei diesem genüßlichen Überfall auf die Frau des Hauses und trat um mich, bis wir nach einiger Zeit auf dem Bett landeten und uns ansahen. Ich sah, daß er wirklich in mich verliebt war. Frenchy hatte einen Namen für diesen Blick – »Collie mit Verstopfung«.

Ich bewunderte ihn und achtete ihn und genoß unser Zusammensein. So weit konnte ich gehen, weiter nicht. Er wußte es, aber er ritt nicht darauf herum, war einfach freundlich zu mir und versuchte mich zu überraschen. Er brachte mir kleine Geschenke mit und an Festtagen oder an dem Tag, den er »unseren Jahrestag« nannte, große Geschenke. Ich war nicht habgierig, aber ich legte manches beiseite – für die Zukunft, wann immer das sein würde. Eine Hure mit Köpfchen denkt an die Zukunft – oft nur im stillen.

Konrad meinte, ich sollte das Geld, das ich bei Zig hatte, in Eisenbahnaktien anlegen, die würden mir mehr einbringen. Ich hatte kein Vertrauen zu Aktien, auch nicht zu Wertpapieren und Banken und Bankern. Ich hatte zu viele Männer, die mit Aktien handelten oder viel mit Banken zu tun hatten, im Bett gehabt. Diese Bankleute hatten etwas Wölfisches an sich. Oder etwas wie Füchse. Ich erinnere mich noch, daß ich als kleines Mädchen miterlebte, wie einer der letzten wirklich großen Grauwölfe in der Nähe von unserer Farm erlegt wurde. Er wurde bei Frostwetter ans Scheunentor gehängt, der Kopf leuchtend rot von gefrorenem Blut, die Augen tot, aber weit offen. Er hatte spitze, gelbe Zähne und eine lange Schnauze. Irgendwie kam es mir vor, als würde dieser Wolf auf seine verschlagene, grausame Art immer noch lachen, auch als er tot und an das Scheunentor genagelt war. Auch auf den Gesichtern von einigen meiner Gäste, die mit Geld zu tun hatten, habe ich immer dieses verschlagene, grausame Lächeln gesehen. Aber ich war einverstanden, daß Konrad mein Geld in Eisenbahnanleihen umwandelte.

In einer Beziehung veränderte ich mich. Ich sah, daß es mehr ehrliche, brave Leute auf der Welt gab, als ich bisher zugegeben hätte. Brave Leute trotz all dem, was Politik und Habgier aus der Stadt gemacht hatten. Highpockets, der Spieler, hatte mir die Sache einmal erklärt, als er sich im Hurenhaus vor Leuten versteckt hielt, an die er beim Spiel Geld verloren hatte und die es nun eintreiben oder ihm die Finger brechen wollten.

»Süße, die Welt besteht aus Trotteln und Gaunern. So geht das Spielchen. Merk dir das, dann hast du die Welt am Wickel, und es kann dir keiner. Die meisten Leute sind Trottel. Geborene Dummköpfe, weich und leichtgläubig, Arbeiter, Sparer, Kinderzüchter, verstehst du, Süße? Darüber kommen dann die Gauner, die Absahner, Hochstapler, Schwindler, Lügner, Räuber; sie fressen die Trottel. Die kleinen Gauner werden eingebuchtet; die großen haben jeden Tag ihre Zigarren zu einem Dollar das Stück und Hummer und Schampus und Fünfzigdollarscheine, die sie den Schauspielerinnen ins Höschen schieben. So funktioniert das, Süße. Trottel und Gauner. Der kleine Gauner geht als Taschendieb oder Straßenhöker; der große ist Senator oder Richter, der dicke Charlie mit den Spendierhosen. Sei schlau, Süße, und leg dich nie mit jemandem an, der ein gut gezinktes Blatt und noch ein As im Ärmel hat. Gauner und Trottel – so läuft das, Goldie.«

Damit kam Highpockets bei mir etwas zu spät. Ich hatte damals schon kapiert, daß die braven, ehrlichen Leute wie die Kaninchen in einem Stall saßen, wo die Tür nicht zu ist, so daß ihnen der Marder oder das Wiesel mit einem Satz an die Kehle gehen konnte. Aber im »Rheinschloß«, wie Konrad unser Haus nannte (Deutsche mit ein bißchen Niveau sind verrückt nach Schlössern), erfuhr ich manches über diese braven Leute. Ich lernte Leute kennen, die mit Frau und Kindern ein angenehmes Leben hatten. Sie hatten regelmäßige Mahlzeiten und feste Gewohnheiten, und sie hatten Hunde und Katzen und Ponys für die Kinder, und auf dem Rasen feierten sie Gartenfeste oder hängten die Wäsche auf.

Ich konnte mich nicht völlig absondern. Ich spielte eine Rolle. Ich gab mich als Witwe eines auf hoher See verschollenen Kapitäns aus. Ich war in Trauer, und mein Vetter kam vorbei, um mich zu trösten. Wer sich davon täuschen ließ, muß schon ziemlich doof gewesen sein. Auf der einen Seite neben mir wohnte ein Künstler, ein richtiger Künstler, der Illustrationen für Bücher und Zeitungen machte, auch Plakate und Hefte mit Bildern. Er war ein schmaler Typ, sah aus wie Lincoln, nur ohne Bart, trank Sherry, und seine Frau schminkte sich, trug verwaschene, geblümte Röcke und ihre Spezialität war mit Käse Überbackenes auf dem Rechaud. Sie hatten viele Bekannte, die immer zum Wochenende kamen, dann lasen sie sich gegenseitig Gedichte vor, redeten über Musik, stritten sich und lästerten über Leute, die sie Philister nannten. Soweit kannte ich die Bibel, daß ich verstand, was sie meinten.

Es fiel mir nicht schwer, die Annäherungsversuche der Männer abzuwehren, und daß von ihnen schon mal einer bei Flegel's gewesen wäre, war nicht zu befürchten. Dafür fehlte ihnen das nötige Geld. Sie schliefen reihum mit den Frauen ihrer Freunde. Zu mir kamen sie und wollten sich Eis borgen, und manchmal luden sie mich ein, herüberzukommen. Man kam gut mit ihnen aus, es waren ziemlich unbescholtene Leute, trotz der großen Reden, die sie schwangen – Schriftsteller und Musiker, Komponisten und alle möglichen Künstler. Die Sex-Phantasien von Schriftstellern sind übrigens oft erstaunlich, aber am besten im Bett sind die Musiker, die ficken wie die Frettchen. Schriftsteller können besser reden als vögeln.

Auf der anderen Seite wohnte ein Mann von der Eisenbahn, der einen wichtigen Posten bei einer Linie zwischen Chicago und Denver gehabt hatte und nun im Ruhestand war. Seine Frau war dreißig Jahre jünger als er. Sie war verdammt hochnäsig, spazierte abends immer mit einem Windhund herum und trug einen Topfhut mit einem Schleier davor. Eines Abends kamen Konrad und ich von einem Biergarten zurück und sahen, wie sie einen jungen Kerl im Abendmantel, der ein elegantes Gespann lenkte, umarmte und küßte. Danach lächelte sie mir immer zu, als wollte sie sagen: *Sie* verstehen das doch! Aber mich ging das nichts an. Ihr Mann starb sechs Monate später, und der junge Mann kam und half ihr beim Auszug, samt Windhund und allem. Danach zog eine Familie mit zwei kleinen Mädchen und einem Jungen ein. Sie pfiffen und sangen, und der Mann baute Möbel in der Remise, und an einem heißen Sommerabend ließ er mir mal eine Scheibe eiskalte Wassermelone herüberbringen.

Sie machten viel selbst, um Geld zu sparen, obwohl sie ein Hausmädchen hatten, das anscheinend taub und stumm war. Aber es war nicht leicht für sie, mit dem, was sie hatten, auszukommen. Manchmal schickte ich Ermi mit einem Rest vom Braten oder Kuchen für die Kinder hinüber. So eine Familie als Nachbarn zu haben gefiel mir. Ich unterhielt mich mit der Frau – einer kleinen Pummeligen – über die Hecke, aber ihre Einladung zum Abendessen nahm ich nie an, und wir luden sie auch nicht ins Rheinschloß ein. Konrad war in der Stadt sehr bekannt und außerdem ein ziemlicher Snob.

Ich genoß mein neues Leben in dem kleinen Haus nach all den Jahren bei Flegel's, wo ich nie oder fast nie für mich allein sein konnte. Sechs Mädchen in einem Haus unter den

Augen von Emma – und alles, was man wirklich behalten wollte, mußte man wegschließen.

Konrad wurde meiner überhaupt nicht müde.

Ein Engländer, der für ein Versandgeschäft in Chicago arbeitete, Texte für dessen Kataloge schrieb und gelegentlich zu Flegel's kam, sagte einmal zu mir: »Drei Dinge machen eine Frau im Bett vollkommen. Charme, Abwechslung und Kompetenz.« Ich habe das nie vergessen, nachdem ich »Kompetenz« nachgeschlagen hatte. Nach ein paar Drinks sagte dieser Brite dann noch: »Du bist vollkommen, Goldie, bis auf einen Punkt. Du bist nie ganz bei der Sache. Immer stehst du *daneben* wie ein Zuschauer und siehst es dir an.«

Vielleicht war das manchmal so, vielleicht sogar meistens. Zum Sex sollte man sich alle Muße dieser Welt nehmen und jede Einzelheit auskosten, verkündete der Engländer. Aber wie die meisten Männer, die viel reden, war er nicht besonders gut im Bett.

Konrad mußte ich die Abwechslung und die Kompetenz erst beibringen. Ob er je wirklich Charme entwickelte, weiß ich nicht. Er war zu ernst, schnaufte und grunzte, wenn es darum ging, zu genießen. Ihm fehlte der Sinn für Verfeinerung. Er war ein guter Schüler. Neunundsechzig entzückte ihn. Italienisch hatte er nicht gekannt, aber am Ende wurde er ein großer Liebhaber des Hinterns. Ich lehrte ihn, sich Zeit zu lassen, innezuhalten, ein bißchen auszuruhen, bevor er dann wirklich kam. Ich zeigte ihm, wie er seine empfindlichen Stellen reizen und die Augenblicke, in denen mein Ding ihn gepackt hielt, möglichst in die Länge ziehen konnte, eine Erfahrung, die nur wenige Männer in ihrem Leben machen.

Ich bin nie in Europa gewesen und nie in Asien oder Afrika herumgereist, deshalb weiß ich nicht, ob es stimmt, was manche behaupten, daß Leute aus manchen anderen Ländern im Bett besser oder schlechter sind als die Amerikaner. Was die Amerikaner angeht, die ich während meiner langen Laufbahn als Hure, als Madame, als ausgehaltene

Frau, als Ehefrau kennengelernt habe, würde ich sagen, daß der amerikanische Mann ein verdammt hastiger, unerfahrener Liebhaber ist. Vielleicht sind die Franzosen besser – eher wie ein Geiger, für den der Körper eines Mädchens wie ein fein ausgewogenes Instrument ist. Vielleicht machen die Engländer mit ihren Prügelspielen und ihren schrägen Ideen ja noch mal ein System daraus. Die Franzosen und Engländer, die ich kennengelernt habe, kamen mir eher wie Draufgänger vor, humorlos, geschäftsmäßig. Aber das sind Verallgemeinerungen. Ich habe alle Arten von Männern kennengelernt, manche gut, manche schlecht, in dem Sinne, daß sie es genossen und rangingen oder daß sie alles vermasselten und nachher den Kopf hängen ließen. Ich würde sagen, einen Amerikaner kann man schulen, vorausgesetzt, er kommt von der Vorstellung los, der liebe Gott würde sich Noten für die Sünden aufschreiben, die er begeht. Und vorausgesetzt, er kommt von seiner Mutter los. Es ist erstaunlich und immer wieder überraschend, wie viele Männer beim Ficken im Bett anfangen, von der eigenen Mutter zu schwärmen. Und die Frau Gemahlin kastriert den Mann ebenfalls, läßt ihm in vielen Fällen die Eier schrumpeln.

Vielleicht liegt es an der gewaltigen Hochachtung, die man den amerikanischen Frauen entgegenbringt, an der Vorstellung, daß ihre Jungfräulichkeit, neben der Bundesflagge und General Grant, einer der höchsten Werte ist. Die Frauen haben zu wenig Ahnung, wenn wahr ist, was mir ihre Männer oft erzählt haben. Sie schämen sich ihrer Nacktheit. Irgendwann habe ich aufgehört, mitzuzählen, wie viele Männer mir sagten, sie würden sich beide im Dunkeln ausziehen oder es sogar im Nachthemd treiben, und nie würden sie einander nackt in einem erleuchteten Zimmer sehen. Ich weiß natürlich auch, daß Männer im Hurenhaus manches gern übertreiben, weil sie von ihren Schuldgefühlen loskommen wollen, und daß sie deshalb behaupten, ihre Frau wäre eine kalte, gleichgültige Schlampe, die mit sich dieses nicht machen läßt und sich weigert, jenes zu tun.

Ich glaube aber, der Fehler liegt meistens beim Mann. Er hält es für geschmacklos, wenn er seine Frau beim Vögeln ein bißchen härter anfaßt, wenn er ihr mit einem Klaps oder auch einem Befehl klarmacht, wo es im Bett langgeht. Es gäbe mehr glückliche Ehen, wenn die Männer bei ihren Frauen wirklich hinlangen und darauf bestehen würden, daß sie ihnen gehorchen. Ich rede nicht von versoffenen Iren oder gewalttätigen Polacken, sondern von einem gezielten Klaps hier und da. Auch wenn sie es unter ihrem Stolz verstecken, lassen sich die Frauen ganz gern von einem Mann beherrschen. Und wenn die Frau nicht bereit ist, auf annehmbare sexuelle Forderungen einzugehen, taugt die ganze Ehe nichts. Sie ist dann einfach eine Verbindung, die nicht funktioniert. Die Menschen sollten einen Partner haben, der sexuell zu ihnen paßt, und der Mann sollte seiner Frau jeden Tag mindestens einmal den Nabel küssen. Die Schwachen, denen der Sex gleichgültig ist, können mit Damespielen und Stricken sehr glücklich werden. Das durchschnittliche Ehepaar kann das Bett genießen wie ein gutes Sonntagsessen. Aber zwei, die wirklich wollen und haben, was man dafür braucht, können rangehen wie die Frettchen, es schadet nichts und macht großen Spaß. Es ist besser, den richtigen Partner zu finden, als sich standesgemäß oder reich zu verheiraten. Und außerdem macht es glücklicher.

Das alles fällt mir ein, wenn ich zurückblicke und erkenne, was für ein elendes Leben Konrad im heimischen Ehebett hatte. Ein trostloses Leben – bekam seine Muschi vielleicht zweimal im Monat, und dann mit Nachthemd und Schlafmütze im Dunkeln; kein Tittenküssen, kein Fingerspiel, keine Mundarbeit, nur ein Küßchen auf die Wange und dann natürlich nur ein Tröpfeln und Kitzeln, statt eines ausgewachsenen Orgasmus. Die Hölle ist nicht mit guten Vorsätzen gepflastert, sondern mit schlechten Ehen, so kam es mir immer vor.

Konrad blühte auf, als er mich in dem kleinen Haus untergebracht hatte. Er schrie vor Lust. Und ich ließ mich ebenfalls gehen. Ich mochte ihn sehr, war ihm auch dankbar, daß ich dem Hurenhaus entkommen war. Ich war mein eigener Herr, hatte jede Menge freie Zeit, gutes Essen, ein eigenes Hausmädchen, eine ruhige Straße, schöne Lampen, guter Wein. Ich konnte so lange, wie ich wollte, auf dem Wasserklosett sitzen und Zeitschriften lesen, und keine Hure klopfte und trieb mich zur Eile.

Ich fing an, mich auch um mein eigenes Vergnügen im Bett zu kümmern. Ich fing an, die zwei oder drei Stunden, die ich mit Konrad auf dem Messingbett verbrachte, zu studieren und zu verlängern. Ich fand heraus, was der Engländer gemeint hatte. Ich stand nun nicht mehr neben mir und sah zu. Ich war mittendrin. Ich fing an zu jaulen, wenn ich einen Orgasmus hatte. Ich brauchte das Wimmern und Herumwälzen und Stöhnen nicht mehr vorzutäuschen, den Schrei beim letzten bebenden Aufbäumen, wenn ich kam und Konrad mit mir.

Mit dem Orgasmus ist natürlich eine ganz große Lüge verbunden. Ich habe die Bücher, die Professoren und andere Schlaumeier darüber schreiben, kaum gelesen. Wenn ich sie mal in der Zeitung abgebildet sah, mit ihren buschigen Schnurrbärten, konnte ich gar nicht begreifen, woher sie überhaupt irgendwas wissen wollten. Wer würde denn solche Leute in die Nähe von einer Möse oder einem Schwanz in Aktion lassen, damit sie mit ihren Beobachtungen anfangen konnten?

In Wirklichkeit ist der Orgasmus doch nur der letzte Gipfel der Lust, aber wahrhaft köstlich ist die Reise auf dem Weg dorthin, köstlich sind die kleinen Freuden und Spielchen unterwegs. Viele Leute kommen gar nicht auf den Gipfel, bringen die Wände gar nicht zum Wackeln, und trotzdem kann Sex für sie eine Lust sein, kann es ein köstliches Vergnügen sein, und wenn es sich mit Liebe verbindet, kann es das Zusammenleben auf bemerkenswerte Weise lebendig machen. Man verpaßt sehr viel von der Landschaft unterwegs, wenn man immer nur versucht, ins Schwarze zu treffen.

Wenn Männer bei mir nicht zum Orgasmus kamen, wenn sie sich abmühten und dann beschämt weggingen, wußte ich, daß sie auf den Mythos hereingefallen waren. Als wären die paar Sekunden das einzige, worauf es ankam. Manchmal rackerte sich auch Konrad mit seiner preußischen Einstellung ab, um einen Orgasmus zu erreichen, und nachher hieß es dann nur noch: Ich kann nicht mehr! Dabei hatte er die Reise dann natürlich nicht genossen und konnte manchmal tatsächlich nicht. Es kam so weit, daß er oft keinen Steifen bekam und ich nachhelfen mußte, damit sein Schwanz hart wurde. Der arme Kerl, so liebenswert er war, hatte die Vorstellung, das Ganze sei Arbeit, eine Aufgabe, die er planmäßig zu erfüllen hatte, und nicht etwas, das vom Kopf und von den Nerven und der Umgebung und von dem Menschen, mit dem man zusammen war, ausging. Es dauerte eine Weile, bis ich ihm das beigebracht hatte. Uns blieben zwei Jahre.

Wenn ich einen Orgasmus hatte, ließ ich mich so gehen, daß mich die Frau des Künstlers von nebenan eines Morgens fragte, ob mich mein Vetter schlagen würde. Sie lachte, als sie das sagte, deshalb dachte ich, es hätte keinen Zweck, so zu tun, als wüßte ich nicht, wovon sie sprach. Nachmittags trafen sich manchmal drei oder vier Frauen aus der Straße, ich eingeschlossen, zum Kaffee mit dänischem oder schwedischem oder deutschem Kuchen. Und es war so, als säße ich wieder mit den Huren bei Flegel's zusammen. Tratsch, Träume, Sex. Wenn sie mit den Kindern und dem aufsässigen Dienstmädchen und dem, was der Eismann gesagt hatte, durch waren, ging es des langen und breiten ums Bett und die Angewohnheiten der Männer, und sie verglichen ihre Erfahrungen beim Bumsen. Ich sagte nicht viel, gab nur manchmal, wenn es sich ergab, einen Rat. Die Frau des Künstlers war unzufrieden. Ihr Mann machte sich über sie her, verschaffte sich mit ein paar Bewegungen sein Vergnügen, und dann »wälzt er sich zur Seite, furzt und schläft ein«. Manchmal wurde auch gelogen, zum Beispiel, wenn es darum ging, wie oft hintereinander ihre Männer konnten.

Eine bedauernswerte Frau hatte das Gefühl, sie würde verrückt, weil ihr Gemahl seinen Glibber bei ihr unbedingt an Körperstellen loswerden wollte, wo sie davon nicht befruchtet werden konnte. Immer wieder berief sie sich auf das Alte Testament und wie sündig es sei, den eigenen Samen zu vergeuden.

All das verschaffte mir einen Einblick in das Eheleben der amerikanischen Mittelklasse, der mir nicht sehr imponierte. Er machte mich auch nicht traurig. Manche Leute kamen anscheinend auf eine natürliche Weise ganz gut zurecht, andere waren Nieten, aber die waren meistens auch in allem anderen, was sie anpackten, Nieten.

Leute, die beim Sex versagen, sind oft auch in allem anderen Versager, außer wenn sie den Sex mit dem Streben nach Macht vertauschen. Da läßt du dich mit einem großen Tier, einem Politbonzen, einem Öl- oder Eisenbahnkönig ein, und oft genug zeigt sich, daß er im Bett überhaupt nichts taugt. In meinem Berufsleben ist mir diese Sorte oft begegnet. Er fickt die Macht und bumst sein Geld. Manchmal benutzen diese machtversessenen Bonzen Sex zur Entspannung. Kaum haben sie einen Trust gegründet oder sich eine Eisenbahnlinie unter den Nagel gerissen oder eine große Hypothekenschuld geltend gemacht oder einen politischen Rivalen aufs Kreuz gelegt, da müssen sie sich auch noch über eine Frau hermachen und sich abreagieren, wie ein Rennpferd im Auslauf nach dem Rennen. Aber Sex ist das nicht, nur Medizin. Und reine Verschwendung.

Ich blieb zwei Jahre mit Konrad zusammen. Zwei gute, angenehme Jahre. Manchmal betrank er sich ein bißchen. Dann lag er im Bett und redete verrücktes Zeug, zum Beispiel, wir würden ein Schiff nach Südamerika nehmen, redete, wie Jahre vorher Charlie vom Amazonas geredet hatte, bevor er mich dann sitzenließ und verduftete. Konrad redete auch von Baden-Baden, von europäischen Kurorten, von berühmten Kurtisanen in Paris, die in den Kutschen von Herzögen und Königen mitfuhren, oder daß er eine

Reise um die Welt mit mir machen wollte – nur wir beide, auf einer Jacht. Träume, wie Männer sie haben, wenn sie nachts mit einer Frau im warmen Bett liegen und bald aufstehen und sich anziehen und nach Hause gehen müssen. Meistens so gegen halb eins.

»Ich meine es ernst, Goldie, vielleicht in zwei, drei Jahren, wenn die Kinder ein bißchen größer sind, nehmen wir einen Cunard-Dampfer und fahren nach Southampton. Dann zeige ich dir, wo meine Vorfahren herstammen, unsere alten Schuppen, wo der Tabak fermentiert wurde, und wir sehen uns Venedig an, lauter Kanäle statt Straßen. Ich war als Student dort. Nur wir beide, einfach herrlich, herrlich.«

Er gab mir einen Klaps auf den Hintern und ich ihm einen Kuß aufs Ohr. Ich kannte den Traum des Mannes im mittleren Alter, der an Haus und Pflicht, Kinder und Geschäft gebunden ist und sich doch als der freie Mann sieht, dem die Welt offensteht, mit einer Frau, die der Frau Gemahlin so unähnlich wie möglich ist. Aber immer diese Angst, länger als halb eins in ihren Armen zu bleiben, weil die Gattin sonst fragt, warum er denn so lange ausgeblieben sei, und an seinem Körper womöglich noch den Geruch der anderen erschnuppert.

DREIZEHNTES KAPITEL
LETZTE TAGE MIT KONRAD

Im Jahre 1878 wurde ich vierundzwanzig und hatte mich inzwischen zwei Jahre lang von Konrad Ritcher aushalten lassen. Wie lange das so hätte weitergehen können, weiß ich nicht. Vielleicht wäre ich in diesem Haus irgendwann an Altersschwäche gestorben und man hätte mich auf dem Bellefontaine-Friedhof beerdigt, wenn nicht eine Serie von Vorfällen dazwischengekommen wäre. Einer führte zum andern, keiner war wirklich wichtig, aber am Ende, wenn man sie alle zusammen nimmt, fällt einem der Himmel auf den Kopf, jedenfalls der Teil, unter dem man steht.

Das erste Anzeichen von Veränderung zeigte sich, als ich eines Tages zu einem Einkaufsbummel unterwegs war. Wie ich es oft tat, um mir die Zeit zu vertreiben, besuchte ich verschiedene vornehme Läden, Kaufhäuser, Kurzwaren- und Textilgeschäfte. Die meisten Frauen, die nicht viel zu tun hatten und denen ihre Stellung in der Gesellschaft eine richtige Berufstätigkeit nicht erlaubte, gingen viel zum Einkaufen aus. Sie bestellten etwas, ließen es sich nach Hause liefern und schickten es nicht selten wieder zurück. Das hielt die Laufburschen in Bewegung, und unsereinem vertrieb es die Zeit.

Ich war auf der Suche nach einem Stück dunkelgrauer Spitze als Besatz für ein Kleid, das ich mir gerade von einer Schneiderin nähen ließ. Während ich in einem sehr guten Geschäft die Spitzen durchsah, hörte ich, wie der Verkäufer sagte: »Ich komme gleich zu Ihnen, Mrs. Ritcher.«

Ich erstarrte und spürte, wie ich rot wurde. Der Verkäufer hatte nicht etwa zu mir gesprochen. Es kostete mich meine ganze Kraft, daß ich mich nicht umdrehte. Ich holte tief Luft. Über der Handschuhvitrine hing ein großer Spiegel. In ihm sah ich eine schmale – besser gesagt, knochendürre – Frau mittleren Alters, sehr gut in dunklem Blau gekleidet, aber nicht wirklich elegant. Es gibt da einen Unterschied, den eine Frau sofort sieht. Der Hut war falsch, er paßte nicht zu dem Gesicht, dabei hatte sie ein hübsches Gesicht, bis auf das Kinn. Der Mund wirkte sehr hart, und der rechte Mundwinkel war tief heruntergezogen. Diese Frau war nicht zu unterschätzen.

Das alles erfaßte ich mit einem raschen Blick in den Spiegel. Dann wandte ich mich ab und tat, als würde ich mir halblange Handschuhe aus schwarzem Ziegenleder ansehen. Die Frau sagte zu dem Verkäufer: »Ich komme noch mal vorbei. Zuerst will ich Eric einen Ball kaufen.«

Eric war ungefähr zehn, ein hübsches, dickes Kind, aber mit einem Schmollgesicht und Haaren, die für sein Alter zu lang waren. Im nächsten Moment waren die beiden verschwunden. Mir war ganz elend zumute. Ich kam mir vor wie ein Nichts. Einen Moment lang war ich völlig niedergeschlagen, dann atmete ich tief durch und reckte mich in meinem Korsett.

In Saint Louis gab es zwei Mrs. Ritchers. Konrads Mutter war eine alte Dame, also mußte dies seine Frau sein, Mrs. Konrad Ritcher. Ich spürte einen Stich in der Brust und mußte mich an der Theke festhalten. Ich glaube, damals empfand ich zum erstenmal in meinem Hurenleben so etwas wie ein Schuldgefühl oder Beschämung. Ich war wütend auf mich selbst, weil es mir so zu schaffen machte. Auf dem Heimweg fragte ich mich immer wieder, warum, zum Teufel, ich ein schlechtes Gewissen wegen dieser gescheiterten Ehe hatte. Ich hatte Mrs. Ritcher nichts weggenommen, was sie wirklich haben wollte. Sie hatte das Geld, den Namen und konnte stolz darauf sein, daß sie Mrs. Konrad Ritcher war. Ich sagte mir: Du bist ein Trottel mit deiner Panik und deinen Schuldgefühlen.

Zu Hause nahm ich gleich einen Schluck Bourbon und schnauzte das Polenmädchen an, weil es den Teppich nicht richtig saubergemacht hatte. Den ganzen Nachmittag hatte ich schlechte Laune. Ich ekelte mich vor mir selbst, kam mir vor wie eine verdammte Nutte und fand, Konrad wäre ein feiger Bastard. Bis heute weiß ich nicht, warum ich diesen Anfall von schlechtem Gewissen hatte, aber ich hatte ihn. Wie der letzte Fußabtreter kam ich mir vor.

Als Konrad an diesem Abend gegen neun mit seinem Wagen vorfuhr, fühlte ich mich wieder besser, lachte mich vor dem Spiegel im Flur selber aus, stand da und sagte »Ha, ha« zu mir. Als ich das Geräusch seines Schlüssels in der Seitentür hörte, war ich in meinem rosa und blauen Kimono wieder ruhig und gelassen und liebevoll, wie er es gern hatte. Einen Augenblick war mir sein Anblick zuwider, dann umarmte ich ihn heftig.

Im Bett ging er inzwischen sehr kompetent zu Werke, unbefangen und mit kräftigem Appetit. Ich versteckte meinen Ärger nicht besonders gut. Als wir schließlich nebeneinander am halb geöffneten Fenster saßen und die kühle Abendluft hereinwehte, fragte er: »Was ist los, Goldie? Was ist dir über die Leber gekrochen?«

Ich sagte, gar nichts sei los. Er sagte, er würde es spüren, irgend etwas sei da. Ich sagte, ich sei wohl nicht besonders gut gewesen, und er sagte, daran läge es nicht. Ich fragte nach seiner Frau, und er erzählte mir viel von ihr. Sie sei alt und bösartig und versauert und häßlich.

»Du lügst, Kon. Ich habe sie heute im ›Bon Ton‹ gesehen.«

»Den Teufel hast du.«

Ich sagte, sie sei überhaupt kein altes Wrack, wie er sie mir immer beschrieben hatte, und dann fragte ich: »Bumst du sie eigentlich noch?« Gröber hätte ich es damals kaum ausdrücken können.

Er langte mir eine. Ich sprang auf, da fing er an zu weinen. Ich war überrascht, aber wenn ich etwas nicht leiden kann, dann erwachsene Männer, die heulen. Ich wartete einfach ab – boshaft, wie ich war –, und nachher sagte ich, ich hätte es nicht so gemeint. Er sagte, er verstünde nicht, wie ich so grausam sein könnte. Seinen Ruf, seine gesellschaftliche Stellung, seine Zukunft, alles habe er aufs Spiel gesetzt, um mir ein Zuhause zu schaffen. Würde er das getan haben, wenn er noch Interesse an seiner Frau hätte – »in dieser Hinsicht«, wie er es schüchtern ausdrückte.

Wir machten es noch einmal, wirklich wüst und heftig, bevor er um halb eins wegfuhr. Es wird oft sehr gut, wenn man nach einem Streit ins Bett geht. Es gibt Leute, die beschimpfen und beharken sich und schreien sich an, und dann gehen sie ins Bett und stellen fest, es hat sich da was aufgebaut, daß die Wände wackeln.

Aber ich war nicht besonders glücklich über diese Vorfälle. Ich spürte es, als hätte ich es in den Teeblättern gelesen: Uns standen stürmische Zeiten bevor. Vielleicht langweilte ich mich auch und wollte Streit. Ich wohnte jetzt schon lange hier und hatte reichlich Zeit für mich. Ich war jung, und mein Leben bestand aus langen Tagen, an denen ich im Salon herumsaß, und ein paar wilden Nächten in der Woche. Danach wieder warten, das Hausmädchen ankeifen, Kleider und Mäntel bei meiner Schneiderin anprobieren, Einkäufe, Warten, Bett und Auf Wiedersehen in zwei Tagen.

Offen gestanden, ich wurde langsam verflucht damenhaft. Im Hurenhaus war alles nur gespielt. Denn in Wirklichkeit ist man dort Sklavin und kann nicht wirklich schmollen, schreien, loslegen, sich spröde geben oder zurückhalten. Aber jetzt war ich eine andere Goldie Brown. Ich war abgestumpft und langweilte mich. Ich hatte Konrad gern, aber ich liebte ihn nicht. Mir gefielen die Möbel, der Schmuck, die Mietdroschke, aber das alles genügte mir nicht. Und plötzlich bekam ich einen Riesenschreck, als ich Mrs. Ritcher sah. Vielleicht lag es daran, daß ich reifer geworden war. Ich konnte denken, bekam mehr mit, hatte einiges gelesen, hatte viel mit den klugen Männern gesprochen, die bei Flegel's verkehrten. Aber ich wußte damals noch nicht, wie sehr ich mich verändert hatte. Ich wünschte mir Veränderung. Ich wollte irgend etwas, aber ich konnte nicht sagen, was – genausowenig, wie ich in dem kleinen

Haus die Wand hochgehen konnte. Plötzlich gefiel mir dieses Haus nicht mehr. Konrad kam mir wie ein alberner Wichtigtuer vor, auch wenn er nackt war. Ich ließ mir längst nicht mehr alles gefallen, gab Widerworte, aber ich wagte es nicht, mich von ihm zu lösen. Von Beruf war ich eine Schlafzimmerdame. Draußen in der Welt fühlte ich mich immer noch fremd, und bei jedem Vorstoß, den ich, immer etwas zu auffällig gekleidet, dorthin unternahm, lagen die Nerven blank – wenn ich einkaufen ging oder mir etwas ansah oder mit der Frau des Künstlers von nebenan eine Nachmittagsvorstellung besuchte. Jedesmal verkroch ich mich nachher in meiner Muschel. Ich war nicht wirklich bereit für die Außenwelt. So wie manche ehemaligen Sträflinge nicht erklären können, warum sie immer wieder ins Gefängnis zurückkehren. Meine Moral war immer noch die Bordellmoral, und meine Grundsätze waren die eines Hochstaplers, der nimmt, was er kriegen kann, ohne Rücksicht auf die Leute, von denen er etwas nimmt.

Ein eingefleischter Skeptiker war ich schon, und wenn ich bei Konrad blieb, würde ich ein Zyniker werden. Ein Zyniker ist meiner Ansicht nach jemand, für den es nichts gibt, was irgendeinen Wert hat. Ein Skeptiker glaubt zumindest an seinen eigenen Wert und daß er soviel Verstand hat, daß er kein Zyniker wird. Falls das alles nicht stimmen sollte – mir hat es jedenfalls ein paar Jahre lang sehr geholfen.

Ungefähr drei Monate, nachdem ich Mrs. Ritcher in dem Geschäft gesehen hatte, kam Konrad eines Abends zu mir und zitterte am ganzen Leib. Es regnete, und er hatte einen Schirm bei sich, vergaß jedoch, ihn zu schließen – so aufgeregt war er. Er sagte: »Ist dir irgendwas aufgefallen?«

»Mir fällt immer irgendwas auf. Wovon sprichst du?«

»Ich glaube, ich werde seit ein paar Tagen verfolgt.«

Ich sagte, das würden die meisten Männer glauben, die auf heimlichen Pfaden wandeln. Sie kämen darüber hinweg.

»Ja«, sagte er, »wahrscheinlich«, schob das Rollo ein wenig beiseite und spähte hinaus. Ich sah ihm über die

Schulter, aber vor uns lag nur die nasse Straße, auf der sich eine Ecklaterne spiegelte. Ein Bursche führte ein durchnäßtes Pferd die Gasse entlang zu einem Stalltor. Sonst nichts. Als ich Konrad meine Hand auf die Schulter legte, spürte ich, daß er heftig zitterte.

Zwei Tage später fiel mir ein Mann mit großen Zähnen und einer Zeitung unter dem Arm auf, der bei jedem Geschäft, das ich besuchte, auftauchte und Zeitung lesend draußen auf der Straße stehenblieb, während ich in Bändern und anderem Zeug kramte. Ich erzählte Konrad nichts davon. Ich schrieb an einen Polizeibeamten namens Bob, der inzwischen verheiratet war, aber, solange er noch Junggeselle war, bei Flegel's gelegentlich eine kostenlose Nummer hatte schieben dürfen. Zwei Tage später bekam ich Besuch von Willy, einem Polizeihauptmann, der aus Böhmen stammte. Ich wußte, er war inzwischen der Kassierer für die Leute von der Stadtverwaltung. Ich bot ihm im Salon einen Drink an. Er setzte sich mir gegenüber, ein großer Mann mit langsamen Bewegungen, aber sehr schlau, und drehte das kleine Kristallglas zwischen den Fingern.

»Also, Miss Goldie, Bob hat mir Ihren Brief gezeigt. Sie wissen, er sammelt nicht mehr das Geld für die Protektion ein, und ich dachte, Sie sollten wissen, was los ist.«

»Jemand läßt mich beobachten.«

»Richtig. Es sind Detektive hinter Ihnen her. Keine Leute von der Stadt. Private. Ich habe sie kommen lassen und ein bißchen ausgequetscht.«

»Mrs. Ritcher?«

»Fragen Sie nicht nach Namen. Manchmal muß ein ehrlicher Cop seine Augen vor bestimmten Namen und bestimmten Vorkommnissen verschließen. Sagen wir so: die Frau eines reichen Mannes aus der Stadt hat diese Leute beauftragt, herauszufinden, wohin ihr Mann zwei- oder dreimal die Woche geht – an Abenden, an denen er in dem Tabaklager nicht ist, in dem er doch angeblich noch zu tun hat. Und in welches Haus er geht, an welcher Straße. Wen er da trifft, warum er die Miete zahlt, Kutschen mietet,

Geschenke kauft. Miss Goldie, Sie wissen, wie das läuft. Also, ich bin ja ein alter Freund von Zig, und –«

»Was hat sie vor?«

Der große Böhme hielt sein Glas hoch, und ich schenkte ihm nach. Er trank nicht, sondern saß nur da und starrte mit gerunzelter Stirn hinein. »Ich vermute, sie will auf keinen Fall einen Skandal. Das ist eine angesehene Familie. Sie genauso wie er. Haben Sie Angst, daß man Ihnen Säure ins Gesicht schüttet oder Ihnen auf offener Straße mit der Pferdepeitsche kommt? Nein, ich glaube nicht, daß es ihr darum geht. Ich schätze, sie will ihren Mann mit den Berichten unter Druck setzen und Krach schlagen. Ihn dazu bringen, die Sache aufzugeben. So paßt das zusammen.«

Ich bedankte mich bei Hauptmann Willy und beschloß, Konrad die Sache zu überlassen. An jenem Abend tauchte er nicht auf, auch am nächsten nicht. Aber am Morgen darauf um neun Uhr war er da, ungekämmt, ein Hemdknopf fehlte, ein Häufchen Elend. Er kam herein und zog die Rollos herunter.

»Goldie, ich konnte abends nicht kommen. Ich werde verfolgt.«

»Du hättest schreiben können.«

»Habe ich mich nicht getraut. Hilda weiß alles.«

»Das hätte ich dir schon vor ein paar Tagen sagen können.«

»Ein kompletter Bericht. Herrgott – alles. Empörend. Sogar am Fenster haben sie gelauscht, sind auf die Veranda geklettert. Es steht alles drin – wie wir geredet haben und was wir – Himmel, diese Schande, diese Schande. Hast du so was schon mal aufgeschrieben gesehen?«

Ich verneinte. Er lief hin und her, immer über den kleinen Orientteppich, den er mir letztes Jahr zu Weihnachten gekauft hatte. Er sah mich an. »Jawohl, sie hat mich dazu gezwungen mit der Art, wie sie sich benommen hat. Sie gibt sich nicht zufrieden mit dem Haus, dem Familiennamen, mit allem. Ich wollte doch nur ein bißchen Liebe für mich, ein paar Augenblicke.«

Das alles klang ganz nett, aber ich kam darin nicht vor. Mir war klar, entweder er mußte mit mir Schluß machen, oder er mußte, wenn er mich wollte, seine Frau zum Teufel jagen. Wir konnten zusammen weggehen. Aber wenn ich Konrad so ansah, wußte ich nicht, ob auch ihm das alles so klar war.

Ich fragte: »Kon, was will deine Frau wirklich?«

»Was glaubst du denn? Daß alles wieder so wird, wie es war, bevor ich dich kennenlernte.«

»Und daß wir hier gebumst haben bis zum Gehtnichtmehr, ist ihr egal?« Es sollte möglichst brutal klingen. Liebesgeflüster war jetzt nicht am Platz. Den Männern käme das zwar zupaß. Aber ich war eine Frau und hatte es mit der Wirklichkeit zu tun, so wie ich sie sah.

»Sie sagt, was vorbei ist, ist vorbei. Ein altes Blatt in meinem Leben. Ach, Goldie, was soll sie denn auch anderes sagen?«

»Sie ist eine Hure«, sagte ich. »Aber keine ehrliche. Sie kassiert ihren Lohn, und im Bett gibt sie dir nichts dafür. Willst du dich von mir trennen?«

»Nur kurz, es wird sich alles wieder beruhigen. Hilda wird darüber hinwegkommen.«

Was mit mir sei, wollte ich wissen. Würde ich darüber hinwegkommen? Sollte ich etwa abwarten, während alle tuschelten und mit dem Finger auf mich zeigten? Nicht daß ich in diesem Punkt besonders empfindlich wäre, aber auch ich hätte meinen Stolz. Auch ich wäre ein Mensch. Ich trug dick auf, während ich auf Konrad einredete, und es war mir ernst damit. Es wäre mir scheißegal, wie er und seine Frau sich entscheiden würden und wie sie ihr künftiges Leben planten. Ich wäre nicht irgendwas, mit dem man sich abfand wie mit Ratten auf dem Speicher oder einem Loch im Dach.

Ich nehme an, so hatte mich Konrad noch nie gesehen. Für ihn war ich eine schöne Hure, die er liebte und untergebracht hatte, und mehr nicht. Schönes Fleisch, das Ziel seiner sexuellen Gelüste, ein Spielzeug. Ich reizte und erregte ihn, und manchmal beschämte ich ihn. Ich war etwas, mit dem man lüstern und lasterhaft sein konnte. Und dann zurück nach Haus zu Mama und den Kerzen auf dem Eßtisch, den vier Kindern, den alten Familienbildern... Von seinem wirklichen Leben war ich ausgeschlossen – nicht die Leiche, sondern die Möse im Keller.

Ich hatte fürchterliche Kopfschmerzen an dem Abend, nachdem er gegangen war. Nichts war entschieden, und ich hatte ein paar Drinks zuviel genommen, aber ich war nicht betrunken. Auch wenn Konrads Schwanz noch so steif war – Rückgrat bekam er davon nicht. Er würde sich nicht gegen seine Frau stellen und für mich kämpfen.

Ich schlief erst gegen Morgen ein, stand um die Mittagszeit auf und ging noch im Nachthemd hinüber zum Haus des Künstlers. Seine Frau bemalte gerade Teetassen mit blauen und gelben Blumen. Sie verdiente sich damit ein bißchen Geld. Sie rauchte eine selbstgedrehte Zigarette und drehte mir auch eine. Ich sagte ihr, daß ich völlig am Boden wäre. Sie fragte, ob ich Probleme mit meinem »Vetter« hätte. Wir hatten dieses Spielchen weitergespielt und lachten jedesmal darüber. Ich sagte, seine Frau machte uns die Hölle heiß. Ich müßte wahrscheinlich verschwinden. Was bliebe mir anderes übrig?

Sie drehte uns neue Zigaretten und sagte: »Hör zu, Brownie, er ist ein reicher Mann, würde ich sagen. Und wie er dich hier untergebracht hat, zeigt, daß du ihm was bedeutest. Vielleicht findet er jetzt, daß es zu Hause am besten für ihn ist, wenn seine Frau dazu bereit ist und ihm verzeiht und vergißt. Aber laß ihn nicht so einfach weg. Du hast ein paar gute Jahre hergegeben. Laß ihn dafür zahlen.«

Ich sagte, daran dächte ich gar nicht. Ich hätte ja von nichts eine Ahnung, keine nennenswerte Bildung, aber ich wollte endlich herauskommen und nicht enden wie eine Landpomeranze. Ich wollte ein Teil von der Welt sein. »Verstehst du«, sagte ich, »wie die Leute.«

Damals hätte ich es nicht besser ausdrücken können, und auch jetzt könnte ich es nur weitschweifiger sagen. Die Frau des Künstlers schüttelte den Kopf. »Du kannst einen anderen Gentleman finden. Du könntest heiraten. Du hast das Zeug dazu, und du hast diesen Komm-rüber-Blick. Nicht so wie ich – ich male hier diese verdammten Blümchen auf Tassen und Untertassen für zwölf Cent das Dutzend. Aber ohne Geld kein Steak, nur Brot.« Ich spürte, daß sie es fast für aussichtslos hielt, wenn ich versuchen würde, mein bisheriges Leben hinter mir zu lassen. Sie sagte, sie wäre vielleicht selbst ein Flittchen geworden, wenn sie ihren Mann nicht so liebte. Aber jetzt säßen sie da. Ohne Zukunft. Und gerade genug, daß es zum Essen langte.

»Also, wenn sich aus deinem Vetter Geld herausholen läßt, dann nimm es.«

Wir rauchten noch ein paar Zigaretten zusammen, redeten über Frauen und bemitleideten uns selbst, und dann ging ich zurück und wartete ab, was passieren würde.

Ich hatte eine ziemlich genaue Vorstellung davon, was vor sich ging. Mrs. Ritcher versuchte, mich aus der Stadt zu vertreiben. Zurück zu Flegel's konnte ich nicht. Sie hätte solchen Krach geschlagen, daß die Polizei den Laden hätte dichtmachen müssen, trotz der Protektion, die Zig hatte. Kein anderes Haus würde mich nehmen, solange mir die gute Gesellschaft der Stadt auf den Fersen war. Und eigentlich wollte ich auch nicht zurück, ich wollte nicht wieder Insassin eines Bordells sein. Ich hatte ein paar Eisenbahnaktien, die Zig und Konrad für mich gekauft hatten, und ein paar Schmuckstücke, von denen ich nicht wußte, was sie wert waren. Das Haus war nur gemietet, und ab wann würde wohl die Miete nicht mehr gezahlt werden? Dann saß ich auf der Straße.

Ich wußte nicht, wohin. Ich war das scharlachrote Weib, über das die Zeitungen schrieben. Die Zerstörerin des trauten Heims – für sie stand ich auf der gleichen Stufe wie der Betrüger, der Mörder, der Tresorknacker, der Feuerteufel.

Ich brachte die Kreise einer Gesellschaft durcheinander, die nicht zugeben wollte, daß es Puffs und Huren gab. Und daß sich ihre Männer, Gatten, Söhne, Väter auf bezahlte Sexspiele einließen, auf Sachen, die für sie Ehebruch, Perversion, Unzucht waren – mit etlichen hundert Frauen, die sich, wie ich, irgendwo in der Stadt versteckt hielten.

Eines Morgens kam ein kleiner rotblonder Mann zu mir, der sich immerzu die großen Hände rieb und eine Silberrandbrille trug. Er komme von Mr. Ritchers Anwaltskanzlei und ob ich ihn anhören wolle. Selbstverständlich, sagte ich, und wir setzten uns in den Salon. Er schien ein freundlicher junger Mann zu sein, mit Stehkragen und geblümter Krawatte und einer Krawattennadel mit einem Rubin.

Er sagte, zunächst einmal sollte ich ihm glauben, daß er nur in freundlicher Absicht und als Anwalt gekommen sei. Mr. Ritcher sei sich ganz *sicher*, daß ich verstehen würde. Er sei meinetwegen *sehr* in Sorge und wolle sich darum kümmern, daß ich durch den Lauf, den die Ereignisse genommen hätten, nicht allzu unglücklich würde. In diesem Ton ging es noch ein Weilchen weiter, und ich saß nur da und wartete ab, lächelte nicht und machte auch kein finsteres Gesicht. Schon vor langer Zeit hatte ich den Trick gelernt, daß man einem Menschen nur auf die Stirn, genau zwischen die Augen zu starren braucht, nur hinsehen, sonst nichts, und es dauert gar nicht lange, bis seine Härte oder Strenge oder Bedrohlichkeit einknickt. Schließlich hörte er auf zu reden und wischte sich mit einem Taschentuch, das er aus der Brusttasche zog, über die Stirn.

Ich warf einen Blick auf die Karte, die er mir gegeben hatte. Ich redete ihn mit seinem Vornamen an. »Und was heißt das nun, alles in allem, Roy?«

Er lächelte. »Alles in allem, Mrs. Brown, heißt das: Wenn Sie Ihre Zelte hier abbrechen und Saint Louis verlassen, habe ich die Vollmacht, Ihnen Aktien einiger sehr guter Gesellschaften im Wert von zehntausend Dollar auszuhändigen und außerdem tausend Dollar in bar.«

»Will Mr. Ritcher das? Ich soll die Stadt verlassen?«
»Ja. Er wird auch ein paar Freunde veranlassen, Briefe an einige Personen zu schreiben, die er in New Orleans kennt.« Er hüstelte in seine Hand. »Es könnte Ihnen bei der Gründung eines eigenen Geschäfts in dieser Stadt behilflich sein. Mr. Ritcher erinnert sich, daß Sie gelegentlich diesbezügliche Wünsche geäußert haben.«

Mein lieber Mann! Was für eine vornehme Sprache, aber Konrad wollte mich anscheinend tatsächlich so entschädigen, daß ich die Madame von einem Hurenhaus werden konnte. Ich sagte: »Nun, ja.« Und »Nun ja« ist immer ein wunderbares Wort, wenn man langsamer denken und ein paar Sekunden zum Vorausplanen gewinnen will. »Nun ja, sagen Sie Mr. Ritcher, daß ich sein freundliches Angebot annehme. Was für Aktien sind es denn?«

Er sagte, sie seien von Eisenbahnlinien in Missouri und Kansas. Erstklassige Papiere. Und ich täte genau das Richtige. Die Zahlung der Miete würde in drei Wochen eingestellt. Ob mir damit Zeit genug bliebe?

Ich fragte: »Brauche ich denn nichts zu unterschreiben?«
»Aber, nein.« Roy sagte etwas – ich vermute, es war auf Latein, und fügte dann hinzu, es sei eine rein mündliche Abmachung mit seiner Kanzlei. Mr. Ritcher würde keinerlei Ansprüche gegen mich in bezug auf meinen Besitz, meine Schmucksachen und so weiter erheben. Umgekehrt würde ich keinerlei Ansprüche gegen ihn wegen Protektion, Fürsorge, privater Vorkommnisse im Zusammenhang mit unserer Beziehung erheben.

»Das ist wirklich sehr nett, Roy«, sagte ich. Damit war der Besuch beendet, und Roy gab mir die Hand. Wenn er in seiner Kanzlei einen höheren Posten mit höherem Einkommen gehabt hätte und etwas älter gewesen wäre – ich glaube, ich hätte da einen neuen Beschützer haben können. Aber ich litt an meinem Kummer. Ich sah keinen Sinn darin, mich noch einmal in die gleiche blöde Lage zu begeben, nur unter veränderten Umständen. Ich wollte bloß eines, mir den Staub von Saint Louis aus den Röcken klopfen.

Die Aktien kamen durch Boten, dazu die Empfehlungsschreiben von einigen Leuten aus der Stadtverwaltung, die Schmiergeld für Protektion einsteckten und eine Art von Organisation hatten, eine lockere Verbindung. Diese Briefe konnten helfen, Zutritt bei den richtigen Stellen zu erlangen. Zig mußte seine Hand im Spiel gehabt haben. Konrad wurde nirgendwo erwähnt. Und es kam auch keine einzige Zeile von ihm. Ich hatte keine Briefe, keine Karten. Was das anging, war er vorsichtig gewesen. Er war ein großzügiger Mann, und ich denke, es lag daran, daß er erst so spät im Leben zu dem gekommen war, was er doch immer nur als Sünde und Laster angesehen hatte. Ihm war nie richtig wohl bei dem Gedanken, daß er außerhalb von zu Hause eine Frau aushielt. Er war bloß das Opfer seiner Geschlechtsteile. Ich war ihm nicht böse, und ich trug ihm nichts nach. So wie er veranlagt war, konnte er nicht anders.

Vielleicht hatte er wirklich ein paarmal daran gedacht, mit mir wegzugehen, aber das waren romantische Hirngespinste. Sein Vermögen bestand nicht aus Bargeld. Es lag fest, in Fabriken, Warenlagern, Grundbesitz und in Aktien, die damals noch keinen Profit abwarfen. Und er hatte viel am Hals, eine Frau, vier Kinder, eine Mutter, Verwandtschaft, einen Platz in der Kirche, Mitgliedschaften in verschiedenen Clubs. Er war in Saint Louis fest etabliert. Man sah zu ihm auf, fragte ihn um Rat. Er war hoch angesehen, die treibende Kraft in verschiedenen deutsch-amerikanischen Vereinen und ein engagierter Republikaner. Er sah jetzt, daß ich für ihn ein Fehltritt gewesen war. Alles das aufgeben, im Tausch wogegen? Eine vierundzwanzigjährige Hure, die sich schon von ein paar hundert Männern hatte bumsen lassen, der man erst beibringen mußte, was ein Fischmesser war, die eben erst aufgehört hatte, ihre Briefe in Großbuchstaben zu schreiben und den Unterschied zwischen Adverb und Addition nicht kannte. Den ganzen Tag dachte ich mir Entschuldigungen für Konrad aus.

Und wenn wir weggelaufen wären? Nach Osten, zu seinen Freunden in New York, Newport, Saratoga, Boston,

Hot Springs oder Lakewood hätte er mich nicht mitnehmen können. Wir hätten wie Leute auf der Flucht gelebt, auch wenn uns das Gesetz nichts anhaben konnte. Seine Frau, die Familie, die Anwälte hätten ihm seinen Besitz weggenommen. Und Konrad alterte schnell. In ein paar Jahren würde er ein alter Mann sein, der an Bettspielen nicht mehr interessiert war und nicht mehr genießen konnte, was er mit mir genossen hatte. Es gibt nichts Traurigeres als einen ausgebrannten Mann, der mit schlaffem Puller nur noch dasitzt und sich ausmalt, wie es war, als er noch vor Kraft und Geilheit strotzte. Aber trotz all der Entschuldigungen, die ich mir zurechtlegte – ich hoffte immer noch, auch wenn es ganz albern war, er würde hereingestürmt kommen und mich bitten, mit ihm wegzugehen.

Ich schreibe das alles auf, weil ich nach all den Jahren versuche, diese Situation von allen Seiten zu betrachten. Ich war traurig und bekümmert, ich packte meine Sachen und verkaufte manches, verschenkte auch vieles, was ich nicht mitnehmen konnte. Ich hatte eine Fahrkarte nach Chicago. Ich wollte eine wirklich große Stadt sehen. Dort wollte ich mir den New-Orleans-Plan durch den Kopf gehen lassen.

Um elf Uhr an jenem Abend bestieg ich den Zug. Eine Mietdroschke mit Verdeck hatte neben einer Mauer gehalten, und als ich auf das kleine Podest stieg, das mir der schwarze Gepäckträger vor die Waggontür gestellt hatte, damit ich bequemer einsteigen konnte, winkte mir aus der Droschke eine Hand in einem Handschuh zu. Als ich mit meinem Gepäck im Abteil war, fand ich einen Strauß Veilchen in knitterigem Seidenpapier. Der Zug ruckte an, stieß Dampf aus und kam schwankend in Fahrt. Die Petroleumlampen schaukelten. Ich nahm die Blumen. Ein Brief war nicht dabei.

DRITTER TEIL
ZWEI GESICHTER EINER WELT

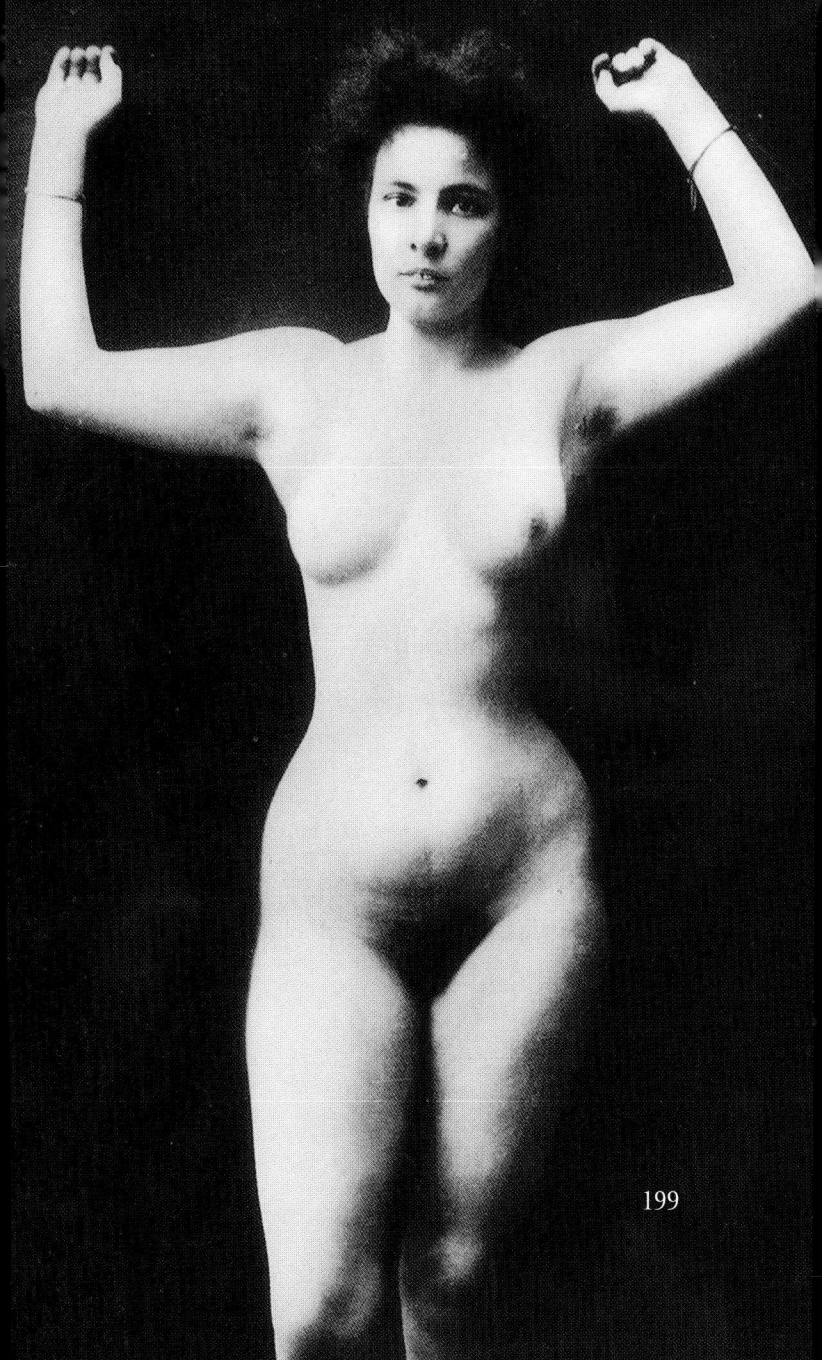

VIERZEHNTES KAPITEL
DIE WIRKLICHE UNTERWELT

Ich muß etwas erklären, bevor ich weitererzähle. Auch wenn es in dem Kauderwelsch mancher Juristen so klingt – eine Hure ist keine Kriminelle. Sie stiehlt nicht, sie bricht nirgendwo ein, sie fälscht keine Schecks, ist nicht gewalttätig, knackt keine Panzerschränke, raubt keine Tresorräume aus und bringt auch niemanden um. Aber wenn sie Augen und Ohren offenhält, dann weiß sie, daß es das gibt, was die Zeitungen Unterwelt nennen. Sie weiß, dort werden Verbrechen geplant, organisiert und ausgeführt. Wenn Kriminelle, die sich auf ihren guten Geschmack was einbilden, Geld haben, besuchen sie gern teure Hurenhäuser und nutzen die Häuser manchmal sogar als Versteck vor der Polizei, falls die Madame so dumm ist und es zuläßt. Schnelles Geld, schmutziges Geld, bares Geld – dem Freudenhausbesitzer ist das alles gleich … Er selbst begeht meistens keine kriminellen Handlungen, wenn man von den Gesetzen gegen Prostitution und gewerbsmäßige Kuppelei mal absieht.

Am ehesten kommt das Hurenhaus mit dem Verbrechen dort in Berührung, wo es um das alte Schreckgespenst »weiße Sklaverei« geht. Aber diese Gefahr ist nicht so groß, wie sie immer hingestellt wird. Die meisten amerikanischen Frauen und Mädchen, die als Huren arbeiten, tun das aus freien Stücken, und viele, die dabeisein wollen, werden aus verschiedenen Gründen nicht genommen: Alter, seelisches Befinden, mangelndes Talent, Aussehen, Einstellung zur Arbeit. Im Osten gibt oder gab es (ich bin seit langem nicht mehr in der Branche) Organisationen der italienischen Schwarzen Hand und Banden von Osteuropäern, die weißen Sklavenhandel betrieben haben. Sie zwingen Mädchen in die Prostitution. Sie haben ein unterirdisches Netz von Verbindungen, verfrachten die Mädchen von einem Bordell zum anderen und zwingen sie zum Sex, also fast Vergewaltigung – und sie sind in vielen Städten und vielen Häusern gleichzeitig am Werk. Aber sie spielen keine große Rolle, zumindest nicht, als ich in diesem Geschäft arbeitete, und die Sorte Mädchen, die sie liefern, taugt meistens nur für die unteren Häuser, die Puffs von der miesen Sorte. Die Capone-Gangster, die ganze Städte und Staaten unter ihre Kontrolle gebracht haben, waren richtige Frauenhändler, aber das war nach meiner Zeit.

In der zweiten Hälfte des letzten Jahrhunderts und den ersten zwanzig Jahren von diesem arbeiteten die besten Häuser in Amerika – ausgenommen Chinatown in San Francisco – meistens mit Freiwilligen, Mädchen, die eine Empfehlung hatten, Vorzugsware, um es klar und deutlich zu sagen. Sie kamen aus eigenem Entschluß, arbeiteten, wenn sie wollten, und gingen wieder, wenn sie wollten. Viele gerieten natürlich in Schulden, ließen sich mit einem Liebhaber ein, hängten sich an einen Zuhälter und waren in ihrem Handeln nicht mehr völlig frei, wenn sie sich von einem Mann bescheißen ließen, der sie mit Schmeicheleien und allem möglichen Unsinn vollquatschte.

Das mißhandelte, verprügelte, vergewaltigte Mädchen gehört zu einem Mythos – außer in den Chinatowns. Ich behaupte nicht, daß es Gewalt und Grausamkeit nicht gibt, aber es gibt sie nicht in dem Ausmaß, wie manche meinen. Huren waren schon immer große Aufschneiderinnen und haben viel gelogen.

Der Kriminelle, der ein gutes Haus besucht, wird dort behandelt wie jeder andere Gast, solange die Knete bei ihm vorhält. Auch wenn er und die Madame von vielen in die gleiche Rubrik von Gesetzesbrechern eingeordnet werden, gibt es doch einen großen Unterschied. Ich verteidige die Freudenhäuser nicht, und ich verurteile sie nicht – ich will nur etwas erklären, das erklärt werden muß. Wenn man die

Moral mal außen vor läßt – und die stiftet in der Sexbranche seit etlichen hundert Jahren nur Verwirrung –, dann spielt das kriminelle Element in einem Haus mit gutem Ruf nur eine geringe Rolle. Sonst käme man mit den Moralaposteln nämlich überhaupt nicht mehr klar und könnte auch die Kundschaft nicht anständig bedienen.

Aber jede Hure ist sich dessen bewußt, daß es die Unterwelt, die Welt außerhalb des Gesetzes gibt. Sie weiß, daß es unter dem öffentlich sichtbaren einen zweiten Staat gibt. Das Verbrechen wird oft von den Behörden reguliert. Das Schmiergeld und die Beute werden mit einigen scheinbar höchst ehrenwerten Leuten geteilt. In Chicago und New York waren Verbrechen und Politik nach dem Weltkrieg fast das gleiche.

Tatsächlich könnte das Verbrechen ohne eine Art Schutz und sogar Kontrolle von oben gar nicht existieren. In den meisten Großstädten gibt es Polizeireviere, die bestimmte Verbrechen und bestimmte Sorten von Kriminellen als Teil des Systems anerkennen. In New York war es kein Geheimnis, daß Kriminelle im sogenannten Tenderloin-Distrikt arbeiten konnten, solange sie der Polizei Schutzgeld zahlten und nicht in die vornehmen, ehrbaren Viertel eindrangen und dort Ärger machten. In den meisten Städten wird die Polizei einen Gangsterboß nicht belästigen, wenn er verspricht, nicht zu arbeiten, während er in der Stadt ist, um sich zu erholen, Ferien zu machen oder ein neues Verbrechen zu planen.

So etwas wird zwar immer bestritten, aber wahr ist es trotzdem. Bestimmte Erholungsorte, Badeorte, die Städte, in denen große Pferderennen stattfinden, lassen Kriminelle, die auf großem Fuß leben, in aller Ruhe einen draufmachen, herumhuren, sich amüsieren und ihr schmutziges Geld ausgeben. In manchen Teilen des Landes kontrollieren die Sheriffs das Glücksspiel, und in Louisiana vergeben sie noch heute das Recht, Freudenhäuser oder Spielsalons aufzumachen, kassieren dafür und lassen sich sogar an den Einnahmen beteiligen. In jeder ehrbaren Stadt, ob groß oder klein, weiß man von habgierigen Polizeibeamten und Politikern, die ihren Anteil wollen. Es kommt eine Reformwelle, irgendwas wird zugemacht oder verschwindet von der Bildfläche oder legt eine Pause ein. Aber Reformen kommen und gehen – auch heute ist das nicht anders. Ehrliche Leute sind nicht so hartnäckig wie Kriminelle und Politiker – oder nicht so geduldig.

Jedes Bordell, jede Verbrecherbande könnte innerhalb eines Tages ausgeschaltet werden, wenn die richtigen Anordnungen getroffen würden. Aber die Polizei, die Gerichte, die Anwälte, die Leute, die die Kautionen stellen, die Hehler, die Streikbrecherorganisationen, sie alle sind so sehr mit dem Verbrechen und dem großen Geld verbandelt, daß die Erwartung, es könnte irgendwo eine vollkommen gesetzestreue Gemeinde geben, der menschlichen Natur direkt zuwiderläuft. Die wirklichen Verhältnisse kommen nur zum Vorschein, wenn ein Mord geschehen ist, der die Leute empört, oder wenn die Korruption an hoher Stelle den Frieden zu sehr stört und das Gewissen einer Gemeinde wachrüttelt. Ein großer öffentlicher Skandal ist wie ein Einlauf. Plötzlich ergießt sich ein solcher Schwall von Unrat über die Öffentlichkeit – Bauskandale, Schiebereien bei der Vergabe von Straßenbahnkonzessionen, Ausplünderung von Unternehmen, Gekungel zwischen Wirtschaft und Unterwelt –, daß sich diese Öffentlichkeit, wenn auch widerwillig, zum Handeln gezwungen sieht. Aber am Ende haben sich doch nur die Zeitungen eine Zeitlang besser verkauft, und wieder mal wird über eine Reform geredet.

Unter Kriminellen gibt es ein Kastensystem, und darin geht es derart versnobt zu, daß man sich totlachen könnte, wenn man sieht, wie die kleinen Ganoven vor den hochverehrten Großen buckeln. Wie im Hühnerstall gibt es einen Boß, der auf allen herumhackt. Dann gibt es die, auf denen herumgehackt wird und die ihrerseits auf anderen herumhacken, und ganz unten die, auf denen alle herumhacken – Saufbrüder, Bettler, Schnorrer, Handtaschenräuber.

Die Crème der kriminellen Welt sind die Bankräuber, die Tresorknacker, Leute, die mit Dynamit und Nitro Stahlkammern und Panzertüren aufsprengen. Sie bilden eine Welt für sich, mit einer eigenen Sprache. Sie knacken in großen Firmen Tresorräume, die so geräumig sind wie kleine Häuser. Sie sind die tollen Hechte, die Spitzenleute, und sie arbeiten nur zu bestimmten Zeiten im Jahr mit ihren Baldowern und den Leuten fürs Grobe, mit Risikokalkül, Plänen, Listen, Grundrissen. Sie horten Dynamit und Sprengsätze und Nitroglyzerin und mischen sich daraus, was sie brauchen. Sie kennen sich mit komplizierten Schlössern aus, kennen jede Zuhaltung und jeden Tresortyp. Mit kleineren Kriminellen tun sie sich nur zusammen, wenn sie jemand für die Drecksarbeit brauchen. Sie sind viel auf Reisen. Manche von ihnen sind sehr belesen und gebildet. Alle kleiden sich sorgfältig, aber, wenn sie Geschmack haben, nicht auffällig. Diese Männer genießen in ihrer Welt das größte Ansehen.

Die Betrüger sind ebenfalls sehr geachtet. Nicht die, die den Leuten falsche Goldbarren oder sogar die Brooklyn Bridge unterjubeln, sondern die großen Redner, die Aktien verkaufen, Traumhäuser, Plantagen in Südamerika, Strandgrundstücke in Florida, Ladungen von Schiffen, die es gar nicht gibt. Aus Blüten machen sie echtes Geld, tragen Goldnuggets mit sich herum, hauen den habgierigen Trottel übers Ohr, der irgendwas Illegales für fast umsonst haben will, den Dummkopf, dem es egal ist, wenn etwas ungesetzlich ist. Betrüger sind großartige Redner, die können sogar sich selbst davon überzeugen, daß sie der Nation einen Dienst erweisen, wenn sie dem habgierigen Einfaltspinsel eins auswischen und den Reichen alles wegnehmen, was die niemals vermissen werden.

Aber es gibt auch eine untere Klasse von Betrügern, die einer Witwe mit dem Papiertütentrick die letzten hundert Dollar klauen oder einen habgierigen Itaker um tausend Dollar erleichtern, indem sie ihm eine Maschine andrehen, die aus schwarzem Papier echte Dollarnoten macht. Leute, die Falschgeld in Umlauf bringen, sind immer unterwegs, aber Geldfälschen ist eine gefährliche Sache, denn das Gesetz ist ständig hinter ihnen her. Ich kannte einen, der signierte, wenn es nicht gut lief, alte juristische Bücher für die Verkaufsstände an der Fifth Avenue mit *Abraham Lincoln*.

Der Blütenverteiler, der Schönschreiber, der Scheckbetrüger, sie alle sind meistens gut angezogen, sie können sich ausdrücken, und sie schaffen es, daß man ihnen bei einem Einkauf für zehn Dollar auf einen Fünfzigdollarscheck das Wechselgeld herausgibt. Wenn man so einen Geldfälscher oder Scheckbetrüger darum bittet, macht er einem jede Unterschrift nach.

Die Fassadenkletterer, die Meisterdiebe, die Straßenräuber, Eisenbahnräuber und Taschendiebe sind meistens dumm. Die Armen sind der häßlichere Teil der Verbrecherwelt. Ich habe Söhne von Geistlichen gekannt, die Frauen vergewaltigt haben, und Ganoven, die aus den besten Familien stammten.

Was die Huren angeht – auch unter ihnen gibt es Töchter aus gutem Hause, die ihre Fotze für ein bißchen Koks oder ein Glas Fusel verhökern. Ich habe sogenannte entartete Lüstlinge der schlimmsten Sorte gekannt, angefangen bei dem Widerling, der in einer Zirkusnummer lebenden Küken den Kopf abbeißt, bis zu dem Teufel, der eine Frau aufschlitzt. Aber ich habe sie auch zu anderen Zeiten gesehen, wo sie in ihrem Elend und ihrem Wahnsinn nur noch menschlich oder allzu menschlich waren. Ist Geldfälschen oder Eisenbahnraub schlimmer, als wenn man in Chicago verfaultes Fleisch unter die Leute bringt oder der Stadt die Wasserrechte oder die Verkehrsbetriebe klaut? Wenn ich moralisch wäre, würde ich sagen, das sind die größeren Verbrechen.

Und wenn ich ein ehrlicher Politiker wäre, was ich nicht bin, weil ich nicht wählbar bin, dann würde ich mir die Schiebereien genauer ansehen und die Leute, die sich ihren Anteil an der Beute des Verbrechers holen und ihn durch

Korruption, Nachlässigkeit oder aus Habgier zu Dingen ermuntern, die sie dann vor der Öffentlichkeit verbergen – einfach unter den Teppich damit und behaupten, da sei doch gar nichts.

Mit all diesen Erklärungen und diesem Überblick über die Verbrecherwelt, so wie ich sie kennengelernt habe, will ich auf etwas Bestimmtes hinaus. Es soll keine Entschuldigung sein. Ich habe mich nie für irgendwas entschuldigt, das ich getan habe. Wie gesagt, ich hatte vielleicht mal Gewissensbisse, aber bereut habe ich nichts.

Tatsache ist, ich verliebte mich in einen Bankräuber, der Tresorräume aufsprengte, und habe mehrere Jahre in dieser Szene gelebt. Ich will damit sagen, ich habe mich wirklich verliebt. Auf die altmodische Art, bis über beide Ohren, trottelig, blauäugig, mit allem, was dazugehört. Ich habe auch das nie bereut. Und wenn ich mich heute ansehe, alt, steif, ein bißchen Husten und Pfeifen in der Leitung, dann wird mir nachts immer noch warm bei dem Gedanken, wie glücklich ich drei Jahre lang mit Monte war. Es war die glücklichste Zeit, als ich aus Saint Louis weggegangen war, die beste Zeit meines Lebens, alles, was ich mir je gewünscht habe. Ich war keine zitternde Jungfrau, keine träumerische, gefühlsduselige Frau, die alles glaubt, was die Schlager von der Liebe erzählen oder was in sentimentalen Romanen darüber zu lesen ist oder in romantischen Stücken.

Nie habe ich Vögeln mit Liebe verwechselt, genauso wie mir immer klar war, daß Liebe eine Menge mit Sex zu tun hat. Wasserdicht, wie auf der Titanic, hatte ich das körperliche Spiel abgeschottet von etwas anderem, Ähnlichem.

Ich lernte Monte in einem Hurenhaus in Chicago nahe der Lake Front kennen. Es war nicht so, daß ich in diesem Haus wieder richtig arbeitete. Ich war nur eingesprungen für eine krank gewordene Wirtschafterin. Aber die Freier bestanden natürlich darauf, daß ich in den Salon kam.

Monte benutzte bei verschiedenen Gelegenheiten verschiedene Namen. In diesem Freudenhaus kannte man ihn unter dem unscheinbaren Namen Monte Smith, aber sonst hieß er meistens Monte, der König der Safesprenger. Seinen wirklichen Namen benutzte er in der Zeit, in der ich mit ihm zusammen war, nur ein einziges Mal. Es war der Name einer angesehenen, alteingesessenen amerikanischen Familie, in der er das schwarze Schaf war. Ich will damit nicht Eindruck schinden. Es ist bloß eine Tatsache.

Monte wirkte groß und würdevoll, aber da er schlank und hager war, sah er größer aus, als er mit seinen Einsfünfundsiebzig wirklich war. Er hatte einen länglichen Kopf, die Augen halb grau, halb grün, je nachdem, wie das Licht sie traf. Manchmal waren sie kalt wie Schlangengift. Ich habe erlebt, wie er einen Mann so lange anstarrte, bis der sich abwendete, und dabei wurde kein Wort gesprochen. Ein gerissenes Gesicht, könnte man sagen, aber mit seinen regelmäßigen Zügen und dem schmalen Kopf hatte es wirkliche Klasse.

Monte war sehr stolz auf seine schmalen Hände, die meistens in Handschuhen steckten. Er hatte ein Faible für fein gearbeitete, bestickte Handschuhe in verschiedenen Farben und aus den weichsten Ledersorten. Er hatte auch immer eine schöne Sammlung Stöcke, darunter ein Stockdegen, aber soviel ich weiß, gab es nie einen Anlaß, ihn zu benutzen. Schweres Schuhwerk vertrugen seine Füße nicht. Er hatte immer Schuhe aus dünnem Leder, die Absätze etwas höher als normal. Schuhe aus grauem Wildleder liebte er besonders.

Monte protzte nicht mit seiner Kleidung. Er bevorzugte eine Mischung aus Brauntönen, eine schwarze oder dunkelblaue Melone mit hohem Kopf. Ihm lag nichts daran, gesehen zu werden und aufzufallen. Der einzige Schmuck, den er besaß, waren ein paar Krawattennadeln und eine schöne Sammlung Manschettenknöpfe. Blaue und grüne Steine, durchsichtiger Bernstein, grasgrüne Jade gefielen ihm. Seine einzige nervöse Angewohnheit bestand darin, daß er immer, wenn er in ein interessantes Gespräch geriet, an seinen Hemdsärmeln drehte und an seinen Manschettenknöpfen herumspielte. Er wirkte immer irgendwie abwesend – weit weg von allem und jedem.

Manchmal trug er einen schmalen Schnurrbart wie ein Chinese, manchmal war er dick und lang – »sehr britisch und buschig«, sagte er dazu. Er hatte in England gelebt und nannte Mädchen manchmal *bint*. Monte war seit seiner Jugend ein Krimineller gewesen, damals arbeitete er in einer Fabrik für Schlösser und Tresore und lernte alles, was man über Zuhaltungen, Schlösser und Schlüssel nur wissen kann. Er fing an, auf eigene Faust Stahlkassetten und Spezialtüren zu knacken und stellte fest, daß ihm das Alleinearbeiten und die leichte Beute bei geringem Risiko zusagten. In der Tresorfabrik bekam er eine regelrechte Ausbildung und wurde Fachmann für die meisten Tresore und Stahlkammern, wußte, wie er manche ohne Gewalt öffnen, andere aufbohren und wieder andere aufsprengen konnte.

Nach einem Coup verreiste Monte immer allein, zahlte seine Helfer aus, versteckte Werkzeug, Material und Ausrüstung irgendwo auf einer Farm, die er kannte. Dann lebte er drei bis sechs Monate gut, aber nicht protzig von dem, was er mitgenommen hatte, legte einiges auf die Seite und lebte von dem Rest – als Kartenspieler. Ein feiner Pinkel, der sich gut kleidete, aber ohne den Pfau zu spielen. Spielen war seine Schwäche, besser gesagt, Verlieren. Jahr für Jahr. Das und das Bumsen mit teuren Huren rissen das große Loch in seine Kasse und waren der Grund, warum er nie viel auf der hohen Kante hatte.

Als ich Monte zum erstenmal sah, saß er im Salon dieses Hauses in Chicago und trank schottischen Whisky, den er besonders mochte – ein gutaussehender, schlanker Mann mit schönen Händen und schicken, spitzen Schuhen, der zuhörte, wie die dicke Lizzie, der Clown des Hauses, einen Irenwitz erzählte. Er lächelte kaum, als hätte ihn der Witz gekränkt, und setzte sein Glas ab. Dann kam er zu mir herüber und sagte:

»Ich wollte gerade gehen. Aber jetzt bleibe ich.«

»Ich bin Goldie. Weshalb haben Sie denn schlechte Laune, Mister?«

Wir unterhielten uns ein paar Minuten, dann drehte sich Monte nach der Madame um und sagte: »Schick uns eine Flasche Whisky nach oben, ja?«

»Aber sicher, Monte«, sagte die Madame. »Sei nett zu ihm, Goldie. Heute abend hast du das große Los gezogen.«

Was nicht viel zu bedeuten hatte, denn das sagte sie bei jedem Gast.

Oben war Monte sehr ernst und schweigsam. Er saß da, trank und sah zu, wie ich aus meinem Négligé stieg und dann vor ihm stand, eine Hand vor dem Moos. Aus irgendeinem verdammten Grund, den ich selbst nicht verstand, war ich bei diesem Freier fast schüchtern. Mit einem Wink forderte er mich auf, ich sollte mich auf seinen Schoß setzen. Er hatte seine Jacke ausgezogen. So saß ich da, einen Arm um seinen Hals geschlungen, während er mich um die Hüften gefaßt hielt. Es war fast sittsam.

Er sagte, er wäre müde, sehr müde und wollte reden. Dann fragte er, ob ich Dickens gelesen hätte, ein richtiger Schock für mich. Kleinlaut sagte ich, eine große Leserin wäre ich eigentlich nicht. Er sagte, er läse immer Dickens. Ich fing an, mit seinem Haar herumzuspielen – es war kurz geschnitten, dunkel, vorn ein bißchen hochstehend. Er meinte, er könnte es nicht leiden, wenn ihm jemand ins Haar faßt, aber es klang so, als wollte er sagen, er könnte es nicht leiden, wenn ihn überhaupt jemand anfaßte. Ich tat einfach so, als würde ich zuhören, wie er über die Bücher redete, die er gelesen hatte, über die Gegend um die Großen Seen und wie schmutzig die Züge hierzulande seien, verglichen mit England.

Ich fragte, ob er sich nicht hinlegen wollte. Er zog seine Schuhe und die Hose aus, legte sie ordentlich gefaltet über einen Stuhl. Wir stiegen ins Bett und ich griff nach seinem Schwanz. Er sagte, nein, er wollte schlafen, er wäre sehr müde, ob es mir etwas ausmachen würde? Ich sagte, nein, mir sei alles recht, und überlegte im stillen, was ich mir da für einen Joker gezogen hatte.

Er hatte einen unruhigen Schlaf, klammerte sich an mich, und von Zeit zu Zeit ging ein nervöser Ruck durch seinen Körper. Arme und Beine zitterten, aber er wachte nicht auf. Irgendwann dämmerte ich auch weg – ich hatte mich an Chicago noch immer nicht gewöhnt.

Ich spürte, wie schnell er erwachte. Ich blinzelte – Sonnenlicht fiel durch einen Spalt zwischen den Vorhängen auf das Bett. Er sprang auf wie eine Katze und war sofort wach, ohne Gähnen und Recken. Ich blieb liegen und sah ihm zu.

Er sagte, er würde sich jetzt gern waschen und dann frühstücken. Ich ging nach unten und sagte, mein Gast wolle den Tag über dableiben. Die Madame selbst warf einen prüfenden Blick auf das Tablett, das die Köchin zurechtmachte. »Du bist ein richtiger Glückspilz, Goldie. Monte ist der größte Tresorknacker der Welt. Wenn der sich in dich verknallt, trägst du Diamanten auch noch in der Nase.«

Damals hörte ich zum erstenmal, daß er ein Krimineller war. Oben wusch er sich in der Schüssel, trank zwei Tassen Kaffee und aß eine halbe Scheibe Toast. Er sah mich auf diese abwesende Art an, die ich noch gut kennenlernen sollte, und lächelte. »Es war wirklich verdammt gut, mit dir zu schlafen.«

»Woher willst du das wissen?«

»Ich meine: schlafen, Süße, die Augen zu. Einfach schlafen. Ich habe mich noch nie so wohl gefühlt, so gut aufgehoben. Ich war hundemüde. Ich war nervös. Drei Tage im Zug und...« Er wischte den Rest mit der Hand beiseite. »Ich mag dich. Du bist mein Mädchen.«

»Dazu bin ich hier, Monte.« Ich spielte meine Karten so aus, wie sie kamen, aber ich war überrascht. Er war anders als alle Gäste, an die ich mich erinnern konnte.

Er schüttelte den Kopf. »Hör auf mit diesem Nuttengesülze, Süße.«

Wir legten uns hin, und wir fingen ganz langsam an, mit Schmusen und Streicheln, dann mit Küssen, bis die

Erregung kam. Man konnte es bei uns beiden spüren, diese Leidenschaft, die in Hurenhäusern meistens nur vorgetäuscht oder künstlich, durch wollüstige Spielchen aufgebaut wird. Diesmal kam sie anscheinend ohne weiteres und ganz natürlich über uns, ohne viel nachzuhelfen, außer im richtigen Augenblick an den richtigen Stellen. Es war rundherum gut, und wir wußten es und stellten einander keine Fragen.

Er schob sich über mich und drang ein. Ich schrie auf, als hätte ich mich verbrüht, aber vor Lust; und er sah immer so ernst auf mich herunter, während unsere Bewegungen heftiger wurden – sein ruhiges Gesicht mit dem starren Lächeln über mir und dann sein offener Mund. Er fing an, mich zu küssen, und dann bäumte er sich auf und kam mit einem Stöhnen. Wie tot lag er auf mir, es war wunderbar, seine Schwere auf mir zu spüren, und ich wünschte mir, dieser Augenblick würde nie vergehen. Ich wollte nie mehr etwas anderes spüren, nie mehr etwas anderes erleben. Es war absolut großartig, wie er später sagte.

Ich hätte wissen müssen, daß ich mich verliebt hatte. Aber ich hatte noch nie erlebt, wie ein Akt sich in ein Gefühl verwandeln kann, in eine Verrücktheit, die meiner Art zu leben und mich abzuschirmen einfach den Boden entzog. Alles schmolz dahin, als wäre ich aus Zucker und würde mich in einer Badewanne auflösen. Ich war eine völlig verdrehte junge Hure, die sich bis dahin nach der Liebe ungefähr so gesehnt hatte wie nach einem zweiten Kopf.

FÜNFZEHNTES KAPITEL
ICH WERDE EHEFRAU

Vier Tage, nachdem ich Monte kennengelernt hatte, heirateten wir – eine richtige, ordentliche Hochzeit in einer kleinen Stadt mit einer weißen Brücke, einer weißen Kirche und einem Hotel, das Indian House hieß. Der Geistliche, der uns traute, stotterte ein bißchen. Monte unterschrieb die Eheurkunde mit seinem wirklichen Namen und gab sie mir. Jahrelang hatte ich sie in einem Bankschließfach in San Francisco liegen. Bei dem großen Feuer von 1906 ist sie dann verbrannt – zusammen mit der Bank.

An einem grauen Chicagoer Morgen, an dem der Wind über den See peitschte, verließen wir das Hurenhaus. Am Abend vorher hatten wir uns von der Madame verabschiedet. Wir schleppten unsere beiden Taschen zu der großen Bahnstation und waren quietschvergnügt.

Monte heiratete mich, weil ich ihm, wie er sagte, nachts Frieden schenkte, weil er meinen Körper liebte und ihn mit Geschick und Kraft zu seiner Befriedigung benutzte. Er liebte mich, weil ich keine nervöse Zicke war, nicht kicherte und keine Fragen stellte. Jahrelang hatte er kaum mehr als eine Stunde am Stück schlafen können. Mit mir kam er ohne aufzuwachen durch die Nacht. Ich merkte auch, daß er mir vertraute. Er war einsam, und ich gab ihm das Gefühl, daß er leben und atmen und ein richtiger Mann sein konnte. Ich hatte den Eindruck, daß es bei Monte mit dem Sex nicht weit hergewesen war, bevor er mich kennenlernte. Bei mir, so sagte er mal, würde er »nicht abgebürstet, sondern reingeschlürft«.

Und für mich lief es darauf hinaus, daß ich – sehenden Auges – alles aufgab, was ich bisher aus meinem Leben gemacht hatte. Ich schmolz wie Schmalz in heißer Suppe. Ich nahm die Liebe, wie sie von Monte kam, streckte Liebesfühler aus – wie bei Ameisen, die sich miteinander unterhalten –, und sie kamen zurück mit der Botschaft, du bist glücklich und zufrieden. Ich scherte mich nicht darum, ob es gut für mich war oder schlecht. Ich gehörte Monte. So war die Liebe – es ist der Ruin jeder tüchtigen Hure, wenn sie Ehefrau wird und einen einzigen liebt. So drückte ich es damals natürlich für mich nicht aus, und Monte redete ohnehin nicht viel. Tüchtige Berufsverbrecher tun das nicht.

Er war ein Aristokrat unter den Gesetzlosen und stand an der Spitze der Verbrecherwelt. Aber als Mensch war er Monte, der es mit der organisierten Gesellschaft aufgenommen hatte, leichtfüßig, mißtrauisch, vorsichtig, fachmännisch. Früher war er nicht imstande, richtig zu schlafen und zu vögeln, und jetzt vertat er seine Einnahmen noch immer im Spielkasino.

Ich vermute, die Herren Professoren und Doktoren können genau erklären, warum wir beiden uns ineinander verliebten. Warum jeder von uns dem anderen etwas gab, das er brauchte. Aber das ist, als würde man eine Blume zerrupfen, um herauszufinden, warum sie schön ist. Man findet vielleicht heraus, wie sie gebaut ist, aber wenn man es dann weiß, hat man keine Blume mehr, nur noch einen grünen Stengel und ein Häufchen Müll. Damals war ich nicht scharf darauf, den Dingen auf den Grund zu gehen. Ich hatte immer das Gefühl, wenn man zuviel fragt, kommen die Antworten wie die Doppelnull am Glücksrad. Ich habe das Leben immer so genommen, wie es kam, und werde es nie anders machen. Ich hatte mir einen Grundsatz zurechtgelegt, die Vorstellung, daß jedes Leben etwas Einzigartiges ist, egal, wie schlecht die Welt ist, wie es in ihr zugeht und welche Gesetze es gibt. Ich wollte gar nicht so genau wissen, was die Liebe war, ich wollte meine Blüte nicht zerrupfen.

Wir mieteten ein möbliertes Haus in einer kleinen Stadt in New Jersey, ungefähr zwanzig Meilen von New York City entfernt. Zweimal in der Woche fuhr Monte nach New York. Den Nachbarn sagten wir, er wäre Chemiker. Und tatsächlich fabrizierte er in einem unserer Zimmer ein paar hochexplosive Mixturen. Manchmal fuhr ich mit ihm nach New York. Dort kam mir alles wie ein großes Durcheinander vor, die Massen herausgeputzter Leute, die Restaurants, die pickfeinen Hotels und die »Pfauenpromenaden« in den größten von ihnen, wo die elegante Welt umherstolzierte. Der Verkehr der Postkutschen, Pferdewagen, Droschken, Rollwagen war so dicht, daß man auf den Wagendächern hätte spazierengehen können. Mich verwirrte das alles. Ich lernte ein paar Leute aus der Unterwelt kennen. Monte war bei ihnen sehr angesehen.

Die meiste Zeit verbrachten wir in unserem Haus in Jersey, denn unter anderen Namen wurde Monte verdächtigt, der Kopf hinter einer Serie von Bankeinbrüchen mit Sprengstoff zu sein. Sie hatten kein Bild von ihm, aber ein paar Spitzel hatten gequatscht, und es gingen Gerüchte um. Deshalb ließ sich Monte im Milieu oder der Verbrecherwelt von New York nicht allzu oft sehen. Er besaß die wunderbare Fähigkeit, sich in Luft aufzulösen, fast unsichtbar zu werden, als wäre er ein Teil der Straße, die er gerade entlangging. Ich merkte, daß die anderen aus der kriminellen Elite zu ihm aufblickten. Selbst Ladendiebe bekamen mit, daß er Format hatte. Über die Banden im Westen lachte Monte. Die James, Coles, Youngers und wie sie alle hießen seien nur Metzger, bösartige, arbeitsscheue Herumtreiber mit einem Pferd unter dem Hintern. Meistens endeten sie in einem Hinterhalt im Kugelhagel, oder sie legten sich gegenseitig um. Der Groschenroman und später das Kino brachten dieses Pack im Westen so groß heraus, wie es ein Krimineller mit ein bißchen Verstand nie getan hätte.

Ich machte meine Beobachtungen in dieser neuen Verbrecherwelt. Ganz unten, noch unter den Säufern und Obdachlosen, stehen die Taschendiebe, die von Stadt zu Stadt reisen. Sie sind nervös, schreckhaft, angeln geschickt nach Brieftaschen, sind aber kaum besser als Handtaschenräuber und Billardbetrüger.

Eine spezielle Truppe hat das Monopol, auf Bahnhöfen und Hafenpiers Gepäck zu stehlen. Diese Leute werden oft von der Hafenarbeitergewerkschaft und von Arbeiterführern organisiert. Auf Bahnstationen und von Frachtschiffen klauen diese Jungs Millionen, und meistens teilen sie ihre Beute mit dem Wachpersonal der Eisenbahn, mit der Hafenpolizei und den Bossen der Dockarbeiter.

Im Laufe der Zeit erfuhr ich auch einiges über die weibliche Seite dieser Welt. Aber mit den Frauen, die unter Kriminellen leben, ist meistens nicht viel los. Da gibt es Huren, die sich als Kratzhenne oder Fallemacherin betätigen – sie locken einen Mann auf ihr Zimmer, und plötzlich platzt der wütende »Ehemann« mit der Pistole herein und kassiert. Dann gibt es den Trick mit der Schiebewand, da wird der Mann durch eine unauffällige Luke in der Wand ausgeraubt, während er betrunken und bedröhnt mit der Hure im Bett liegt. Es kommt auch vor, daß Männer in den Gassen, wo Huren auf Kundschaft lauern, zusammengeschlagen werden. Aber das gehört alles in die unterste Schublade. Trunksüchtige oder drogensüchtige Frauen der übelsten Sorte machen bei so was mit.

Die einzige weibliche Kriminelle, die ein bißchen Verstand, wenn auch keine Moral hat, ist meiner Ansicht nach die Schlüsselverkäuferin. Eine gutaussehende, elegant gekleidete Frau treibt sich in guten Hotels oder bei Pferderennen wie dem Kentucky Derby oder in Saratoga herum und verkauft einem willigen, entflammten Freier für hundert Dollar ihren Zimmerschlüssel. Oft erzählt sie ihm dazu, ihr Mann sei verreist, sie sei so allein und brauche das Geld, um Spiel- oder Wettschulden zu bezahlen. Eine tüchtige Schlüsselverkäuferin kann an einem Tag gut ein Dutzend Schlüssel loswerden. Selbstverständlich passen sie in dem Hotel, das auf dem Anhänger steht, zu keiner Tür.

Von Mord habe ich wenig gehört. Morde sind ja oft das, was man Verbrechen aus Leidenschaft nennt, also eigentlich nicht kriminell. Es sind einfach nur törichte Männer, die töten, und zwar nicht aus Liebe oder Leidenschaft oder weil ihr Heim »entehrt« wurde, wie die Zeitungen gern schreiben. Nein, der Auslöser für die meisten Morde dieser Art ist verletzte Eitelkeit, eine Schramme am Selbstgefühl. Die Vorstellung, daß eine Frau *ihm* untreu werden konnte! Wenn Männer wegen Frauen morden, dann wollen sie damit ihr Selbstwertgefühl retten, auch wenn sie halb wahnsinnig vor Wut sind.

Von Berufsmördern habe ich gelegentlich gehört, aber ich glaube, ich bin nie einem begegnet. Morde bei einem Raubzug oder einem Einbruch sind Betriebsunfälle, und meistens sind es irgendwelche Rohlinge oder Feiglinge, die sie begehen. Berufsverbrecher, die gut sind, sehen zu, daß sie möglichst niemanden umbringen. Manche haben nicht mal eine Waffe dabei. Monte sagte immer: »Revolver wollen abgefeuert werden.«

Es gibt Männer, die als hirnlose Kriminelle geboren sind, als Killer ohne Sicherheitsventil, und je früher die Gesellschaft sie kaltstellt, desto besser. Heutzutage wird viel davon geredet, daß Kriminelle durch ihre Umgebung dazu gemacht oder daß sie durch ihre Herkunft in die Kriminalität gezwungen werden. Also, ich gebe auf dieses Geschwafel überhaupt nichts.

Die wirklich brutalen Mörder, die Verbrecher, die gefährlich werden, weil sie Versager sind, die sind fast alle so geboren. Wie ein Kalb, das mit fünf Beinen oder mit zwei Schwänzen auf die Welt kommt, oder wie manche Menschen einen Wolfsrachen haben oder blaue Augen. Irgendwas ist schiefgelaufen, während ihre Mutter sie im Beutel mit sich herumschleppte, oder noch früher. Das ist verdorbenes Material, und die wohlmeinenden Reformer vertun ihre Zeit mit dieser Sorte von Leuten. Für die ist das Gefängnis eine Drehtür – die gehen da ihr Leben lang aus und ein.

Was die übrige kriminelle Klasse angeht, soweit ich mit ihr in Berührung gekommen bin – die meisten haben sich von der Gesellschaft abgewandt, weil der schnelle Dollar sie lockt, und glauben Sie mir: Verbrechen zahlt sich aus! Es ist ein Leben, in dem man leicht verdient und zu schnell wieder alles ausgibt. Viele Kriminelle halten die Welt für verkommen, Highpockets zum Beispiel, mit seiner Vorstellung, die Gesellschaft würde nur aus Trotteln und Gaunern bestehen, und es sei besser, mit den Wölfen zu heulen, als mit den Kaninchen zu zittern. Ich will hier keine moralischen Sprüche klopfen und irgend jemandem erklären, was richtig und was falsch ist. Ich beobachte nur und schreibe auf, wie ich alles gesehen habe. Mein Gesichtspunkt ist vielleicht verkehrt – meine Wertvorstellungen passen zu dem, was ich brauche. Das bestreite ich nicht.

Monte hatte zwischen seinen Jobs vor allem einen Wunsch – nicht auffallen, und bei den einfachen Leuten gelang ihm das auch. Er sah aber nicht so aus wie die meisten. Wenn er reiste, mit halb zugekniffenen Augen, mit seiner gepflegten Erscheinung, dann war er wie ein Schauspieler und spazierte mit Leichtigkeit durch eine Rolle, die er nur in der Öffentlichkeit spielte.

Auf dem Land waren wir einfach froh, daß wir dort waren und unser Leben lebten. Monte saß gern im Sessel, rauchte seine Meerschaumpfeife mit dem goldenen Ring und las in einem Buch von Dickens. Er bot nie an, mir etwas vorzulesen, und ich bat ihn nicht darum. Später fand ich heraus, daß er sieben Jahre in einem kalten britischen Gefängnis in einem Moor gesessen und mit kaum jemandem gesprochen hatte, lange Zeit angekettet in Einzelhaft. Sie wollten ihn dazu bringen, daß er auspackte – über die Bande, die ihn zu einem großen Bankeinbruch mit Sprengstoff nach Europa geholt hatte. Einzelheiten habe ich nie erfahren, aber dort hat sich Monte das Bücherlesen angewöhnt. Der Kaplan gab ihm jede Woche ein Buch von Dickens, und Monte trat dem Kaplan zuliebe der Kirche von England bei. Monte sagte, wenn Christus es mal mit englischen Gefängniswärtern zu tun bekäme, würde er sich lieber noch mal ans Kreuz schlagen lassen.

Im Unterschied zu mir glaubte Monte an ein göttliches Jenseits und daran, daß Christus göttlich sei. Er sagte, nachts würde er den Toten begegnen. Zum Beispiel sah er oft einen toten Kumpel, einen Sprengstoffexperten, der Mixturen für verschiedene Banden hergestellt hatte und der mit einer seiner Ladungen in die Luft gegangen war. Solange ich die Geister nicht selbst sehen mußte, war es mir egal, wenn Monte sich mit ihnen traf.

Wir lebten wie ein normales Ehepaar, das sich einiges auf die Seite gelegt hat und seinen privaten Geschäften nachgeht. Wir fuhren in einem Gespann, das wir gemietet hatten, aufs Land, nach Elizabeth in New Brunswick, nach Princeton, wo Monte mit gewissen Leuten in Kontakt kommen wollte. Wir übernachteten in kleinen Hotels, die man damals noch *Inns* nannte: Red Lion Inn, Kings Inn. Im Sommer fuhren wir an den Ozean, nach Asbury Park, Long Branch, Red Bank, und der rote Staub der Landstraße klebte an den schmalen Speichen der Wagenräder. Wir sahen uns alte Häuser aus der Kolonialzeit an und fragten uns, wie die Leute es darin warm bekommen hatten, nur mit offenen Kaminen. Es lag an den Büchern von Dickens, daß sich Monte für alte Häuser und Orte interessierte.

Monte war nie das, was man einen scharfen Hahn nennt. Ein- oder zweimal in der Woche trieben wir es miteinander, es war köstlich, wirklich wunderbar, für uns beide. Aber wie alles in seinem Leben nahm Monte auch den Sex fest an die Kandare. Er war nicht wild auf exotische oder athletische Sexspiele und hatte auch keinen Drang zu dem, was man outriert nennt. Er liebte mich sehr, klammerte sich im Schlaf an mich, murmelte Worte, die ich nicht verstand, fing dabei auch manchmal zu zittern an, wachte aber nicht auf. Er fand Ruhe, solange er seinen Kopf zwischen meinen Brüsten vergraben konnte und meine Beine mit seinen umschlang. So schlief er die Nacht durch.

Monte war ein sehr guter Ehemann. Er sagte: »Geduld miteinander, Süße, und mit den kleinen Fehlern des anderen, das brauchen wir alle.« Ich fand, er hatte recht – Kleinigkeiten können eine Ehe genauso kaputtmachen wie irgendwelche großen Sachen.

Ich wurde eine Hausfrau, und meine alten Freundinnen aus dem Hurenhaus hätten sich sehr gewundert. Aber wir hatten mit Leuten aus dem Milieu natürlich nichts zu tun, auch nicht mit denen in der Nähe, in New York. Monte traf sich nur mit wenigen Leuten. Er sagte: »Ich bin ein verdammter Mönch, das bin ich, Süße. Immer gewesen. Das muß ich sein, in meiner Branche.«

Er machte keinen Hehl daraus, daß er ein Tresorsprenger war – ein ganz großer sogar –, und ich nahm es hin, als wäre er Klempner oder Bankier gewesen. Ich kochte ihm sein Essen, hielt seine Kleider in Ordnung, machte ihm das Leben leicht und angenehm. Ich ging nicht oft in das Zimmer, wo er an Probeschlössern herumfeilte und hämmerte und mit Gußformen und einem kleinen Holzkohleofen hantierte. Vieles von seinem Werkzeug machte er sich selbst. Ich blieb draußen, kam nur herein, um ihn zum Essen zu rufen oder ihn zu fragen, ob er zum Abend einen Drink wollte. Er hatte mehrere Spezialtaschen aus schwarzem Leder, die aussahen wie Gepäckstücke eines Schlagzeugers oder eines gewöhnlichen Reisenden. Aber sie waren vollgestopft mit Werkzeug – Schraubstock, Flaschenzug, Schraubenschlüssel, Sonden und zurechtgebogene, dünne Drähte, von denen ich nicht wußte, wie sie hießen. Monte erfand sich viel von seiner Ausrüstung selbst oder veränderte das Werkzeug, das er in verschiedenen, weit von unserem Haus entfernten Eisenwarenhandlungen kaufte.

Als wir heirateten, war Monte knapp bei Kasse. Ein Bankeinbruch hatte nicht das gebracht, was er sich erhofft hatte. Sein Kundschafter hatte falsche Informationen bekommen. Außerdem hatte er gespielt und wie üblich verloren und einen Schein ausgestellt, den er einlösen mußte.

Man darf nämlich nicht vergessen, daß Spitzenverbrecher in mancher Beziehung ein solides Ehrgefühl haben. Sie bezahlen ihre Schulden, sie halten untereinander ihr Wort, und sie quatschen nie. Jedenfalls war das in den achtziger Jahren des letzten Jahrhunderts so und auch später noch. Bis die italienischen Banden aufkamen, als die Prohibition anfing und die Einnahmen in die Millionen gingen. Damals hat sich mit dem einheimischen amerikanischen Kriminellen etwas verändert.

Ich will hier nicht den einheimischen Ganoven oder Kriminellen gegenüber der Schwarzen Hand und den Schnapsschmugglern der Capone-Bande in Chicago verteidigen, die damals die Kontrolle übernahmen. Aber Tatsache ist, daß es eine einheimische Verbrecherwelt gegeben hat und daß nach 1918 eine andere Sorte an die Macht kam. Ich bin nicht sentimental, was Monte und seine Welt angeht. Sie waren Gesetzesbrecher und haben die Gesellschaft mit Hilfe von Protektion, die sie sich kauften, ausgeplündert. Ich schreibe nur auf, wie es wirklich war.

Manchmal bekam Monte Besuch, meistens wenn es schon dunkel war. Er stellte wieder eine Gruppe zusammen, die ihm helfen sollte, eine Bank irgendwo im Hinterland des Staates New York zu knacken. Dabei hatte er seine eigene Methode. Er schickte einen Baldower vor, oft nachdem er einen Plan von jemandem gekauft hatte, der die Einzelheiten mühsam zusammengetragen hatte: Karten, Pläne, Aufstellungen darüber, wann die Angestellten was taten, ihre Gewohnheiten, ihre Wege. Auch ein Zugangsweg und ein Weg für den Rückzug wurden markiert. In manchen Fällen konnte ein Bankangestellter bestochen werden, ein Polizist ging in die andere Richtung. Monte erzählte mir, einmal sei er von einem Bankdirektor, der eine Million Dollar auf die Seite gebracht hatte, angeheuert worden, in die Bank einzubrechen, damit die ganze Sache als Raub hingestellt werden konnte. Aber bei der Bezahlung vor dem Job hatte der Bankdirektor sie verschaukelt, und ein Schläger aus der Gruppe hatte ihn gegen Montes Rat zum Krüppel gemacht.

»Wenn sie schlauer sind als wir, müssen wir beim nächsten Mal eben vorsichtiger sein.«

Meine Hauptsorge – ein großer, schwarzer Sorgensack – war, daß Monte umkommen oder geschnappt werden oder schwer verwundet werden könnte. Ich hatte Träume, in denen mußte er so plötzlich fliehen, daß ich nicht mehr zu ihm stoßen konnte. Die Gesellschaft und wie die Banken ihr Geld schützten, war mir egal. Ich war ein Einzelgänger, wie Monte, und schützte nur mich und meinen Mann. Aber an Montes Berufsleben hatte ich keinen Anteil.

SECHZEHNTES KAPITEL
LEBEN MIT MONTE

Was mich angeht, so habe ich nie gestohlen und nie stehlen wollen, und war, wie gesagt, immer der Meinung, daß die meisten Kriminellen entweder schon so geboren sind oder irgendwie verbogen werden. Aber bei den meisten von ihnen kam ich mir nie wie etwas Besseres vor. Schließlich lebte ich von Montes Jobs. Für mich gehörten Kriminelle zum Lauf der Welt, auch wenn ich dabei nicht alles durchschaute. Aber es gab sie nun mal. Ich nahm sie hin, so wie ich es später, nachdem ich Madame geworden war, hinnahm, daß Schutzgeld gezahlt werden mußte. Ich hatte nicht direkt mit dem Verbrechen zu tun, außer daß ich es unterstützte, wie man sagen könnte. Ich war die Frau meines Mannes und dachte und denke noch heute, daß die Frau zu einem Teil des Mannes wird, zu einem Teil seines Körpers und seines Verstandes. Er entscheidet, wie das Leben von beiden sein soll. Wenn sich alle Frauen an diesen Rat hielten, gäbe es viel mehr glückliche Ehen, wo es heute unglückliche zu Tausenden gibt. Mein Rat ist kein Allheilmittel, aber mir hat er geholfen.

Monte hatte beschlossen, beim nächsten Bankraub mit einem Team von vier Leuten zu arbeiten. Mit zwei von ihnen hatte er schon ein paarmal zu tun gehabt. Ich kannte sie nur mit ihren Spitznamen, und das war auch besser so. Der Professor war der Kundschafter, ein unansehnlicher, kleiner, schielender Mann mit einem Onkel-Sam-Bart, karierter Jacke und schmuddeligen Händen mit sehr breiten Daumen. Er hatte die Angewohnheit, einem ohne Grund zuzuzwinkern, es war ein Tick. Er zeichnete Pläne von Bankgebäuden, Stadtstraßen, Landstraßen, Zeitschlössern und den Innereien von Panzerschränken und Tresorräumen. Monte sagte, sie seien sehr gut, und versah sie mit eigenen Markierungen. Er und der Professor waren alte Kumpel, und wenn er den Professor dazu gebracht hätte, gelegentlich ein Bad zu nehmen, hätte ich nichts dagegen gehabt, daß er uns auch mal besuchte. Artie, der zweite Helfer, war ein Boxer mit kaputter Nase, sehr groß, mit hoher, schriller Stimme, ein einziges Muskelpaket. Er hatte eine ganze Sammlung von Totschlägern und Schlagringen und einen Revolver. Außerdem hatte er die Angewohnheit, mit den Fingern zu knacken. Er aß gern Süßigkeiten und machte sich damit die Zähne kaputt. Ich erinnere mich noch, daß es ihm Spaß machte, Fliegen zu fangen, mit einer einzigen raschen Bewegung seiner Schinkenpranke. Trotz seiner Größe hatte er einen empfindlichen Magen und hatte gegen Bauchschmerzen und Blähungen immer ein Tütchen Verdauungspulver dabei.

Der neue Mann, der zum erstenmal mit Monte arbeitete, war der Späher, der auch für den Abtransport auf Seitenstraßen sorgen und Artie helfen sollte, den Job abzuschirmen, mit einer Schrotflinte, beide Läufe mit schwerem Rehposten geladen. Er hieß Nails. Vielleicht weil er ständig an seinen Fingernägeln herumfeilte und sie am Ärmel blankrieb. Er sah gut aus – dunkel, immer schick angezogen, ein bißchen zu aufdringlich für Montes Gefühl. Eitel wie ein Schauspieler, der auf der Bühne seine Diener macht. Manchmal bekam er Lachanfälle. Vielleicht war bei ihm eine Schraube locker. Ich dachte immer, eines Tages könnte sie ganz herausfallen.

Wenn sie bei uns zusammensaßen und den Plan besprachen, servierte ich Kaffee, Drinks, Kuchen, und einmal briet ich einen Truthahn, der ziemlich gut gelang, nur die Maismehlfüllung war zu trocken. Ich fragte Monte, ob er mich zu dem Job mitnehmen würde, aber Monte sagte: »Nein, unter gar keinen Umständen.« Der Morgen, an dem sie mit ihren schwarzen Tragetaschen loszogen, war naßkalt. Es nieselte, und die Regentropfen hingen einzeln an ihren Mänteln. Monte sagte, das sei gutes Wetter für einen Bankjob. Da wären die Leute nicht so neugierig. »Wer schlau ist, verkriecht sich hinter dem Ofen.«

Ich küßte Monte, und er sagte: »Also, rechne nicht mit irgendwelchen Nachrichten, Süße. Ich komme zurück oder ich komme nicht zurück. Aber ich komme zurück.«

Ich sagte: »Bestimmt kommst du.«

»Und du bist ja nicht allein. Mae bleibt bei dir.«

Mae war Arties Frau, eine weißhaarige alte Fledermaus mit Stahlrandbrille und einer Vorliebe für Gin. Sie sagte, sie hätte bei *The Black Crook* mitgetanzt – wahrscheinlich eine Lüge –, und als junges Ding war sie an der Westküste eine bekannte Kratzhenne gewesen, hatte Männer in ihre Wohnung gelockt, und wenn das Paar gerade nackt im Bett lag, platzten Artie und ein Freund herein. Es war der alte Trick, mit dem man den Freier dazu brachte, daß er alles hergab, was er bei sich hatte, um sich vor dem rachsüchtigen, mörderischen Ehemann in Sicherheit zu bringen.

Mae hatte ein dickes Fell. Sie nahm den Aufbruch der Gruppe mit echter Gelassenheit und kehrte achselzuckend zu ihrem Gin zurück. Sie hatte eine dieser Kansas-Stimmen, die man nie vergißt – oder an die man sich nie gewöhnt –, wie ein Wagenrad, das geschmiert werden muß.

»Was bleibt uns anderes übrig, Schätzchen, als hier rumzusitzen und zu warten. Die Jungs wissen, was sie zu tun haben. Monte hat Köpfchen, der ist wie ein Uhrwerk. Hat keinen Zweck, händeringend dazuhocken und sich zu fragen, was alles passieren kann. Ich hab erlebt, wie sie losgezogen sind, und dann einen Monat nichts von sich hören ließen, wenn sie sich trennen mußten, und einmal hatte Artie dabei eine hübsche Kugel im Leib. Eines Tages kommt eine Nachricht, oder es klopft an der Tür, dann geht die fröhliche Zeit los, Lachen, Geldausgeben, bis es wieder alle ist. Also Artie, der alte Sack, ist manchmal auch irgendwo hängengeblieben, eine Zeitlang, nichts Ernstes, verstehst du, Schätzchen. Er ist eben ein großes Kind, der treibt sich nicht rum, sonst würde ich ihm die Birne abreißen. Ist eben ein Versteckspiel. Immer sitzt du auf gepackten Koffern und kannst abhauen, immer mußt du die Jungs ein bißchen aufmöbeln, und nachher, wenn sie zurückkommen, mußt du dich um sie kümmern. Nervös wie die Flöhe sind sie, bis das Geldausgeben losgeht, und dann haben sie das Gefühl, sie hätten reichlich Zeit bis zum nächsten Job. Mal läuft es prima, und dann gibt es wieder einen Tritt in den Arsch. So ist das nun mal. Besser, als irgendeinem Depp die Brieftasche klauen oder mit jedem bumsen, der an der Haustür klingelt, wie?«

Warten, warten, irgendwann kannte ich Maes Monologe auswendig. Sie konnte munter erzählen, und während der nächsten sechs Tage redete sie viel und kippte reichlich Gin. Der Alkohol und ihr hartes Leben hatten sie völlig ausgebrannt. Aber obwohl sie grau und halb blind war und beim Gehen ein Bein nachzog, hatte sie doch Sinn für Humor und Freude am Leben. Zum Teufel mit dem, was vor dem letzten Job war oder nachher kommen würde. Irgendwann saß sie nur noch da und starrte auf den Teppich, lächelte benebelt vor sich hin und war so betrunken, daß sie sich nicht mehr rühren und nicht mehr aufstehen konnte. Ich ließ sie in ihrem Schaukelstuhl sitzen, legte mich hin und stellte mir vor, Monte läge tot in irgendeiner Gasse oder wäre mit seiner eigenen Ladung in die Luft geflogen. Oder läge totenstarr auf dem Tisch in einem Leichenschauhaus. Ich stellte mir vor, wie es wäre, mit einem Mann verheiratet zu sein, bei dem man nur die Sorge haben mußte, ob er den Schirm nicht vergessen hatte oder ob er sich einen Schnupfen holte oder ob er daran dachte, die zwei Pfund Hüftsteak mitzubringen. Mae erzählte mir ihre ganze Lebensgeschichte, und ich hörte zu und machte mir Gedanken.

Eines Morgens kam ein Telegramm, ich sollte Mr. Brown in einem Hotel in Philadelphia treffen. Ich packte, rüttelte Mae wach und versuchte ihr klarzumachen, daß ich abreisen würde. Ich nahm einen Zug nach Süden. Als ich das Hotelzimmer betrat, saß Monte da und sah hinaus auf die nasse Straße und den regnerischen Himmel. Leute mit Regenschirmen gingen vorüber, nasse Pferde zogen nasse Fuhrwerke. Er rauchte seine Pfeife und sah sich um, als ich hereinkam. Nicht mal die Tür hatte er abgeschlossen. Wegen der Zeit in dem englischen Gefängnis konnte er abgeschlossene Türen schwer ertragen.

»Hallo, Süße.«

Ich küßte ihn und umarmte ihn, und er sagte immer wieder: »Sachte, Süße, sachte«, als wäre ich ein unruhiges Pferdchen. Dabei sah er selbst so aus. Nirgendwo waren schwarze Taschen zu sehen, nur ein Koffer aus Korb auf dem Bett. Ich sagte: »Geht es dir gut? Wie ist es gelaufen?«

»Wie am Schnürchen. Ich brauche Schlaf. Kann überhaupt nicht schlafen.«

Wir zogen uns aus. Im Bett drückte er mich fest an sich, zitterte ein bißchen, und schlief dann zwölf Stunden durch. Während der letzten Tage hatte er anscheinend wenig Schlaf bekommen. Es war gut, bei ihm zu sein. Ich dachte: Stell dir vor, er wäre umgekommen und ich wäre jetzt allein!

Wir ließen ein großes Frühstück kommen, liebten uns ein bißchen, und dann ließ er sich unten im Friseurladen rasieren, und um zwei Uhr nachmittags nahmen wir einen Bummelzug nach Westen. Monte meinte, ein Schnellzug wäre ein Risiko, zwar nur ein kleines, aber er war immer doppelt vorsichtig. Viel sagte er nicht, nur daß er die Jungs ausbezahlt hätte und daß die Beute im Kasten sei, versteckt.

In Columbus, Ohio, stiegen wir als Mr. und Mrs. Brown in einem Hotel ab. Eine Woche später reisten wir weiter nach Kansas City, wo Monte Besuch von ein paar Männern bekam, mit denen er vereinbarte, daß er ihnen verschiedene Wertpapiere (verkehrsfähige Schuldverschreibungen, die ihm zugeschickt würden) gegen Barbezahlung überließ. Wir gingen nach Hot Springs in Arkansas. Monte fing an zu spielen, als wäre morgen der Jüngste Tag. Er gewann und verlor, gewann und verlor. Nach einiger Zeit gab er mir ein schmales Bündel Geldscheine, und ich nähte sie an verschiedenen Stellen in mein Korsett.

Wir trafen ein paar andere Tresorknacker und Betrüger. Es wurde viel gefachsimpelt. Manche sagten mir, Monte sei der beste Bankeinbrecher von allen, er sei sogar noch schlauer als George Leonidas Leslie, den die Zeitungen den König der Bankräuber nannten. Am Ende wurde Leslie, soweit ich mich erinnere, wegen einer Frau ermordet, ungefähr 1884.

Monte sagte, alle würden meinen, mindestens siebzig Prozent aller Bankeinbrüche gingen auf das Konto von Leslie und seinen Leuten. »Ihm haben sie immer alles in die Schuhe geschoben, auch meine Jobs. Von mir aus kann er den Ruhm haben. Tüchtiger Mann – manche sagen, zehn Millionen Dollar. Na, die Polizei übertreibt immer, und die Banken lügen auch. Trotzdem, er ist ein tüchtiger Mann, hat die Ocean National Bank und die Manhattan Savings an der Bleecker Street geknackt ... Ich war in der Nähe, als sie die South Kensington National in Philadelphia aufmachten, die Saratoga Bank in Waterford. Aber Leslie hatte zu viele Leute, und er hat zuviel ausgegeben. Wertpapiere verkaufte er über Marm Mandelbaum und andere. Nein, besonders schlau ist er nicht, einfach ein guter Panzerknacker. Er protzt zuviel. Wer schlau ist, hängt sich keine Glöckchen um.«

Monte gab zu, daß er von Leslie viel gelernt hatte. Monte besaß eine erstaunliche Geschicklichkeit in mechanischen Dingen. Jeder, mit dem ich sprach, bestätigte das. Er konnte fast jeden Panzerschrank, jeden Tresorraum, jede Stahlkammer, die in den USA hergestellt war, beim Namen nennen und einschätzen. Manchmal knackte er einen Tresor, indem er mit einem Stück Stahldraht an den aufgebohrten Zuhaltungen herumstocherte.

Monte besaß einen großen Vorrat an Werkzeug, und vieles hatte er sich, wie gesagt, selbst gemacht. Keile, Kneifzangen, Diamantbohrer, Blasröhrchen. Meistens benutzte er Dynamit und Nitro. Er machte sich einen Vorschlaghammer selbst, eigenes Hebezeug und zerlegbare Brecheisen. Jahre später sah ich mal das Instrumentenbesteck eines Chirurgen, und es erinnerte mich stark an die Ausrüstung, die Monte in seinen schwarzen Taschen verwahrte. Lauter sonderbar gebogenes Zeug und alles sorgfältig geordnet.

In einem Sommer beobachtete ich, wie Monte an zwei kleinen Tresoren arbeitete, die er sich gekauft hatte – zum Probieren für einen großen Coup, den er plante. Mit diesen Tresoren ging er um, als wären sie seine Kinder oder heilige, weiße Elefanten. Pfeiferauchend saß er da, studierte ihre Mechanik und sagte, er versuchte herauszufinden, wie er die Kombinationen aus der Verzahnung bringen konnte und die Zuhaltungen auf die gleiche Höhe bekäme, um die Tür zu öffnen. Ich erinnere mich an eine Miniaturausgabe eines Safes von Valentine & Butler, an der er im Keller eines Hauses, in dem wir einmal wohnten, arbeitete. Es war das Modell eines größeren, den er in einer Bank aufmachen wollte.

Er bohrte zwei Löcher oberhalb und unterhalb des Drehknopfes mit den Zahlen, jedes ungefähr einen halben Zentimeter breit, und ich sah ihm dabei zu, als würde er einen Kuchen backen. Er benutzte für die gehärtete Stahltür einen Diamantbohrer. Dann schob er ein Stück Stahldraht in eines der Löcher und begann zu probieren. »Ich versuche die Zuhaltungen auf die gleiche Höhe zu bekommen, Süße.«

Wenn er mit Bohrer und Sonde nicht weiterkam, benutzte Monte Nitro oder »Suppe«, wie das auch genannt wurde. Aber lieber war es ihm, wenn es ohne Knall und Scheibenklirren abging. Zuletzt schaffte er den Safe in den Keller und arbeitete unten weiter, zerstörte die Kombination, indem er sie von unterhalb des Drehknopfs aufbohrte und drückte und schob dann die Zuhaltungen mit seiner Sonde in eine Reihe.

Monte sagte, drei Stunden würde er sich bei einem Schrank für Bohrer und Sonden geben. Aber bei manchen Stahlsorten funktionierte es nicht, das gab er zu. Manchmal bekam er zwei Zuhaltungen auf die gleiche Höhe, aber die dritte nicht. Dann sprengte er die Tür auf. Bei Bankeinbrüchen, erklärte mir Monte, würde immer auch eine Menge Papiere anfallen, verkehrsfähige Obligationen und Effekten, und die verkaufte er dann an Leute wie Marm Mandelbaum.

Ich lernte auch einige andere Bankräuber kennen, wenn sie kamen und Monte für ein großes Ding interessieren wollten, das sie planten und bei dem sie den besten Safeknacker der Branche brauchten. Ich erinnere mich an Namen wie Shang Draper, Johnny Dobbs, Worcester Sam. Es kamen auch andere Namen vor, die mir aber nicht mehr einfallen. Die meisten von ihnen wurden erschossen oder starben im Gefängnis.

An einem Sonntag fuhren wir von Lakewood, New Jersey, nach New York, und ich traf zum erstenmal Marm Mandelbaum, die viel mit Wertpapieren aus Bankeinbrüchen handelte. Später lernte ich sie ziemlich gut kennen. Monte war Hehlern gegenüber immer mißtrauisch. »Sie nehmen das Beste und haben kein Risiko.«

Ich erfuhr nie, wieviel er beim Spielen verlor oder wieviel ihm ein Bankeinbruch einbrachte.

Im Spätsommer nahmen wir uns ein Haus in dem Dünengebiet bei Chicago. Monte spazierte gern auf den Sandhöhen herum und sah zu, wie die Wellen vom See hereinkamen. Damals war es dort noch einsam. Wir bunkerten Kartons mit Essen und Getränken, und als der Herbst kam und dann der Winter, machten wir Feuer, und der Wind konnte uns nichts anhaben. Die grauen Tage kamen und mit ihnen der Schnee. Wir rührten uns fast nicht, mummelten uns warm ein, schliefen eng aneinandergeschmiegt, das Feuer wärmte, und die Wände waren dick. Es war wunderbar, sehr häuslich. Manchmal, bei klarem Wetter, gingen wir zum Dorf hinüber und holten uns was zu futtern und Zeitungen und Magazine. Ich lernte besser lesen und schreiben. Monte las noch mal *Eine Geschichte zweier Städte*. Ich nähte mir ein paar flauschige Nachthemden. Aus einem Buch lernte ich kochen. Ich war so verdammt glücklich, daß ich mich schon fragte, warum. Eigentlich war es doch ein langweiliges Leben.

Monte war kein anspruchsvoller Esser. Wenn man ihm ein Steak mit Zwiebeln und sehr starken Kaffee hinstellte, war ihm alles andere egal. Ich habe ihn nie Obst oder Gemüse essen sehen oder sonst was Grünes. Er wäre ein Fleischesser, sagte er, dazu Kartoffeln, gebraten, gebacken, in Scheiben, gestampft. Mehr brauchte er nicht. Fisch aß er, wenn ich mal sagte, ich bekäme keinen Bissen Fleisch mehr herunter. Aber hauptsächlich hielt er sich an Fleisch und Kartoffeln in jeder Spielart, die ich zubereiten lernte.

Es war eine sehr glückliche Zeit, ich lebte mit meinem Mann zusammen, ich liebte ihn, und er liebte mich. Die meisten Frauen hätte es wohl verrückt gemacht – diese Einsamkeit, das schlechte Wetter, ein Tag wie der andere, nur hin und wieder, wenn das Wetter gut war, mal ein kleiner Spaziergang durch die gefrorenen Dünen. Eisige, schneidende Luft, das einsame Seeufer, der Sand, der sich unter jedem Schritt anhörte wie Stahl. Die letzten Vögel waren nach Süden gezogen. Rauch stieg aus den wenigen Häusern zwischen den Dünen auf. Und immer diese großen bleigrauen Wellen auf dem See. Alles war gefroren. Selbst das Pipi im Nachttopf und die Milch in der Kanne. Morgens mußte ich in der Waschschüssel erst mal das Eis aufbrechen.

Trotzdem war es eine gute Zeit. Die einzige wirklich friedliche Zeit, die ich in meinem Leben hatte, ganz ohne Probleme. Das Wort Glück hat mich immer mißtrauisch gemacht. Aber das war es – Glück. Es war nicht der Sex. Monte, wie gesagt, war im Bett nichts Besonderes. Ein- oder zweimal in der Woche machte er sich in einem kurzen Anfall von Raserei ans Werk. Wir unterhielten uns auch nicht viel über wichtige oder ernsthafte Sachen und scherten uns nicht darum, was draußen in der Welt vor sich ging. Der Rauhreif malte uns Bilder auf die Fenster. Keiner von uns war in diesem Winter auch nur einmal erkältet. Der See fror langsam zu. Ein paar Meilen weit draußen konnten wir ein Schiff sehen, das vom Eis eingeschlossen war. Über seinem

Schornstein stand der Rauch wie ein vom Wind verschmierter Bleistiftstrich. Morgens sah ich als erstes immer nach, ob das Schiff noch da war.

Der Frühling kam, und Monte packte irgendwelche Papiere aus, ging jetzt auch öfter ins Dorf und fing an, Pläne zu schmieden. Stundenlang saß er über Aufzeichnungen, die ihm postlagernd an die Poststation im Dorf geschickt wurden. Bald rauschten die Vögel wieder schreiend nach Norden, das Eis brach auf, und es gab kein Schiff mehr zu sehen, das da draußen festsaß. Wir waren beide ziemlich bleich. Es taute, und wir gingen wieder hinaus und machten Spaziergänge. Monte arbeitete an einem neuen Bankeinbruch. Abends saß er da und sortierte unter der Öllampe mit dem rosa Schirm seine Papiere.

Ich stellte keine Fragen. Im Mai sagte er, ich sollte packen. Mit einem Einspänner aus dem Dorf fuhren wir zur nächsten Bahnstation und stiegen in den Zug nach Denver. Das lag sehr hoch, und die Luft war klar und kalt. Artie erwartete uns schon zusammen mit Mae. Sie erzählte, der Professor sei an einem Leberstein gestorben. Und Nails saß in Oregon im Gefängnis, wegen Pferdediebstahl – ausgerechnet! Monte sagte, er müßte sich zwei neue Leute für den Job suchen, es ging darum, eine Bank im Südwesten zu knacken, die aus Frisco große Geldsummen geschickt bekam, mit denen die Minenarbeiter entlohnt wurden, die Bargeld verlangten.

So verliefen die nächsten beiden Jahre. Drei weitere große Brüche und viel unterwegs. Wir lebten in Memphis, in Richmond, gingen nach Boston, Buffalo, Churchill Downs und nach Saratoga zum Rennen. Monte spielte und gewann und verlor am Ende wieder, und ich hatte ein Bündel grüne Scheine in meinem Korsett eingenäht. In einem Jahr holte ich mein ganzes Bargeld und die Aktien, die Zig für mich aufgehoben hatte. Es war das Jahr, in dem uns das Pokerspiel fast ruiniert hätte. Meine Aktien fielen, und es lohnte sich nicht, sie zu Geld zu machen. Aber Monte plante einen Job im Süden. Das Schließfach eines südamerikanischen

Präsidenten, der mit reicher Beute ins Exil nach Norden gegangen war. Ich habe die Einzelheiten nie erfahren, aber dieser Job sorgte dafür, daß eine Zeitlang von Geldmangel keine Rede mehr war. Pensionen, vornehme Hotels, einfache Hotels, eine kleine Wohnung, ein gemietetes Haus. Am besten erinnere ich mich an das kleine Haus in Lakewood, New Jersey, wo wir unsere Garderobe und in der Nähe auch Montes Werkzeug untergebracht hatten. Dahin kehrten wir oft zurück. Artie kam bei einem Eisenbahnunglück ums Leben. Mae verfiel dem Säuferwahnsinn, und ich sah sie nie wieder. Jedesmal wenn mich Monte wegen eines Jobs verließ, bestand die Gruppe aus neuen Gesichtern. Er trug jetzt eine Brille, sah aus wie Franz Schubert, der Komponist, von dem ich mal ein Bild gesehen habe. Sein Haar bekam graue Strähnen.

»Wie sieht das Bündel aus, Süße?« fragte er.

»Dünn, sehr dünn.«

»Noch zwei Jobs, und gespielt wird nicht mehr. Ich werde langsam alt. Am Columbia River gibt es eine Farm, die werde ich kaufen. Nur Bäume und Seen, und wachsen tut da immer alles. Angeln, Jagen. Langsam werde ich doch müde.« Er streckte die Hand aus. Ich sah, daß sie ein bißchen zitterte. Im stillen dachte ich: Er ist noch keine fünfzig, was redet er da vom Altwerden? Aber ich sagte nur: »Das würde mir gefallen: Wald und Farm. Ich wollte schon immer ausprobieren, wie das ist, an einem Tor vor einem Cottage Rosen zu pflanzen.«

»Kein Cottage. Ein schönes altes Steinhaus und ein Blick über den Fluß, daß dir die Augen ausfallen.«

Mit drei neuen Männern machte er sich auf den Weg zu einem großen Job. Mir wurde jetzt morgens regelmäßig übel, nachdem ich ein paarmal meine Periode nicht gehabt hatte. Es sah ganz danach aus, als wäre ich schwanger.

M onte starb unter einem Bahnsteig in einer kleinen Stadt im Süden. Er hatte sich dort verkrochen, nachdem ihm drei Kugeln die Brust zerfetzt hatten. Ich habe nie herausbekommen, wie es genau passierte und warum. War etwas mit dem Job schiefgegangen oder hatten ihn seine eigenen Leute um die Beute geprellt? Die Nachricht, daß er tot war, bekam ich in einem Brief von Nails, der nicht dabeigewesen war, aber vom Hörensagen erfahren hatte, wie es ausgegangen war. Als ich davon erfuhr, hatte man Montes Leiche, weil niemand Anspruch darauf erhoben hatte, längst an ein medizinisches College verschickt.

SIEBZEHNTES KAPITEL
SCHLECHTE ZEITEN

Dann kam eine Pechsträhne, als würde ich eine schlechte Karte nach der anderen ziehen. Ich hatte wirklich einen Jackpot voll Unglück gewonnen. Monte war tot, entweder von seinen Partnern ermordet oder von einem hinterwäldlerischen Polizisten oder Sheriff niedergeknallt. Ich war schwanger mit allem Drum und Dran, mußte jeden Morgen kotzen, war ganz blau im Gesicht, und der Gedanke an die Zukunft machte mich derart panisch, daß ich die Zähne zusammenbeißen mußte, so weh tat mir innen alles. Wie ein blinder Vogel lief ich im Kreis herum, bis ich mich zusammenriß und versuchte, mir einen Ausweg zu überlegen.

In Lakewood konnte ich in meinem Zustand und mit dem, was ich an Barem noch hatte, jedenfalls nicht bleiben. Ich trug in meinem Korsett genau zweihundertelf Dollar mit mir herum. Außerdem hatte ich ein paar Ringe und Armbänder, aber nicht viele, für die mir ein Pfandleiher niemals einen fairen Preis zahlen würde. Ich hatte die Taschenuhr von Tante Letty. Ich hatte zwei Koffer mit Kleidern von Monte, vier Paar Schuhe von ihm, sechs Spazierstöcke, eine silberne Uhr, seine weiße Pfeife und ein paar chinesische und spanische Münzen, die nichts wert waren. Außerdem ein paar Bände Dickens und in mir drin ein Kind, das immer größer wurde.

Ich besaß mehrere sehr gute Kleider, drei Paar Schuhe, vier Hüte und ein paar Sachen, die ich mir selbst genäht hatte. Am liebsten wäre ich gestorben, weggedöst, die Augen zu, tot umfallen und Schluß. Doch die Vorstellung, tot dazuliegen und steif für immer, brachte mich dann schnell wieder hoch, und ich machte neue Pläne. Die Aktien, die mir Roy,

Konrads Anwalt, geschickt hatte, waren fast wertlos. Ich schickte sie ihm zurück und fragte, ob er Konrad nicht dazu bringen könnte, mir das, was er versprochen hatte, in bar auszuzahlen. Die Antwort kam auf steifem Briefpapier. Es raschelte, wenn man es in die Hand nahm. Die Zeiten seien auch für Mr. Ritcher schwer. Er hoffe jedoch, bald einige Grundstücke am Fluß zu verkaufen, und danach werde er seinen Verpflichtungen nachkommen. Mir war klar, daß ich mir für so einen Brief eine Tasse Kaffee kaufen konnte, wenn ich noch fünf Cent dazulegte. Aber ich mußte etwas unternehmen. An wen konnte ich mich um Hilfe wenden?

Ich überlegte, ob ich zurück nach Saint Louis gehen sollte, zurück in das Haus von Zig und Emma Flegel. Aber das wäre gegen die Abmachung mit Konrad gewesen, und ich hätte jede Chance vertan, das Geld für New Orleans vielleicht doch noch zu bekommen. Außerdem würde es Mrs. Ritcher bestimmt herausbekommen, sie würde Krach schlagen und am Ende würde das Flegel's geschlossen. Ich kam mir vor wie eine Katze in einem Sack, die darauf wartet, daß man sie in den Fluß wirft. Ich wanderte durch die Zimmer des Hauses, für das die Miete bald wieder fällig wurde, mir war elend zumute, ich mußte kotzen – aber wo war der Ausweg?

Zu Gott beten konnte ich nicht. Ich hatte eine Religion, eine persönliche, aber eine Religion des Lebens, der lebendigen Körper, die sich betätigten. Ein anderes Dogma gab es für mich nicht. Und keine letzten Antworten. Ich glaubte nicht an Himmel und Hölle. Ich fand, die hatten wir schon hier auf Erden, vor allem die Hölle, und daß es direkt nach dem Grab das gleiche noch einmal geben sollte, erschien mir völlig unnötig. Mein Glaubensgrundsatz war: Überleben ist alles. Und das bedeutete, der Klumpen Wackelpudding in meinem Bauch, aus dem Montes und mein Kind werden sollte, brauchte Schutz, einen Platz, wo er hingehörte, und was Anständiges zu essen. Wir hatten dieses Baby zusammen gemacht, und ich wollte für den Rest meines Lebens ein Stück von Monte bei mir haben.

Monte fehlte mir, dieser sonderbare, schweigsame Mann mit der rauhen Schale, wie er sein Buch las, seine Pfeife rauchte, seine Pläne schmiedete, mich im Schlaf an sich drückte. Innerlich so lebendig, mit wachen Augen, die mir Trost und Sicherheit schenkten. Nicht mehr da. Ich habe nie viel Sinn darin gesehen, einen Toten zu verehren, den leeren Balg von jemand, der begraben war. Der wirkliche Funke war erloschen. Wie er ging, redete, dachte, liebte, die Lebendigkeit, wie er einfach da war – das alles war für immer verschwunden. Wie in dem alten Gassenhauer: *Asche zu Asche, Staub zu Staub ...*

Ich brach nicht zusammen, nicht ganz. Ich ließ mich tagelang gehen, ließ die Unterröcke schleifen, kämmte mich nicht, schluckte auch ein bißchen zuviel Bourbon und schrie immer wieder zur Decke hinauf: Verdammt, verdammt, verdammter Mist! Aber ich weinte nicht. Das Heulen verkniff ich mir, denn ich spürte, wenn ich diese Schleuse aufmachte, war ich erledigt. Ich vermute, ich war auch zu übermütig, als daß ich einfach klein beigegeben hätte. Aber meistens lag ich nach einem heftigen Kotzanfall am Morgen nur da und dachte: Monte, Monte. Manchmal wartete ich wie ein albernes Kind darauf, daß er von irgendwoher zu mir sagen würde: »Süße, Süße.« Aber das tat er natürlich nie. Ich habe von meinem Toten nie einen Wink bekommen.

Was sollte ich tun? Ich könnte mir Arbeit suchen, überlegte ich, aber welche? Und während ich schwanger war? Für den Hausgebrauch konnte ich ganz gut nähen, aber zwischen mir und einer richtigen Schneiderin ging noch ein vollbeladener Heuwagen durch. Ich konnte kochen, aber für eine Stelle in einem anständigen Haus reichte es nicht. Und wer wollte schon eine Köchin mit einem dicken Bauch, der immer dicker wurde? Ich hätte auch noch für ein paar Monate in ein Etablissement in Trenton gehen können, aber ich hätte es unanständig gefunden, wenn ich Montes Schaum mit dem Getröpfel von der Kundschaft, die einem da in Trenton begegnete, versudelt hätte. Ich wollte ein vollkommenes, ganz normales Kind. In meinen Träumen sah es aus wie ein Engel auf einer Weihnachtskarte. Ein kleiner Monte, der die weiße Pfeife rauchte und ein Buch las. Schlank wie ein Pumpenschwengel. Nachts wachte ich auf und hörte die Lokomotivpfeifen der Bummelzüge und der Milchzüge, wie sie von den Bäumen widerhallten und in der Ferne heulten. Ein verdammt kalter, trauriger Klang und richtig entmutigend. Bald ging dann in einem Teerwerk oder in einer Fabrik die erste Pfeife los. Ich lag bloß da, eine Tonne schwer, und wartete darauf, daß die Welt unterging. Das tat sie aber nicht. Sie tut es nicht, wenn man's will.

Das Haus in Lakewood gab ich auf. Ich verkaufte überflüssige Kleider in Newark – das, was von Montes Sachen noch da war. Seine Pfeife und die Stöcke gab ich dem Mann, der mir den Umzug in eine billige Pension außerhalb des Dorfes organisierte, wo ein Haufen alter Leute in der Waldluft auf den Tod warteten, hustend, spuckend, krumm und zitternd. Kein guter Platz, um auf die Welt zu kommen.

Im Frühling spürte ich, wie die Wehen einsetzten, und es war, als würde der Teufel in meinen Innereien herumwühlen und mich ausweiden, wie es der Jäger mit einem Kaninchen macht. Nancy, die alte Negerköchin in der Pension, war auch Hebamme, das behauptete sie jedenfalls, und mir war egal, ob es stimmte oder nicht.

Als die Wehen immer öfter kamen, rief ich sie zu mir. Sie knotete ein Handtuch an einen Pfosten am Fuß des Bettes und gab mir das andere Ende in die Hand. »Da ziehst du, Kindchen, da ziehst du jedesmal dran, wenn's anfängt weh zu tun. Und sieh zu, daß es aus dir rausflutscht. Das will raus. Dem ist es zuviel dadrin.«

Ich war in Schweiß gebadet, ich schrie, ich fluchte. Es wollte einfach nicht rausflutschen, auch nachdem das Fruchtwasser abgegangen war. Ich zog, und Nancy rieb mir das nasse Gesicht ab und sagte: »Ziehen und drücken, ziehen und drücken.« Es war, als hätten sich alle Schmerzen der ganzen Welt in mir zusammengeballt und wollten da nun nicht heraus, wo soviel so oft hereingegangen war. Vielleicht klingt es verrückt, aber ich fluche auf Eva wegen dieses Apfels und auf Adam, weil er so blöd war, ihn zu essen, und mir damit das alles eingebrockt hatte, wo ich hier ganz allein lag, abgesehen von dieser großen dicken schwarzen Köchin, die vor lauter Fett und ehrlichem Mitleid glänzte. Aber eine große Hilfe war sie nicht. Es war ja auch nicht ihr Bauch.

Dann türmten sich die verstreuten Schmerzen zu einem einzigen Riesenberg. Ich dachte, es würde mich bis zum Nabel auseinanderreißen, und mir fiel der alte Hurenwitz ein: »Die ist wie ein Maultiermaul, dehnt sich eher eine Meile, als daß sie einen Zentimeter einreißt.« Dann rutschte was heraus. Die Köchin griff danach, und etwas Schlabbriges hing davon herunter. Ich lag nur da und keuchte. Wenig später hörte ich ein schwaches Gewinsel und bekam ein Handtuch mit einer abgehäuteten Katze darin hingehalten, krebsrot und blutig. Die Arme und Beine fuchtelten in der Luft herum, und in dem offenen Mund sah man nur Zahnfleisch ohne Zähne.

»Da ist er, ein Mordsjunge. Alles in Ordnung, mit Puller und allem.«

Die Wahrheit ist, ich fand ihn abstoßend, alles verklebt und rot, die dünnen Hühnerbeine, das verschmierte Gesicht, und er sah so roh aus wie eine offene Wunde. Aber als die Nachgeburt draußen war und die Köchin ihm den Nabel abgebunden und ihn gewaschen und in ein kleineres Handtuch gewickelt hatte, da sah er schon etwas besser aus. Doch anfreunden konnte ich mich noch immer nicht mit ihm. Monte war tot, und das Kind lebte. Ohne mit der Wimper zu zucken, hätte ich es gegen ihn eingetauscht.

Die Köchin sagte: »Solltest ihm vielleicht mal die Titte geben.«

Er schien sich auszukennen, dabei war er halb blind, wahrscheinlich sogar ganz blind, aber ich drückte ihn an mich, und er fand die Brustwarze und nahm ein paar Schlucke, wie ein geborener Schlecker. Es war nicht viel dran an ihm, eine Viertelportion. Dann betrachtete ich ihn genauer; dunkles, nach vorn gestrichenes Haar, oben auf dem kleinen Schädel war noch eine offene Stelle, da konnte man sehen, wie sich unter der Haut sein Gehirn bewegte, während er an mir saugte. Ich war so verdammt müde und erschöpft, daß ich die Augen zumachte. Die Köchin nahm das Kind und legte es in eine Pear's-Seifenkiste neben dem Bett.

So kam Sonny zur Welt. Ich gab ihm den Namen Monte, aber ich habe ihn immer nur Sonny genannt, eigentlich phantasielos, so wie man einen Hund eben Rover nennt. Ich machte mir zwar Sorgen, aber ich war gesund und nach ein paar Tagen auch wieder auf den Beinen. Sonny hatte jetzt eine bessere Farbe, seine Stirn kam mir nicht mehr so niedrig oder flach vor, und er hatte die niedlichsten Fingernägel, die ich je gesehen hatte, und blaue Augen, die später ins Graugrüne schlugen. Er schrie, wenn er Hunger hatte, dann ließ ich eine Brust für ihn heraushüpfen, und er ging schmatzend und schluckend zur Sache. Er machte sich dauernd dreckig und pinkelte die ganze Zeit, und wenn er im Bett lag, wälzte er immer seinen kleinen Kopf hin und her. Nancy, die Köchin, machte ihm eine Zuckertitte, eine Stoffkugel, die von einem Faden zusammengehalten wurde und die sie mit etwas Süßem tränkte, und daran nuckelte er. Als er dann älter wurde, schlief er auf dem Bauch und streckte den kleinen Arsch in die Luft. Nachts nahm ich ihn zu mir ins Bett, aber ich sah zu, daß ich ihn in seine Kiste zurücklegte, bevor ich selbst einschlief, weil ich Angst hatte, ich könnte mich über ihn wälzen, wie eine alte Sau sich über ihre Jungen wälzt.

Ich mußte eine Möglichkeit finden, wie wir uns beide durchschlagen konnten. Auf dem Land in der Umgebung von Lakewood gab es für mich nichts zu tun. Ich hatte nur noch dreiundfünfzig Dollar und ein paar Zehner. Mit zwei Taschen und dem sechs Wochen alten Sonny setzte ich mich in den Zug und fuhr nach Norden. In Jersey City ging ich auf eine Fähre und setzte zwischen schweren Bierwagen, leichten Ausflugswägelchen, allen möglichen Lieferwagen und einer Ladung Kälber, die irgendwo geschlachtet werden sollten, auf die New Yorker Seite über.

Ich dachte, ich könnte Freunde von Monte finden und von ihnen Geld leihen. Marm Mandelbaum hatte noch einige Wertpapiere von ihm, die sie verkaufen sollte. Ich hatte nicht vor, selbst eine Kriminelle zu werden. Ich besaß von den moralischen Werten, die die Gesellschaft schützen, zwar nicht mehr als die meisten anderen. Aber ich hatte meinen Stolz. Ich war eine ehrliche Ex-Hure, so legte ich es mir zurecht. Als Kratzhenne wollte ich nicht arbeiten oder irgendwelche Trottel in dunkle Gäßchen und Kabuffs locken und ihnen Fallen stellen. Und ins Bordell zurückgehen, dazu hatte ich auch keine Lust.

Ich fand ein Zimmer an der Canal Street, in einer Pension, die von einer Mrs. Moore geleitet wurde, einer großgewachsenen, munteren Irin, die immer einen Witz auf Lager hatte – »aus der alten Heimat«, wie sie sagte. Und als sie erfuhr, daß ich katholisch war, sagte sie: »Himmel, ist das schön.« Ich könnte für vier Dollar die Woche mit dem kleinen Kerl zu ihr ziehen. Ob er schon getauft sei? Ich sagte, nein, noch nicht. Eines Morgens trugen wir ihn zu Father O'Hara, und nun wurde Sonny auf den Namen Patrick Monte Brown getauft, ein Name, der so gut war wie andere auch, und ich sagte zu allem, was Father O'Hara mich fragte: O ja, während er eine Prise nahm und sich in ein blaues Taschentuch schneuzte. Danach schien er so beschäftigt, so erfüllt, daß ich durchkam, ohne viel über Gnadenstand und wann ich zuletzt gebeichtet hätte und all das reden zu müssen.

Ich kaufte für zehn Cent ein Kreuz, um Mrs. Moore zu beweisen, daß ich fromm war. Wie mein Vater war Mrs. Moore auf ihre Weise überzeugt, die ganze Welt, außer ihresgleichen, müßte für immer im Höllenfeuer brennen, auch die kleinen Kinder, wenn sie nicht getauft waren. Ich hielt den Mund. Ich war bald zwei Wochen mit der Miete im Rückstand. Das war nicht die Zeit zum Aufmucken.

Ich versuchte es mit Nähmaschinenarbeit, Puppenkleider für eine Werkstatt in der Houston Street, aber ich trieb mir eine Nadel durch den Finger. Ich versuchte, Knopflöcher an Westen zu nähen, aber der griechische Chef wollte sich im Lager von mir einen blasen lassen. Mrs. Moore kümmerte sich um Sonny, fütterte ihn mit Brotsuppe und wechselte seine Windeln. Mr. Moore, der fast genauso groß wie Mrs. Moore war, saß da, trank sein Bier und sagte fast nie was. Keiner von beiden konnte gut lesen. Sie waren vor zehn Jahren aus Irland gekommen und kamen einigermaßen zurecht. Mr. Moore war fast immer voller Fett und Öl, von den Maschinen, die er nachts wartete, er war ein guter Mechaniker, auch wenn er sich alles selbst beigebracht hatte. Tagsüber schlief er, stand um sieben auf, wenn es dunkel wurde, und ließ sich dann von einem der Straßenkinder ein Bier aus der Kneipe an der Ecke holen. Die Molle herschaffen, sagte Mrs. Moore dazu. Der Junge kam mit einem Zinnkrug zurück, obenauf ein ordentlicher Feldwebel. Mr. Moore nahm einen Schluck, wischte sich den Schnurrbart ab und sagte: »Ah!« – und mehr hat er, soweit ich mich erinnere, nie gesagt.

Nachdem ich drei Wochen keine Miete gezahlt hatte, sagte ich zu Mrs. Moore, ich würde jede Arbeit annehmen, und ihr fiel ein früherer Mieter namens Solly ein, der draußen in Coney mehrere Glücksspielbuden betrieb. Sie besorgte mir einen Platz auf einem Brauereiwagen, der mit einer Ladung Bierfässer hinausfuhr.

Coney Island war damals noch nicht das, was es später wurde. Die feinen Leute kamen noch hin. Der Trubel mit Buden und Ständen fing erst an, und die Menschenmassen waren noch nicht so groß. Aber es war beliebt, und den Strand entlang gab es Biergärten, Karusselle, Glücksräder und Schreihälse, die die Trottel zu einem Spielchen verlocken wollten.

Solly war ein Judenjunge mit langer Nase und rotem Kraushaar, und immer hing ihm ein Zahnstocher oder ein Streichholz im Mundwinkel. Er hatte mehrere Buden am Strand. Er sagte: »Für Sie, Mrs. Brown, habe ich den Roten

Fleck. Einen Dollar am Tag, wenn Sie dafür sorgen, daß die Kerle ordentlich mitspielen.«

Ich sagte, ich würde es machen, egal, was für ein Spiel es war.

Solly sagte: »Bei mir geht es ehrlich zu. Ich betrüge nicht mit dem Wechselgeld, ich mache sie nicht betrunken und gebe ihnen auch keins mit dem Spundhammer auf die Rübe, um an ihre Asche zu kommen. Hier geht es nur um Geschicklichkeit und Spaß.«

Ich sagte, ich sei auch ehrlich, und Solly führte mich zu einer Bude und rollte eine Abdeckplane hoch. Eine weiße Theke kam zum Vorschein, auf die ein großer roter Kreis gemalt war. Er nahm drei kleinere kreisrunde Blechscheiben zur Hand, die ebenfalls rot bemalt waren.

»Tretet näher, ihr Leute«, rief Solly und begann mit einer Vorführung nur für mich. »Das ist hier ein Geschicklichkeitsspiel, da gibt es wertvolle, kostbare Preise zu gewinnen. Seht ihr diese drei Scheiben? Und jetzt seht genau hin, wie einfach man hier gewinnt. Es geht darum, den großen roten Kreis mit diesen drei kleineren Scheiben zu bedecken, so daß von dem großen Kreis nichts mehr zu sehen ist.« Mit ein paar raschen Bewegungen legte er die drei Scheiben so, daß sie den großen Kreis zudeckten.

Dann gab er mir die Scheiben. »Kleine Dame, jedes Kind kann das spielen. Sie haben gesehen, jeder kann den großen roten Fleck abdecken. Mit fünf Cent sind Sie dabei und können sich hier einen wertvollen, kostbaren Preis holen. Also los!«

Ich versuchte es, aber aus irgendeinem Grund blieb immer etwas von dem größeren Kreis sichtbar. Egal, wie ich die Scheiben hin- und herschob, nie war der Kreis ganz zugedeckt, manchmal hatte ich es fast geschafft, aber immer blieb etwas übrig. Solly nahm die Scheiben und zeigte auf eine bestimmte Stelle an dem großen roten Fleck. »Hier, an dieser Stelle ist der Kreis nicht wirklich rund. Da hat er eine Beule, aber nur eine kleine. Diese Stelle decken Sie zuerst ab, sehen Sie, so. Dann ist alles andere ganz einfach. Und nun stellen Sie sich ungefähr so hierhin, also, Sie lehnen sich ein Stück nach vorn und lächeln die Typen an, so schräg nach vorn zum Publikum gebeugt. Sie ziehen eine ganz lockere Bluse an, dann fallen Ihnen die Wonnebibber da oben fast raus.«

»Die *was*?«

»Verzeihung, Mrs. Brown. Die Titten, Sie haben doch eine Auslage, die sich sehen lassen kann. Keine Sorge. Ich bin verheiratet. Ich verzupfe keine Schicksen. Also, darum geht es. Der Typ glotzt derart auf die Titten, daß er gar nicht merkt, wohin er die Scheiben legt. Der sieht nur nach Ihnen.«

»Und das ist wirklich alles?«

»Das ist alles, Mrs. Brown. Sie schnüren sich unten ordentlich ein, damit die Buchteln auch gut rauskommen. Und so schmeißen Sie hier den Laden.«

»Und wenn doch jemand den roten Fleck abdeckt?«

»Also wenn dieses Wunder geschieht, dann geben Sie von diesem Zeug hier etwas her, eine Krawattennadel, eine Krawattenspange, Manschettenknöpfe. Aber wer will denn schon gewinnen, wenn er zusehen kann, wie Sie sich nach vorn beugen, Mrs. Brown?«

Ich überredete Solly zu einem Vorschuß von fünf Dollar für die anderthalb Dollar pro Tag, auf die ich ihn hochgehandelt hatte. In der Theke war ein Schlitz und darunter ein Metallbehälter mit einem Schloß, und Solly warnte mich, wenn er die Münzen beim Herunterfallen nicht klimpern hörte, würde ich selbst bald rote Flecken haben.

Ich holte Sonny und zog in ein Zimmer in der Nähe des Strandes von Coney. Ich warf mich in Schale, zog mein bestes Seidenkleid an, wie eine pflaumenblaue Haut schmiegte es sich an mich, um den Busen ein bißchen Spitze. Ich übte das Vorbeugen und wie ich meine Titten innerhalb des gesetzlich Erlaubten vorführen konnte, falls es so ein Gesetz über das Vorzeigen von nackter Haut überhaupt gab.

Bald hatte ich den Bogen raus, nachdem Solly als Strohmann ein paar Runden gespielt und seinen eigenen Krempel gewonnen hatte. Dann sagte ich zu den Leuten, die sich vor mir drängten, manche mit einer Tüte heißes Popcorn, von dem die Butter heruntertropfte: »Sie haben gesehen, wie dieser Herr seine wertvollen, kostbaren Preise davongetragen hat. Sie können das auch. Treten Sie näher! Sehen Sie genau hin, kommen Sie näher, noch näher!« Ich beugte mich vor und deckte langsam den Kreis an der ausgebeulten Stelle ab, die mir Solly gezeigt hatte. Dann blieb ich vornübergebeugt stehen und sagte: »Tretet näher, Freunde! Hier spielt die Musik. Gewinnen Sie einen wertvollen Preis. He, Sie da!« Ich drückte die drei Scheiben einem Stiernacken in die Hand, der mit offenem Mund dastand und heftig schluckte, während er auf mein durchsichtiges Oberteil starrte.

Er schluckte noch einmal und gab mir die fünf Pennys. Aber er achtete überhaupt nicht darauf, wo er die Scheiben fallen ließ. Und so lief es den ganzen Tag, mit ein paar Pausen, in denen ich mir die Füße vertrat. Solly besorgte mir eine Schale Muschelsuppe und ein Sandwich mit Corned Beef.

»Sie haben die richtigen Buchteln für so was, Mrs. Brown. Sie sind ein schauspielerisches Naturtalent. Ich werde eine Zeltplane zusätzlich aufspannen, damit die keinen Sonnenbrand bekommen.«

Ich war noch immer im Fleischgeschäft.

ACHTZEHNTES KAPITEL
KRIMINELLE IN NEW YORK

Der Sommer ging schnell, zu schnell vorüber. Im Winter machten die Buden von Coney Island zu, und ich lief wieder herum und suchte Arbeit.

Ich versuchte, an das Geld zu kommen, das Marm Mandelbaum Monte noch schuldete, und dabei freundete ich mich mit ihr an, lernte Diebe und ihre Stammkneipen und Treffpunkte in New York kennen. Es gab kleine Läden oder Firmen, in deren Hinterzimmern die Hehler arbeiteten, da ging es oft um Millionen. Die handelten mit allem, mit einem gestohlenen Pelz oder dem Inhalt von ganzen Tresorräumen und riesigen Mengen von Aktien und Wertpapieren. Bei Marm Mandelbaum und anderen Läden war es so, daß die Waren im Schaufenster nur Dekoration waren, und wenn jemand davon mal wirklich etwas kaufen wollte, konnte es Ärger geben.

Die wichtigen Hehler waren durch ihre Beziehungen zu den Politikern der »Tammany Hall«, einer Organisation von korrupten Iren, die sich dort versammelten, und durch Schmiergeldzahlungen an die Polizei geschützt. Wer die Gauner bei der Arbeit sehen wollte, brauchte nur ins achte Revier bei der Kreuzung Broadway, Houston Street in ein Lokal zu gehen, das »Thieves Exchange« genannt wurde, »Diebesbörse«. Da saßen die Ganoven bei Whisky und Bier, zogen Uhren, Seidentücher, seltene Münzen, Tafelsilber und Schmuck aus Taschen und Beuteln hervor und reichten alles zur Begutachtung und zum Verkauf herum. Marm Mandelbaums großer Rivale im Hehlergeschäft war ein komischer Kauz namens Traveling Mike. Ich glaube, sein richtiger Name war Grady. Er gab sich als Hausierer für

Kurzwaren, Nadeln und Garn aus, aber meistens hatte er jede Menge Schmuck und andere heiße Ware aus Raubüberfällen dabei, und außerdem ein Bündel Geldscheine, so dick, daß »ein Pferd daran ersticken würde«. Er warnte mich vor Marm. »Sie wird dir nicht viel von dem zahlen, was sie Monte schuldete. Trotzdem – bleib dran an der alten Schlampe. Ein paar Scheine spuckt sie vielleicht aus.«

Traveling Mike war ein elender Geizkragen. Schmuddelig, aber schlau. Er zählte immerzu seine Goldmünzen, von denen er mehrere Säckchen in seinem Büro hatte. Ich weiß nicht, wie er es geschafft hat, daß ihn wegen denen keiner umgebracht hat. Auf der Straße lief er in Lumpen und mit Pantoffeln an den Füßen herum. Er zeigte mir den großen Tresor in seinem Büro am Exchange Place und sagte: »Den hätte selbst Monte nicht geknackt.« Es war ein schäbiger Laden, ein kleines, schmutziges Fenster, eine brennende Kerze und der Mief von alten Männern. Ich gab meine Besuche bei Traveling Mike auf, als mir klar wurde, daß auch er mir nichts von seinen Schulden bei Monte zahlen würde.

Mit Marm Mandelbaum kam ich besser aus, solange ich nicht auf voller Bezahlung bestand. Manchmal, wenn ich kam und um Hilfe bat, steckte sie mir ein paar Goldmünzen zu. »Nicht, daß ich dir was schulden würde, verstehst du. Bloß wegen dem Kerlchen, Sonny, sieht immer aus, als bekäme er bei dir nicht genug zu futtern.« Marm hieß eigentlich nicht Marm, sondern Fredricka. Ein Riesenweib, sie brachte mindestens zweihundertfünfzig Pfund auf die Waage. Die Backen so dick, daß die Augen kaum drüberkucken konnten – und diese Augen waren so klein, daß man sich fragte, ob sie überhaupt zu ihr gehörten, und darüber dichte, dicke Augenbrauen, wie schwarze Raupen. Ihre fliehende Stirn war zu niedrig, und das Haar hatte sie zu einem Knoten gebunden, auf dem ein alberner kleiner Hut mit schmutzigen Federn saß. Das war Marm, die bekannteste Käuferin und Verkäuferin von heißer Ware im ganzen Osten. Ihr Geschäft hatte sie an der Clinton Street, Ecke Rivington, und über dem modrigen Laden mit seinem verstaubten, vergammelten Krempel lebte sie mit ihren drei Kindern und einem schweigsamen Mann, der sich anscheinend nicht darum kümmerte, was da unten vor sich ging. Bei ihm fiel mir immer der Klavierspieler aus dem Hurenhaus ein, von dem es hieß, er wäre so doof, daß er gar nicht mitbekommt, was die da oben eigentlich machen. Wenn dieser Mr. Mandelbaum mitbekam, was die da unten machten, dann war es ihm jedenfalls völlig schnurz.

Einmal war ich bei ihnen eingeladen, sollte mir etwas anhören, was eines von Marms Kindern aufsagen konnte. Die Wohnung war vollgestopft mit feinem Zeug, glänzende Möbel, prächtige Vorhänge. Marm sagte: »Du würdest dich wundern, aus was für vornehmen Häusern das alles stammt. Hier veranstalte ich Dinner für Leute, die du hier nicht erwarten würdest. Nicht bloß die besten Tresorknacker und Diebe und Leute mit Köpfchen, die sowieso, aber auch die Jungs in Blau vom Revier und, jawohl, auch Richter und so weiter.«

Es paßte alles überhaupt nicht zu dem lausigen Lädchen, vollgestopft mit staubigen Kolliers, Herrenoberbekleidung, Hüten und Handschuhen. Marm gefielen Frauen, die, wie sie mal zu mir sagte, »ihr Leben nicht als Haushälterin verplempern«. Unter ihren Bekannten und Freundinnen waren Betrügerinnen, Erpresserinnen, Laden- und Taschendiebinnen, Kratzhennen. Frauen wie Kid Gloves Rosey, Blackie Lena Kleinschmidt, Little Annie, Big Mary und Ellen Clegg. Marm erzählte mir, sie hätte früher eine Schule für Tresorknacken und Betrügertricks gehabt. »Ich mußte sie zumachen. Wer schlurft da eines Tages zur Tür herein? – Der Sohn des obersten Typen bei der Polizei, und will bei mir Unterricht nehmen.«

Für mich war das alles neu. In Saint Louis war ich mit Gaunern, Hehlern und Einbrechern nicht so dicht in Berührung gekommen. Aber jetzt brauchte ich Geld für Sonny und mich. Ich wollte zusehen, daß ich bekam, was sie Monte schuldeten. Aber was Inspektor Tommy Burns, der Cop, immer sagte, habe auch ich festgestellt: »Diebe kennen keine Ehre.«

Marm wurde auch von dem Anwaltsbüro Howe and Hummell geschützt, wie damals offenbar die meisten großen Diebe. Ein paar Jahre später, da war ich schon nicht mehr in der Stadt, erlitt Marms Glück dann Schiffbruch, als eine Gruppe von Reformern Anklage gegen sie erhob, wegen schwerem Diebstahl und Hehlerei. Bei der Vorstellung, hinter einem Gitterfenster zu sitzen, bekam es Marm mit der Angst, dieser Berg von einer Frau. Sie ließ die Kaution sausen und verduftete nach Kanada, wo sie sich niederließ. Es hieß, gelegentlich wäre sie noch in verschiedenen Verkleidungen nach New York zurückgekommen. Aber ich kann mir nicht vorstellen, wie Marm ihre Elefantenfigur, die dicken Backen, die kleinen schwarzen Augen, die seltsame Stirn jemals so versteckt haben soll, daß sie an dem Staatsanwalt, der doch nach ihr Ausschau hielt, vorbeikam.

Mir wurde langsam klar, daß Marm nicht zahlen würde. Daraus ergab sich für mich ein Problem. Wie sollte ich mich durchschlagen, ohne wieder Hure zu werden oder, wozu Marm mir riet, Ladendiebin oder Betrügerin, wie Black Lena. Lena war mit Erpressungen und Betrügereien an Männern so erfolgreich, daß sie den Aufstieg in die besseren Kreise von New Jersey schaffte und die Mrs. Astor von Hackensack wurde. Sie hielt sich mit Ausflügen nach New York in Übung, wo sie Leute bestahl und in Läden klaute. Irgendwann hörte ich, sie hätte ihren Platz als Königin der Gesellschaft verloren, als bei einer ihrer Dinnerpartys eine Dame den Smaragdring, der ihr gestohlen worden war, an Black Lena wiederfand.

Ich war nie in Versuchung, mich auf diese Art von Arbeit einzulassen. Es war nicht Angst, was mich davon abhielt, und auch nicht die Moral. Ich konnte einfach die Leute nicht besonders leiden, die in dieser Branche Erfolg hatten. Ich fand, die meisten waren Abschaum, und meine Wertvorstellungen waren nicht die von einem Dieb. Ich wollte nichts umsonst, das war mir fremd. Wenn die Zeiten nicht so schwer gewesen wären und wenn Sonny nicht gewesen wäre, hätte ich gar nicht versucht, an das Geld zu kommen, das diese Leute Monte schuldeten.

Wenn ich einen Menschen bewunderte in dieser Stadt, die von den Kungelbrüdern in der Tammany Hall nach Strich und Faden bestohlen wurde, dann war das Polizei-Inspektor Alexander Williams. Ich bin mit der Polizei immer klargekommen, mit denen, die das Schmiergeld für die Leute weiter oben einsammelten, und mit denen, die einfach ihren Dienst taten. Eigentlich bin ich eine gesetzestreue Bürgerin, bis ich an den Punkt gerate, wo es heißt: hungern oder den eigenen Sohn verlieren. Ich habe Diebstahl, Mord, Brandstiftung immer für dumm und gefährlich gehalten. Mit dem Hirnschmalz, das man auf alle diese Verbrechen wendet – bei Monte habe ich es ja selbst erlebt –, könnte man als Immobilienmakler oder in einer Anwaltskanzlei ein Vermögen machen.

Williams war ein Cop mit dickem Fell, in Wind und Wetter gegerbt. Er hatte einen hübschen Schnurrbart, hochgezwirbelt wie Bullenhörner, und er sorgte im Tenderloin-Distrikt für Ordnung. Williams knüppelte auf alle Diebe, die er kriegen konnte, auch wenn sie ihm vor Gericht entkamen, wo die Tammany-Leute sie meistens deckten. Er war ein großer Ganoven-Klatscher, und ich habe immer gedacht, die Gutmütigen, die das für falsch hielten, sind nie von Dieben in eine Einfahrt gezerrt und verprügelt und beraubt worden – die hat nie jemand um all ihre Ersparnisse betrogen, denen hat auch nie jemand die ganze Wohnung ausgeräumt und die sind nie an einen von den Schlägern geraten, die einem für einen Dollar einen Arm brechen, für zwei Dollar ein Bein und die für ganze fünfundsiebzig Dollar einen Menschen umbringen. Williams hielt diese Tiere mit seinem Knüppel in Schach, und er sagte immer: »An dem Ende von einem Polizeiknüppel ist mehr Recht als in allem, was das Oberste Gericht zustande bringt.«

Es war eine böse Welt, in der ich mit Sonny wie in einer Falle saß. Ich sah keinen Ausweg, außer ich wäre in ein Hurenhaus zurückgegangen. Es lief mir kalt den Rücken herunter, wenn ich an das Five Points dachte, an die Spelunken in der Rotten Row, die Slums an der Ninth und Tenth Avenue, die Baracken am East River, die Hütten auf dem Dutch Hill. Alles war billig, das Glas Whisky zu drei Cent, eine Nummer von einem Vierteldollar aufwärts.

Die Hurenhäuser lagen alle um die Cherry Street und entlang dem East River. Das vierte Revier war vollgepackt mit Bordellen, Zuhältern, Dieben, Straßenräubern. Das rote Licht hing offen vor den Häusern, wenn sie für die Protektion gezahlt hatten. An der Seventh Avenue, Ecke Fünfundzwanzigste Straße, war die Sisters Row. Man erzählte sich, wie hier mal sieben Schwestern sieben Häuser nebeneinander gehabt hätten und wie sich die feinen Leute hier mit den Huren getroffen hätten. Die Gegend zwischen Fifth und Seventh Avenue und zwischen Einundzwanzigster und Vierzigster Straße hieß »Satans Circus«. Tanzdielen, Kneipen, Spelunken, alle möglichen Nepplokale – die Polizei zwinkerte nur und hielt die Hand auf. Anders als in Saint Louis lief das hier alles ganz offen.

Der schlimmste Laden von allen war das Haymarket an der Dreißigsten Straße, in der Nähe der Sixth Avenue. Da wurde den Trotteln und den Fremden das Geld und die Brieftasche abgeknöpft wie nichts. Zuerst war es eine Art Music Hall, aber als ich versuchte, dort eine Stelle als Kellnerin zu bekommen, war es ein Tanzlokal, das Haymarket Grande Soiree Dansant. Leichte Frauen kamen umsonst rein, Männer zahlten einen Vierteldollar für ein Getränk, Tanzen und Sonstiges. Es gab Kabinen und Verschläge für private Partys mit wüsten Tanzereien und Sexspielen. Ein völlig verlotterter Laden voller Rauch und dem Gestank von verschüttetem Alkohol, und die Betrunkenen kotzten in die Ecken. Taschendiebe und Huren fuhrwerkten in der Menge herum. Sie nahmen mich als Kellnerin, aber lange blieb ich nicht, weil ich keine Lust hatte, in den Kabuffs mitzumachen – Ausziehen, Blasen, Ficken, was da so abging. Ich war noch immer in einer Art Reinheitstrance, wollte mich um Sonny kümmern und einen Ausweg aus dem ganzen Schlamassel finden. Ich vermute, der Sturz von den hohen Maßstäben bei Flegel's in diese Tiefen kam zu plötzlich.

Bei der französischen Madame an der Einunddreißigsten Straße war es nicht besser. Angeblich sollte es ein Eßlokal sein, aber außer Kaffee und Alkohol gab es da nichts zu schlucken. Die Madame selbst war ein Monster. Mit Schnurrbart und Koteletten wie ein Fuhrknecht thronte sie auf ihrem Hocker hinter der Kasse und hatte alles im Auge, was um sie vor sich ging, während oben nackte Frauen von Männern traktiert wurden, Cancan tanzten, einen Gruppenfick oder Zirkusvorstellungen für die Kunden anleierten, die immer wüsteres Zeug verlangten. Das »Strand« war noch schlimmer. Das »Cremorne« war ein Kellerlokal, und in der »Sailor's Hall« drehte sich alles nur um Orgien. Eleganz oder Niveau gab es hier nirgendwo, und mich interessierte das alles nicht. Dazu war ich mir zu schade und auch so schlau, daß ich wußte, hier würde ich im Nu kaputtgehen, ein krankes, röchelndes Wrack, immer besoffen und reif für den Totenacker.

Überall in diesen Läden trieben sich Taschendiebe herum, Ganoven, die die Leute betrunken machten, die ihnen K.o.-Tropfen verabreichten, Kratzhennen und Beischlafräuber, die einen Dummen suchten. Spieler waren unterwegs und Betrüger, die sogenannte Goldziegel gegen richtiges Geld verkauften. Überall wurden Karten gemischt zu einem schnellen Spiel gegen die Bank, oder zu einer Partie Stuss, einer Abart von Faro. Mit allen möglichen gezinkten Karten und falschen Würfeln versuchte man die Besucher zu erleichtern.

Wer bei einem Kartenspiel oder einer Orgie nicht mitmachen wollte, dem schütteten sie Opium in den Wein. Noch häufiger benutzten sie Chloralhydrat. Die Leute, die mit Drogen arbeiteten, nannte man *pete men* – nach Peter Sawyer, der als erster Kokain und Opium und dann Chloral benutzte, wobei eine Überdosis die Leute oft umbrachte. Ein kleiner Löffel in einen Drink genügte, da kam das Opfer oft schon nicht mehr aus dem Koma zurück. Marm warnte mich vor diesen Gangs, weil sie sich auch als Frauenhändler betätigten. Sie verkauften Frauen, die sie unter Drogen gesetzt hatten, an Hurenhäuser im Osten. Als weiße Sklavin sah ich für mich keine Zukunft.

Die Sache mit der weißen Sklaverei ist, wie schon gesagt, von den Zeitungen übertrieben worden. Aber in New York City gab es das wirklich. Zwar herrschte nie Mangel an Mädchen und Frauen, die Huren werden wollten, weil sie hungrig waren oder weil sie sich ein schönes Leben wünschten oder weil ihnen alles egal war. Aber diese Freiwilligen mußte man sorgfältig aussuchen, man mußte mit ihnen reden, und oft mußte man sie auch umwerben. Wenn also die Frauen doch mal knapp wurden, benutzten die Zuhälter und Kuppler K.o.-Tropfen. Zuhälter und Mädchenfänger gingen in die Pampa, in die kleinen Städte auf dem Land, und versprachen den Mädchen leichte Arbeit als Haushilfe oder Gouvernante, sogar Rollen beim Theater als Sängerin oder Schauspielerin. Sobald sie dann in der Stadt waren, wurden sie betrunken gemacht, zugedröhnt und wachten in einem Hurenhaus wieder auf, vergewaltigt, die Kleider weg, und wenn sie nicht arbeiten wollten und nicht jeden nahmen, wie er kam, wurden sie geschlagen. Die Stadtmädchen, die in die Bordelle gelockt wurden, waren oft junge Huren, Kellnerinnen, Zeitungs- oder Blumenverkäuferinnen, die sich vorher oft schon auf eigene Faust als Huren betätigt hatten. Auch Kratzhennen und Bleischlafdiebinnen wurden in die Häuser gezwungen.

Ich erkannte, daß ich die Stadt schnell verlassen mußte, sonst würden auch mir eines Nachts in einer Gasse ein paar Mädchenfänger auflauern und mich in ein Haus schleppen. Oder sie würden mir K.o.-Tropfen verabreichen, während ich eine Stelle als Kellnerin zu finden versuchte, und das

Ergebnis wäre das gleiche. Eine weiße Sklavin. Ich mußte für Sonny sorgen und mich deshalb in acht nehmen. Wenn ich erst mal in einem Haus saß, das von einer Gang kontrolliert wurde und unter dem Schutz der Polizei stand, hatte ich keine große Chance, lebendig oder ungezeichnet da wieder rauszukommen. Sie würden mich fertigmachen, und Sonny würde in einem Säuglingsheim oder einer von diesen höllischen Krippen landen.

Es war für mich eine verzweifelte Zeit. Ich kam mir vor wie eine nervöse, verhungerte, von irgendwelchen wilden Kerlen in die Enge getriebene Katze, die sich vor deren Steinen zu retten versucht. Ich war in dieser Zeit so verzweifelt, daß mir das Wasser in der Bucht von New York immer verlockender vorkam. Wäre mein Sohn nicht gewesen – in mancher kalten Nacht wäre ich gesprungen, wenn ich wieder mal Mrs. Moore die Miete schuldete und Sonny immer erkältet war und Fieber hatte und ganz bleich und verfallen aussah. Nachts klammerte er sich an mich und sagte, ich sollte sein »Aua« wegmachen, damit meinte er sein Halsweh. Ich nehme an, ich bin am Leben geblieben, weil ich hart und stark war und weil ich trotz all dem Kummer in meinem Leben eine unbändige Sehnsucht habe, zu leben. Ich blieb gesund, obwohl ich abnahm, weil nicht genug zu essen da war. Wenn ich damals krank geworden wäre, wenn ich den Arsch nicht mehr hochbekommen hätte und in Selbstmitleid versunken wäre, wäre ich untergegangen.

NEUNZEHNTES KAPITEL
WIEDER BEIM ROTEN FLECK

Dann kam der Frühling, ein schöner Mai, und ich stand wieder hinter dem Tisch mit dem Roten Fleck und führte meine Titten vor. Es war harmlos. Für Sonny und mich bedeutete es Kost und Logis. In diesem Sommer verlangte ich zwei Dollar am Tag und bekam sie. Sonny hatte seine Erkältungen hinter sich, er wuchs und bekam anständiges Essen. Er brabbelte vor sich hin und strampelte mit den Beinen, und die Sonne im Garten hinter der Pension in Coney tat ihm gut. Er wurde dick, und ich puderte ihn vorn und hinten und schmuste mit ihm. Es kam mir vor, als würde er so riechen, wie Monte gerochen hatte. Aber Monte verblaßte langsam. Der Schmerz war noch da, die Erinnerung, aber an den Rändern verschwamm sie jetzt. Wenn man so verdammt arm ist, kann man sich Erinnerungen nicht leisten. Ich aß und nahm wieder zu, und als Sonny entwöhnt war und wieder gesund, da konnte ich nicht mehr ständig zur Pension zurücklaufen, deshalb suchte ich mir ein zwölfjähriges Mädchen, das für einen halben Dollar am Tag auf ihn aufpaßte.

Sonny war ein Problem. Ich wollte ihn immer bei mir haben. Nie hätte ich ihn in eines von diesen furchtbaren Säuglingsheimen draußen auf Long Island gegeben, wo die Kinder starben wie die Sommerfliegen im kalten Wind. Mit Mae war ich mal in so einem Heim gewesen, wir hatten ein Kind besucht, das eine Freundin von ihr, ein Revuegirl, dort hingegeben hatte. Da sah ich reihenweise stinkende Säuglinge und auch Kinder bis zu drei Jahren. Die Augen in tiefen Höhlen, überall wunde Stellen, Köpfe wie Totenschädel, aufgeblähte Bäuche und krumme Beine, auf denen sie nie und nimmer stehen konnten. Es gab Skandale um diese Mordheime. Aber niemand kümmerte sich groß darum, wenn unverheiratete Frauen, Dienstmädchen, Straßendirnen ihre Kinder da zurückließen, und wenn dann das Monatsgeld nicht bezahlt wurde, sorgten die Leute da nicht mehr für die Kinder, ließen sie verhungern. Einmal träumte ich, Sonny wäre in so einem Heim, und dann wachte ich auf und zitterte am ganzen Leib. Ich würde Sonny nie in eine von diesen Anstalten geben.

Ende August lief das Geschäft mit dem Roten Fleck immer noch gut. Aber eines Tages kam Sollys Frau mit einem Korb Süßigkeiten und ihren vier Kindern raus nach Coney Island. Sie sah mich zum erstenmal in der Bude dort arbeiten. Groß und dunkel war sie, wie aus Blutwurstfüllung gemacht. Sie hatte eine schrille Stimme, die einem in den Ohren weh tat, wie ein ungeöltes Wagenrad. Am nächsten Tag kam Solly mit zerkratztem Gesicht zu mir.

»Tut mir leid, Mrs. Brown, aber Lea, meine Frau, denkt, Sie und ich, wir würden nebenher vielleicht so ein bißchen pimpern. Sie sehen mein Gesicht. Es tut mir leid, aber das ist Ihr letzter Tag. Wenn die eigene Frau denkt, man würde eine andere verzupfen ...« Er brach ab, hob die Hände hilflos in die Höhe, und ich konnte einpacken.

Ich hatte mir während des Sommers nicht viel zurückgelegt, hatte Sachen für Sonny und einen Kinderwagen gekauft und hatte den Arzt bezahlt, als Sonny anfing zu niesen und zu fiebern und zu keuchen. Ich mußte ihn an den Füßen in den Dampf aus einem Öl von australischen Gummibäumen halten, bis er wieder Luft bekam. Deswegen stand ich jetzt noch schlechter da als vorher. Aber meine Schulden bei Mrs. Moore hatte ich bezahlt und zog nun wieder zu ihr in die Canal Street.

Der Herbst war kalt und windig. Oft saß ich zwischen dem welken Laub im Battery Park und sah den Schiffen und den Fähren zu. Und oft fragte ich mich, warum ich nicht wartete, bis es dunkel war, und dann in die Bucht ging. Aber dieses Wasser war einfach zu schmutzig zum Sterben.

Der ganze Abfall und alte Bretter mit rostigen Nägeln, eine tote Katze und dazwischen Scheiße aus der Kanalisation. Keine Frau, die was auf sich hielt, würde sich in so einem Dreck ertränken.

Während ich da an der Bucht saß, geschah etwas mit mir, und zwar *nachdem* ich beschlossen hatte, nicht ins Wasser zu gehen. Ich kann es nur so erklären, daß es so ähnlich war wie bei manchen Heiligen, von denen ich reden gehört habe. Bei Heiligen, die ihr Leben mit Schwelgen und Saufen und Rumhuren und lauter Unarten angefangen haben, und dann plötzlich, als hätte ihnen jemand eins mit dem Baseballschläger auf den Kopf gegeben, war da alles Licht und lauter Stimmen. Plötzlich fühlten sie sich gut, sauber, fromm und fingen an, Gutes zu tun, und ihr ganzes Leben war verändert.

Ich bekam keinen Schlag auf den Kopf, und es war auch kein Licht da. Ich war bloß auf dem Nachhauseweg, mit einem Gummiball zu drei Penny an einer Schnur für Sonny, nachdem ich versucht hatte, in einer Werkstatt Arbeit zu finden, wo sie Regenmäntel nähten. Auf dem Rückweg zu meinem Zimmer traf es mich. Ich erkannte, daß ich schon angefangen hatte, ein ehrbares Leben zu führen, daß ich keine Hure mehr war. Ich würde mein Leben der Erziehung von Sonny widmen. Von den Bumsläden wollte ich mich fernhalten, wollte mich durchkämpfen und werden wie die anderen Mütter, die ich in den besseren Vierteln sah, wie sie, stolz auf ihre sauberen Kinder, mit ihren schicken Kinderwagen unterwegs waren. Warum ich nicht? Warum *nicht?*

Ich war wirklich ein neuer Mensch und ganz erfüllt von der Idee, daß ich mich verändert hatte und es nun plötzlich auch wußte. Vielleicht war ich vor lauter Hunger nicht mehr ganz richtig im Kopf. Vielleicht war mir schwindelig von dem vielen Treppensteigen in den Lofts. Große Chancen hatte ich nicht. Und eigentlich wußte ich das auch. Ich hatte schon jede Menge schmutzige Angebote von Rumtreibern vor den Saloons bekommen, Einladungen zu einem

Gruppenfick oder zu irgendwelchen Abartigkeiten im Hinterzimmer von einem Café. Wenn ich Jobs suchte, endete es meistens damit, daß der Vorarbeiter mir mal kurz die Pussi streicheln wollte, oder es sollte gleich mit einer schnellen Nummer auf dem Sofa im Büro losgehen. Ob Grieche, Jude, Italiener, Holländer oder Deutscher – der Chef oder der Vorarbeiter machte mir sofort klar, was ich außer der Näherei für mein Geld noch zu tun hatte. Ein paar Leuten hatte ich schon in den Schritt getreten oder das Gesicht zerkratzt. Ich wollte nur genug Geld für ein Zimmer und was zu beißen. Ich schickte noch mal einen Brief an Roy in Saint Louis und erklärte ihm, er könnte mir postlagernd nach New York schreiben. Ich wollte wieder Arbeit finden.

Die Zeit der echten Schwitzbuden hatte noch nicht angefangen, und die Schiffe voll mit all den elenden Schluckern, diesen verängstigten Leuten in ihren komischen Kleidern, mit ihren zusammengeschnürten Packen und Federbetten – auch dieser Mob sollte erst noch kommen.

Aber ein paar Schwitzbuden gab es schon, meistens gehörten sie Deutschen und Juden in heruntergekommenen Häusern. Ganze Familien sah man, wie sie Bündel mit Anzugteilen, Jacken, Westen nach Hause schleppten, um sie mit der Hand zu vernähen, auch die Knopflöcher. Jeder machte mit, von den Achtjährigen bis zu den Großmüttern, Heftnähte, Säume, Knopflöcher für ein paar Dollar die Woche. Die Frauen meistens mit dickem Bauch, weil ein Kind unterwegs war, und die Männer sahen so kaputt aus, ohne Mantel – dabei stand der Winter vor der Tür.

Während ich mir auf so verrückte Weise heilig vorkam, wünschte ich mir dieses Leben. Bekommen habe ich es nicht. Von mir wollten sie Sex, keine Knopflöcher.

Als ich bei Mrs. Moore sechs Wochen im Rückstand war, hörte ich, daß eins von den Hurenhäusern an der Houston Street eine Wirtschafterin bräuchte. Ich hatte nichts gegessen außer einem Kaiserbrötchen, das ich frühmorgens geklaut hatte – aus dem Kasten vor einem kleinen Lebensmittelgeschäft, das schon eine Lieferung bekommen hatte. Es war ein seltener Genuß. Ich ließ damals alles Eßbare mitgehen, das mir unter die Augen kam, aber die meisten kleinen Läden, die Frühlieferungen bekamen, hatten ihre Kästen dafür mit Schlössern gesichert. Hungrige Leute, die klauten, gab es viele.

Das Bordell war im dritten Stock von einem verlotterten Gebäude. Es gehörte einer Mrs. Mince. Sie war groß, mit krummem Rücken, flacher, roter Nase und einem bösen Husten – in der Branche sagte man dazu »Denver-Husten«. Es stank nach Pißtöpfen und ungewaschenen Körpern. Auf der roten Tapete sah man die Stellen, wo sie Bettwanzen erschlagen hatten, es gab Bilder von Schlachtschiffen, japanische Seemuscheln, durchgesessene Sofas.

Es war ein übler Laden für Matrosen, Straßenhändler, Dockarbeiter, Hundedresseure und solches Gesindel. Die Huren waren alle rot angemalt und mit abgestandenem Make-up eingeschmiert, und alle waren sie alt und ausgelaugt. Die Minces hatten drei Kinder, die überall herumliefen und an ihren dick mit Hühnerschmalz beschmierten Broten kauten. Mr. Mince, ein kleiner Glatzkopf mit Wildlederschuhen an den Füßen, tauchte auf, um mich zusammen mit Mrs. Mince zu begutachten. »Hier gibt es Arbeit für Sie, Mrs. Brown. Das ist ein gutes Dollar-Haus. Wochenends zwei Dollar. Die Hälfte nehmen wir. Handtücher, Seife und was zu Bruch geht, stellen wir Ihnen in Rechnung. Ansonsten ist das hier für Nutten eine Goldgrube.«

»Was Sie brauchen, ist eine Wirtschafterin. In diesem Saustall.«

»Sie gefallen mir«, sagte Mrs. Mince und schlug nach einem der Kinder, die auf dem Boden herumkrochen. »Aber Sie wollen hier doch bestimmt lieber ein paar Nummern schieben, als Handtücher zählen, oder?«

Ich verstand – das hier war kein Laden für eine Wirtschafterin. Sechs Zimmer an einem langen Flur, kreischende Kinder, ungeleerte Nachttöpfe, Klo auf dem Hof. Die Betten waren mit grauen Laken bezogen, die Fußenden mit schwarzem Wachstuch – manche Kunden zogen sich die Schuhe nicht aus.

»In guten Wochen, wenn die Flotte in Brooklyn ist«, sagte Mr. Mince, »kann ein fixes Mädchen hier dreißig, vierzig Nummern pro Nacht hinlegen. So vornehm wie Uptown ist es allerdings nicht.«

Das sähe ich, sagte ich und ging, ohne die Wände zu berühren, wieder weg. Nach all den Jahren sehe ich diesen Laden immer noch deutlich vor mir.

Ich hätte es Uptown versuchen können, hätte vielleicht ein besseres Haus gefunden, aber es war klar, sobald sie mich sahen, knapp über Mitte Zwanzig, würden sie mich nicht als Wirtschafterin einstellen, sondern wollten mich im Salon haben und danach im Bett. Und da hatte ich mich in meiner neuen heiligen Verzückung ja nun mal gegen entschieden.

An wen sonst konnte ich mich wenden? An die Heilsarmee? Ein Reihe von Leuten hatte mir Heiratsanträge gemacht. Mr. Collins, der ständig besoffene Kneipenwirt mit seinem Goldzahn, seinem fettigen Mittelscheitel, seiner roten Warzennase? Er war Witwer mit sechs rotzigen Waisen in der Wohnung über der Kneipe, die eine Mutter brauchten, und er brauchte eine Frau. Nicht mit mir. Dann war da ein Fuhrmann, der Uptown für Stewart's Store mit einem Lieferwagen unterwegs war und außerdem klaute, was das Zeug hielt, ein Riesenkerl, der zupackte wie ein Haifisch. Er klaute Pakete von anderen Lieferwagen und brachte mir dann schon mal eine Bluse oder Handschuhe oder ein Paket Wollgarn mit. Nach Monte so ein blöder kleiner Dieb? – Das ging nicht. Und eines Tages würde er geschnappt und eingebuchtet. Es gab da auch ein paar schmutzige alte Männer, die ihr Geld mit einer Pfandleihe oder auf dem Fischmarkt verdienten, und den Gorilla von einem Politiker aus der Tammany-Truppe, der nach kalten Zigarren und alter, ungewechselter Winterunterwäsche stank. Auch wenn Sonny dann vielleicht ein Zuhause gehabt hätte – da hätte ich genausogut einen Grizzlybär heiraten können.

Ich hatte verrückte Träume. Ein junger, fescher Kerl käme angefahren, würde neben mir halten, sich von seinem Hansom schwingen und mich in die Hummerpaläste und zu den Familienjuwelen entführen. Oder ein freundlicher alter Millionär würde mich aufnehmen, um seinem einsamen Leben in einer Villa an der Fifth Avenue zu entkommen, und er würde Sonny zu seinem Erben machen. Mit mir war es weit gekommen.

In Wirklichkeit befanden wir uns in einer verzweifelten Lage und würden bald auf der Straße sitzen. Ich fing an, meine letzten Schmucksachen zu versetzen, behielt nur Tante Lettys Uhr noch einige Zeit. Dann wanderte auch sie über die Theke. Aber den Pfandschein verkaufte ich nicht für fünfzig Cent, wie die Scheine für die anderen Sachen, die ich versetzte. In der Pension aß ich immer weniger, weil ich mit der Miete mehr und mehr in Rückstand geriet. Es gab Tage, da aß ich überhaupt nichts.

Die Hitze in diesem Sommer war fürchterlich. Der Teer schmolz auf den Straßen, und die Kinder kauten ihn wie Gummi. Sonny fieberte wieder. Ich bekam einen Job bei einem Mann, der in Long Branch, New Jersey, eine Bude mit dem Roten Fleck hatte. Solly hatte ihm erzählt, ich hätte weit und breit die besten Buchteln für dieses Spiel. Es paßte mir nicht, daß ich Sonny bei Mrs. Moore zurücklassen mußte. Aber ich wußte nicht, wie lange ich diesen Job überhaupt haben würde. Ich versprach Sonny, ich würde ihn nachkommen lassen, sobald ich genug verdiente und die Stelle nach etwas Festem aussah und wir unsere Schulden bei Mrs. Moore bezahlt hatten.

Die Badeorte am Atlantik waren sehr beliebt, und der Rote Fleck brachte offensichtlich einen Haufen Geld. Ich war einsam und traurig, vor mir die Wellen, die auf den Strand rollten, die Stutzer und Dandys, die da mit ihren kreischenden Mädchen herumflanierten. Die älteren Leute saßen auf ihrer Veranda und verdauten Hummer und Steak und Eis und was sie sonst noch in sich reingeschaufelt hatten. Bei dem Geruch von Seetang, Fisch, gebratenen

Süßkartoffeln und Salzwasser fällt mir immer dieser Sommer ein. Leute mit Sonnenbrand, bei denen sich die Haut abschält, die Einspänner der Hotels, die die reichen Gäste abholen, während die anderen ihre Koffer, Bündel und Bettsachen selbst schleppen, und überall Kinder, die wie plündernde Apachen heulen.

Eines Morgens schickte mir Mrs. Moore ein Telegramm, Sonny hätte eine Halsentzündung, es ginge ihm sehr schlecht. Ich ließ die Trottel und Dandys, die bei mir Schlange standen und den roten Kreis zudecken wollten, einfach stehen und fuhr auf dem schnellsten Weg zurück in die Stadt. Als ich aus dem Pferdewagen stieg und die Pension von Mrs. Moore vor mir sah, spürte ich einen Stich in der Brust, und es war, als würde jemand zu mir sagen: Geh nicht rein, geh da nicht rein! Mrs. Moore saß mit gesenktem Kopf im Eßzimmer und weinte über dem Wachstischtuch. Sie blickte auf, als sie mich sah. »Oh, oh, nehmen Sie es nicht zu schwer, meine Liebe, er hat die Letzte Ölung bekommen.«

Ich war wie vom Schlag getroffen. Ich ließ meine Tasche fallen und stand mit offenem Mund da, brachte keinen Ton heraus. Mrs. Moore stand auf und drückte mich an ihren großen Busen, und was sie sagte, hörte sich an, als würde es ganz weit weg gesprochen und wäre nicht für mich bestimmt.

»Es war Diphterie, hat sich herausgestellt. Die gute Seele – nach zwei Tagen war er nicht mehr.«

Ich brachte keinen Laut hervor. Tot. Sonny hatte keine Luft mehr bekommen, und der Doktor, den sie zuletzt gerufen hatten, hatte ihm eine Glasröhre in den Hals geschoben und versucht, mit einer kleinen Pumpe die Lunge abzusaugen. Sonny hatte bloß gekeucht und nichts gesagt und war gestorben. Father O'Hara hatte ihm kurz vorher noch die Letzte Ölung gegeben. Ich weiß nicht, ob ich ihm später hätte sagen sollen, daß Sonny in meinen Augen eigentlich gar nicht richtig katholisch war. Es hätte Mrs. Moore gekränkt, die die ganze Zeit so tat, als wäre Sonny ihr Sohn gewesen. Mr. Moore hielt die Augen gesenkt und saß einfach nur da.

Beim Leichenbestatter hatten sie Sonny in einen kleinen weißen Sarg gelegt. Es beeindruckte mich nicht. Wie damals, als Tante Letty und meine Mutter gestorben waren oder als ich erfuhr, daß Monte tot war, kam es mir vor, als wäre das, was da noch war, nicht der Mensch. Es war bloß ein kleiner weißer Sarg und ein paar welke Blumen und der Geruch von Möbelpolitur und noch was anderem in dem dunklen Keller dieses Leichenbestatters.

Wir begruben Sonny auf einem der Brooklyner Friedhöfe, weit draußen, eine lange Fahrt mit dem Wagen. Mrs. Moore und ihr Mann und Solly waren gekommen und eine Straßendirne namens Flo, die Sonny immer herzförmige Plätzchen geschenkt hatte und einmal ein kleines, aus einem Walknochen geschnitztes Schiff, das ihr ein Matrose geschenkt hatte.

Auf dem Friedhof waren furchtbar viele Grabsteine. Alle waren hier dicht an dicht begraben, und es gab auf den Gräbern große Steinbilder und Statuen. Ich kümmerte mich nicht darum. Ich bekam nicht viel mit von dem, was da vor sich ging.

Ich kehrte in das Zimmer zurück, ohne Tränen in den Augen, stumpf. Ich konnte Sonny in dem Zimmer noch riechen. Sein Kleiner-Jungen-Geruch, ein bißchen nach Urin, wenn er ins Bett gemacht hatte. Das einzige, was mich dann zum Weinen brachte, war der Anblick von einem Plätzchen auf der Fensterbank mit dem Abdruck von seinen Zähnen drin.

Das Leben hatte mich wieder aus Schlangenaugen angesehen.

ZWANZIGSTES KAPITEL
AM DELTA

Im Dezember des Jahres, in dem Sonny starb, fuhr ich in einem vornehmen Schnellzug nach New Orleans, wo ich ein Hurenhaus aufmachen und Madame werden wollte. Ich kam mir vor, als wäre ich eine Million Jahre alt, während ich in diesem Zug saß und an kleinen Bahnstationen und winzigen Käffern vorbeiglitt, vorbei an den Einfaltspinseln und Landeiern, die auf den Bahnhöfen standen und dem Zug nachsahen, während ihre Maultiere mit dem Schwanz wedelten. Wenn man es genau nahm, war ich immer noch keine dreißig, aber das spielte jetzt keine Rolle mehr. Ich fühlte mich wie der Mann im Ringertrikot, der die ganze Welt stemmt, eine griechische Atlasstatue, die ich mal in einem Schaufenster gesehen hatte.

Im Kopf war ich ganz nüchtern, aber der Blick war ein bißchen irr, während ich auf der rüttelnden Scheibe des Zugfensters mein Spiegelbild betrachtete. Glück, Unglück und Zufall im Leben konnte ich einfach nicht begreifen. Gerade mal zwei Wochen, nachdem Sonny gestorben war, hatte ich einen Brief von Konrad Ritchers Anwalt bekommen, bei einer Bank in New Orleans wäre ein Betrag von elftausend Dollar für mich hinterlegt. Konrad hatte sich endlich berappelt. Aber ein persönliches Wort war nicht dabei, keine Frage, wie es mir ginge oder was ich jetzt täte.

Nachdem ich den Moores die Auslagen für den Doktor und das Begräbnis zurückgezahlt hatte, kam mir einer von diesen Gedanken, die blitzartig auftauchen und genauso schnell wieder verschwinden – warum war dieses Geld nicht einen Monat früher gekommen? Vielleicht wäre Sonny noch am Leben, wenn ich ihn aus der Sommerhitze, aus der schäbigen Pension, aus der dreckigen Stadt geholt hätte. Aber im nächsten Moment war er wieder weg, dieser Gedanke.

Leute, die die Gründe herausfinden wollen, warum irgendwas auf dieser Welt passiert oder nicht passiert, sind mir eigentlich ziemlich gleichgültig. Oder warum das Leben so traurig und so kurz ist. Aber auf dieser Eisenbahnfahrt dachte ich über so was nach. Ich glaube nicht, daß es irgendeinen Grund dafür gibt. Oder daß ein großer Plan dahintersteht. Es ist bloß eine Kette von Zufällen, die zusammenkommen und dann etwas bewirken – daß Blumen wachsen oder daß sich die Tiere gegenseitig auffressen. Solche Zufälle haben auch den Menschen hervorgebracht. Der Mensch ist schon verdammt gut gelungen, aber er hat doch auch viele Fehler.

Solche Gedanken gingen mir während der langen Zugfahrt durch den Kopf, und ich konnte nicht glauben, daß ein Gott Sonny getötet hatte oder mich irgendwann töten würde. Einer, der jemanden tötet, zeigt seine Bosheit schon, bevor er tötet, aber ich sah vor mir nur ein großes Schlamassel von Gleichgültigkeit. Für mich hat es im Leben nie etwas gegeben, an dem man erkennen konnte, daß es einen höheren Grund dafür gab – es war einfach, wie es war ... Eine lange Zugfahrt bringt einen auf solche Gedanken. An meinen Vorstellungen über das Wie und Warum hat sich seither nicht mehr viel geändert.

Flaches Farmland glitt am Zug vorbei, dann Hügelkuppen, Berge, und wieder flaches Land, Flußufer, und dazu immer das Tacktack der Zugräder.

Ich mußte mir genau überlegen, wie ich in New Orleans vorgehen würde. Ich hatte ein gutes Kleid, ich hatte gutes Gepäck, ein Abschiedsgeschenk von Marm Mandelbaum. Ich hatte das Geld von Konrad auf der Bank, Briefe an die richtigen Leute, Politiker in New Orleans, mit hohen Ämtern. Ich hatte Empfehlungsschreiben an die Justiz und die Polizei. Ich mußte ein Haus finden, Möbel, Geschirr, Bettzeug, Bettwäsche, Bilder. Ich hatte bei Zig und Emma Flegel verdammt gut aufgepaßt, aber jetzt mußte ich allein zurechtkommen. Und war knapp bei Kasse. Ein gutes Haus, gar nicht mal ein luxuriöses, nur ein gutes, konnte man für schätzungsweise zwanzig- bis dreißigtausend Dollar auf die Beine stellen. Ich mußte mir Kredit besorgen und damit meinen Einsatz erhöhen.

New Orleans war in den achtziger Jahren des letzten Jahrhunderts eine quirlige, wachsende, lebenslustige Stadt; und heiß war sie auch, schwül, und sie lag tief, so tief unter dem Flußpegel, daß ich Angst hatte, bei Hochwasser würde alles ersaufen. Sie begruben die Leute dort nicht in der Erde. Es gab Friedhöfe, da bestatteten sie sie in Mauernischen. Die Straßen hatten keine Kanalisation, und die Häuser keine Keller.

Ich stieg im »Gentlewomen's Boarding House« in der Nähe des Rathauses ab, nahm mir einen Wagen und besuchte einige von den Leuten, an die ich Briefe dabeihatte. Es war eine angenehme Vorstellung, daß man in diesem Land von einer Stadt in die andere gehen und dort genau die Leute treffen konnte, die einem die Protektion für ein Freudenhaus verkauften und die nötigen Genehmigungen besorgten und einen mit anderen Leuten bekannt machten, die einem Möbel und Ausstattung verkaufen konnten, und das auch noch, zumindest teilweise, auf Kredit. Diese Leute würden auch am Eröffnungsabend ins Haus kommen und meinen Wein trinken und meine Mädchen kneifen. Die meisten von ihnen waren angesehene, ehrbare Familienväter, die ihr Amt durch Wahl oder Ernennung bekommen hatten. »Ehrlich geschmiert«, nannten sie es. Die Stadt brauchte Huren, die Huren brauchten Häuser, die Häuser sorgten dafür, daß die netten jungen Männer und die Wüstlinge nicht über die Töchter, Schwestern und Frauen der feinen Leute herfielen. Die Jungfrauen in der Stadt waren sicher, und die Männer im mittleren Alter mit ihren kleinen Schwächen und Bedürfnissen richteten weniger Schaden an, verursachten weniger Skandale, wenn man Etablissements von der Art zuließ, wie ich es im Sinn hatte. Während man sie öffentlich mißbilligte und als Sündenpfuhl hinstellte. Wer heuchelte da mehr – ich oder die Gesellschaft?

Ich legte mir einen neuen Namen zu und sah mir mehrere Häuser an. Ein kleiner schwitzender Italiener, der den Spitznamen Roma hatte und immer lachte, führte mich herum. Er wußte von einem ganz ordentlich eingerichteten Haus an der Basin Street, das bis vor kurzem eine Art Bordell und ein Spielkasino gewesen war. Es hatte Betrügereien beim Kartenspiel gegeben, und der Laden war geschlossen worden. Die Möbel, für die ich Verwendung hatte, könnte ich übernehmen und in den Mietvertrag einsteigen. Anscheinend waren mehrere Leute interessiert, das Haus zu mieten und die Einrichtung zu übernehmen. Vielleicht war auch Roma der wirkliche Eigentümer und tat nur so, als wäre er nichts weiter als der Makler.

Ich suchte mir einen tüchtigen jungen Anwalt, Peter S., der sich um Roma und meine Interessen kümmern sollte. Ich unterschrieb die Papiere, die er mir vorlegte, und beschaffte von meinem eigenen Geld elegante Betten und jede Menge gutes Bettzeug und Bettwäsche. Roma kannte die Leute, die die anderen Freudenhäuser belieferten. Ich schimpfte über die Preise und maulte über die Stoffe. Aber tief in mir drin saß die Angst, ich würde eines Morgens aufwachen, und mein ganzes Geld wäre weg, und ich müßte zurück in die Pension von Mrs. Moore und im Haymarket wieder als Kellnerin arbeiten und die Beine breitmachen. Schweißgebadet wachte ich in der feuchten Hitze von New Orleans auf und brauchte zwei Tassen von dem, was die Leute hier unter Kaffee verstehen – fürchterliches Zeug –, und einen Schluck Bourbon, um auf die Beine zu kommen. Wenn man einmal den Mief der Armut gerochen und an Selbstmord gedacht hat, ist es mit dem ruhigen Schlaf ein für allemal vorbei.

Es war ein schönes zweistöckiges Haus mit kunstvollen alten Eisengeländern und ein paar schönen Steinstufen. Davor stand ein kleiner Schwarzer aus Gußeisen mit einem Haltering. Dahinter lag eine Art Garten, ziemlich verwildert, mit Steinplatten im Moos. Eine Remise und eine Hundehütte gehörten auch dazu. Ich bekam auch den Hund, einen großen, der ziemlich böse aussah, aber nicht viel taugte. Doch sein Anblick und sein Knurren und Bellen würden die Eindringlinge schon fernhalten.

Ich stellte Harry ein. Harry war zwanzig Jahre bei der Marine gewesen und hatte gerade seine letzte Fahrt hinter sich. Ein stämmiger Bursche mit einem Quadratschädel, den so leicht nichts erschüttern konnte. Immer hatte er einen Priem in der Backe, aber tätowiert, wie die meisten Matrosen, war er nicht. Er wurde Hausmeister, Rausschmeißer, Faktotum, und er machte seine Sache gut. Er brachte die Schläger zur Ruhe, und manchmal sorgte ich dafür, daß er einer von den Huren was hinter die Löffel gab, wenn sie aus der Reihe tanzte. Das klingt vielleicht grausam, war es aber nicht. Grausam wäre es gewesen, wenn ich sie auf die Straße gesetzt hätte. Aber wenn ich nicht für Disziplin gesorgt hätte, wäre ich keine gute Madame gewesen – so was kann ein Haus ruinieren.

Ich fand Lacey Belle, eine wunderbare schwarze Köchin mit mehr Köpfchen als die meisten Weißen, die ich gekannt habe. Sie verlangte nur: »Andere Hausarbeit mach ich nicht. Kein Fensterputzen, und Frechheiten von den Huren laß ich mir nicht bieten. Ich koche für vornehme Leute. Ich bin Kirchgängerin, von einem Priester getraut, hab Söhne in Georgia, die sollen was lernen.«

Ich stellte Lacey Belle ein und habe es nie bereut. Ich mag Frauen, die Mumm haben und schon mal eine Lippe riskieren. Sie war ein Negerweib, aber nie im Leben habe ich jemandem so vertraut wie ihr. Es gab viele weiße Leute, die ich nicht leiden konnte, deshalb hatte ich nie Schuldgefühle, wenn ich einen Schwarzen oder eine Schwarze mochte oder eben nicht mochte. Sie waren in den meisten Dingen genau wie alle anderen. Genauso vornehm und genauso verkommen. Genauso gutmütig und genauso schlecht.

Ich stellte zwei Hausmädchen ein – hellhäutige. Ich kaufte Wein, Bourbon und andere Getränke. Besteck, Gläser und jede Menge rote Teppiche waren schon vorhanden. Ich besorgte ein paar Ölbilder dazu, alle in Goldrahmen, auf denen Titten und Ärsche zu sehen waren und dicke Leute mit Weingläsern beim Essen, die ihren Spaß hatten. Ich glaube, allzu wüst ging es auf diesen Bildern nicht zu, aber immerhin zeigten sie dem Gast, daß wir keine Sonntagsschule waren.

Ich schrieb an die Flegels und fragte, ob sie sechs gute Mädchen für mich finden könnten – junge, hübsche, die nicht tranken und keine Drogen nahmen, nicht lesbisch waren und keinen Liebhaber oder Zuhälter auszuhalten hatten. Ich bekam einen Brief von Emma Flegel, in dem sie schrieb, Zig sei tot, vor anderthalb Jahren gestorben. Die Pumpe hätte ausgesetzt. Er wäre zu dick geworden, aufgedunsen, und hätte immer geklagt, er wollte zurück in die alte Heimat. Außerdem hätte er sich ins Grab gevögelt, mit einem Mädchen aus einer Bäckerei, das er in der Nähe der Universität untergebracht hätte. Und dann ist er gestorben, schrieb Emma. Auf mich hätte er immer große Stücke gehalten, schrieb sie noch. Sie würde mir fünf Mädchen schicken, wenn ich die Fahrtkosten trüge, und wollte sich nach einem weiteren anständigen Mädchen umsehen, das keinen Ärger machte. Sie riet mir, ich sollte unbedingt ein vornehmes Haus aufmachen und mir nach und nach ein Stammpublikum heranziehen und nicht zuviel Laufkundschaft reinlassen. Und immer Rücksicht auf die Polizei nehmen und ein Auge auf die Wäsche haben. Wäsche, die verlorenging, oder eine Wirtschafterin, die klaute, könnten ein Haus ruinieren.

Das Einrichten und Leute-Einstellen und die Schreibereien – das alles brauchte seine Zeit. Ich hatte es nicht eilig. Auch die Leute, mit denen ich es zu tun bekam, hatten es nicht eilig. Ich eröffnete an einem Abend im März mit einem kleinen Dinner für die höheren Chargen bei der Polizei und einige politische Figuren, außerdem Roma und seine vornehmen Freunde. Aus dem Weinvorrat servierte ich Pinot, Chardonnay, Rüdesheimer, Klosterkiesel, Champagner, Brandy. Mein Anwalt saß am Kopf des Tisches. Er trieb sein Honorar inzwischen in meinem Bett ein. Ich traute mich nicht, ihn abzuweisen. Er war meine einzige Verbindung zu den Leuten, mit denen ich zu tun hatte. Und wenn die jemals etwas gegen mich in die Hand bekämen, dann würde, sagte er, »mein Boot kentern und die Paddel wären weg«. Ich fand ihn im Bett nicht besonders interessant. Ich ließ mich bei ihm nicht gehen oder konnte es nicht. Nach dem Tod von Monte und Sonny war ich nicht mehr die gleiche wie vorher. Die Spannung und das Prickeln beim Sex interessierten mich nicht mehr besonders. Ich war wie ein Schuster, der einen Haufen Schuhe gemacht hat und plötzlich selbst lieber barfuß geht.

Ich erinnere mich noch gut an dieses Eröffnungs-Dinner – Obst und Krabbenfleisch und Shrimps in scharfer Soße, Ochsenschwanzragout, Steak Orlando, Reis, Huhn und Fasan. Die vielen Weine, dazu harte Sachen für die Säufer. Lacey Belle ließ es sich in der Küche schmecken. Ich hatte den Mädchen, die Emma für mich besorgt hatte, gesagt, sie sollten sich einfache, aber knapp sitzende Sachen anziehen. Nichts, was nach Hure aussah, und ich hatte jeder eine Ohrfeige versprochen, die von sich aus als erste irgendein schmutziges Wort benutzte. »Überlaßt das den Herrschaften, die sollen den Ton der Unterhaltung bestimmen.« Eines der Mädchen war unterwegs verlorengegangen. In Nashville aus dem Zug gestiegen und bei mir nie angekommen. Ich trug ein gelbes Seidenkleid, Handschuhe bis über die Ellbogen, einige schwarze Federn im Haar, dazu ein paar Ringe und Perlen, die ich mir von Roma geliehen hatte.

Ich knabberte an einem Cracker mit Leberpastete und lächelte den Leuten am Tisch zu, während die Hausmädchen abräumten und Zigarren und Karaffen mit Brandy hereinbrachten. Ich sah diese Karaffen aus Kristallglas, und plötzlich wußte ich es sicher: Ich war eine Madame. Sie glitzerten unter den Kronleuchtern, und das Funkeln auf dem Kristall sagte mir: Du bist jetzt eine Madame. Die Mädchen saßen den Männern schon auf dem Schoß, der schwere, beißende Zigarrenrauch mischte sich mit dem Duft des Essens, das wir zu uns genommen hatten. Die Jalousien waren heruntergelassen, die Vorhänge zugezogen. Harry war an der Tür. Ich wäre froh gewesen, wenn ich das Klavier schon geliefert bekommen hätte.

Nachdem die Zigarren heruntergebrannt waren, ging der Trubel los. An diesem Abend arbeiteten die Mädchen in drei Schichten. Es waren viele wichtige Leute da, und ich hatte doch nur vier Huren. Ich selbst weigerte mich, nach oben zu gehen. Ich stellte klar, daß ich hier nur die Madame war. Selbstverständlich brauchte keiner der Gäste zu zahlen. Das Essen, die Mädchen, die Nummer, alles ging auf Rechnung des Hauses. Ich würde zum Wohlergehen dieser Gäste noch viele Jahre mit reichlich Geld für Protektion beitragen. Auch mit viel Beau Séjour und Saint-Emilion. Heute nennt man das Werbungskosten. Ich nannte es guten Willen. Die Gäste sollten mir viele regelmäßige Kunden ins Haus bringen. Wenn ein wichtiger Schauspieler oder ein unternehmungslustiger Pferdezüchter, ein Grubenbesitzer aus dem Westen oder ein großer Spieler in der Stadt war, sollte man ihm raten, meinem Haus einen Besuch zu machen.

Am Anfang war es für mich nicht einfach, die Madame zu spielen. Es war, wie wenn man mit einem neuen Boot ausfährt und noch gar nicht weiß, wie sich das Boot segeln läßt und was der Wind dazutut und welche Leinen losgemacht und welche eingeholt werden müssen. Bis man das verdammte Boot mit seinen Macken kennt und weiß, wie es reagiert, und begriffen hat, wie es getakelt ist, ist man ständig kurz vor dem Kentern.

So war es auch mit mir als frischgebackener Madame in einer neuen Stadt. Ich lernte die anderen Madames kennen. Wir trafen uns mittags mal bei dieser, mal bei jener im Salon zu einem Brandy oder einer Flasche Antinori Chianti und redeten über die Protektion und die Kosten und die Mädchen. Ich bekam den Dreh heraus, wie man es schafft, daß ein Gast ein paar Zehn-Dollar-Goldmünzen herausrückt, ohne daß es so aussieht, als würde man ihm bloß den Körper einer Hure für sein Amüsement verkaufen. Ich konnte auch alles und jeden zur Ruhe bringen, außer Betrunkene, die durchdrehten. Ich hatte inzwischen ein bißchen Ahnung von allem möglichen und konnte zuhören, wenn mir jemand erzählte, wie toll er wäre oder was für ein lausiger Fick die eigene Frau wäre oder wie er das Mädchen, das er eigentlich wollte, aufgegeben oder seine Zukunft als Künstler oder Ingenieur geopfert und den Familienbetrieb übernommen hätte – Teer, Baumwolle, Spedition, Holz, Dampfschiffahrt.

Ich nahm ab. Vor lauter Erschöpfung konnte ich mich um den Anwalt nicht richtig kümmern, dabei war er ein hübscher Kerl, und ich hätte es genießen sollen, aber das tat ich nicht. Ich träumte davon, wie wenig Geld ich noch auf der Bank hatte und wie hoch meine Wechsel- und meine Kreditschulden waren. Im Laufe des Jahres heiratete der Anwalt und zog nach Los Angeles.

Ich sagte mir, ich hätte keine Vergangenheit. Ich würde nie wieder jemanden lieben. Ich war Geschäftsfrau, und wenn ich Erfolg haben wollte, mußte ich so hart sein wie jeder Geschäftsmann auch. Etwas Anständiges liefern und dafür sorgen, daß ich anständig bezahlt wurde. Ich hatte mich für ein Zwanzigdollarhaus entschieden. Zu manchen Zeiten war es nur ein Zehndollarhaus – in schlechten Jahren, wenn auf den Märkten die Panik umging. Aber meistens war es ein Zwanzigdollarhaus. Einige Mädchen machten Ärger, manche waren genau, wie ich sie brauchte. Vollkommen war keines, aber vollkommen ist ja niemand, solange man es mit Menschen zu tun hat. In einem Hurenhaus müssen die Mädchen aber trotzdem vollkommen sein oder zumindest so tun.

Als ich Anfang der achtziger Jahre mein Haus an der Basin Street eröffnete, gab es noch Leute, die sich an die wilden Zeiten der Flußschiffer erinnerten, in denen die Flachboote als Puffs dienten und die Nutten in der Gegend am Fluß lebten und schliefen und aßen und soffen, da, wo die Flachboote unterhalb der Tchoupitoulas Street lagen. Der Swamp begann an der Girod Street, ein paar Blocks vom Fluß entfernt, neben dem Protestantischen Friedhof, Ecke Cypress und South Liberty Street. Der Swamp war die bevorzugte Gegend der Flußschiffer neben der Gallatin Street, das schlimmste Viertel, das es in New Orleans je gegeben hat.

Alte Leute bekamen manchmal Tränen in die Augen, wenn sie vom Zauber des Swamp erzählten. Zehn oder zwölf Leute wurden da pro Woche abgemurkst, und niemand scherte sich darum oder rief die Cops. Die Stadt kümmerte sich einfach nicht, obwohl es dort wirklich wüst zuging. Die Cops kamen nie in den Swamp. Es war ein ungeschriebenes Gesetz, solange das Laster nicht auf die besseren Viertel der Stadt übergriff. In der Girod Street war das Gesetz so machtlos wie in irgendeiner Stadt im Westen, bevor die Marshalls kamen. Jeder kämpfte mit Zähnen und Klauen, und die einzigen Freunde, die man im Swamp hatte, waren der Totschläger, die Pistole, das Messer.

Der Swamp bestand nur aus einem guten Dutzend Blocks, aber voll mit Hurenhäusern, Stundenhotels, Spiellokalen, Tanzdielen, wo die Mädchen Messer im Strumpfhalter stecken hatten und ihre Titten aus den Kleidern hüpfen ließen und die Freier sich im Stehen einen runterholen ließen. Diese Schuppen stanken nach Jauche, Klo und schwarzem Straßenmatsch. Die Hütten waren aus dem Holz von alten, kaputten Flußkähnen zusammengezimmert.

Eine rote Laterne oder manchmal sogar ein Vorhang war die Dekoration, ein Brett war die Theke. Eine alte Nutte, die damals im Swamp gearbeitet hat, Freiluftfick oder Schwanzlutschen, erzählte mir einmal, der Preis für eine Frau, einen Schluck Maiswhisky und eine Schlafstelle wäre ein oder zwei Picayune gewesen (ein Picayune war sechs Cent). Manche Männer wurden zugedröhnt, oder sie bekamen eins mit dem Knüppel oder dem Sandsack über die Rübe oder wurden einfach umgebracht und in den Fluß geworfen.

Das Glücksspiel hat der Hure schon immer Kummer gemacht. Es hielt die Männer von den Mädchen fern, die ihren Schnitt machen wollten. Würfeln war sehr beliebt, aber für die, die mehr in der Tasche hatten, gab es Faro und das Rad und die Elfenbeinkugel. Bei allen Spielen wurde betrogen, auch die Würfel wurden für die Dummen präpariert. Falls einer doch mal gewonnen hatte, bekam er einen Stoß vor die Brust, und es hieß, er hätte Karten versteckt gehabt, oder er wurde bis auf die Straße verfolgt und bekam dort mit einem Strumpf voll Sand eins übergezogen. Die schlimmsten Läden waren das House of Rest und das Weary Boatsmen. Selbst eine Nutte war da nicht sicher. So manche schwer arbeitende Hure haben sie da ausgezogen, besoffen gemacht und ohne einen Faden am Leib auf die Gasse gestoßen.

Auch das Gelbfieber tötete viele. Wenn das Gelbfieber umlief, ging es drunter und drüber. Der Teufel ritt die Leute, wenn der Totenkarren durch die Stadt ratterte. In den Nuttenhütten, den Tanzdielen, den Honky-Tonks war die Hölle los. Mitten in der Schicht machten sich Huren auf die Socken und sahen zu, daß sie aus der Stadt kamen. Die meisten betranken sich, brachen in Schnapsläden ein, und alle drehten sie durch, samt ihren Männern oder Zuhältern. Spieler packten ihr Zeug zusammen. Die Fatalisten unter ihnen blieben und sahen zu, wie das Pik-As zum Vorschein kam, die Todeskarte. Die menschliche Natur gerät in solchen Zeiten außer Rand und Band, eine Scheiß-drauf-Haltung gegen das Leben kommt auf.

Die Madames, die sich noch an die Gelbfieberzeiten erinnern konnten, erzählten alle, es hätte damals Männer und Frauen gegeben, die sich bei der Vorstellung, daß sie vielleicht sterben würden, in hemmungslose Ausschweifungen stürzten und einfach nicht genug bekommen konnten. Die Nutten waren genauso schlimm wie die Kunden, und die, die nicht aus der Stadt herauskamen oder nicht gehen durften, ließen sich vollaufen und bedienten die Freier für Geld oder auch ohne. Bis die Madame ihnen den Kopf zurechtrückte oder dafür sorgte, daß der Rausschmeißer ihnen eine Tracht Prügel verabreichte, damit sie sich wieder wie anständige Huren aufführten und nicht wie ein Luder, das sich in einer Toreinfahrt einfach verschenkt. Es wäre eine schreckliche Zeit gewesen, erzählten mir die Madames bei einem Gin-Fizz. Auf dem Höhepunkt einer Seuche hätten die Bordelle, die geöffnet hielten, den Andrang kaum bewältigen können, die Männer seien wie verrückt aufs Vögeln gewesen und oft die ganze Nacht geblieben. Viele hätten sogar in den Häusern gewohnt und gedacht, wenn sie schon abnippeln müßten, dann könnten sie das genausogut in dem Bett von einer Hure und dabei das tun, worauf ein Mann anscheinend so scharf ist wie auf sonst nichts, wenn ihm Freund Hein auf den Fersen ist.

Ich weiß, wenn Angst vor einem Krieg aufkommt, zum Beispiel als der Krach um Kuba seinen Höhepunkt erreichte, da standen die Männer vor den Freudenhäusern Schlange, die Mädchen in den billigen Puffs legten sich zwanzig- oder fünfzigmal in einer Nacht flach, und auch ich kürzte die Zeit, die wir dem Kunden bei einem Mädchen zubilligten. 1910, als es nach Ärger mit China aussah, drängten sich die Besucher in der Basin Street wie ein Schwarm Sommerfliegen. Und auch ab 1914 lief es bestens für uns Madames, für das Geschäft – das viele Gerede über Kaiser Bill und die U-Boote. Die jungen Männer kamen öfter, und als wir dann in den Krieg eintraten, da war es, als hätte uns jemand eine Schubkarre und eine Schaufel in die Hand gedrückt, eine Goldmine aufgemacht und zu uns gesagt: Nehmt euch, soviel ihr schaufeln könnt. Aber dann kamen die Moralapostel und gaben ihren Senf dazu, und wir mußten dichtmachen, weil plötzlich alle meinten, die Jungs wären zwar alt genug, im Krieg zu sterben, aber noch nicht soweit, daß sie ihr Gehänge so benutzen dürften, wie die Natur es vorgesehen hat.

Irgendwas gerät beim Sex zwischen Männern und Frauen aus den Fugen, wenn die Zeiten nicht normal sind. Da gibt man sich Mühe, daß alles nett und sauber wirkt, schärft den Mädchen ein, sie sollen nicht frech und vorlaut sein – aber kaum bricht ein Brand aus oder ein Krieg oder eine Seuche, schon geht es drunter und drüber, und alle ficken wie die Frettchen. Glauben Sie nicht, das beträfe nur das Gesindel, die Lüstlinge oder irgendwelche Leute, die mit K.o.-Tropfen arbeiten. Da kommen plötzlich die vornehmsten Leute der Stadt angeschlichen oder sogar ganz keß durch die Vordertür, und oft bringen sie ihren eigenen Brandy und eigene Zigarren mit. Das Ficken ist nun mal ein Kitzel, der keine Klasse ausläßt. Es ist ein Spiel für alle, und wer nicht mitmacht, wird nicht alt.

Und wenn kein Krieg war und keine Seuche umlief, ging es trotzdem immer hoch her. Ich selbst habe in meinem Haus nur wenige alte Kunden mit nach oben genommen. Ich fand, es verstößt gegen die Würde eines Hauses, wenn die Madame für jeden die Beine breitmacht. Aber Kate Townsend, eine berühmte Madame, die meistens voll war bis obenhin, nahm wirklich jeden. Sie achtete nicht auf ihre Stellung. 1870 kam es in ihrem Laden zu einem Mord, direkt vor ihren Augen, mit Messer und Pistole. Später erzählte sie mir, sie hätte das Messer aufgehoben. Sie ließ sich dann mit einem gewissen Treville Sykes ein, der aus einer angesehenen Familie stammte. Als Kate so dick wurde, daß sie kaum noch ausgehen konnte, zog dieser Sykes bei ihr ein. Rauhbeinig wie sie war, spielte sie ihm übel mit, schnitt ihm einmal sogar mit dem Mordmesser ein Stück von seiner Nase ab. Dabei war sie immer noch auf der Suche nach jungen Hengsten und angelte sich einen Angeber names McLean, der sich in ihrem Laden aufgespielt hatte. 1882 oder 83 wurden die Streitereien zwischen Sykes und Kate immer schlimmer, und sie trug das große Messer ständig bei sich. Sykes brachte sie dann mit diesem Messer um, ein Dutzend schreckliche Wunden, qualvoller Tod. Begraben wurde sie in einem Seidenkleid für sechshundert Dollar und vorher schön im eigenen Salon aufgebahrt, Champagner für alle, und zwar guter. Ich habe drei Gläser davon getrunken. Die Beerdigung war großartig, der Bronzesarg allein kostete fünfhundert Dollar, und es waren gut zwei Dutzend Kutschen, die Kate auf den Metarie-Friedhof folgten. Von ihren vornehmen Freunden zeigte sich keiner, aber das konnte sie auch nicht erwarten. Für die Zeitungen war es ein Festtag. Ich habe noch einen Ausschnitt:

> DAS SCHRECKLICHE ENDE VON KATE TOWNSEND
> IN DEN HÄNDEN VON TREVILLE SYKES
>
> ZU TODE GESCHNITZELT!
> VERMITTELS EINES BOWIE-MESSERS
>
> BRUST UND SCHULTERN
> BUCHSTÄBLICH MIT STICHEN ÜBERSÄT

Dieser Sykes plädierte dann auf Notwehr und wurde tatsächlich freigesprochen. Er legte sogar ein Testament vor, das ihn zum Erben des Hurenhauses und von Kates Geld machte, alles in allem ungefähr zweihunderttausend Dollar. Anwälte und die Brüder vom Gericht arbeiteten ein paar Jahre daran, bis schließlich noch dreiunddreißigtausend Dollar übrig waren. Die Winkeladvokaten schnappten sich dreißigtausend davon als Honorar, einiges ging noch an Unkosten weg, und als alles vorbei war, bekam der Mörder vierunddreißig Dollar.

Manche Männer liebten Knaben, und auch denen wurde geholfen, aber nicht von mir. Ich nehme an, von diesen Invertierten, wie sie genannt wurden, gab es mehr, als man denkt, aber schwule Kundschaft hat mich nie interessiert. Ich finde ja eigentlich, was Menschen miteinander anstellen – soweit sie nicht verrückt sind – und was ihren Bedürfnissen entspricht, darüber sollte sich keiner lustig machen. Es war nur so, daß ich immer dachte, für einen Mann kann es nichts geben, was ihm soviel Freude macht wie eine Frau, die sich aufs Wackeln und Wibbeln versteht.

EINUNDZWANZIGSTES KAPITEL
NENNEN WIR ES STORYVILLE

F rüher machte man ein Geheimnis daraus, daß es Sex zwischen Männern gab. Zumindest taten alle so, als würde es so was nicht geben. Dabei war es nicht selten. In New Orleans wußten die, die das Spiel betrieben, und ihre Spielgefährten und die Polizei Bescheid. Die Schwulen hatten es aber schwer, Partner zu finden. Über Arschverkehr rissen Farmerjungen ihre Witze, aber er kam, genau wie Inzest, beim gemeinen Volk vor. Doch Invertierte aus der Mittel- oder Oberschicht mußten sich in dunklen Ecken treffen und ihr Geheimnis habgierigen Leuten preisgeben, von denen sie dann oft genug erpreßt wurden.

In der Baronne Street gab es eine Miss Carol, die für ihre Kundschaft Jungs auftreiben konnte. Hellhäutige Negerjungen hießen *goldskins*, sie wurden von den weißen Freiern oft verwöhnt. Die meisten von diesen Jungen waren einfach hungrig, und oft hatten sie kein Zuhause oder keine Eltern. Manche wurden mit der Zeit Erpresser, so wurden dem weißen Schwulen oft mehr Überraschungen zuteil, als er vereinbart hatte. Miss Carol war an einem Schwulenhaus beteiligt. Die Madame dort, ein Mann, war nur unter dem Namen Big Nellie bekannt – Miss Big Nellie. Die Bubis, ob in Frauenkleidern oder nicht, hatten Namen wie Lady Richard, Lady Fresh, Chicago Belle, Toto und noch ein paar Namen, die man hier und da auf Zäunen lesen konnte. Sie hatten ihre eigene Ball- und Festsaison – kreischende Schwuchteln in Seide und Satin, Stöckelschuhen und knalligen Farben.

Mit dieser Sorte Griechenkram hatte ich nie viel am Hut, und ich habe ein paar Kunden verloren, die für die Bälle und Kostümfeste in den Transvestitenlokalen schwärmten.

Ich war immer der Meinung, bei einem Freier, den es anmacht, wenn er dabei zusieht, wie zwei falsche Frauen es sich gegenseitig besorgen, muß eine Schraube locker sein. Ich war nur ein einziges Mal bei Big Nellie drin, an dem Abend, als ein alter Gast von mir kam und sagte, sein Sohn, der von Yale auf Urlaub da war, sei mit einem verdrehten Freund dorthin, und er hätte Angst, es könnte Ärger geben. Er selbst traute sich nicht, den Jungen herauszuholen. Ob ich nicht...?

Was tut man nicht alles für einen Stammgast. Ich nahm Harry mit, wir gingen in die Baronne Street, und Harry verschaffte uns Zutritt durch die Hintertür. Es war zwei Uhr morgens und der Tuntenball in vollem Gange. Die meisten Klamotten waren runter, ein paar von den ehrbarsten Leuten, die man je gesehen hat, spielten auf der Treppe Neunundsechzig, und im Salon war eine Bunte Reihe unterwegs, Arschfick in Kette, wie eine verdammte Raupe. Jemand grapschte mich an, aber dann merkte er, daß die Titte echt war, und verzog sich. Harry bekam den Knaben zu fassen, sturzbetrunken, das Gesicht mit Rouge beschmiert, aber es war nicht schwierig, ihn da rauszuholen und in einer Kutsche nach Hause zu verfrachten. Big Nellie sagte, ihm wäre es egal. »Das Jungchen hatte solche Angst, daß es zu gar nichts taugte, war keine Bereicherung für die Party. Der ist einfach zu scheißnormal.«

Mehrere von den wichtigsten Geschäftsleuten, Anwälten, Ärzten in der Stadt, auch ein Geistlicher und ein Schriftsteller waren Invertierte. Als Geschäftsfrau war ich gegen die Schwulen, weil sie den Bezirk in Verruf brachten, außerdem war ich immer der Meinung, Gott hat nicht gewollt, daß sich der Mann von der Frau abwendet und statt dessen durch die Hintertür bei einem anderen Mann einkehrt. Manche von diesen Lavendels kamen auch in mein Haus. Das waren die Bisexuellen. Auch die Mädchen konnten die Tunten nicht leiden. Manchmal wollte sich ein Freier gleichzeitig mit einem Jungen und einem Mädchen amüsieren, aber solche Gelüste wurden bei mir nicht bedient. Ich führte ein solides, altmodisches Hurenhaus, jeder wußte, was ich zu bieten hatte, und wem das nicht gefiel, der konnte sich anderswo umsehen. Ich kann nur sagen, es gab in New Orleans eine Menge Häuser, wo so einer bekommen konnte, was er suchte.

Die Polizei und die Leute weiter oben wollten den Ärger genausowenig. Sie versuchten, Niveau in das Sexgeschäft zu bringen. Die Nuttenhütten und Straßenmädchen wurden aus der Gegend zwischen Burgundy und Conti Street vertrieben, so konnten die gediegeneren Häuser sich in besserer Atmosphäre um die Kundschaft kümmern. Natürlich stiegen die Kosten immer weiter, auch die Steuern gingen in die Höhe. Manche Häuser kamen in Schwierigkeiten. Aber ich habe immer solide gewirtschaftet und nicht mit Geld um mich geworfen, das ich nicht hatte, deshalb habe ich in dieser Beziehung nie größere Probleme bekommen. Außerdem hatte ich Hintermänner an höherer Stelle, die einen Anteil von ungefähr fünfzig Prozent an meinem Haus hatten. Ich konnte Schulden nicht leiden und habe meistens bar auf den Tisch gezahlt.

In Schwierigkeiten kamen die Häuser, wenn sie ihre Rechnungen nicht beglichen. Das Ringrose Furniture Emporium prozessierte gegen Carrie Freeman, Mary O'Brien, Mattie Marshall, Nellie Williams und Sally Levy wegen 7000 Dollar für Möbel, die nicht bezahlt waren. Mattie stand mit 5000 Dollar in der Kreide. Carrie schuldete 1300 Dollar. Uns Madames waren Steuerveranlagungen ein Greuel. Meistens wurden wir auch nicht veranlagt, soweit wir Protektion hatten.

Im Januar 1897 sorgte der Stadtrat Sidney Story dafür, daß wir sozusagen genehmigt wurden. Story war Börsenmakler, vor allem Termingeschäfte mit Baumwolle, Reis und Tabak. Er behauptete, er hätte in den europäischen Hauptstädten die Prostitution und ihre Regulierung sehr genau untersucht. Ein paar Lästermäuler meinten zwar, er hätte sich auf seinen Auslandsreisen hauptsächlich amüsiert.

Aber mir kam er vor wie ein ernsthafter, rechtschaffener Bürger.

Er schlug vor, durch eine städtische Verordnung im French Quarter von New Orleans einen Bezirk einzurichten, wo Huren und Madames ihren Geschäften nachgehen können sollten. Direkt legal sollte es nicht werden. Genehmigt, das schon – aber nicht durch ein Gesetz. Man wollte uns unter Kontrolle halten und gab uns augenzwinkernd gleichzeitig zu verstehen, daß wir eigentlich gar nicht da wären.

Es ging jedenfalls ein furchtbares Gezeter los, der liebe Gott wurde bemüht, von Sodom und Gomorrha war die Rede und vom moralischen Niedergang der Männlichkeit im Süden. Der Polizei und den Politikern mußte man klarmachen, daß auch in Zukunft etwas für sie herausspringen würde, nämlich dafür, daß sie alles regelten und die Einhaltung der Vorschriften überwachten. Im Juli 1897 wurde Storys Verordnung noch mal überarbeitet, es wurden zwei getrennte Bezirke festgelegt, einer im French Quarter, der andere oberhalb der Canal Street. So ging es durch. Ich habe den Zeitungsausschnitt von damals noch:

»Hiermit wird durch den Rat der Stadt New Orleans angeordnet, daß Abschnitt I der Verordnung 13,032 CS wie folgt zu ergänzen ist: Ab dem 1. Oktober 1897 ist es Prostituierten und allen Frauen, die offenkundig der Unzucht nachgehen, verboten, in Häusern, Zimmern oder Verschlägen zu wohnen, zu leben, zu schlafen oder sich aufzuhalten, die außerhalb der folgenden Grenzen liegen: Von der Südseite der Customhouse Street zur Nordseite der Saint Louis Street, und von der unteren oder Waldseite der North Basin Street zur unteren oder Waldseite der Robertson Street. Zweitens: Von der oberen Seite der Perdido Street zur unteren Seite der Gravier Street und von der Flußseite der Franklin Street zur unteren oder Waldseite der Locust Street; nichts in Vorstehendem kann so ausgelegt werden, daß irgendeine Frau von liederlichem Lebenswandel autorisiert wäre, in einem anderen Teil der Stadt ein Haus, ein Zimmer oder einen Verschlag für sich zu beanspruchen. Ebenso ist es untersagt, ein Cabaret, einen Konzert-Saloon oder ein Lokal, in welchem Cancan, Clodoche oder ähnliche Frauentänze und sonstige aufreizende Darbietungen gezeigt werden, außerhalb der folgenden Grenzen zu eröffnen oder zu betreiben: Von der unteren Seite der North Basin Street zur unteren Seite der North Robertson Street und von der Südseite der Customhouse Street zur Nordseite der Saint Louis Street.«

Damit das Schmiergeld weiterhin floß, gab es bei Verstößen gegen diese Verordnung Geldbußen von fünf bis fünfundzwanzig Dollar, ersatzweise bis zu dreißig Tage Haft. Die Behörde konnte jedes Haus dichtmachen, das, wie es in der Verordnung hieß, »zu einer Gefahr für die öffentliche Moral werden konnte«. Das ließ sich beliebig dehnen und deuten. Schon ein voller Mülleimer konnte die Schließung eines Hauses zur Folge haben – außer man füllte eine ausgestreckte Hand.

Früher und zu meiner Zeit in New Orleans waren die Madames ein sonderbar gemischtes Trüppchen, Geschäftsfrauen, Trinkerinnen, manche völlig verrückt, andere vollkommen normal. Über sie wurde viel geredet und geschrieben, weil es sich eben um New Orleans handelte. Aber die meisten von ihnen, soweit ich das sehen konnte, unterschieden sich nicht von Frauen, die anderswo in dieser Branche tätig waren. Manche waren so verrückt, daß man sie hätte einsperren können. Andere taten nur so. Es war gut fürs Geschäft.

Ich habe noch ein paar Ausschnitte aus den kleinen gedruckten Führern, zum Beispiel dem *Blue Book*, die den Hurenbeuteln als Wegweiser zu den Häusern von New Orleans verkauft wurden. Manche Madames gaben da Inserate auf, die eine gute Vorstellung davon vermitteln, in welchem Stil sie ihr Geschäft betrieben.

Mme. Emma Johnson
Besser bekannt als »Pariser Königin von Amerika« braucht hierzulande kaum vorgestellt zu werden.

Emmas »House of All Nations«, wie man es allgemein nennt, ist ein Ort des Vergnügens, den man sich bei einem Besuch im Bezirk nicht entgehen lassen darf.

Hier ist alles möglich. Lust ist die Losung.

Der Geschäftsbetrieb in besagtem Haus hat in letzter Zeit derart zugenommen, daß Mme. Johnson einen »Anbau« errichten mußte. Emma hat nie weniger als zwanzig hübsche Frauen aller Nationen, lauter geschickte Unterhalterinnen.

Merken Sie sich den Namen Johnson.

Aquí se habla Español. Ici on parle français.

Telephon 331-333 N. Basin

Miss Ray Owens' »Star Mansion«
1517 Iberville Street · Telephon 1793

Mit Abstand das stattlichste und modernste Freudenhaus in der blühenden Stadt an der Mississippi-Mündung. Das Türkische Zimmer in dieser Villa ist das schönste im ganzen Süden, die gesamte Einrichtung wurde von Vantine, New York, speziell für Miss Owens importiert.

Ihre Damen sind Mildred Anderson, Georgie Cummings, Sadie Lushter, Madeline St. Clair, Gladys Wallace, Pansy Montrose (Wirtschafterin).

Eine Madame nannte ihre Huren oft »Damen«, wenn sie glaubte, sie könnte damit den Preis für deren Dienste in die Höhe treiben. Der Spitzname *hooker* für Hure stammt übrigens aus dem Bürgerkrieg, als alle fern der Heimat nach allem möglichen auf der Suche waren. General Joe Hooker, ein gutaussehender Mann, war ein echter Fotzenjäger und verbrachte so viel Zeit in den Häusern des Rotlichtbezirks von Washington, daß die Leute diese Gegend irgendwann »Hooker's Division« nannten. Und so ergab es sich ganz von allein, daß man die Mädchen, die dort arbeiteten, *hookers* nannte.

Huren und Spieler passen anscheinend irgendwie zusammen – wie Schinken und Eier. Die meisten Spieler waren weder kleinlich noch großspurig. Meistens gaben sie ihr Geld am Spieltisch oder im Freudenhaus aus. Spieler – und ich habe ein paar Dutzend der besten kennengelernt – standen immer unter einer ungeheuren Nervenanspannung. Vielleicht zeigten sie es nicht, aber ich konnte erkennen, wenn einer von denen, die um hohe Einsätze spielten, einen Riesengewinn gemacht hatte. Dann kam er mit hochrotem Kopf und trillernden Fingern ins Haus, nahm sich seine Lieblingsmieze mit nach oben, und wenn sie gerade einen Kunden hatte, ein anderes Mädchen, das frei war. Und oben legte er los, erzählte mir das Mädchen später, als wollte er eine Frau durchsägen. Hart und lang – auf diese Art beruhigten sich die Spieler oft. Es gab ein paar, die zogen einfach bei einem Mädchen ein, wenn sie eine Flaute hatten, saßen unrasiert im Zimmer herum, rauchten Stumpen, teilten immer wieder von neuem ihre Karten aus und gingen drei- oder viermal am Tag mit dem Mädchen ins Bett. Kam aber ein Dampfer mit Kerlen, vielleicht ein paar Rancher oder Draufgänger dabei, die was erleben wollten, dann ließ sich so ein Spieler schleunigst rasieren und parfümieren, zog seine besten Klamotten an und die unechten gelben Diamanten. Während der nächsten Tage kam er dann kaum zum Schlafen und zum Essen und auch kaum aufs Klo. Ruhig, gelassen saß er da, man hätte meinen können, er wäre aus Stein. Aber sobald das Täubchen gerupft war oder das Spiel gegen ihn lief, war er wieder im Haus und versuchte, eins von meinen Mädchen durch die Matratze zu rammeln. Ärzte können das vermutlich erklären. Für uns Madames war es ein gutes Geschäft.

Manchmal organisierten Spieler solche Spiele auch in einem Haus. Poker und verschiedene Abarten wie Draw und Stud waren am beliebtesten. Außerdem Faro, Blackjack, Old Sledge, Shell Game, Three Card Monte, Chuck-a-Luck, Escarte und Brag und sogar Whist. Ich habe Spielern nie erlaubt, in meinen Häusern zu arbeiten, aber oft habe ich mich mit ein paar Gästen zu einem freundschaftlichen Spiel hingesetzt.

Ich habe die Annoncen in den Freudenhausführern nie besonders ernst genommen – ich fand, dadurch daß man irgendwas gedruckt sieht, wird es auch nicht besser oder schlechter.

Das *Blue Book* war richtig vornehm – hatte sogar ein französisches Motto:

Honi soit qui mal y pense

Dieser Führer durch das Vergnügungsviertel hat schon vielen Leuten vielfach geholfen und seine Zuverlässigkeit in bezug auf das, was sich in der Welt des Vergnügens tut, unter Beweis gestellt.

Warum New Orleans
diesen Wegweiser braucht

Weil diese Stadt über den einzigen Bezirk dieser Art in den Staaten verfügt, der durch Gesetz den leichten Frauen vorbehalten ist.

Weil er den Fremden auf den richtigen und sicheren Weg führt, auf dem er sich unbehelligt von »Nepp« und anderen Betrügereien, denen Fremde sonst oft ausgesetzt sind, bewegen kann.

Dieser Bezirk reguliert das Auftreten der Frauen, insofern sie hier in einem eigenen Gebiet und nicht über die ganze Stadt verstreut leben, wobei sich unsere sämtlichen Hauptstraßen mit Straßendirnen füllen würden.

Der Wegweiser nennt auch die Namen von Unterhalterinnen, die in den Tanzlokalen und Cabarets des Bezirks angestellt sind.

Welcher alte Kavalier erinnert sich heute noch an Kate Townsend, Fanny Sweet, Red Light Liz (die Geliebte von Joe the Whipper, der immer ein Sortiment Peitschen bei sich hatte und den Gast aussuchen ließ, mit welcher er geschlagen werden wollte), Nelly Gasper, Fanny Peel und an die Huren Kidney Foot Jenny, One Eye Sal, Gallus Lu, Fighting Mary, die in der Smoky Row, in der Bienville Street und der Conti Street mal berühmt waren? Anders als bei Rennpferden und preisgekrönten Hunden hat niemand die Namen dieser Frauen festgehalten.

Der Polizeichef D. S. Gaster hat ausgerechnet, daß es in der besten Zeit in Storyville 230 Freudenhäuser, 30 Stundenhotels und 2000 Huren gab, die alle im Fleischgeschäft arbeiteten.

Um zahlende Gäste zu ködern, mußte eine Madame schon mal die Trommel rühren. Einige lockten mit Geschichte und Literatur. Eine Madame schwor heilige Eide, sie sei eine Nachfahrin der Squaw aus Longfellows berühmtem Gedicht, und hatte in ihrem Salon ein Gemälde mit einer Plakette hängen: *Mr. und Mrs. Hiawatha, Vorfahren von Minnie Haha.* Minnie hatte Häuser an der Union und der Basin Street. Von Kitty Johnson wurde erzählt, ihre Freunde hätten sich auf dem Bürgersteig vor ihrem Haus ihretwegen ein Duell geliefert, und der Preis für den Sieger wäre ein Dinner mit den Mädchen gewesen.

Im Haus von Josephine Killeen konnte man Millie Williams und ihre blutjunge Tochter für fünfzig Dollar als Gespann haben. Die Polizei verhaftete die beiden, und Mrs. Killeen erklärte, es sei doch nicht recht, »ein Mädchen von seiner Mutter zu trennen, die auf die Hilfe der eigenen Tochter nun mal angewiesen sei«. Jungen Mädchen zwischen zwölf und sechzehn konnte man im Bordell oft begegnen.

Kate Townsend brachte Klasse in die Basin Street. Sie hatte die größten Brüste von New Orleans, und der Anblick, wie sie vor ihr herwanderten, war wirklich sehenswert. Kate war eine Trinkerin und hatte politischen Einfluß. Ihr Haus mit der Nummer 40 war eines der prachtvollsten in ganz Amerika. Die Ausstattung der Räume hätte vierzigtausend Dollar gekostet, sagte sie. Arabische Teppiche, Marmorkamine, die Täfelung aus massivem Nußbaum. Es hieß, ihre *boîte à l'ordure* – also ihr Nachttopf – wäre aus massivem Gold.

Mir kam er so vor, als wäre er nur vergoldet. Ich habe noch einen Zeitungsausschnitt mit einem Bericht über das Freudenhaus von Kate Townsend – nur um zu zeigen, wie ausgefallen es war.

Da war die Rede von »einer herrlichen Etagere mit Statuetten, Werken bedeutender Künstler, sowie kleineren Kunstgegenständen, die in Auswahl und Arrangement von gutem Geschmack zeugten. Daneben stand ein kunstvoll gefertigtes Marmortischchen und nächst diesem wiederum ein großartiger Schrank mit Glastüren, auf dessen Borden eine Fülle erlesener Leinenwäsche und Bettbezüge lag. Neben dem Schrank war ein mit Rips und Damast bezogenes Sofa, und über dem Kaminsims hing ein kostbarer französischer Spiegel mit Goldrahmen. In der Ecke neben einem Fenster auf der anderen Seite des Kamins stand ein großes Buffet, darin eine große Menge Silberzeug. Ein anderer, dem oben beschriebenen ähnlicher Schrank sowie ein Tisch und das Bett vervollständigten die Einrichtung des Zimmers zusammen mit einer Anzahl von mit Rips und Damast bezogenen Sesseln und farblich abgestimmten Kopflehnen. Der Bettbehang und selbst das Moskitonetz waren aus Spitze, und vom Betthimmel hing ein exquisiter Blumenkorb herunter. An den Wänden ringsum hingen sittsame, kostspielige Ölgemälde.«

Sittsam – von wegen!

Kate Townsend hatte mehr als zwanzig Mädchen. Der Wein kostete fünfzehn Dollar die Flasche, ein Mädchen fünfzehn Dollar, besonders begehrte zwanzig. Kate war sich nicht zu schade, auch selbst einen Gast nach oben zu begleiten – für fünfzig Dollar die Nummer.

Manche Madames sorgten für ein saftiges Beiprogramm und Spezialvorstellungen von außerhalb. Ich mochte die Voodoo-Shows der Nigger nicht besonders, aber wenn ein spendabler Gast aus dem Norden, der von ihnen gehört hatte, mich nach etwas Besonderem fragte und die Fuhre bezahlte, nahm ich Kontakt mit Mae Malvina auf, ließ mir von ihr ein paar Mischlingstänzer und -tänzerinnen schicken und ließ sie beim Klang der Trommeln aufeinander losgehen, und den Kunden, die mal eine schwarze Muschi sehen wollten, gefiel das anscheinend.

Im Sommer war es in New Orleans unerträglich – die Luft so heiß und so feucht, als wäre sie Suppe. Ich machte zu, und die Mädchen gingen nach Norden, arbeiteten vielleicht in einem der Hurenhäuser in einem Badeort auf dem Land, oder verreisten mit ihrem Liebhaber, wenn sie einen hatten, und verschleuderten ihr Geld. Oder sie fuhren nach Hause, wenn es so was gab, besuchten die Verwandten, und denen fielen dann wegen den Kleidern, die sie trugen, und all den Geschenken die Augen aus dem Kopf. Mir sind im wirklichen Leben nicht viele Familien begegnet, die einen Dollar mit Bettflecken drauf verschmäht hätten.

Ich fuhr meistens nach Colorado – nach der Feuchtigkeit am Golf war die feine dünne Luft herrlich. Viele Madames machten es wie ich, und dann trafen wir uns in Denver wieder, aßen zusammen und fachsimpelten im »Old Windsor« – nichts wie Spiegel und Ormulu und feiner Plüsch, genau wie in einem erstklassigen Bordell. Oder wir mieteten uns einen schicken Wagen und fuhren raus nach Georgetown zu Louis Dupuys »Hotel de Paris« oder zum »Teller House« in Central City oder Haw Tabors »Vendome Hotel« in Leadville. Das Essen war gut, und ich spielte ein bißchen. Ich spielte gern Poker, aber nicht so, daß es weh tat. Meistens war ich die einzige Frau im Spiel. Wenn mir danach war, fuhr ich auch nach Virginia City im Westen von Nevada – immer ins »International House« an der C Street, glaube ich. Und die Leute von den Gold- und Silberbergwerken – lauter alte Gäste von mir – begrüßten mich, wenn sie allein waren. Ich lernte, daß man am besten abwartet, bis *sie* das Zeichen geben, daß man sich kennt.

Florida gefiel mir sehr, auch wenn der Sommer da genauso schlimm war wie in New Orleans. Aber manchmal, wenn es zu Weihnachten und Neujahr hoch hergegangen war, ließ ich den Laden in der Obhut von Harry und der Wirtschafterin und traf mich mit einer Madame im »Royal Poinciana«, oder wir fuhren rauf nach Poland Spring oder in die Gegend am Greenbrier. Der Service in den Zügen, im »Seaboard« zum Beispiel, gefiel mir, die eleganten Speisewagen auf der East-Coast-Line, die besten Strecken der Atlantic-Coast-Line.

Wenn ich nach New York kam, war mir das Waldorf gut genug. Aber ich konnte die Stadt nicht leiden und fuhr selten hin. Die schrecklichen Zeiten mit Sonny und Monte kamen wieder hoch, mir wurde schlecht, und ich gab dem Hummer in Aspik oder der *cuisine française* die Schuld. Die Erinnerung hat manchmal einen langen Ringelschwanz mit lauter Widerhaken. Ein angenehmer Ort, wenn man allein sein wollte, war das »Grand Hotel Tulwiler« in Birmingham. Die alten Zeiten lebten hier in der guten, stillen Bedienung fort.

Ein paarmal hätte ich beinahe einen Cunarder oder einen Dampfer von der Hamburg-Amerika-Linie bestiegen, um mir mal etwas von Europa anzusehen, aber ich habe es nie getan. Ich führte ein zufriedenes, angenehmes Leben. Ich war nicht unglücklich. Das ist das Beste, was ich über mich während all der Jahre sagen kann. Die Stile wechselten, das Jahrhundert wechselte, zumindest auf dem Kalender. Auf meine Art war das mit mir eine amerikanische Erfolgsgeschichte wie bei Mr. Frick, Mr. Carnegie, Teddy Roosevelt oder Mrs. Astor.

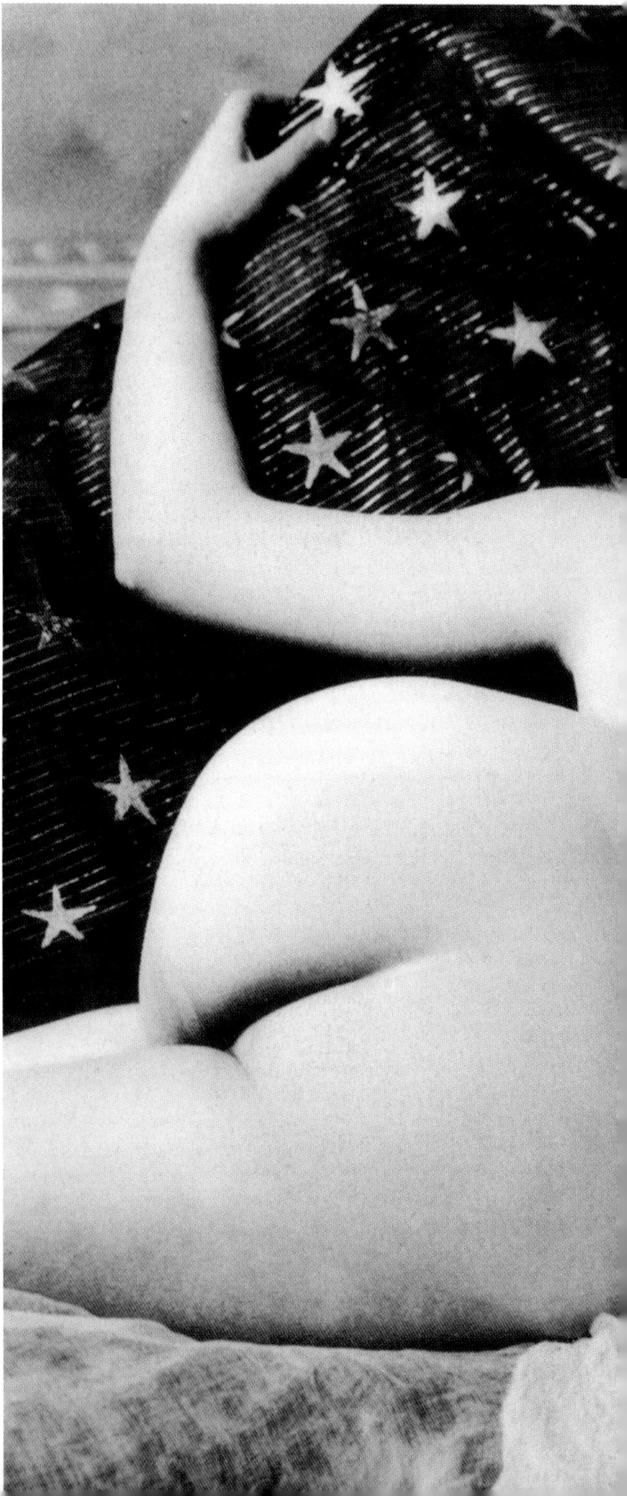

VIERTER TEIL
MEIN LEBEN
ALS MADAME

ZWEIUNDZWANZIGSTES KAPITEL
ÄRGER IM HAUS

Das Leben verliert an Farbe, wenn es zum täglichen Einerlei, zur Gewohnheit wird, das habe ich jedenfalls festgestellt. Die Tage werden lang und schleppen sich zum Ende hin. An all die stürmischen Silvesterpartys, die wir im Haus feierten, kann ich mich gar nicht mehr erinnern.

Einige fallen allerdings heraus. Das Jahr, in dem einem berühmten Schauspieler seine künstlichen Schneidezähne aus feinstem Porzellan in den Abfluß fielen und verschwanden, und dann das Jahr, als Lacey Belles mit Brandy flambierter Plumpudding die Vorhänge in Brand setzte und wir die Flammen mit Selters löschten.

Als die Neunziger kamen, habe ich ein bißchen zugenommen, aber ich war groß und konnte es ganz gut vertuschen, auch wenn hier und da manches ein bißchen erschlaffte. In einem engen Korsett, wenn mir zwei Hausmädchen halfen und mich richtig einschnürten, hätte ich – so hieß es – immer noch einen herrlichen Hintern und stramme Titten. Falls man die altmodische Figur mochte. Nur aus der Nähe konnte man die Fältchen um die Augen sehen, und daß das goldrote Haar bleicher wurde. Ich hatte Goldzähne und pflegte sie. Aber ich ließ mich vom Zahnarzt nicht überreden, mir auch vorne so einen Zahn einbauen zu lassen. Ich hatte eine gesunde Verdauung. Ich trank nicht so viel wie manche und nicht so wenig wie andere. Mit Wein kannte ich mich seit der Zeit bei den Flegels aus und nahm gern einen Clos du Chapite, einen weißen Burgunder.

Die Jahre hetzten vorbei, als hätten sie Angst, wir könnten sie fangen. Ich war vierundvierzig und log mich noch ein paar Jahre jünger. 1898 kam mir vor wie ein Jahr, in dem besonders viel los war. Die Aufregung um Kuba im Krieg mit Spanien war gut für das Haus. Jeder begeisterte sich an der Vorstellung, die Spanier fertigzumachen. Mir war es völlig egal, wer das Schlachtschiff Maine in die Luft gesprengt hatte, aber auf der Straße war anscheinend jeder bereit, sich eine Flinte zu schnappen und die *spiks* umzulegen. Ich habe die Spanier, die ich kennenlernte, immer gemocht – sie hatten gute Manieren –, und ich verstand nicht, was der Mann verbrochen haben sollte, bei dem ich meine Diamantohrringe gekauft hatte, oder wie ein anderer, der kaputte Fenster neu verglaste, am Untergang der Maine schuld sein konnte. Ich war nie patriotisch, niemand, der Fahnen schwingt. Für mich war eine Fahne ein zusammengenähtes Stück Stoff mit einem farbigen Muster, obwohl ich wußte, was sie zu bedeuten hat. Aber ich habe nie ein Land mit seiner Regierung verwechselt, oder die Kerle, die eine Zeitlang das Sagen hatten, mit der Fahne. Bei dem Gefeilsche um Protektion und Schmiergeld wußte ich immer, daß eine Regierung oder Verwaltung nicht bloß eine Fahne ist oder nur aus glorreicher Geschichte besteht, sondern daß sie meistens eine Ansammlung von habgierigen und ziemlich verkommenen Leuten ist, sogenannten Politikern. Ich war nicht mal der Meinung, daß sie alle schlecht wären. Wir hatten ein paar große Männer – auch in Washington. In jedem Faß mit faulen Äpfeln findet man auch ein, zwei gute.

Nein, ich hätte keine Lust, für eine Fahne zu sterben oder für die Geschichte oder für Politiker. Ich habe es gehaßt, wenn wegen irgendwelcher Parolen Leute erschossen wurden oder Soldaten gefallen sind, oder damit die United Fruit oder die So-und-so-Sugar Company mehr Land bekommt, oder wegen dem, was in der *New York World* zu lesen war. Ich habe gesehen, wie sich die Ananaskönige und ein paar Missionarssöhne ganz Hawaii unter den Nagel gerissen haben.

Einer von diesen Ananaskönigen hat – indirekt – dafür gesorgt, daß ich für drei Jahre aus der Stadt gejagt wurde, meinen Laden zumachen und an die Westküste ziehen mußte. Dieser Ananaskönig war bloß ein verkommener Trampel, der in den Salon kotzte und sich dann mit dem Tischtuch den Mund abwischte. Einmal versuchte er, den Hofhund abzuknallen, wegen seinem Gebell. Harry mußte ihm die Pistole abnehmen.

Den größten Ärger machte uns dieser Mann dadurch, daß er unbedingt einen Freund ins Haus mitbringen wollte, den ich hier Frank P. nennen will (seine Familie ist in New Orleans noch immer sehr einflußreich). Frank war jung, aber schon ein Säufer. Immer schwitzte er in seinen weißen Leinenanzügen, immer klopfte er allen Leuten auf den Rücken, kniff die schwarzen Mädchen, wedelte mit einem Packen Banknoten und sagte: »Wo die herkommen ist noch viel, viel mehr.« Es gibt diese Burschen, die begriffen haben, daß man mit Geld alles kaufen kann. Nicht, daß ich ihnen widersprechen würde. Ich finde nur, man sollte dabei ein bißchen Geschmack zeigen.

Frank hatte keinen Geschmack und keine Manieren, nur eine reiche Familie, die sich drei Großmütter zurück in Georgia und Florida angesiedelt und während des Bürgerkriegs so viel Land und Baumwolle zusammengestohlen hatte, daß sie jetzt steinreich war. Inzwischen waren sie in die Stadt gezogen und machten sich hier breit. Ich mochte diesen Frank nicht, aber er hatte gute Beziehungen in der Stadt. Ich wollte auch nicht, daß mir seine Leute aufs Dach stiegen. Die waren nämlich der Meinung, das hat mir Frank gesagt, wenn er sich in einem Hurenhaus austobte, würde er zu Hause nicht soviel saufen und auch nicht andauernd versuchen, die Freundinnen seiner Schwestern, die bei ihnen zu Gast waren, flachzulegen. Er war eben ein richtiger Prachtjunge aus dem Süden.

Auch die Mädchen im Haus konnten Frank nicht leiden. Er stieß sie herum und schlug sie. Nach einer Sauftour bekam er den Pimmel nicht hoch. Dann bearbeitete er die Mädchen wie ein Verrückter, um einen Steifen zu kriegen. Es gibt Leute, denen macht es Spaß, anderen weh zu tun, und wenn sie bei irgendwas Wichtigem versagen, zum Beispiel beim Sex, dann tun sie den anderen noch mehr weh.

Ich sagte zu Frank, er bekäme Hausverbot, wenn er meine Mädchen weiter so piesacken würde. Einem kleinen Mädchen names Agnes, das für mich arbeitete, hatte er schon mal ein blaues Auge verpaßt und dafür gezahlt. Sie war die Schüchterne, die jedes Haus für bestimmte ängstliche oder nervöse Gäste hat. Bei ihr war es immer so, als wäre es ihr erstes Mal mit einem Mann. Sie konnte sich ducken, als hätte sie Angst, als wollte sie vor der ganzen Welt verstecken. Agnes war wohl wirklich nicht ganz richtig im Kopf, ein paar Tassen fehlten in ihrem Schrank, und vor der Welt fürchtete sie sich wirklich. Sie kam aus Tampa in mein Haus, stammte aus einer Familie von armen Weißen. Seit sie zwölf war, hatte sie bei den Obstpflückern und Krabbenfischern als Hure gearbeitet. Meistens war sie still, und dann plötzlich bekam sie einen Anfall, schrie herum wegen irgendwas, einem kaputten Knopf am Schuh oder weil jemand ihre Lieblingstasse benutzt hatte. Oder sie schmollte, schob sich die Finger in den Mund und kaute daran herum. Ich behielt Agnes, weil sie gut für die Kunden war, die Macht über ein Mädchen haben wollten. Für Agnes war jeder Fick wie eine Vergewaltigung.

Frank ließ Agnes keine Ruhe, bedrängte sie, verlangte verrückte Sachen von ihr, wenn er feststellte, daß er nicht konnte. An diesem schlimmen Abend nahm er eine Flasche mit aufs Zimmer – Brandy, der ihn immer völlig fertigmachte – und war bald sternhagelvoll. Er sagte, es würde ihn sexuell richtig hochbringen, wenn Agnes ihr Schamhaar in Brandy tauchte und anzündete! »Fotze flambiert«, nannte er das. Agnes fing an zu schreien, Frank drängte sie in eine Ecke und schlug mit der Brandyflasche auf sie ein. Die Flasche zerbrach und schlitzte Agnes die rechte Wange auf.

Agnes griff nach irgendwas, bekam eine Schere zu fassen, die auf ihrem Nachttisch lag. Mit blutüberströmtem Gesicht, vor sich Frank, der ihr mit dem gezackten Ende der zerbrochenen Flasche den Schädel einzuschlagen drohte, machte sie einen Satz und stieß ihm die geschlossene Schere ins rechte Auge, ohne wirklich zu zielen. Das sagte sie mir jedenfalls später, und ich glaubte ihr.

Die schmale, scharfe Schere muß Frank in dem Augenblick getötet haben, als sie in sein Gehirn drang. Er kippte einfach nach hinten, der Scherengriff stand ihm aus dem Augapfel.

Beim ersten Schrei von Agnes war ich aus dem Salon nach oben gestürzt und sah sie nun nackt, blutend wie ein gerade abgestochenes Kalb, und er in Unterhosen der Länge nach auf dem Teppich, die Schere aus dem Kopf ragend, und das ganze Zimmer stank nach verschüttetem Brandy.

Ich schickte die Wirtschafterin nach unten, sie sollte sagen, in einem der Zimmer hätte es einen Herzanfall gegeben. Die Gäste sollten bitte das Haus verlassen, bevor wir im Krankenhaus anriefen und Hilfe holten. Das tat seine Wirkung. Kein Gast wollte in einem Hurenhaus angetroffen werden, wenn ein Untersuchungsbericht aufgesetzt werden mußte. Ich rief Harry nach oben und zeigte ihm, wie es in dem Zimmer aussah, und versuchte gleichzeitig, Agnes zu beruhigen. Ich gab ihr eine kräftige Dosis Laudanum in Wein. Ich verband ihr den Kopf mit einem Handtuch. Es war schwierig, die Blutung zu stoppen. Die Wunde ging sechs Zentimeter tief.

Ich warf Harry einen Blick zu. »Geh und hol Captain B.!«
»Den Doktor bring ich am besten auch gleich mit.«
»Mach unten das Licht aus! Die Mädchen sollen auf ihre Zimmer gehen. Schließ sie ein! Sag ihnen, sie hätten nichts gehört und nichts gesehen – alle hätten geschlafen.«

Harry machte sich auf den Weg. Ich schaffte Agnes in mein Zimmer, legte sie ins Bett und bat Lacey Belle, der ich vertrauen konnte, bei ihr zu bleiben. Der Arzt kam, ein verkrachter Doktor, der Abtreibungen bei Huren machte und Syphilis behandelte und seine Zulassung als Arzt schon vor Jahren verloren hatte. Er verbrachte sein Leben mit Schnorren und Pferdewetten und war dabei nicht mal besonders unglücklich. Er nahm das Handtuch ab, mit dem ich die Wange von Agnes verbunden hatte, und sagte, es würde eine mordsmäßige Narbe bleiben, wenn er nicht sofort nähte. Ich ließ Harry und Lacey Belle bei ihm, sie sollten Agnes halten, nachdem er ihr ein Mittel gegeben hatte, das sie noch ein bißchen dösiger machen sollte.

Wenn es Probleme gab, hielt ich mich immer an die Polizeispitze. Captain B. saß im Salon. Er war ein ehrlicher Cop, der tat, was ihm von oben gesagt wurde. Er nahm seinen Anteil, fragte nie nach einem Mädchen, und ich wußte, er war ein anständiger Kerl. Er merkte, wie nervös ich war, als wir im Salon saßen und einen Bourbon tranken. Ich berichtete ihm, was mir das Mädchen über den Ablauf erzählt hatte.

Ohne das geringste Anzeichen von Aufregung sagte er: »Und Sie sind sicher, daß er tot ist?«

»Kommen Sie und sehen Sie selbst.« Wir gingen nach oben, und ich schloß die Tür auf. Captain B. beugte sich über die Leiche, ohne sie zu berühren. Nach einer Weile stand er wieder auf und rieb sich die Hände. »Mausetot. Und das Mädchen? Bleibt sie am Leben?«

»Wenn sie keine Blutvergiftung bekommt. Der Doktor ist bei ihr. Sie wird nicht reden. Ich habe ihr gesagt, sie soll den Mund halten.«

Captain B. sah auf Frank hinunter und tippte mit einer Schuhspitze gegen die tote, nackte Schulter. »Sie kann auf Notwehr plädieren. Aber diese Sache wird einigen Wirbel machen. Wie zuverlässig sind Ihre Leute?«

»Harry kennen Sie. Nur er und ich haben dieses Zimmer gesehen. Und das Mädchen natürlich.«

»In einer Stunde bin ich wieder da. Muß mit ein paar Leuten reden. Halten Sie die Türen zu!«

Um vier Uhr früh schleppten Harry und Captain B. Franks Leiche, die sie in eine Zeltbahn gewickelt hatten, durch die Hintertür nach draußen. Wenig später fuhren sie auf einem leichten Wagen mit zwei Pferden davon, Harry lenkte. Zwei

Tage später wurde Franks Leiche an einer seichten Stelle des großen Sees gefunden. Ein Bootsunfall. Er war auf irgend etwas Scharfes gestürzt und dann aus dem Boot gekippt. Es stand nicht mal in der Zeitung.

Ich hielt das Haus geöffnet, aber den Teppich aus dem Zimmer von Agnes ließ ich wegschaffen und verbrennen. Agnes kam in ein Sanatorium nach Baton Rouge. Ich saß da und wartete ab. Ich wußte, es würde etwas nachkommen. Dann war Captain B. wieder da. Wir setzten uns in mein Zimmer. Er sah mich an und tätschelte mir das Knie.

»Sie wissen ja, ich bin ein anständiger Polizist. Ich will Ihnen reinen Wein einschenken. Wir mußten dem Vater des Jungen sagen, daß er sturzbetrunken war und daß ein Mädchen, eine Hure, verletzt wurde, vielleicht sogar lebensgefährlich. Von einem Freudenhaus war nicht die Rede. Er hat sich mächtig aufgeregt, aber die Leute oben haben die Sache inzwischen geklärt. Es wird keine Untersuchung geben. Unter zwei Bedingungen.«

»Und die wären?«

»Wenn es zum Skandal käme, müßten vielleicht alle Häuser schließen. Auch mit dem Schmiergeld wäre dann Schluß. Sie müssen Ihren Laden zumachen und für ein paar Jahre aus der Stadt verschwinden, bis Gras über die Sache gewachsen ist. Ich habe diesen Leuten gesagt, man könnte Ihnen trauen, aber – nun ja, sie wollten, daß Ihr Haus geschlossen wird und daß Sie die Stadt verlassen. Und das Mädchen geht selbstverständlich mit Ihnen oder sonstwohin, aber raus aus der Stadt.«

»Und ich kann nichts dagegen tun?«

»Nein. Wenn Sie bleiben, machen wir hier dicht.«

»Haben Sie eine Ahnung, wieviel ich da reingesteckt habe?«

Er sagte, er wüßte es und es täte ihm leid. Er sagte auch, wenn ich erst mal weg und das Haus zwei, drei Monate zu wäre, könnte ich es über Roma mit Einrichtung und allem vermieten. Aber ich selbst dürfte mit dem Betrieb nichts zu tun haben.

Ich sagte, wenn es sein müßte, dann müßte es eben sein. Captain B. zog zwei Briefe aus einer Innentasche. »Hier sind Empfehlungsschreiben an die richtigen Leute in San Francisco. Falls Sie da etwas aufmachen wollen.«

An San Francisco hatte ich schon gedacht. Ich hatte zwar ein mieses Gefühl bei der Vorstellung, aus der Stadt verjagt zu werden. Aber andererseits, wenn Agnes doch wegen Mord vor Gericht käme, wäre auch ich ruiniert und sogar in den Fall verwickelt. Und die Schließung aller Häuser konnte die Folge sein. So machten sie mich zum Sündenbock für alle. Ich sah, daß Captain B. und die Leute über ihm ihr Bestes taten. Für mich und für sich selbst. Alle Statuen zeigen die Justitia mit verbundenen Augen. Ich hatte schon immer den Verdacht, daß sie außerdem auch schielt. Ich wollte meine Theorie aber nicht weiter prüfen. Ich ordnete meinen Kram, schloß das Haus, brachte die Mädchen in anderen Häusern unter und nahm den Zug. Harry und Lacey Belle kamen mit. Zuerst nach Norden, nach Saint Louis, wo ich nach dem Geld, das ich angelegt hatte, und meinen Konten sehen wollte, und dann in den Westen, nach Kalifornien. Es war eine staubige, heiße Fahrt, überall Aschekrümel und ein Gleisbett, das dringend ausgebessert werden mußte. Aber immer noch besser als die großen Trecks, die damals nach Westen rollten.

Immer war vom Westen die Rede, und alles, was ich auf Postkarten und Stereophotographien gesehen hatte, war tatsächlich da. Die roten Felsmassive, die riesigen, unendlichen Strecken im Nichts, diese ganze Leere. Es war kaum zu glauben, daß irgendwo hinter mir Menschen dicht an dicht in großen Städten lebten und sich um Grundstücke mit Straßenlage stritten, während hier alles leer war, nichts außer Sand, Fels und ein paar Büschen. Die Rockies warfen mich fast um. Wie sich da Felsen über Felsen türmten, manche sogar mit Schnee bedeckt.

Schließlich kam ich steif und staubig und mit gestörter Verdauung nach Kalifornien hinunter. Ich versuchte mich zu berappeln. Ich überlegte, ob ich mich auf die faule Haut legen sollte. Oder sollte ich ein Haus aufmachen?

Nächtelang hatte ich mich in meiner Koje in Mr. Huntingtons tuckerndem Zug hin- und hergewälzt, hatte der Lokomotivpfeife und dem Tock-Tock der Wagenräder gelauscht und mich gefragt, was ich machen sollte. Ich war nicht mehr jung und kein Mann und hatte nichts außer ein paar Papieren, aus denen hervorging, welche Aktien ich besaß und wie mein Kontostand war. Ich dachte sogar an Monte und Sonny. Die beiden drangen nicht oft zu mir durch. Ich schob sie weg. Ich wollte nicht mit einem Pfund Blei im Magen durchs Leben gehen und ständig zurückdenken. Ich fand immer, der Gedanke an einen Drink, ein gutes Essen und einen fröhlichen Tag reicht. Dazu noch die Freude, wenn man zwei gute Pferde besitzt, und gute Gespräche mit Männern im Salon, wenn die Gäste sich kennen und offen über alles reden, was zum Leben gehört. Solche Unterhaltungen bestehen nur aus Klatsch und Mitteilungen. Klären tun sie nichts, und ernst nehmen sollte man sie auch nicht. Aber ein gutes Gespräch ist für mich Bildung ohne Quälerei.

Würde ich das wiederfinden? Mich überkam die Sehnsucht nach dem alten Freudenhaus, das jetzt dunkel, verschlossen war, alles mit Tüchern abgedeckt, die Rolläden runter, der Schlüssel bei Romas Leuten, die jemanden finden sollten, der das Haus übernahm.

An der Fähre in Oakland sah ich hinüber nach San Francisco und sagte mir: Warum nicht? Egal wo – ich war eine Madame.

DREIUNDZWANZIGSTES KAPITEL
DIE HALBWELT AM GOLDEN GATE

Ich nahm mir ein gutes Zimmer im Palace Hotel und packte aus. Ich besann mich darauf, daß ich mich für San Francisco entschieden hatte, weil ich hier Freunde aus der Branche hatte und weil die Stadt sehr freizügig war. Ich hatte Empfehlungsschreiben von einem Richter und einem Spediteur an einige Politiker, die mir Protektion verschaffen und behilflich sein konnten, ein ordentliches Haus aufzumachen, ohne daß mir die Justiz oder die Gangster in die Quere kamen. Und alle hatten erzählt, die zahlungskräftigen Kunden an der Westküste seien ein besonders lüsternes Völkchen.

Drei Jahre, von 1898 bis 1901, führte ich ein erstklassiges Haus für die Zylinderkundschaft im Uptown Tenderloin-Distrikt und hatte dabei nie den geringsten Ärger – mal abgesehen davon, daß gelegentlich was zu Bruch ging und daß drei übereifrige ältere Kunden einen Herzanfall bekamen und zwei Mädchen an Lungenleiden starben. Und dann noch der Silvesterabend, an dem der Neffe eines Eisenbahnbauers bei mir Feuer legte und nachher löschen wollte, indem er in die Flammen pinkelte. Dieser Brand war keine Kleinigkeit, und seine Familie zahlte für die Vorhänge, die Tapete und Monicas Kleid. Die Mädchen und ich reisten im Zug immer auf Freikarte – so viele hohe Tiere von der Eisenbahn gehörten zu unseren Stammkunden.

Wenn man ein erstklassiges Haus aufmachen will, muß man sich genau überlegen, welche Mädchen man nimmt – angenehm sollen sie sein, rege, einfallsreich, aber nicht übergeschnappt. Auch die Lage des Hauses will bedacht sein – eine gute Gegend, aber unauffällig. Jede Stadt mit

Nachtleben hat auch ein Hurenhaus. Und in den etwas abseits gelegenen Straßen liegen die besten Bordelle, die den tonangebenden Familien, den reichsten Lebemännern und den großen Tieren in Politik, Recht und Wirtschaft Spaß und Umgang mit Mädchen verschaffen. Ich habe mir die Kirchenmoral in diesen Dingen nie genau angesehen, aber wenn die Natur nicht gewollt hätte, daß die Männer von San Francisco loszogen und mit Dirnen anbandelten, dann hätte sie diese Freier nicht so gut ausstatten und so unternehmungslustig machen sollen – die meisten jedenfalls, bis ins Alter von siebzig und noch darüber. So wie ich es sah, bediente ich noch immer ein wesentliches, natürliches Bedürfnis. Ich hatte das Gefühl, ich lieferte ein gutes Produkt, wahrte die Geheimnisse von jedem, kümmerte mich um Gesundheit und Wohlergehen aller Beteiligten und stellte in Rechnung, was der Kunde zahlen konnte. Er bekam verdammt guten Whisky – denn wie in New Orleans bestand ich auf bestem Kentucky-Bourbon und guten Weinen für diejenigen, die was von Wein verstanden. In jedem Haus, das ich hatte, waren Möbel und Ausstattung so gut wie das, was der Kunde zu Hause hatte, meistens besser. Die Betten waren aus massivem Mahagoni, nicht irgendwelches billiges Furnier, und die Porzellanwaschbecken, Spiegel, Armaturen und Beschläge wurden an der California Street später als Antiquitäten verkauft.

Als erstes mußte die Protektion geregelt und bezahlt werden. Ich löhnte beim Wachtmeister, der vorbeikam und Hallo sagte, beim Gesundheitsinspektor, bei den Anwälten der frommen Familie, der das Haus gehörte. Danach war mein Beutel fast leer – zumindest mein Brustbeutel mit Bargeld für den Notfall, den Schauspieler und andere Leute an einer Schnur um den Hals trugen.

Bevor ich die große zweiflügelige Eingangstür aus dunklem Eichenholz zum erstenmal aufschloß, studierte ich die Geschichte der Stadt und der Branche. Old Sugar Mary schlug sich inzwischen als »Perlentaucherin«, als Geschirrspülerin, durch. Sie war schon früh, mit dem ersten Goldrausch hergekommen, hatte Kneipen und Bumsläden gehabt, und nun behauptete sie: »Ich habe das Glück von vielleicht fünftausend Mädchen gemacht.« Wenn man ihr eine halbe Flasche Gin und eine gute Zigarre spendierte, erzählte sie einem, wie es mit den Freudenhäusern an der Küste angefangen hatte, und ich kapierte, daß wohl jede Stadt, wenn es dunkel wird, ihre eigenen Gewohnheiten hat. Die von San Francisco waren in mancher Hinsicht wie in anderen Städten und in mancher Hinsicht ganz anders.

In einem Punkt unterschied sich San Francisco von jeder anderen Stadt – es war jünger, wirklich jung. Deshalb hatte es mehr Mumm, Feuer und Lebenslust, den Kunden saß das Geld lockerer, und im Bett trieben sie es wilder. »Die kommen hier mit Lloyd's Panamint und Lone Pine Stage aus der Wüste angefahren, die Taschen voller Geld«, sagte die alte Hure, »und beim Aussteigen qualmen ihnen die Ohren.«

Old Sugar Mary konnte sich noch an die frühe Zeit erinnern, als es mit der Hurerei hier richtig losging – in den Zelten und Hütten der mexikanischen und südamerikanischen Nutten, die alle *Chilenos* genannt wurden. Sie arbeiteten unten am Hafen und an dem Anstieg zum Telegraph Hill. Die Nachfrage war groß, und die Arbeit lohnte sich, weil die Konkurrenz nur aus Negerinnen und Squaws bestand. Dann wurde der Boom wilder, die Bodenpreise stiegen, und die Bucht von Yerba Buena wurde zugeschüttet. Sugar Mary schimpfte: »Die haben einfach die Masten von den Schiffen abgesägt, Erde drüber, und schon war der Hafen ein Stück größer.« Das Gewerbe zog zum Portsmouth Square um, aber da blieb es auch nicht lange.

Als ich nach San Francisco kam, verlangten die reichen Hurenbeutel Niveau. Irgendwelche Spelunken aufzumachen war sowieso nicht meine Sache, ist es nie gewesen. Wer sich kein hohes Ziel setzt, der kommt auch nicht hoch. Ich habe nie ein Haus an der Barbary Coast gehabt, da war es mir zu verkommen, zu billig für das, was ich wollte. Sugar Mary kannte eine Madame namens Labrodet, die in den siebziger Jahren ein gutes Haus in der Nähe der Kreuzung Turk Street, Steiner Street hatte, und etwas Besonderes mit so einer Adresse wollte ich auch. Nicht wie dieses eklige House of Blazes, das eine gewisse Johanna Schrifin an der Chestnut Street, Nähe Mason hatte, drei oder vier Häuser gleichzeitig, wo die Straßenmädchen ihre Kunden mitbringen und ein Stundenzimmer mieten konnten. Da trieben sich die falschen Leute herum – Knackis und Typen, die mit K.o.-Tropfen arbeiteten, Scheckfälscher, Gauner, Diebe. Old Sugar Mary erinnerte sich an einen Polizisten, der ins Blazes gegangen war, um jemanden herauszuholen, nach dem gefahndet wurde – als der Hüter des Gesetzes wieder herauskam, fehlten ihm Pistole, Mütze, Handschellen und der Totschläger.

Nach vielen Droschkenfahrten, viel Lauferei und Reden beschloß ich, ein elegantes Haus im Uptown Tenderloin-Distrikt aufzumachen, weit weg von der Barbary Coast. Es gab dort vornehme Spielkasinos, gut ausgestattete Saloons und Cabarets mit Musik. Alle an der Mason, Larkin, O'Farrell, Turk und anderen guten Straßen unterhalb der Market Street. Es gab schöne Theater und prachtvolle Eßlokale, wo sich die besseren Leute und die feinen Herrschaften mit ihren Frauen vergnügten. Das Nachtleben war nicht gefährlich – das Gesindel, das sich an der Coast herumtrieb, kam hier nicht hin. Hier herrschte Niveau, hier verkehrten Leute mit Geld oder solche, die dafür gehalten werden wollten, und man lernt bald, daß diese letzteren oft mehr und bereitwilliger zahlen als erstere, einfach um den Anschein zu wahren, sie gehörten zu den oberen Vierhundert.

Das zweistöckige Haus, das ich aufmachte, war eines von den ganz schicken in dieser Gegend. Ich hatte einen Blick für Möbel und Ausstattung und schönes Holz. Ein kleines Hotel in der Nähe sollte abgerissen werden, weil da neu gebaut wurde. Von dort besorgte ich mir ein paar sehr schöne Sachen, die man damals, außer in teuren Antiquitätenläden, schon nicht mehr bekam. Komfort ist für ein erstklassiges Haus nicht genug – die Freier müssen auf Schritt und Tritt Luxus spüren. Ich richtete Lacey Belle eine schöne Küche ein, und Harry kaufte mir eine englische Bulldogge.

Mit Wein kannte ich mich aus, hatte auch einigen vom Feinsten, und eindrucksvolle Etiketten für die, die sich nicht auskannten. Vom Jazz hatte in S. F. noch kaum jemand gehört, also nahm ich den üblichen Klavierspieler – und Stephen Foster tat's immer noch, dazu eine ganze Menge Goldgräberlieder, die ich noch nie gehört hatte. Ich richtete die Zimmer so ein, daß ein Mann, der sich hier die Hose aufknöpfte, das sichere Gefühl haben konnte, er würde gut bedient werden.

Ich nahm keine Mädchen von der Coast, sondern ließ mir aus New Orleans und Saint Louis welche schicken und fing mit acht Mädchen an, dazu die alte Köchin Lacey Belle und Harry, der mit strenger Hand dafür sorgte, daß die Mädchen nicht aus der Reihe tanzten. Sie wußten, daß sie erstklassig waren, weil sie so nah bei der Market Street arbeiteten. Man muß dafür sorgen, daß eine Hure stolz auf sich und ihre Umgebung ist, dann hat man ein glücklicheres Mädchen, das auch freundlich zu den Freiern ist. Elend ist den Mädchen ohnehin oft genug zumute. Viele brechen zusammen, werden melancholisch, und manche bringen sich sogar um. Mir ist nie eine Hure begegnet, die immer fröhlich und munter war oder immer gelacht hat, außer im Theater und später im Kintopp – aber wenn Schauspielerinnen als Nutten auftreten, dann lachen die Hühner, so weit weg sind die von der Wirklichkeit. Nie habe ich in diesem gespielten Zeug einen Goldzahn gesehen – dabei haben die meisten Huren ganz gern einen oder zwei davon im Mund.

Ich sorgte dafür, daß die Mädchen in Form blieben, bestand auf äußerster Sauberkeit – Körper, Haar (nicht zu viele Kämme) und Kleidung. Ich sah zu, daß sie in feinen Négligés oder knappen Kostümen, die die Kenner reizen sollten, erschienen. Bei mir gab es das, was die Leute »das normale, altmodische Ficken« nennen – manchmal mit ein bißchen Drum und Dran, um einem Spezialkunden eine

Freude zu machen. Aber wie in New Orleans hatte ich für perverse Shows wenig übrig. Ich hatte ein halbspanisches Mädchen – Nina – mit einem harten Hintern, die konnte die Peitsche verkraften und auch benutzen, und es gab im obersten Stock ein Zimmer, wo die Mädchen schon mal eine saftige Vorstellung lieferten, wenn ein reicher Mann eine Party feiern wollte. Aber für lesbische Spiele und homosexuelle Abartigkeiten hatte ich nichts übrig. Old Sugar Mary meinte, ich würde mir eine Menge entgehen lassen dadurch, daß ich die Schwulen außen vor ließ, und es gab tatsächlich Läden in der Stadt, die damit ein Bombengeschäft machten. Ich vermute, als ich aufmachte, waren manche von den Goldgräbern von '49 längst abgestumpft und suchten extravagantere Sachen. Ich dagegen produzierte weiterhin einen einigermaßen ehrlichen Artikel in luxuriöser, angenehmer Umgebung und hatte nichts im Sinn mit dem Kram, der Arabern und Engländern zusagt. Ich war eine gute Geschäftsfrau. Einen Teeladen hätte ich genauso geführt, aber ich hatte das Gefühl, mit Tee könnte ich keinen Schnitt machen. Ich kam zurecht, und eines Tages wollte ich mich mit einem hübschen Batzen Bargeld und Anlagen aus dem Geschäft zurückziehen.

Ich lernte die Madames der Stadt kennen, und wie immer war es so, daß sich manche in der Branche genau auskannten, während andere nur kurz auftauchten und bald wieder aus der Stadt verschwanden. Eine meiner Nachbarinnen im Tenderloin war Tessie Wall, bekannt als Miss Tessie, eine stämmige Schönheit, aber eine Weintrinkerin mit einem Magen, der vier Liter faßte, ohne daß sie einmal aufstehen mußte. Miss Tessie war kräftig gebaut, ordinär und habgierig.

Jahrelang wurde eine Geschichte über sie erzählt. Bei einem Essen mit ihrem Liebhaber, dem Spieler Frankie Daroux, trank sie zweiundzwanzig Flaschen Wein und stand kein einziges Mal vom Tisch auf. Die beiden heirateten, und zur Hochzeit kamen mehr als hundert Gäste. Später hörte ich, Frankie hätte unbedingt gewollt, daß Miss Tessie das Hurenleben aufgab. Er wollte, daß sie mit ihm auf seiner Ranch im San Mateo County lebte. Miss Tessie sagte: »Lieber als Lichtmast auf der Powell Street als dieses Scheißland in der Pampa am Bein.« Der Spieler ließ sie sitzen und kam nicht zurück. Tessie besorgte sich einen Revolver. Als sie Frankie auf der Straße begegnete, zog sie die Waffe und feuerte dreimal. Sie zielte auf seine Eier, schoß aber knapp daneben – kein Volltreffer. Als die Polizei kam, stand sie heulend über ihrem Frankie. »Ich habe auf den Hurensohn doch bloß geschossen, weil ich ihn so liebe.«

Frankie wurde wieder gesund und zog nach New York. Miss Tessie setzte sich irgendwann zur Ruhe und nahm das goldene Bett, das sie in ihrem Haus immer benutzt hatte, mit in ihr Apartment an der Achtzehnten Straße. Aber das geschah alles, nachdem ich aus S. F. wieder weg war.

Wenn man Leuten erzählt, man hätte ein Freudenhaus in San Francisco, denken sie meistens an die Barbary Coast, und man kann ihnen gar nicht klarmachen, daß diese Gegend so toll eigentlich nie gewesen ist. Zumindest nicht so, daß man dort wirklich gute Kundschaft hätte aufgabeln können. Ich habe es längst aufgegeben, den Leuten zu erklären, daß der Tenderloin nicht die Barbary Coast war und nicht sein wollte. Um das amerikanische Hurenhaus ranken sich mehr Sagen als um König Artus oder George Washington. Aber Tatsache ist, so wild es in San Francisco auch zuging, die meisten Bewohner führten doch ein stinknormales Familienleben – ihren Ruf hat die Stadt nur von den Nachtschwärmern und Draufgängern. Ich jedenfalls sah zu, daß mein Laden lief, und es war mir egal, wenn die Zeitungen immer nur über die Coast schrieben. Ich habe kaum Mädchen von da unten genommen.

Ich holte mir die Mädchen für mein Haus lieber aus dem Mittleren Westen oder aus dem Süden. Ich hatte Beziehungen zu der Organisation, die sie aus England, Frankreich, Italien rüberbrachte oder in den Städten auf dem Land und den größeren Städten im Mittelwesten auflas. Ich mochte sie am liebsten hungrig und eifrig und wenn sie sich frei fühlten, zu bleiben oder zu gehen. Ich holte mir nur selten Mädchen von der Coast, aber es kam vor, daß ich ein, zwei Mädchen zuwenig hatte, und wenn dann die Feiertage bevorstanden oder ein Krieg im Anzug war – so was trieb die Männer immer ins Freudenhaus –, dann mußte ich mir an der Coast Nachschub besorgen. Old Mary kannte sich dort aus, und ich lernte viel von ihr. Wenn alte Huren nicht fromm werden – und es gibt viele, die sich in den lieben Gott verknallen, einen besseren Mann kann man nicht kriegen –, dann reden sie oft viel.

Ich kannte die Madames von der Barbary Coast, die Matrosenschlepper, die Huren von der Water Front. Und was ich da sah, beeindruckte mich nicht. Ich rede nicht von Moral – ich meine die Zustände. An der Coast waren sie tierisch, nicht in dem Sinne wie auf der Farm – ich kam ja selbst von einer, und ich wußte, was da vor sich ging, das war natürlich, das war, wie es war. An der Coast war es unnatürlich und mies. Abartig und eklig. Eine Hure mag doof sein, verdreht, traurig – aber sie ist ein Mensch. Ich meine nicht diesen Quark wie »Platz da – hier kommt Nell Kimball ...« Ein Mädchen mit ein bißchen Grips kann seine Chance nutzen, aber die Frauen an der Coast waren schmutzig, krank und oft alles andere als hübsch.

An der Coast gab es die Stallhure, die Hüttenhure und die Salonhure. Als Stall diente meistens ein zwei- oder dreistöckiges, baufälliges Gebäude mit langen Fluren, von denen so viele winzige Kammern abgingen, wie man nur unterbringen konnte. In jedem dieser Kabuffs war eine Frau, und ich habe Ställe gesehen, in denen zweihundertfünfzig bis dreihundert Frauen bei der Arbeit waren. Der Lärm, der Mief, die Stimmen, das Fluchen – wie eine einzige dicke Qualmwolke.

Die chinesischen Sklavenmädchen arbeiteten in Hütten, genau wie die Negerinnen und die weißen Frauen, die früher mal in einem Stall oder einem Salon gewesen waren. So eine

Hütte bestand aus zwei Räumen, vorn das Vorführzimmer, hinten das Arbeitszimmer. Vorn stand ein Stuhl, und die mexikanischen oder irischen Huren hatten außerdem einen Altar mit einem brennenden Licht in Olivenöl und der Jungfrau Maria, den Kopf immer vom Arbeitszimmer der Hure abgewendet. Im tiefsten Innern fühlen sich Huren von einer Religion mit einem nackten Mann am Kreuz als Gott durchaus angezogen. Im Arbeitszimmer war gerade mal Platz für ein kleines Messing- oder Eisenbett und einen Waschtisch, manchmal mit einer Platte aus echtem Marmor, darauf eine Blechschüssel. Ein Petroleumbrenner mit einem Topf heißes Wasser, ein Fläschchen Karbol für die Hygiene, ein paar Handtücher und ein Kasten für die Kleider der Hure. An den Wänden ringsum hingen Kalender, Notenblätter von Schlagern, farbige Postkarten und über dem Bett, umkränzt von künstlichen Rosen oder anderen Blumen, der Name: Ruthie, Mamie, Sadie, Dot, Daisy, Millie. Die Betten waren hier nicht gerade die saubersten, und am Fußende waren sie immer mit einem Streifen aus rotem oder gelbem Wachstuch bespannt. Denn der Kunde, der für fünfundzwanzig oder fünfzig Cent in die Hütte kam, zog sich die Schuhe nicht aus. Er durfte sich gar nicht ausziehen, nur den Hut durfte er abnehmen und auf diese Weise, so erzählte mir Mary, zeigen, »daß er einen Respekt vor der Hure hatte«.

Solche Hütten sah man fast überall – an der Pacific Street, der Washington Street, der Montgomery Street, der Commercial Street, am Broadway und entlang der Grant Avenue. Aus welchem Land die Mädchen in den Hütten kamen, konnte man an den Eßlokalen in der Gegend und dem, was um sie herum gebrutzelt wurde, riechen. Old Mary sagte, die Negerhütten an der Stockton Street könnte sie an dem Geruch von Brunswick Stew und Innereien erkennen, die spanisch-mexikanischen Hütten bei der Grant Avenue am Chili und die französischen Huren an ihrem Parfüm. »Die baden nicht«, sagte Mary, »die geben einfach Parfüm drüber.«

Von den gepolsterten Fensterbänken aus versuchten die Mädchen selbst, Kunden anzulocken. Alle behaupteten, sie seien französisch. An der Bacon Street und am Belden Place standen die Hütten immer dicht an dicht. Manchmal bis zu fünfzig, und sie wurden für vier Dollar am Tag an die Mädchen vermietet. Manchmal wurden diese Gegenden von einem Verein zur Bekämpfung des Lasters oder von einer kirchlichen Gruppe heimgesucht. Aber die arme Hure, die an einem Tag vertrieben wurde, war am nächsten wieder da, und die Hütten standen auch wieder bereit. Die Vermieter waren oft ehrbare Leute, die die Arbeit der Besserungsvereine laut und vernehmlich unterstützten und gleichzeitig ihren Reibach machten, indem sie an die Huren vermieteten. Ich habe nie behauptet, ich wäre ehrbar, deshalb weiß ich nicht, wie diese Eigentümer wirklich dachten. Nach einiger Zeit hielt ich mich von der Coast fern. Ich fand es dort zu bedrückend. Aber für Gäste von außerhalb organisierte ich oft Touren zu den Schuppen an der Barbary Coast. Manche Männer macht es an, wenn sie echte Verkommenheit und schmutzige Frauen zu sehen bekommen. Dem Gründer eines Colleges in Kalifornien kam es beim Anblick einer Hure in schmutziger Unterwäsche.

Old Sugar Mary erinnerte sich an die Zeit, als die übelsten Hütten an der Mouton Street standen: »Zwei Jahre da angeschafft, und alle meine Zähne waren weg. Das war wirklich Knochenarbeit, Ficken mit den widerlichsten Ferkeln, die nur Irrsinn im Kopf hatten. Lauter durchgedrehte Typen mit verrückten Ideen, die sie ausprobieren wollten. Da ließ sich kein Polizist blicken, der so eine Fotze mal geschützt hätte, außer es gab Tote oder ein Messerstecher hatte eine Frau aufgeschlitzt.«

Eine furchtbare Straße wäre das gewesen, erzählte Mary, die roten Lampen, die besoffenen Männer, die halbnackten Huren in ihren Fenstern, bloß einen Umhang übergezogen, sonst nichts. Fluchen und Geschrei in einem Dutzend fremder Sprachen, kreischende Huren, besoffene Männer, die andere Besoffene überfielen, und in den Fenstern die Huren, die ihre Titten vorzeigten und ihre Schnalle, und alle schrien sie, was sie könnten und was sie zu bieten hätten. Und das alles in Sichtweite des Nob Hill. Die Zuhälter gingen den Kerlen nach und schleiften sie zurück zu einem Fenster – zu »Kuckmal« oder »Fühlmal« oder nach drinnen zu »Machmal«. »Anfassen« kostete zehn Cent, und wenn man einen Fünfer drauflegte, durfte man zweimal. Am Wochenende nahm so ein Hüttenmädchen an die hundert Kerle pro Nacht, sonst hieß es, sie würde sich nicht genug ins Zeug legen. Es gab Unterschiede zwischen den Hautfarben – die Mexikanerin kostete fünfundzwanzig Cent. Eine Negerhure, Chinesinnen oder Japanerinnen verlangten fünfzig. Alle, die behaupteten, sie seien französisch, fünfundsiebzig. Ein Yankee-Mädchen kostete einen Dollar.

Ich weiß nicht, wer das Märchen aufgebracht hat, rothaarige Mädchen wären wilder und tummelten sich bei der Liebe mehr, seien verrückt nach Männern und könnten sich kaum zurückhalten. Jedenfalls konnten Rothaarige mehr als den normalen Satz bekommen, »dafür, daß sie kreischten, als hätten sie vor lauter Liebe den Verstand verloren«. Viele Köpfe wurden da rot gefärbt, das verdammteste Orange oder Dunkelrot, das man an der Coast je gesehen hat. Und von einem rothaarigen Judenmädchen glaubte man, es sei das reine Feuer. In Wirklichkeit ließen sich wenige Huren bei einer Nummer zu irgendwelchen Reaktionen hinreißen.

Die große jüdische Madame war Jodoform Kate, die früher selbst in den Hütten an der Coast gearbeitet hatte. Sie hatte an die zwanzig Hütten, in jeder ein echter jüdischer Rotschopf, das Haar wäre echt, schwor sie, und es seien lauter fromme Jüdinnen, die Geld sparten, damit der Mann, die Mutter, der Vater in die USA nachkommen konnten.

Dann war da auch noch Rotary Rosie, die sich beim Vögeln wie ein Uhrzeiger auf dem Bett drehte. Sie las Bücher, eine gebildete Hure. Einer, der an der Universität von Kalifornien seinen Abschluß gemacht hatte, sagte zu Rosie, er hätte sich in sie verliebt. Er brachte die Männer aus seiner Studentenverbindung mit. Rotary Rosie rotierte und besorgte es den Verbindungsbrüdern von ihrem Freund kostenlos. Sie bezahlten damit, daß sie ihr Vorträge hielten, und Rosie sagte, sie würde aufs College gehen. Aber als ihr Liebhaber dann die Stadt verließ, soll sie Selbstmord begangen haben. Bücher können Leute also auch kaputtmachen.

Die drei Jahre, in denen ich ein Haus in San Francisco hatte, waren eine angenehme, ziemlich interessante Zeit. Ich verliebte mich nicht. Ich hatte keinen Eisenbahnkönig als Liebhaber. Ich kümmerte mich um das Geschäft. Bei dem Bier, das ich verkaufte, machte ich immer einen guten Schnitt, auch bei Bourbon und Wein, nur bei amerikanischem Wein mußte ich mich auf das Etikett verlassen und war mir nicht immer sicher. Europäische Sorten, bei denen ich mich auskannte, waren mir lieber. Ich wurde keine Trinkerin wie manche Madame. Im Dienst trank ich Kaffee und mit einem alten Stammkunden gelegentlich mal einen Brandy.

Später in New Orleans hatten wir die besten Jazzmusiker der frühen Jahre bei uns, davor einen Pianisten, in den ersten Jahren meistens einen Weißen, der Ragtime und die herrlichen Schnulzen von Stephen Foster spielte, aber später waren dann Negersachen und schwarze Klänge angesagt. In S. F. hatte ich in einem Salon einen Klavierautomaten stehen, den man mit halben Dollars füttern mußte (in billigeren Häusern gab es welche, die fraßen Vierteldollarstücke). Im Spezialsalon für die beste Privatkundschaft hatte ich einen schwarzen Flügel stehen, der von einem deutschen Schiff stammte, das bei Seal Rock auf Grund gelaufen war. Ein Kunde sagte, der Flügel hätte früher mal einem Mann namens Brahms gehört, aber ich war mir nie sicher, auch nachdem ich Brahms nachgeschlagen hatte. Bei mir griff ein kleiner Professor in die Tasten, der früher in den Vaudeville-Theatern im Zentrum gespielt hatte, bis eines Abends – ungelogen – ein Akrobat auf ihn stürzte und ihn am Rücken verletzte. Seitdem hatte er Angst vor

Akrobatennummern und fing an, spiritistische Sitzungen zu besuchen mit Tischrücken und Trance, so daß ihn schließlich keiner mehr engagierte, außer mir. Er konnte alles spielen, was die Kunden sich wünschten, und im Privatsalon hat er ein paar tolle Konzerte gegeben. Meine Lieblingsstücke waren der »Türkische Marsch« und ein paar Sachen von Chopin. Wenn der Professor den »Minuten-Walzer« spielte, sahen die Gäste auf die Uhr, und wenn er es in Rekordzeit schaffte, spendierten sie ihm einen Brandy. Ich mußte die Sache auf vier »Minuten-Walzer« pro Abend beschränken.

Es lief für mich in S.F. nicht so gut, wie es hätte laufen können. Ich wollte schließlich was verdienen, und am Ende ging ich auch mit einem ordentlichen Kontostand und ein paar Grundstücken in der Stadt weg. Aber die Polizei und die Politiker zwackten den Häusern doch andauernd mit aller Gewalt Schmiergeld und Schutzgeld ab. Die Abgaben waren schwer zu verkraften. Ich zahlte eine feste Summe für jedes Mädchen, das bei mir arbeitete. Ich gab dem Rathaus einen Anteil an meinem Alkoholverkauf. Und eine Zeitlang (bis ich den Sohn von einem politischen Boss, der sich bei einem Collegemädchen den Tripper geholt hatte, zum richtigen Arzt schickte und dadurch heilte) mußte ich der Polizei das *ganze* Kleingeld aus dem Klavierautomaten überlassen. Ich machte den Leuten deswegen keinen Vorwurf – in Großstädten greift jeder mal in die Ladenkasse.

Ich kannte allerdings ein paar Richter und Leute aus der Stadtverwaltung und dem State Capitol. So mußte ich zwar kräftig zahlen, aber an Inspektoren und Cops und Gorillas von Politikern und Richter und Reporter (von denen waren manche auch mit einem kostenlosen Ritt zufrieden) und Feuerwehrleute – doch nicht so viel wie manch anderer. An die Habgier des Menschen habe ich mich gewöhnt, daran, wie Leute, die an der Macht sind, ihr Amt und ihre Stellung ausnutzen. Mir ist in der Politik nie jemand begegnet – und vom Vizepräsidenten abwärts habe ich sie alle in meinen

Häusern gehabt –, der sich nicht Macht, Geld und das Recht, andere herumzuschubsen, gewünscht hätte. Soll mir keiner sagen, ich wäre eben nur an die falschen geraten. Ich könnte Ihnen endlos Namen von Reformpolitikern und Abgeordneten mit blütenreiner Weste aufzählen. Viele von denen haben sich bei Picknicks und Versammlungen zum Vierten Juli wer weiß wie zum Fenster rausgelehnt mit ihrer Vaterlandsliebe, aber auch die wollten ihre Muschi »auf Annie«, das heißt, kostenlos – nach Annie Oakley, der Kunstschützin, die eine Spielkarte in die Luft werfen und so viele Löcher hineinschießen konnte, daß die Karte nachher wie ein gelochter Bon für kostenloses Essen bei der Wohlfahrt aussah.

Nachdem ich wieder in New Orleans war, erließen die Stadtväter von San Francisco eine illegale und inoffizielle Steuer auf alle Musikinstrumente in den Häusern, eine sogenannte Konzession. Aber das Gesetz dazu wurde nie verabschiedet, und das Geld, das auf diese Weise eingesackt wurde, hat die Stadt oder den Staat nie erreicht. Dann kam eine Verordnung, die Madames müßten sämtliche Musikinstrumente aus ihren Häusern entfernen. Die Musik wäre zu laut. Es folgte der Hinweis, ein Haus könnte weiterhin Musik machen, wenn dazu eine neuartige mechanische Harfe benutzt würde. Und wie es der Zufall wollte, kam auch bald ein Vertreter vorbei, der genau diese Harfe verkaufte – hergestellt von einer Instrumentenfabrik in Cincinnati, für 750 Dollar. Die Referenzen, die der Vertreter vorweisen konnte, stammten von den politischen Bossen. Dieselbe Harfe hätte man aus einem Katalog für hundertfünfzig Dollar bestellen können, aber die Madames wußten, es war klüger, sie bei dem Vertreter zu kaufen, der seine Provision mit den richtigen Leuten teilte.

Die beiden weltbewegenden Ereignisse, die die ganze Stadt in Aufruhr versetzten, waren die Goldfunde am Klondike und der Krieg mit Spanien wegen Kuba. Die Goldgräber kamen nach und nach in die Stadt und erzählten von ihren Funden, ihrem Vermögen. Meistens waren es einfache

Leute, die ganz ausgehungert waren nach dem, wovon sie nie genug bekommen hatten. Als Admiral Dewey Manila einnahm, machten wir drei Tage und drei Nächte hintereinander die Tür nicht zu. Da gingen dann die Huren öfter unter als die spanischen Schiffe.

VIERUNDZWANZIGSTES KAPITEL
IM FLEISCHGESCHÄFT

Am schlimmsten gingen die Chinesen mit Frauen und kleinen Mädchen um. Sie brachten junge Mädchen wie Hühner in Käfigen über den Ozean. Manchmal gab es Razzien auf den Schiffen. Eine Ladung, die abgefangen wurde, bestand aus vierundvierzig Mädchen zwischen acht und dreizehn Jahren. Man schickte sie in ein Heim, wo sie als Hausmädchen ausgebildet werden sollten, aber viele landeten am Ende doch in den Chinesenpuffs. Die Beschränkung der chinesischen Einwanderung erhöhte den Wert einer Sklavin.

Meine Wäschefrau war eine alte Schlampe namens Lai Chow, die früher als Sklavenmädchen für die Gentlemen von Little China, woraus dann Chinatown wurde, herübergekommen war. Sie erzählte mir, sie wäre mit zwei Dutzend zwölfjährigen Mädchen gekommen, in ausgepolsterten Lattenkisten, als Geschirrwaren deklariert. Die Leute vom Zoll wurden bestochen, damit sie die Sendungen ungeöffnet passieren ließen. Lai sagte, als sie selbst ein Haus hatte, hätte sie die jungen Mädchen über Häfen in Kanada bekommen, von wo sie mit der Kutsche nach Süden verschickt wurden. Mit dem Gesetz hätte sie nie größere Schwierigkeiten gehabt, denn wenn in einer Reformphase mal eine Razzia bei ihr stattfand, hatte sie immer chinesische Kellner bei der Hand, die behaupteten, die Huren wären ihre Frauen.

Lai kannte auch die berühmte Ah Toy. Die war 1850 nach San Francisco gekommen, vielleicht die erste chinesische Nutte, die wirklich berühmt geworden ist. Sie war eine Sklavin, aber als ein paar reiche Weiße zu ihren Stammkunden gehörten, kaufte sie sich frei, und da sie schlau und geschäftstüchtig war, fing sie nun selbst an, Chinesenmädchen einzuführen. Lai Chow war eines von diesen Mädchen gewesen und arbeitete jahrelang für Madame Toy, in verschiedenen Hütten und Puffs. Madame Toy verkaufte überall in den Vereinigten Staaten Mädchen und machte ein Riesengeschäft damit. Dazu sagte Lai: »Du schon gehört, alle chinesische Mädchen haben Fotze Ost-West, nicht Nord-Süd wie weiße Mädchen, du nicht gehört das?«

Ich sagte, selbstverständlich hätte ich davon gehört, daß die Vagina der Chinesenmädchen anders gebaut sein soll, aber ich würde es nicht glauben, ich käme nämlich aus Missouri, genauer gesagt aus Saint Louis. Ich wußte, sie hatten diese Parole ausgegeben – für jeden, der es herausfinden wollte. »›Kuckmal‹ fünfundzwanzig, ›Fühlmal‹ fünfzig, ›Machmal‹ fünfundsiebzig.«

Lai nickte. »Alles große Seemannsgarne. Aber weiße Mann, sie wollen selber wissen. So Madame Ah Toy machen groß Geschäfte mit Verkauf von chinesische Mädchen. Sie hat Laden überall in Frisco, Sacramento, ander Orte. Laden, wo ich nie gewesen.«

Ich selbst kannte Selina, ein chinesisches Flittchen, die beste Nutte, die ich bei denen je gesehen habe – man konnte schon sagen: »hinreißend«. Sie hatte einen wunderbaren Körper, Hüften und Brüste schmal und trotzdem genau richtig, nicht zu klein, wie bei den meisten Chinesinnen. Sie konnte einen Freier auf die künstlerische Tour anmachen – konnte über Schriftrollen und Wandschirme reden und strahlte Sinn für Kultur aus, wie er einem Mann schon mal gefällt, wenn er sich die Zeit einer Frau kauft und mit den eigenen Kräften doch haushalten muß. Sie hatte eine Absteige in der Bartlett Alley, die aus drei Zimmern bestand, und da hieß es: »Nur für Weiße«. Mit Chinesenmännern hat die sich während ihrer Geschäftszeiten nie abgegeben. Sie benutzte ihren Kopf genauso wie das, worauf sie saß. Die Kunden mußten sie drei Tage im voraus buchen, so gefragt war sie – oder behauptete es jedenfalls. Und sie nahm einen ganzen Dollar, nicht die üblichen fünfundsiebzig Cent. Sie verkaufte auch »Kuckmal«, zog sich also für fünfzig Cent aus, und der Kunde konnte selbst nachsehen – wie es mir Lai erzählt hatte –, daß ihre Geschlechtsteile wie bei den weißen Mädchen von Nord nach Süd liefen und nicht von Ost nach West.

Es ist schon erstaunlich, was einem ein Mann alles abkauft, wenn es ums Laster geht – er zahlt, und selbst wenn man ihn dabei übers Ohr haut, hat er immer noch das Gefühl, er hätte was gelernt oder wüßte jetzt mehr.

Chinesische Mädchen boten sich in Bordellen oder Hütten an. Bordelle mit chinesischen Mädchen gab es an der Grant Avenue, am Waverly Place, an der Ross Alley. Sie waren so eingerichtet, wie Weiße sich China eben vorstellen, nichts wie Moschus, Sandelholz, Teak, Seidentapete, Götterfiguren, Schriftrollen und Wandbilder. So ein Bordell hatte sechs bis vierundzwanzig Mädchen in asiatischer Kleidung, das Haar hochgesteckt und glänzend, und alle waren sie bereit, sich wie eine Sklavin oder wie ein Spielzeug behandeln zu lassen.

In den Hütten mußte es immer Ruckzuck gehen. Solche Hütten lagen an der Jackson und der Washington Street und an der Bartlett Alley, der China Alley und der Church Alley. In den Hütten gab es keine Rassenschranken, da wurden alle Hautfarben bedient.

Japanische Mädchen bestanden darauf, daß der Kunde seine Schuhe auszog, und die wurden für ihn dann auch geputzt. Beim Weggehen bekam er eine japanische Zigarre.

Nicht alle Mädchen in Chinatown waren Chinesinnen. Reiche Chinesen nahmen zur Abwechslung auch gern mal eine andere Hautfarbe. Aber ich habe in keines von meinen Häusern Asiaten reingelassen. Die Sache war nämlich die: Sie versuchten immer, das weiße Kind ans Rauchen zu bringen, Opium. Und dann nahmen sie es mit und setzten es als Konkubine in irgendein Kellerloch. Der Chinese hat ganz gern zehn oder zwölf Frauen bei der Hand, wenn er es sich leisten kann. Und wenn ein, zwei Weiße dabei sind, dann meint er, er hätte seine Sache gut gemacht. Ich war nur einmal in einem weißen Bordell für Chinesen, zusammen mit Lai, und es hat mir da nicht gefallen. Die Frauen hatten alle kleine Zimmer mit vergitterten Fenstern. Sie sahen bedrückt und ausgelaugt aus, aber vielleicht hatten sie auch gerade eine Opiumsitzung hinter sich. Das Neue an einem weißen Mädchen verfliegt bald, und dann holt sich der Chinese lieber Mädchen von zu Hause und verkauft sie wieder, wenn sie ihn zu langweilen beginnen. Weiße Mädchen, wenn das Opium sie nicht völlig versacken läßt, spielen irgendwann verrückt und werden böse. Chinesen mögen es, wenn ein Mädchen gefügig und stumm wie in einer Pantomime ist, wenn sie kaum zu ihm aufblickt und ein Stoß oder eine Ohrfeige ihr nichts ausmachen. Lai erklärte mir, das chinesische Mädchen würde den Mann als höheres Wesen und Herrn respektieren. Sie sagte, das sei eine Lehre des Konfuzianismus. Scheiß drauf! Wenn eine weiße Hure erst mal in einem Chinesenladen gearbeitet hat, taugt sie für ein anständiges Haus überhaupt nicht mehr. Ich hab das ein dutzendmal erlebt. Der Mumm, das Feuer sind weg, und immer besteht die Gefahr, daß sie ihre Pfeife und ihre Opiumpillen mitbringt und ihre Angewohnheit an die anderen Mädchen weitergibt.

Was man über S.F. jedenfalls sagen kann: Unter dem Schutz der Polizei lief da alles sehr offen ab, und ein Mann, der es brauchte, fand die Schnalle, die er sich leisten konnte. Das gewöhnliche Bordell bediente Männer, denen an einer besonders eleganten Umgebung nichts lag. Das Edelbordell war manchmal sehr luxuriös ausgestattet. Eine Salonhure wußte, daß sie es geschafft hatte, daß sie die Hütten und Kaschemmen hinter sich hatte. Die meisten Bordellmädchen sahen gut aus, jung, frisch.

Vermittler habe ich nie gemocht, benutzte sie aber, wenn es sein mußte. Mir war es lieber, wenn mir ein Mädchen von einer Madame, die ich in Cleveland oder Chicago oder Saint Louis kannte, empfohlen wurde. Dann zahlte ich dem

Mädchen die Fahrt und kümmerte mich um ihre Négligés und die Unterwäsche. Aber in San Francisco ging das nicht immer. Bei den Leuten, die den Nachwuchs aus den Orten in der Umgebung auf der Halbinsel besorgten, mußte man aufpassen. Mädchen, die Drogen nahmen, Trinkerinnen oder Mädchen, die überall blaue Flecken hatten, wollte ich nicht und nahm ich nicht. Eine gute Hure muß Hure sein *wollen*, sonst trägt sie zum Ansehen des Hauses nichts bei. Das Problem bei den gezwungenen Mädchen besteht darin, daß sie meistens Probleme machen. Außerdem herrschte eigentlich nie Mangel an willigen Mädchen, die Hure sein wollten. Die ganze Geschichte von der weißen Sklaverei ist ja doch größtenteils Quatsch. Es stimmt zwar, daß italienische und osteuropäische Zuhälter unterirdische Verbindungen haben, über die sie Mädchen herschaffen, die mit der Aussicht auf ehrliche Jobs geködert werden. Aber mit diesen Leuten hatte ich nie viel zu tun, jedenfalls nicht, bis der Wahnsinn um die rothaarigen Judenmädchen in der Stadt losging. Die meisten Judenmädchen waren schnippisch, aber sie waren auch willig, und viele von ihnen wurden bald selbst Madames. Sie lernten schnell, und sie spielten dem Freier vor, daß er sie beeindruckte und ganz verrückt machte mit seinen Fähigkeiten als Mann. Jüdinnen, habe ich festgestellt, liefern immer, was sie versprechen.

Die meisten Mädchen, die ins Bordell gingen, waren in der Stadt gestrandet, nichts zu essen, keine Arbeit, kein Geld für die Miete und die Kleider ramponiert. Manchmal hatte ein Zuhälter sie angesprochen und verführt, aber nicht so oft, wie man meinen könnte. Die Mädchen kapierten schnell, was es mit der Arbeit in einem Bordell auf sich hatte, und es war nie besonders schwierig, ihnen klarzumachen, worin die Vorteile von einem guten Haus und einer ehrlichen Abmachung bestanden. Alles andere ist Gefühlsduselei von Leuten, die sich mit Huren nicht auskennen.

Ich sage nicht und habe nie gesagt, daß man als Hure das beste Leben hat, aber es ist besser, als wenn man über der

Näherei in einer Schwitzbude nach und nach blind wird oder zwanzig Stunden am Tag als Küchen- oder Hausmädchen malochen muß, und im Flur lauern dir ständig der Hausherr und die Söhne auf, mit offenem Schlitz. In der Stadt waren die Löhne für Frauen niedrig, und viel Respekt für ein Mädchen, das arbeiten mußte, hatte niemand.

Glauben Sie mir, die anständigen Leute machen eine Menge arme Mädchen zu Huren allein dadurch, wie sie ausbeuten. Deshalb hatte das Bordell für die Mädchen in vieler Hinsicht etwas Gutes. Sie bekamen was anderes zu sehen und konnten sich anders freuen als ihre Mütter, die den ganzen Tag über dem Herd standen, ein halbes Dutzend rotznasiger Gören am Rock, dazu ein Mann, der sich nie badete, der sie wie eine Zuchtsau behandelte und oft auch noch ein Auge auf die eigenen Töchter zu werfen begann. Ich weiß nicht, ob es schockierend klingt, wenn ich so was sage, aber ich bin mit diesen Gedanken eine halbe Ewigkeit gut gefahren, und wenn ich im Leben auch nicht auf Rosen gebettet war, so bin ich doch gesund und munter, nicht auf dem Weg ins Armenhaus und nicht vorzeitig in irgendeinem Armenhospital gestorben. Und auch das schreckliche Leben einiger Mädchen, die ich kannte, ist mir erspart geblieben, die zu Hause einen schäbigen Farmer heirateten und, kaum dreißig Jahre alt, körperliche Wracks waren, zahnlose Weiber mit vierzig.

Viele Bordellmädchen hatten als Sängerinnen, Tänzerinnen, Varietékünstlerinnen angefangen, aber ihnen fehlte das richtige Talent. So gerieten sie leicht in ein Haus und machten sich dort die ganze Zeit was vor, sie würden wieder weggehen, sobald sie ein bißchen Geld auf die Seite gelegt hatten und sich neue Kleider und Noten kaufen konnten. Aber wenige haben es so gemacht. Sie waren träge, verträumt und auf der Bühne eben Versager, und sie wußten es. Nun sahen sie ihr eigenes Leben als eine Art Bühnenstück und wollten sich nicht eingestehen, daß sie längst richtige Huren waren. Aber da eine Hure dem Kunden ja fast die ganze Zeit etwas vorspielt, während er mit ihr zugange ist, arbeiteten sie gewissermaßen doch in ihrem Fach.

Die Liebe spielte bei der Frage, warum jemand Hure wird, keine große Rolle. Manchen gefällt diese sentimentale Geschichte – aus Liebe zu einem Kerl gerät das Mädchen ins Verderben. Aber meistens steckte dahinter der Wunsch nach einem leichten Leben und auch so was wie Rebellion gegen die verlogene, hochnäsige Gesellschaft da draußen. Entscheidend ist meistens doch das Materielle. Ein Platz, an dem man so viel verdient, daß man was zu beißen und was zum Anziehen hat und was auf die Seite legen kann für ein bißchen Luxus. Ich würde nicht sagen, daß sie viel Schulbildung hatten. Ich jedenfalls nicht. Viele waren strohdumm, die mußten sich erst die Schuhe ausziehen, wenn sie irgendwas über Zehn zusammenrechnen wollten. Ich habe aber auch gebildete Huren erlebt, die Bücher lasen und Opern auf dem Grammophon spielten und sich mit einem Freier über Malerei unterhalten konnten oder Sachen wie Griechenland und japanische Drucke oder Caruso oder John Drew, den Schauspieler. Diese intelligenten Frauen waren meistens sehr unglücklich und hatten besonders große Angst vor der Außenwelt. Sie sonderten sich gern ab, waren sozusagen über die Schwelle ihrer eigenen Ehrbarkeit hinaus. Sie tranken auch mehr, manche koksten, und manche schätzten lesbische Spielchen. Ich mochte das eigentlich nicht, aber wenn sie sich ruhig verhielten und den anderen Mädchen nicht die Lust an der Arbeit verdarben, mußte ich das Rillenwetzen dulden. In meiner Welt hat man nie das Gefühl, man wäre was Besseres oder weniger verdreht als die Leute um einen herum. Schlauer vielleicht, sonst nichts.

Ein Mädchen, das sich nicht völlig dumm anstellte, das keinen Zuhälter oder Kuppler aushielt, der sie verprügelte und unter Drogen setzte, und das nicht zuviel trank, konnte sich in einem guten Bordell ein halbes Dutzend Jahre halten. Ich hatte ein gutes polnisches Mädchen, Reba, die war sogar zwölf Jahre bei mir, und nachher machte sie das beste und größte Haus in Easton, Pennsylvania, auf.

Aber die Hure, die nach ein paar Jahren im Gewerbe ein – sogenanntes – glückliches, normales Leben anfing, war die große Ausnahme. Nur zwei Mädchen, die ich während der Zeit in S. F. in meinem Haus hatte – und ich schätze, alles in allem werden es an die zweihundert gewesen sein –, haben es auf der anderen Seite meiner schweren Eichentür wirklich gut getroffen.

Mollie war die Tochter eines Gleisbauarbeiters und am Anfang, als sie zu mir kam, ein derartiges Landei, daß man ihr erst mal erklären mußte, nach Maishülsen, um sich den Hintern abzuwischen, bräuchte sie hier nicht zu suchen. Sie lernte aber schnell. Die reichen jungen Kerle vom College fragten immer nach Mollie, und ihr gefielen sie. Nach zwei Jahren sagte sie zu mir: »Ich sehe zu, daß ich heirate. Ich mach was aus meinem verdammten Luderleben.« Ich sagte ihr, wenn sich ein Mädchen erst mal an den Umgang mit reichen Freiern, ob jung oder alt, gewöhnt hat, dann ist es nachher nicht so einfach, auszusteigen und einen muffigen Dockarbeiter oder Gleisbauer zu heiraten. An ihren freien Tagen zog sich Mollie immer ihre besten Klamotten an, ordentliche Sachen, nicht protzig, obwohl sie eine Schwäche für Federn hatte. Und dann verlor sie in den Hallen der feudalsten Vaudeville-Theater im Zentrum sechs-, siebenmal am Tag ihre Handschuhe. Auf diese Weise machte sie die Bekanntschaft von mehreren Schauspielern und Orchesterleuten. Aber diese Sorte kannte sie und sparte sich die Schmachtblicke. Doch eines Tages kam sie an, die blauen Augen so groß, daß Silberdollars hineingepaßt hätten. »Ich hab ihn. Reich, gutaussehend – das ist der Ring, mit Pastor und allem, glauben Sie mir.«

Ich sagte, sie sollte aufpassen, daß es kein Betrüger oder Hochstapler ist oder einer, der für Puffs in Südamerika Frauen sucht. Es stellte sich heraus, daß er so war, wie Mollie gesagt hatte – ein Geschäftsmann, Spedition, Holz, Gewächshäuser und Obstplantagen. Sie heirateten heim-

lich – er wollte in seiner Kirche in Pasadena keine große
Sache daraus machen. Wer wußte denn, wie viele von den
Diakonen nach S. F. gekommen waren und sich schon mit
Mollie verlustiert hatten? Mollie kam in der Gesellschaft
gut zurecht, servierte Tee, ohne den kleinen Finger ab-
zuspreizen, und bekam einen Haufen Kinder. Ihr Mann
war eine politische Größe hinter den Dummköpfen, die
in Kalifornien die öffentlichen Ämter hatten. Es dauerte
nicht lange, da gab sie in der Schickeria von Pasadena den
Ton an.

Die andere Hure, die sich in S. F. gut geschlagen hat, war
eine kleine Drahtige, die immer hungrig aussah – sie war
lungenkrank. Sie wirkte eher wie ein Junge als ein Mädchen, und ich vermute, aus diesem Grund reizte sie die
schüchternen Freier und diejenigen, denen die Vorstellung
gefiel, daß sie ein Kind beschützten *und* liebten, beides
gleichzeitig. Dabei sah Emma nicht mal gut aus, aber sie
hatte ihre festen Kunden, die nur ihretwegen kamen. Sie
sparte, kaufte Baugrundstücke und Land in Oakland, las
immer den Börsenbericht und besaß Sparbücher, die sie in
einer italienischen Bank an der Montgomery Street liegen
hatte und nicht in einer Teppichtasche oder einem Koffer
aufhob wie die meisten Mädchen. Zum Abschied schenkte
sie mir eine Brosche mit einer Kamee und einer goldenen
Nadel, Römerköpfe mit Perlen drumrum. Emma heiratete
einen alten Mann, der mit den Senatoren William Stewart
und John Percival Jones an den Silberminen in den Pana-
mint-Bergen beteiligt war, und als er starb, hinterließ er
ihr ein paar Millionen Dollar. Kaum war er tot, da fuhr
Emma, noch in Trauerkleidern, nach Europa. Damals besaß
sie schon mehrere große Geschäftshäuser in der Innenstadt.
Sie kam nie wieder zurück. Ab und zu hörte ich von ihr.
Ich verlor den Kontakt nicht, wie bei all den anderen. Ich
bekam Postkarten, und auf den Stempeln stand Ägypten
oder Lissabon oder Oslo oder London. Sie hatte keine
Familie – und die Menschheit war ihr schnuppe. Ich ver-

mute, Katzen und Hunde haben diese Millionen bekommen. Manchen Leuten, die Tiere übermäßig lieben, kommt das Leben wie ein Haufen Hundescheiße vor.

Zwei unter vielleicht zweihundert, die etwas aus sich gemacht haben – das ist kein guter Schnitt. Die meisten Mädchen müssen nach sechs Jahren in einem Haus als Straßennutten weitermachen, nach Ellbogen grapschen und schlüpfrige Angebote flüstern. Ein Bordellmädchen konnte gut verdienen und auch sparen, aber die meisten taten es nicht. Ich gab einem Mädchen einen Anteil von ihren Einnahmen – die Hälfte von allem, was der Freier für die Nummer zahlte. Manche Häuser zahlten weniger und stellten vierzig oder fünfzig Dollar pro Woche für Essen, Miete und Wäsche in Rechnung, und den Rest des Geldes konnte das Mädchen behalten. So oder so konnte man sie leicht übers Ohr hauen. Viele taten es auch. Mir war mein System lieber. Manche schlechten Häuser zahlten einem Mädchen einen Lohn von vielleicht fünfundzwanzig Dollar in der Woche. Dafür konnte man keine wirklich gute Hure bekommen. Da kaufte man nur Fleisch – und wahrscheinlich genau das, wovon der Kunde zu Hause mal wegkommen wollte.

In manchen Häusern stand am Eingang eine Registrierkasse, und der Kunde zahlte dort im voraus. Das Mädchen bekam eine Messingmarke. Am Ende der Woche gab sie die Marken zurück, und es war klar, wie viele Gäste sie bediente hatte. Bei mir lief das anders. Ich verlangte zwar auch Bezahlung im voraus – so vermeidet man Szenen und nachträgliches Feilschen –, aber ich heftete dem Mädchen für eine einfache Nummer ein blaues Bändchen, wie eine kleine Blume, an den Kimono oder den Überwurf. Bei einem Gast, der die ganze Nacht blieb, gab es ein gelbes Band und ein grünes bei einem Gast, der für sich und seine Freunde den zweiten Stock zu einer exotischen Vorstellung mietete. Die Bänder sahen nett aus, und kein Mädchen konnte sie nachmachen und mich beschummeln, ich ließ sie mir nämlich aus Hamburg kommen.

Es ist nicht bloß die Muschi – in Wirklichkeit verkauft das Mädchen eine Illusion, die Vorstellung, daß der Freier ein echter Kerl ist und daß sie ganz verrückt nach dem ist, was er im Bett zuwege bringt. Ich sagte ihnen immer, die Bänder sind ihre Tüchtigkeitsabzeichen.

Das wirkliche Problem für diese Mädchen waren die Männer, die sie liebten, die Zuhälter oder Herumtreiber, denen sie ihre gestreiften Jacketts und die braunen Melonen, die Zigarren und den Whisky oder die Drogen bezahlten und denen sie obendrein noch Geld zum Spielen gaben. Jedes Mädchen hatte einen Tag in der Woche frei. In einer Wolke von Puder und Parfüm zog sie los, trank und scharwenzelte mit dem Mistkerl in der Gegend herum. Es bekam ihr nicht gut, oft hängte er ihr eine »Maus«, ein blaues Auge, an oder schlug ihr einen Zahn locker. Körperliche Gewalt ist vermutlich eine Form der Liebe. Das führten wir ja auch jeden Abend im zweiten Stock vor. Aber was die Mädchen aus ihren freien Tagen machten, war ihre Sache.

Die meisten Häuser ließen die Mädchen von mittags bis morgens arbeiten. Aber mein Haus öffnete nicht vor neun Uhr abends, außer wenn ein guter Kunde anrief und nach dem Mittagessen vorbeikommen wollte oder wenn er ein paar Freunde mitbrachte und ein ruhiges Plätzchen suchte, wo man was trinken und sich was Hübsches ansehen konnte. Ansonsten machte Harry die Tür vor neun nicht auf. Dann setzte Teeny, das schwarze Hausmädchen, ihr Häubchen auf und empfing die anklopfenden Gäste. Ich hatte kein rotes Licht, keine Klingel, und wer nicht mit jemandem kam, den ich kannte, den ließ ich nicht rein.

Ein gutes Mädchen konnte in einem Haus hundertfünfzig bis zweihundertfünfzig die Woche verdienen und trotzdem in der Woche drauf pleite sein, wenn nämlich ihr Kerl, wie üblich, schnorren kam. Bei den meisten war das so. Die Mädchen waren sentimentale Trottel. Das sind die meisten Huren in ihrem Privatleben. Das heulende Elend überkommt sie, daß sie einsam wären und keiner sie mag, wenn sie nicht einen Mann für sich haben. Außerdem ist ihr Geschlechtstrieb meistens unterentwickelt, oder sie haben jegliche Empfindung verloren, außer bei irgendeinem angeberischen Macker. Aber es ist dieses Verlangen nach Liebe, auch wenn es noch so heruntergekommen ist, das sie doch immer noch Frauen sein läßt und keine Tiere.

FÜNFUNDZWANZIGSTES KAPITEL
EIN BESONDERER GAST

Das Leben in einem gut geführten Hurenhaus läuft so gleichmäßig und ereignislos ab – wenn man das, was in den Betten und auf den Zimmern vor sich geht, als normalen Geschäftsbetrieb nimmt –, daß es nur wenige sonderbare Vorkommnisse zu berichten gibt. Es sei denn, man glaubt die bekannten Bordellgeschichten, die immer wieder die Runde machen. Ich habe die meisten von denen nie geglaubt. Größtenteils sind das olle Kamellen. Zum Beispiel die Geschichte von dem notorischen Hurenbeutel, der eines Abends in einem Bordell in Cleveland mit einer vierzehnjährigen Hure nach oben geht. Er unterhält sich mit ihr und stellt fest, daß sie seine eigene Tochter ist. Anscheinend hatte er sie und ihre Mutter Jahre vorher verlassen.

Manchmal wird das Ganze nach Los Angeles verlegt oder nach Boston oder in ein Kaff in Texas oder ein Sägewerksnest in Michigan. Aber immer die gleiche Geschichte von Vater und Tochter, und immer soll sie wahr sein. Wenn doch mal was verändert wird, geht es um einen Jungen, der in den Ferien vom College nach Hause kommt und von einem Freund auf eine Spritztour mitgenommen wird. In dem Haus fasziniert ihn eine ältere Hure, und aus dem, was sie im Bett miteinander reden, erkennt er, daß sie seine Mutter ist. Damit es auch richtig unter die Haut geht, passiert das natürlich erst, *nachdem* sie es miteinander getrieben haben.

In den Bordellen um die Großen Seen wurde immer die Geschichte von der Madame eines großen Hauses erzählt, die jeden Morgen einem alten, kaputten Tramp in zerlumpten Sachen eine Tüte mit Essensresten vom Tisch des Hauses gab. Angeblich war dieser Tramp früher steinreich gewesen, hatte sie in sehr jungen Jahren verführt und dann, um sie loszuwerden, an die Mädchenhändler von der Schwarzen Hand verkauft. Nun hatte sich das Glück gewendet. Bankrott und krank und bettelarm, kam der Verführer jeden Tag zu ihr und bekam seine Tüte mit Fleischresten und Küchenabfall.

In den Bordellsalons im Süden wird gern die Geschichte von dem stolzen, aristokratischen Pflanzer erzählt (manchmal ist er auch Bürgermeister oder Richter), der in einem sehr schicken Haus an den Ramparts einer hellhäutigen Hure eine Ohrfeige verpaßt. Und die Hure erzählt ihm daraufhin, in Wirklichkeit wäre er der Sohn eines hellbraunen Negermädchens, das sein Vater bei den Ramparts in New Orleans ausgehalten hatte, wo reiche Weiße oft ihre farbigen Geliebten unterbrachten. Er ist also selbst ein Mulatte und war in das Haus seines Vaters eingeschmuggelt und dort als weißes Kind aufgezogen worden. Meistens endet die Geschichte damit, daß sich der Mann auf seiner Plantage oder in seinem Haus erschießt, nachdem er noch einen Blick auf seine hochgeborene weiße Frau und ihre sechs Mischlingskinder geworfen hat. Manchmal bringt er zuerst die Negerhure um, die ihm die Geschichte erzählt hat, und danach sich selbst. In der Fassung, die mir am besten gefiel, macht ihn die Vorstellung, daß er ein halber Schwarzer ist, verrückt, und nun läuft er in der Stadt herum – manchmal ist es Richmond, manchmal New Orleans –, zeigt andauernd auf seine Fingernägel, auf die blauen Halbmonde, die angeblich ein Zeichen für Negerblut sind, und jammert: »Ich bin bloß ein elendiger Nigger, ein dreckselendiger Nigger.«

Es gibt wahre Geschichten, die sind genauso interessant. In der Zeit, als ich das Haus in San Francisco hatte, passierte etwas, das ich noch nie erzählt habe, eine Geschichte, die in irgendeiner verdrehten Fassung längst die Runde durch die Salons machen würde, wenn ich sie schon mal erzählt hätte. Die Geschichte ist wahr – ich weiß es, denn ich bin selbst dabeigewesen. Sie ist genauso faszinierend und sonderbar wie alles, was man sonst in amerikanischen Bordellen zum besten gibt.

Ungefähr ein Jahr nachdem ich mein Haus im Tenderloin von S. F. aufgemacht hatte, besuchte mich eines Tages ein stattlicher Herr mittleren Alters, ungeheuer würdig, groß, gutaussehend, mit dunklen, scharfen Augen, wie die eines Jägers, der immer wegsah, wenn man mit ihm sprach. Er schien sich wegen irgendwas zu schämen. Er sagte, er hieße Henry Chandler, aber das war gelogen – ich erkannte ihn, aus einem Zeitungsartikel über die großen Eisenbahnfamilien, die die Central Pacific und andere Linien gebaut und sich dabei den halben Staat unter den Nagel gerissen hatten. Mr. Chandler war keiner von den Großen Vier. Die waren inzwischen entweder tot oder sehr alt: Huntington, Stanford, Hopkins, Crocker. Außer Crocker ist von denen vermutlich keiner je in einem Hurenhaus gewesen – Huntington noch, aber nicht zum Vögeln. Er hat die Hurenhäuser in Hangtown und anderswo beliefert und die Sachen selbst hingebracht, weil er seinen Angestellten mißtraute und glaubte, sie würden sich eine schnelle Nummer nicht entgehen lassen.

Mr. Chandler gehörte zu einer Nebenlinie von einer der großen Familien, aber er war keiner von den Pionieren. Die Zeiten waren ruhiger geworden. Er hatte einen hohen Posten bei der Eisenbahn, sammelte Gemälde und hielt Reden. Deshalb wußte ich, daß er nicht Henry Chandler war.

Ich sagte bloß: »Nun, was kann ich für Sie tun, Mr. Chandler?« Es war drei Uhr nachmittags, das Haus erwachte, die Mädchen gähnten. Wir saßen in dem kleinen Salon und tranken einen kleinen Whisky. (Da fällt mir ein, wie der Schauspieler John Drew in einem Raum voller Mädchen mal sagte: »Wer zum Teufel würde es wagen, mir etwas vorzusetzen, das auf den Namen *Kleiner* Whisky hört!«)

Mr. Chandler sagte, ich sei ihm als »diskrete und ehrenwerte Vertreterin meines Gewerbes« empfohlen worden. Ich dankte ihm dafür. Einer der großen Lobbyisten in Sacramento hätte gesagt, mir könnte man vertrauen, ich würde nicht tratschen. Ich sagte, verglichen mit mir, wäre jede Muschel eine Plaudertasche. Ich beobachtete Mr. Chandler und sah, daß er nervös war, aber zugleich auch irgendwie entschlossen, als hätte er seine ganze Kraft zusammengenommen, um mit mir zu reden und mir zu vertrauen. Ich sagte ihm, er sollte nicht meinen, er müßte in meinem Haus irgendwelche Wünsche verheimlichen, alles, was er wollte und sich wünschte, wäre für ihn innerhalb gewisser Grenzen – die nur ein Verrückter übertreten würde – verfügbar.

Er stand auf und begann mit zusammengepreßten Lippen herumzulaufen, die Hände hinter dem Rücken. Es fiel ihm offensichtlich schwer, auf den Anlaß seines Besuchs zu sprechen zu kommen.

»Ich bin ein sehr bekannter Mann, die Stellung meiner Familie – nun, Sie müssen ahnen, wer ich bin. Ich bin mit einer wunderbaren Frau verheiratet. Wir lieben uns wirklich von ganzem Herzen. Aber, aber – nun ja.«

Ich riet einfach: »Im Bett klappt es nicht?«

Er riß die Augen auf, als hätte ich sämtliche Gewinner eines Renntages auf der Galoppbahn vorausgesagt. Dabei war es leicht zu erraten gewesen. Warum sollte ein Mann, der zu Hause in Liebe lebte, sonst in einem Hurenhaus aufkreuzen? Er sagte: »Es sind jetzt zehn Jahre. Sie ist noch immer, nun, unberührt, sozusagen. Ich bekomme es nicht hin, so ist das. Ich erreiche nicht diesen Zustand der...« Er wedelte verzweifelt mit den Händen.

»Sie bekommen keinen Steifen, Mr. Chandler, nicht wahr? Sie fühlen sich nicht bereit, sagen wir, Ihre Pflicht als Ehemann zu erfüllen.«

»Ja, so ist es. Sie sind eine kluge Frau, Sie verstehen meine Lage. Oh, es ist furchtbar.« Er setzte sich und stützte den Kopf in die Hände. Er schwieg. Ich wartete ab. Ich bin kein Doktor und kein Irrenarzt, aber diese Sorte Geschichten war mir nicht neu. Er blickte auf und sagte langsam: »Ich war während all der Jahre, wenn ich auf Reisen war, bei Prostituierten. Ich habe dann überhaupt kein Problem.

Da geht es ganz einfach – ein starker, animalischer Trieb. Zwei-, dreimal an einem Nachmittag oder Abend. Aber zu Hause, am Nob Hill –« Mit einer Handbewegung wischte er die ganze Leere beiseite.

»Nun, eine unserer jungen Damen wird sich mit dem größten Vergnügen um Sie kümmern. Es ist noch früh. Kommen Sie, essen Sie mit uns, Sie können sich diesen Privatsalon reservieren, und – also, wir sind hier alle diskret.«

Er stand wieder auf. »Meine Bitte ist vielleicht verrückt. Ich will nicht eine von Ihren … Ihren jungen Damen. Ich will, daß Sie meine Frau in Ihre Belegschaft aufnehmen – nur einmal. Sie anziehen und anlernen, als würde sie bei Ihnen anfangen. Dafür sorgen, daß sie aussieht wie – ja, wie eine Hure. Dann will ich als Gast kommen, sie mir aussuchen und mit nach oben nehmen. Ich bin völlig verrückt, oder?«

Ich schüttelte den Kopf und füllte noch einmal unsere kleinen Gläser. »Überhaupt nicht, Mr. Chandler. Ich halte das für eine ausgezeichnete Idee.«

Ich sagte das so. Aber in Wirklichkeit fragte ich mich, welche Rädchen in seinem Kopf ausgerastet waren. Seine Frau stammte, wie man so sagt, »aus einer der besten und ältesten Familien im Land« (als wären wir anderen alle frisch gebacken und hätten keine Großmütter). Sie war reich, angesehen, sogar berühmt für ihre Schönheit. Aber im Augenblick lächelte ich nur ihrem Mann zu. »Das Problem ist wohl die Dame. Ich nehme an, sie wird hier nicht herkommen wollen, um sich anlernen und ankleiden zu lassen, und was sonst dazugehört.«

»Aber da irren Sie sich durchaus«, sagte er. »Ich habe alles mit ihr besprochen. Sie liebt mich. Sie will unsere Ehe vollziehen, Kinder bekommen. Ja, sie ist bereit. Und ich werde Sie gut bezahlen.«

Das war mir wohl klar. Aber eine Dame der vornehmen Gesellschaft vom Nob Hill in mein Haus einzuführen, auch wenn es nur um den kleinen Salon ging und keine anderen

Männer außer Mr. Chandler anwesend sein würden, das war der blanke Irrwitz und sonst gar nichts. Nun muß man in unserer Branche allerdings jeden Vorschlag mit einer Haltung aufnehmen, die soviel besagt wie: »Nichts leichter als das.« Ich sagte: »Also schön, Mr. Chandler. Wenn Sie dafür sorgen könnten, daß die Dame morgen nachmittag um zwei hier ist. Geben Sie uns bis abends um elf Zeit mit ihr. Ich werde diesen Salon für Sie reservieren. Ich sehe zu, daß Ihre Frau dann mit drei anderen Huren hier ist.«

Er stand auf und preßte die Hände zusammen. »Gut so. Gut so. Ich habe volles Vertrauen zu Ihnen.« Er nahm zwei Hundertdollarscheine aus einem Portemonnaie und gab sie mir. Fest fühlten sie sich an, grün und neu. Ich nahm die Kröten und sagte: »Dies als Anzahlung. Guten Tag, Mr. Chandler. Um zwei morgen nachmittag.« Wir gaben uns sogar die Hand.

Als er gegangen war, nahm ich noch einen Drink. In New Orleans hatte ich einige Frauen aus der besseren Gesellschaft gehabt, die nebenbei heimlich als Huren arbeiteten. Zumindest spielten sie die feine Dame, wenn sie gerade nicht vögelten. Manchmal hatte ich auch ein paar junge verheiratete Frauen, die Geld brauchten, für die Nachmittagskundschaft. Aber im großen und ganzen hielt ich mich an willige Mädchen, die Huren waren und sonst nichts. Die Sache erfordert eben doch Fachverstand, was allerdings manche Ehefrauen nicht wissen und nie begreifen.

Ich sagte der Wirtschafterin, sie sollte eines der Hinterzimmer zurechtmachen, ein zusätzlicher Spiegel, stark parfümierte Seife, zwei zusätzliche Lampen. Ich ließ das Mädchen holen, das wir Contessa nannten. Sie trat bei uns als europäische Kurtisane mit Niveau auf, kam aber in Wirklichkeit aus einer Grubenstadt in Pennsylvania und hörte außerhalb des Dienstes auf den Namen Philly.

Ich erklärte Contessa, demnächst käme eine Frau, die sich um einen besonderen Gast kümmern würde. Vorher müßte sie jedoch wie eine erstklassige Salonhure zurechtgemacht werden.

»Bring ihr Körperhaar in Ordnung, wenn es nötig ist. Sieh zu, daß sie ein Bad mit Rosenwasser nimmt, mach ihr eine schicke Frisur und zeig ihr, wie man Make-up benutzt. Und sorg dafür, daß sie eine Ahnung davon bekommt, welche Tricks im Bett von ihr erwartet werden könnten.«

Contessa sah mich erschrocken an. »Was soll denn das werden? Ich will keinen Ärger wegen irgendwas, das nicht koscher ist.«

Ich sagte, richtigen Ärger würde sie bekommen, wenn sie nicht täte, was man ihr sagte. Sie solle zusammen mit Mary-Mary, Baby Doll und dem neuen Mädchen um elf Uhr im Salon sein. Aber sie sollten zusehen, daß der Freier sich das neue Mädchen nahm, er würde selbst wählen, und sie sollten ihn nicht drängen.

Contessa fuhr sich mit der Zunge über die Oberlippe und zuckte mit den Achseln. »Keine Sorge. Ich will keinen Freier, der solche Spielchen spielt.«

Am nächsten Tag Punkt zwei hielt eine Kutsche vor dem Nebeneingang, und zusammen mit Mr. Chandler stiegen zwei Frauen aus. Die Frauen trugen Schleier. Harry führte sie in den Privatsalon, und ich ließ sie dort ein bißchen warten. Man ist immer im Vorteil, wenn man Leute auf sich warten läßt, statt daß man auf sie wartet. Angeblich kann man sogar einen Tiger zähmen, wenn man ihn nur lange genug warten läßt. Mir taten die beiden leid. Wie verzweifelt mußten sie sein, daß sie es jetzt bei mir versuchten. Die zweite junge Frau gab mir Rätsel auf. Während ich zu den beiden Frauen hinübersah, fragte ich Mr. Chandler: »Wozu ist die andere Frau mitgekommen?«

»Das ist Mrs. Chandlers Kammerzofe. Sehr zuverlässig – spricht kein Wort Englisch.«

Ich sagte: »Schicken Sie sie weg. Wenn das hier etwas werden soll, sollten auch Sie jetzt besser gehen – bis nachher.« Ich schenkte der hochgewachsenen Frau, die dastand und mit gefalteten Händen abwartete, keine Beachtung, bis ihr Mann und das Mädchen gegangen waren. Sie gefiel mir. Sie hatte Mumm. Sie zitterte nicht.

Ich ging auf sie zu, hob ihren Schleier und schlug ihn über den Hut nach hinten. Sie war nicht nur hübsch, sie war eine Schönheit. Ihre Haut war ganz weiß, die Augen ganz dunkel. Ich sagte: »Setzen Sie sich, meine Liebe. Mit welchem Kosenamen hat man Sie gerufen, als Sie noch klein waren?«

Sie setzte sich und lächelte, sehr würdevoll, beobachtete mich dabei aber genau. »Poof, einfach Poof.«

»Schön. Sie sind hier also Poof – denken Sie daran –, nicht Mrs. Chandler. Sie sind eine Zwanzigdollarhure, und Sie sind –« Ich brach ab. »Wer ist eigentlich auf diese verrückte Idee gekommen?«

»Mein Mann.« Sie lächelte, überhaupt nicht schüchtern. »Ich war zuerst ein bißchen unsicher wegen dieser Idee, Miss –?«

»Sagen Sie Madame zu mir. Ich führe dieses Haus. Sie arbeiten für mich.«

»Madame. Zuerst klang es wirklich verrückt. Aber er meint, es könnte unser Leben verändern.«

Ich sagte: »Seien Sie ehrlich. Sind Sie noch Jungfrau?«

Sie sah zu ein paar Hirtenmädchen aus Porzellan hinüber, die ich auf dem Kaminsims stehen hatte. »Nein, ich hatte eine Affäre, bevor ich Mr. Chandler kennenlernte.«

»Und Sie haben ihm nichts davon gesagt? Sehr brav. Ich werde Sie jetzt einem von meinen Mädchen übergeben. Sie wird Ihnen die Tricks und Kniffe zeigen und Sie vorbereiten, Baden, Anziehen, Schminken. Und wenn Sie die Frage gestatten: Sie muß Ihnen doch nicht erklären, wie man fickt, oder?«

Das Wort traf sie, als hätte ich ihr einen Fausthieb zwischen die Augen verpaßt. Aber sie fing sich wieder und lächelte. »Nein. Ich kann, wenn Sie es so nennen wollen – ja. Ach, glauben Sie wirklich, daß es geht? Ich meine, diese ganze Maskerade. Das ist alles so ...« Und dann kamen viele lange, verwickelte Wörter, deren Sinn ich zwar einigermaßen mitbekam, aber erinnern kann ich mich nicht an sie, und aufschreiben kann ich sie auch nicht. Es lief darauf hinaus, daß sie ihrem Mann dabei helfen wollte, daß er in ihrem Bett seinen Spaß hatte und daß sie selbst ein erfülltes Leben hatte und ein paar Kinder bekommen konnte. Ich sagte ihr, es würde alles »ganz wunderbar« (der Wahlspruch aller Madames). Ich ließ Contessa herunterkommen und machte sie mit Mrs. Chandler oder vielmehr Poof bekannt. Dann gingen sie zusammen weg – Contessa wie ein Wasserfall redend, Poof schweigsam und nun doch etwas ängstlich.

Ich hatte viel zu tun. Wir erwarteten im großen Salon eine vornehme Gesellschaft, irgendein großes gesellschaftliches Ereignis brachte Bewegung in die Stadt, und meistens beschlossen die Männer den Abend mit einem Ausflug in den Bezirk. Wenn die Tanzerei zu Ende war und die ehrbaren Frauen nach Hause geleitet waren.

Gegen elf kam Mr. Chandler durch die Seitentür herein, und Harry führte ihn in den kleinen Salon. Eines der Mädchen dort spielte Mandoline, und zu viert sangen die Huren *Pretty Red Wing*. Eine von ihnen war eine wirklich tolle Frau in langen schwarzen Strümpfen, mit breiten roten Strumpfbändern und einer durchsichtigen Bluse, die ihre Titten zur Geltung brachte, dazu eine hohe Frisur mit ein paar Federn drin. Das mußte Poof sein. Ich erkannte sie kaum wieder vor lauter Puder, Rouge und Lippenstift, und dann die herrlichen langen Beine und die Titten.

Ich stellte Mr. Chandler als besonderen Gast vor, und er ließ Champagner für alle kommen. Contessa sah, daß er ein wirklich großzügiger Herr war. Poof trank mit den anderen, und auf einen Wink von Mary-Mary ging das »neue Mädchen« zu Mr. Chandler hinüber und setzte sich auf seinen Schoß, schmiegte ihren Kopf an seinen und streckte das Glas von sich. Ich sah, daß Mr. Chandlers Knie zitterten. Poof war wirklich gut gebaut, ein fester Körper mit faszinierenden Kurven. Nur ein echter Frauenkenner konnte ermessen, wie vollkommen ihre Brüste waren. Poof sagte: »Willst du mich nicht mit nach oben nehmen?«

Ich legte eine Hand auf Poofs nackte Schulter. »Dies ist eine unserer geschicktesten, reizendsten Damen. Mit Poof hier können Sie nichts falsch machen.«

Ich sah, daß Mr. Chandler immer noch Zweifel hatte und besorgt war. »Natürlich, Sir, wenn Ihnen eine Bunte Reihe lieber ist, könnten wir auch eine Gruppensoirée veranstalten, wir könnten einen größeren Raum nehmen, und –«

Ich brach ab und sah, wie Poofs Kinn zuckte. Mr. Chandler verstand den Wink, und sie gingen Arm in Arm nach oben. Ich wußte nicht, wie sie sich fühlten und was passieren würde. Zu den anderen Mädchen sagte ich: »Und ihr, seht zu, daß ihr in den großen Salon kommt. Und daß mir keine von euch tratscht!« Die Zimmer oben waren zur Hälfte belegt, deshalb konnte ich nicht abschätzen, aus welchem die munteren und lustvollen Laute kamen. Ich hatte viel zu tun. Die Salons füllten sich, die Mädchen mußten sich mit ihren Gästen beeilen. Die Leute kamen, warteten, wurden bedient und gingen wieder. Den letzten Gast sahen wir nicht vor halb sechs am Morgen weggehen. Alle Mädchen hatten verquollene Augen und waren erledigt. Zwei waren betrunken, eine hysterisch. Ich gab ihr ein Bromid.

Ich saß in meinem Zimmer und zählte, was in der Nacht an Geld hereingekommen war. Da klopfte es an der Tür, und eine Stimme sagte: »Harry.« Ich sperrte auf, und er kam herein, hinter ihm der große Haushund.

»Alle haben das Haus verlassen. Die Mädchen schlafen, oder sind jedenfalls im Bett. Mary-Mary hat ein blaues Auge. Die große Porzellanvase im Flur ist zu Bruch gegangen. Ach, und die beiden im Rosa Zimmer sind so gegen drei verschwunden. Er hat mir das hier geschenkt.« Harry hielt ein Zehn-Dollar-Goldstück hoch.

»Das ist ein gutes Zeichen, spricht dafür, daß er zufrieden war.«

Zwei Tage später bekam ich einen Umschlag mit einem Tausenddollarschein (die gibt es wirklich). Ein kleiner

Schnipsel Papier mit den Buchstaben H.C. lag dabei. Drei Tage später wurde mir ein mit kleinen Zuchtperlen besticktes Abendtäschchen überbracht, dazu eine Goldkette. Die Tasche war mit Seidenpapier vollgestopft, dazwischen ein Blatt festes Briefpapier, auf dem mit blauer Tinte eine Zeile geschrieben stand: »Liebe Madame, danke, Poof.« Das war alles, sonst nichts. Ich hatte nicht erwartet, daß Poof so viel Leben und Lebensfreude in sich hatte. Aus irgendeinem Grund hatte ich mit einer weinerlichen, verängstigten, verwirrten, leicht angewiderten Frau gerechnet. Eine Zeitlang stellte ich mir albernerweise sogar vor, Poof würde eines Nachmittags wieder auftauchen und ein paar Freier übernehmen. Ich habe nie wieder von ihr gehört. Von Mr. Chandler auch nicht.

SECHSUNDZWANZIGSTES KAPITEL
DIE EVERLEIGH-SCHWESTERN

Wie ich schon geschrieben habe: als 1898 im Hafen von Havanna irgend etwas oder irgend jemand die Maine in die Luft gehen ließ, war das ganze Land plötzlich wie besessen von der Idee, es würde Krieg geben. Die Bürgerkriegsveteranen wurden zappelig. Und als ich mich in S. F. eingerichtet hatte, bekamen die Jungs ihren Krieg. »Zar« Reed und »Boss« Hanna waren in aller Munde, die politischen Größen, die Präsident McKinley zu einer Botschaft an den Kongreß drängten, die er dann auch im April übersandte. Das war die Zeit, in der die Hurenhäuser feierten, die Kunden sogar wieder wegschickten, und alle Leute fluchten auf die Spanier. Im Mai versenkte Admiral Dewey alles schwimmende Eisen in der Bucht von Manila. Als diese Nachricht eintraf, mußte ich, wie gesagt, die Türen zumachen und konnte neue Gäste nicht hereinlassen. Während des Krieges wurden in meinem Salon immer wieder neue Namen bejubelt – Namen wie El Canby, San Juan Hill. Der Krieg dauerte nur zehn Wochen, und er zeigte den Madames, daß Kriege auch zu gut für das Geschäft sein können. Es gab Schlägereien und Schießereien in den Häusern, zu viele Betrunkene und zuviel Bruch. Die Huren gerieten außer Rand und Band, hüllten sich in amerikanische Fahnen, johlten und betranken sich, statt zu arbeiten.

Auf diesen Krieg folgte der schwierigere mit den Philippinen, als die kleinen braunen Eingeborenen feststellten, daß sie nur neue Herren bekommen hatten, und die Soldaten an Malaria und vergifteten Rindfleischkonserven starben. Dieser Krieg wurde mit der Zeit immer ekliger. Kavalleristen gingen in S. F. an Bord, nachdem sie bejubelt worden waren und gebumst hatten und Drinks spendiert bekommen hatten. Und nachher kamen sie, manche jedenfalls, gelb vom Fieber zurück, und ich weiß noch, wie eines Abends im Salon ein paar Armeeoffiziere, die ein Zuckerkönig eingeladen hatte, sangen: »*Damn damn the Filipinos! Cross-eyed kakiak ladrones!*«

Der Alaska-Goldrausch brachte eine Menge Geld in die Stadt. Und da wir wirklich was zu bieten hatten, bekamen wir einige von denen zu sehen, denen das Glück hold gewesen war. Es waren nur wenige, und die meisten von ihnen verschleuderten, was sie hatten. Viele waren im Nu wieder pleite. Sie besorgten sich, gegen eine Beteiligung an möglichen Funden, eine neue Goldgräberausrüstung, und wollten zurück in die Kälte, zum Klondike, zum Yukon und zu den White Horse Rapids, und noch mal graben. Einer sagte mir beim Abschied: »Kein Dollar übrig, aber das Poppen war richtig gut, Mam.« Ein anderer sagte: »Reif ist der Mann erst, wenn er begreift, daß Geld nichts ist, solange es nichts dafür zu genießen gibt.«

An Silvester 1899 feierten wir das neue Jahrhundert mit einem tollen Abend im Haus. Ein Professor aus Berkeley sagte, eigentlich würde das Jahrhundert erst an Neujahr 1901 anfangen, und ich sagte ihm, dann feiern wir nächstes Jahr eben noch mal. Der Mann, der in dieser ersten Neujahrsnacht des neuen Jahrhunderts groß herauskam, war ein Goldgräber namens Gus, der sich zur Ruhe gesetzt hatte. Ein Faß von einem Mann, mit blondem Schnurrbart, aber wenig Haar auf dem Kopf. Hände und Füße sahen aus wie große Schinken. Er hatte Glück gehabt und war als Millionär zurückgekommen – »mehrfacher«, wie er sagte. Sämtliche Zehen hatte er verloren, als er in einem Winter eingeschneit war, und wie er dann doch losgehen wollte, wäre er fast erfroren. Er hatte diese tierhafte Schüchternheit von Leuten, die zu lange allein gelebt haben und nachher nach allem schnappen, was man für Geld kaufen kann. Und das war eine ganze Menge, wie Gus feststellte.

Ein trauriger Mann war er, auch wenn er eine Runde nach der anderen spendierte, Partys veranstaltete, Kutschen mietete oder einen von den neumodischen Benzinwagen ausprobierte. Ihm gehörte eines der ersten Automobile von Panhard-Levassor, mit dem man auf den steilen Straßen in San Francisco allerdings nicht weit kam. Aber manchmal trommelte ich ein paar Mädchen und ein paar Herren zusammen, wir zogen Staubmäntel an, banden uns Schleier über die Hüte und fuhren mit Gus auf den staubigen Straßen unten an der Küste herum – soweit es da Straßen gab. In einem Hotel am Meer mieteten wir uns eine Etage, und dann ging es los, ein wüstes Drunter und Drüber für die Mädchen, die Herren und die Draufgänger aus der Gegend.

Armer Gus. Nach solchen Ausflügen, wenn alle Rechnungen bezahlt waren, saßen wir manchmal in meinem Zimmer und tranken einen Whisky, nicht viel, denn er hatte Magenbeschwerden nach all dem Sauerteig am Lagerfeuer, dem Hundefleisch und den fauligen Bohnen, die er in seinen Goldschürfertagen verdrückt hatte. Er saß bloß da und schüttelte den Kopf, und seinen früher mal so wilden Schnurrbart hatte er gestutzt wie der Prince of Wales.

»Ich bin ein altes Wrack, und die ganzen Goldfunde kamen für mich zu spät. Ich bin sechzig und völlig hinüber, kann keine Mädchen mehr mit nach oben nehmen und was mit ihnen anstellen. Kann nicht mehr trinken. Von Ihrem tollen Essen hier bekomme ich Sodbrennen. So hatte ich mir das nicht vorgestellt, als ich die erste Goldader fand. Ich rauche gute Zigarren, ich gebe Partys. Aber das kommt alles zu spät, wissen Sie, für mich ist das zu spät. Gott, warum ist das nicht früher passiert, als ich fünfundzwanzig war, oder auch dreißig, da war ich Cowboy, später Holzfäller – jetzt bin ich nur noch ein alter Sack voller Gekröse. Warum?«

Ich wußte es nicht, aber ich sagte, jetzt könnte er sich doch elegant anziehen, seinen Schnurrbart stutzen, ein vornehmes Leben führen, Leute kennenlernen. An all dem lag ihm nichts. Er wollte mich heiraten, aber ich sagte nein. Ich wollte nicht mehr heiraten. Ich war nicht mal scharf auf sein Geld. Ich glaubte auch nicht, daß es lange vorhalten würde – das Glücksspiel, Pferde und Karten, das Luxusleben, private Wagons bei der Eisenbahn mieten, Jachten, schicke Häuser kaufen, aber nie lange drin wohnen. Und all die Schmarotzer um ihn herum, die ihn überredeten, in Firmen zu investieren und auch den Vorsitz zu übernehmen – Firmen, aus denen nie etwas Richtiges wurde. Seine Anwälte machten sich mit seinem Vermögen aus dem Staub. Gus meinte oft: »Wenn man sagt ›ein Anwalt und ein ehrlicher Mann‹, redet man immer von zwei Leuten.«

Gus bot mir an, mein Haus zu kaufen. Ich sagte ihm, ich würde nie in einem Haus arbeiten, das ich nicht selbst besaß, und er selbst könnte kein Haus betreiben. Dazu bräuchte man Erfahrung und müßte sich ständig kümmern. Da machte er den Vorschlag, er wollte als Partner einsteigen und zusammen mit mir den ganzen Laden nach Alaska verlegen, Betten, Teppiche, Bilder, Klavier – und dort würden wir das größte und tollste Hurenhaus aufziehen. »Das größte Bordell der Welt, die Teakholztheke eine Meile lang, Mädchen aus der ganzen Welt. Das wird der schickste Fickladen südlich des Polarkreises. Wie finden Sie das?«

Es klang nicht schlecht. Gus hätte es vielleicht gemacht und auch hingekriegt, aber ich war nicht mehr jung. Ich wollte bloß zurück nach New Orleans.

Gus fing an zu heulen. Naß war sein Gesicht sowieso. »Niemand kümmert sich, keinen schert es – der alte Gus darf immer blechen, die Kerle aushalten, den Mädchen Ringe kaufen. Aber was hat der arme, alte Gus davon? Gar nichts.«

Der arme, alte Gus. An ihm konnte man wirklich sehen, wie es ist, wenn man einen Haufen Geld macht und nachher nichts damit anzufangen weiß. Ich wußte längst, wenn man Geld richtig ausgeben will, muß man vom Leben einiges wissen. Wenn man Bequemlichkeit und körperliche Empfindungen genießen will, braucht man einen Plan, Gesundheit, Verstand und soviel Selbstbeherrschung, daß man sich zurückhalten kann, zuerst nur hier und da ein bißchen knabbert und hiervon kostet und davon probiert. Nie sich wie ein Ferkel im Dreck suhlen. Davon wird man nur dick und fett, und langweilt sich, und am Ende wird man krank. In kleinen Happen kann alles schmecken und gut sein.

Die Söhne und Enkel der Goldgräber von '49 und die Eisenbahnkönige wußten nach einiger Zeit, wie man sich einen Frack anzieht und einen Zylinder aufsetzt. Wie man Wein bestellt und eine Hure mit Niveau in einem Séparée des Seal Rock House bewirtet. Es ist traurig, daß die Burschen, die dafür mit Hacke und Schaufel geschuftet haben und sich dabei die Hände zerschrammt und den Rücken kaputtgemacht haben, mit Reichtum und Glück fast nie für längere Zeit klargekommen sind.

Das letzte, was ich von Gus hörte, war, daß er mit einem Trupp Kletten und Arschkriechern und ein paar Revuegirls nach Europa wollte, Ölbilder kaufen und ein englisches Schloß. Das einzige, was er wirklich genießen konnte, waren Weiße Bohnen nach Goldgräberart mit Pökelfleisch – aber die hatte ihm der Arzt verboten. Ich weiß nicht, was wirklich aus Gus geworden ist. Ein paar Jahre später erzählte mir ein Klaviervertreter, Gus sei in Los Angeles gesehen worden, wie er da in einer heruntergekommenen Gegend Zehner für eine Flasche Koch-Sherry schnorrte – ein versoffenes Wrack. Dann erzählte mir eine kleine französische Hure, sie wäre ihm ein Jahr vorher in der Schweiz über den Weg gelaufen, dick und frech, und noch immer hätte er Frauen und Nassauer ausgehalten. Ich weiß es nicht. Irgendwann stand in der Zeitung auch ein Artikel mit einem Namen, der so klang wie der Nachname von Gus. Dieser Amerikaner sei in Südafrika im Kampf mit den Engländern auf der Seite der Buren gefallen. Es klingt unwahrscheinlich. Gus war über sechzig und hatte keine Zehen mehr. Aber vielleicht wollte er so sterben, im Kampf, im Freien, wie ein krankes Tier, das hinauszieht, weil es unter freiem Himmel den Tod finden will. Das Sterben kann einem niemand abnehmen. Ich habe nie herausbekommen, was aus Gus geworden ist.

Dann kam der Juni 1901, und ich schüttelte mir den Staub von S. F. aus den Kleidern. Ich hatte aus New Orleans die Nachricht erhalten, ich könnte zurückkommen und im Herbst als Freudenhausmadame wieder aufmachen. Nach den Details, wie das alles gedeichselt wurde, habe ich nie gefragt.

Ich bekam einen ordentlichen Preis für meinen Laden im Tenderloin, behielt nur die paar guten Möbel, die ich wieder mit zurücknehmen wollte. Einige Italiener kauften alles auf, und sie lagen richtig, denn in S. F. waren das Lotterleben und der Schwindel in der Politik damals – kurz vor dem Erdbeben und dem Brand von 1906 – auf dem Höhepunkt. Die Stadt geriet immer mehr unter die Kontrolle von einem kleinen Wicht namens Abe Ruef, dem schlauesten, gerissensten Boss, den S. F. je hatte, und nach ihm kam ein Schützling von ihm, Eugene Schmitz. Mir war das alles ein bißchen zu verrückt und zu geldgierig und zuviel Wilder Westen. In New Orleans wurde so was im Flüsterton geregelt. Da redeten die Politiker nicht so laut, wenn Zeugen dabei waren, und stahlen auch nicht so viel unter den Augen der Öffentlichkeit. Im Süden hat die Korruption gute Manieren. Da verbeugt sie sich, oder tat es jedenfalls, bis sich der Stil von Capone und seinen Gangstern durchsetzte.

Als ich San Francisco verließ, war ich froh, daß alles hinter mir lag. Ich wollte zuerst nach Chicago und New York, Möbel, Porzellan, Silberzeug kaufen. Ich wollte am Lake Michigan spazierengehen und mit einer Kutsche die Fifth Avenue entlangfahren, dann weiter nach Washington, D. C., und dort mit ein paar Madames reden, herausfinden, welche Hurenbeutel die USA regieren, das Weiße Haus und das Kapitol begaffen. Und dann runter nach New Orleans. Die Bay würde mir fehlen, das Golden Gate, das salzige Sonnenlicht und der Nebel vom Meer. Und ein paar von den Freiern, die nicht bloß Gäste gewesen waren, sondern auch Freunde.

So machte ich mich auf den Weg nach Osten, nach Chicago. Ich muß immer laut lachen, wenn die Leute auf den

Everleigh Club zu sprechen kommen, die großartigen Madames Aida und Minna, die Everleigh-Schwestern und ihr weltberühmtes Hurenhaus in Chicago, ihre fünfundzwanzig oder dreißig schönen Huren. Ich kannte die Everleigh-Mädchen sehr gut, wie die meisten wichtigen Madames in Amerika, und abgesehen davon, daß sie ein erstklassiges Haus führten und wußten, wie man sich ins Gespräch bringt, war ihr Club als Bumsladen mit schönen Mädchen auch nicht besser als ein halbes Dutzend anderer Freudenhäuser in einem halben Dutzend anderer Großstädte. Zu überhöhten Preisen bekam man hier, was man anderswo auch haben konnte.

Als ich in Chicago war, besuchte ich auch den Everleigh Club, ich wollte sehen, was der letzte Schrei in der Innenausstattung von Hurenhäusern war – von den Mädchen und den Betten mal abgesehen, wo sich ja nie etwas ändert. Ich hatte mit den Schwestern schon zu tun gehabt – es gibt ein unterirdisches Netz von Verbindungen zwischen Madames, da werden Mitteilungen aus der Branche getauscht, gute Mädchen empfohlen, und es wird vor Kunden gewarnt, die mit ungedeckten Schecks ankommen, oder vor den Krawallbrüdern unter den herumreisenden Freiern, die man am besten gar nicht erst reinläßt.

Ungefähr 1899 sagte meine Freundin Cleo Maitland, die Madame, die in Washington, D.C., die Draufgänger aus dem Kongreß und dem Senat bediente, zu Aida und Minna Everleigh, wenn sie ein elegantes Hurenhaus aufmachen wollten, sollten sie nach Chicago gehen. Die Schwestern hatten reichlich Schotter an den Füßen, sie hatten ein Bordell in der Nähe der Trans-Mississippi-Ausstellung in Omaha gehabt. Als die Ausstellung zumachte, hatten sie ungefähr 80 000 Dollar. Damit zogen sie auf den Rat von Cleo Maitland um, die wußte, daß im ersten Revier von Chicago, in dem Vergnügungsviertel, das Levee heißt, ein Haus zu haben war.

Es bestand aus zwei großen, zweistöckigen Gebäuden nebeneinander. Als ich es besichtigte, hatte es fünfzig Zimmer und einen schicken Treppenaufgang von der Straße her. Lizzie Allen, die alte Madame, hatte es als vornehmes Hurenhaus für die Kolumbus-Ausstellung von 1890 aufgezogen. Man erzählte sich, der Umbau hätte Lizzie 200 000 Dollar gekostet, aber sie war eine furchtbare Lügnerin. Wenn man diese Zahl halbiert, ist man der Wahrheit sicher um einiges näher.

Eine andere Madame, Effie Hankins, übernahm das Haus nach der Ausstellung von Lizzie, und die Everleigh-Schwestern kauften es ihr dann ab, mit allem Drum und Dran (Huren und Möbel). 55 000 Dollar für Mobiliar, Geschirr, Besteck, Kunstgegenstände und Teppiche, außerdem eine Rente von 500 Dollar im Monat.

Ich hätte bei dem Preis für die Möbel gehandelt – als Madame wußte ich, daß man beim Mobiliar eine Menge sparen kann, wenn man einfach sagt: »Schaff deinen Trödel hier raus! Ich will das Zeug nicht.«

Die Mädchen eröffneten am ersten Februar, und damals traten sie auch zum erstenmal als Everleigh-Schwestern auf. Vorher waren sie in der Branche unter Everly gelaufen, und das war auch die richtige Schreibung. Sie hatten geschultes, schwarzes Personal, eine bessere Sorte Huren, achteten beim Essen, beim Whisky und beim Wein auf Qualität. Und sorgten dafür, daß man über sie redete.

Es war ein kalter Abend, aber das Geschäft lief gut. Die Geschichte von Aida, ein Senator aus Washington hätte ihnen zum Eröffnungsabend eine Glückwunschbotschaft und Blumen geschickt, habe ich nie geglaubt. Aber daß die Einnahmen an diesem Abend über tausend Dollar waren, kann schon sein. Der Laden hatte Klasse und zeigte Geschmack – was übrigens nicht immer dasselbe ist. Klasse kostet nur, Geschmack ist da, wo die Kosten nicht auffallen.

Wer waren diese beiden Schwestern, wenn man den Quatsch, der über sie in den Zeitungen stand, und die Prahlereien der Freier mal beiseite läßt – von den Lügen der Schwestern ganz zu schweigen? Die Tatsachen zusammenzubekommen ist gar nicht so schwer. Wenn eine Madame lange genug im Geschäft bleibt, ist ihr Leben kein großes Geheimnis mehr.

Aida und Minna Everly wurden in Kentucky geboren, die erste 1876, die zweite 1878. Ihr Vater war Rechtsanwalt – wie erfolgreich oder wie sehr Winkeladvokat, weiß ich nicht. Sie waren noch keine zwanzig, da heirateten sie zwei Brüder, zwei »Gentlemen aus dem Süden«, so heißt es immer – aber das hatte überhaupt nichts zu bedeuten, wie die Mädchen bald feststellen konnten. Diese Männer wären Rohlinge gewesen, hätten sie geschlagen und überhaupt schlecht behandelt. So erzählten sie es. Meiner Ansicht nach fanden die beiden das Verheiratetsein ganz einfach furchtbar langweilig.

Die Schwestern liefen jedenfalls davon, nach Washington, D.C., einer Stadt, in der es von »Gentlemen aus dem Süden« nur so wimmelte. Sie wurden Schauspielerinnen – was nichts weiter bedeutet, als daß sie mit den Theaterleuten auf Tournee gingen und sehr wahrscheinlich nebenbei schon anschafften, wie es die meisten Schauspielerinnen in den schmuddeligen, täglich wechselnden Gastspielorten taten, immer pleite, immer hungrig und die Abendkasse immer von irgendwem gepfändet. Ich weiß, daß Schauspielerinnen so was nicht gern hören, aber ich kannte nur zwei, die nicht zum Vergnügen oder für Geld bumsten, wenn sie auf Tournee waren. Die eine hatte ein Holzbein, und die andere war Mormonin.

In Omaha, wo sie wegen der Ausstellung waren, erfuhren die Schwestern, daß ihr Vater gestorben war und ihnen eine hübsche Stange Geld hinterlassen hatte. Die beiden behaupteten immer, es seien 35000 Dollar gewesen. Ich würde ein paar Abstriche machen, kräftige Abstriche. Sie versuchten, in die besseren Kreise von Omaha zu kommen, aber die Frauen aus der Stadt bekamen bald spitz, daß ihre Männer mit den Schwestern ins Bett gingen – am Anfang auf Amateurbasis, für kleine Geschenke und so was. Später streuten die Schwestern aus, sie hätten beschlossen, der ehrbaren Gesellschaft den Rücken zu kehren und als Huren zu arbeiten, um sich auf diese Weise für die Brutalität ihrer inzwischen vergessenen Männer zu rächen. Diese Behauptung ist allerdings mit Vorsicht zu genießen. Hure wird man, weil man Geld verdienen will. Und die beiden waren schon Huren, als ihr Vater starb. Auch ihr Erfolg mit dem Haus in Omaha zeigt, daß sie, obwohl erst zweiundzwanzig und vierundzwanzig, nicht die »kleinen Fräuleins« aus Miss Alcotts Roman waren.

Aus Everly wurde Everleigh – aus Hotelzimmern mit Kleinstadtfreiern wurde der Everleigh Club in Chicago, und aus den Schwestern wurden Madames.

Sie freuten sich, mich zu sehen. Minna führte mich herum – sie hatte sich auch um die Renovierung gekümmert und die Innendekoration geplant. Während wir von einem Salon in den anderen rannten, rasselte sie Namen herunter: »Silbernes Zimmer. Goldenes Zimmer, Moores Zimmer, Rosarotes Zimmer, Chinesisches Zimmer, Blaues Zimmer, Ägyptisches Zimmer« und noch ein Dutzend andere, die mir nicht mehr einfallen. Es waren sehr elegante Räume, überladen, vollgestopft mit exotisch aussehendem Kram. Ich weiß noch, im Goldenen Zimmer gab es Kugelgläser mit Fischen auf goldenen Ständern, Spucknäpfe aus massivem Gold für 700 Dollar das Stück und ein vergoldetes Klavier für 15000 Dollar. Auch diese Preise, die sie mir nannten, mußten nicht unbedingt stimmen. Überall lagen riesige Orientteppiche, alle »unbezahlbar«, was aber nicht hieß, daß man sie nicht bei jedem besseren Teppichhändler hätte kaufen können. In vielen Räumen hing der Mief von Räucherstäbchen, dazu arabisches Messingzeug, Zeichnungen mit dem typisch amerikanischen »Gibson Girl« von damals, Wappen und Fahnen von irgendwelchen Colleges. Ein kostspieliger Mischmasch von allem, was manche Männer für den Gipfel des Luxus halten. Die Kunstgalerie umfaßte die bordellübliche Sammlung aufwendig gerahmter Bilder. In der Bibliothek standen viele in Leder gebundene Bücher. Im Speisesaal aß man mit Silberbesteck von feinem Porzellan, und im Ballsaal – »türkisch«, sagte Minna zu mir, »echt türkisch« – gab es einen richtigen Springbrunnen. Sie stellte ihn für mich an und aus. (Fließendes Wasser jeder Art in einem Haus war für viele Leute eine tolle Sache.)

Ich wollte mir die Schlafzimmer genauer ansehen – denn da spielt sich in einem Hurenhaus doch das Entscheidende ab, nicht zwischen Marmorstatuen oder Palmen in Goldtöpfen und Spucknäpfen.

Minna sagte: »Wir haben dreißig Boudoirs für unsere Damen.« Die meisten Räume waren sich gleich, Spiegel an der Decke, damit der Gast sehen konnte, was er trieb, ein großes, federndes Messingbett – die gleichen wie in meinen Häusern –, Ölbilder mit den üblichen Themen, Spaß und Hasch-mich im Gebüsch. Und eine goldfarbene Badewanne, von der Minna behauptete, sie sei mit achtzehn Karat vergoldet. Diwane, Wandlichter, Knöpfe zum Bestellen von Wein und Essen, Parfümzerstäuber. Das alles war in den meisten Zimmern vorhanden.

Minna fügte hinzu: »Und an manchen Abenden lassen wir aus Pappschachteln lebende Schmetterlinge in den Salons und Boudoirs aufsteigen.« Die Schwestern hatten gezahlt und gezahlt – sogar für fliegendes Ungeziefer.

Ich sagte, ich sähe, daß sie keine Kosten scheuten. Ich sah auch, daß die beiden Mädchen wirklich geschäftstüchtig waren, aber das sagte ich nicht. Dieses ganze Geschnörkel, der Schwulst, die Schmetterlinge sorgten dafür, daß über den Laden geredet wurde. Cleo Maitland sagte mal zu mir: »Kein Mann vergißt es, wenn ihm im Everleigh Club ein Schmetterling die Eier gefächelt hat.«

Der Gast wußte im voraus, daß ihn ein Besuch im Club wenigstens um fünfzig Dollar erleichtern würde. Meistens wurde die Rechnung noch viel höher.

Minna erklärte mir: »Wein kostet unten zwölf Dollar die Flasche, im Bett fünfzehn.« Die vierköpfige Kapelle spielte am liebsten *Dear Midnight of Love*, das angeblich der Kofferträger von irgendeinem Politiker aus der Stadt geschrieben hatte, der sich dafür im Club zünftig entlohnen ließ.

»Viele Gäste nehmen hier ein spätes Dinner ein, Kostenpunkt fünfzig Dollar, Damen und Wein natürlich extra.«

Eine Nummer kostete fünfzig Dollar, plus Trinkgeld für die Hure. Die Hure gab die Hälfte von dem, was sie einnahm, an die Schwestern weiter. Viele Häuser ließen die Huren oben kassieren. Ich habe immer selbst kassiert.

Aida sagte mir, bei ihr würden die Mädchen so sorgfältig ausgesucht wie in West Point die Kadetten. Nur erfahrene Huren – keine Amateure oder Jungfrauen. Sie mußten gut aussehen, gesund sein und alle Spielarten von Sex kennen, auf die ein Freier verfallen konnte. Sie mußten wissen, wie man sich gut anzieht – Schlampen, Trinkerinnen, Frauen die Drogen nahmen, wurden nicht genommen. Die Huren waren genauso scharf darauf, in den Club hineinzukommen, wie die Freier, deshalb gab es eine Warteliste mit willigen, tüchtigen Mädchen. In Wirklichkeit waren die Mädchen im Everleigh Club nicht geschickter und sahen auch nicht besser aus als die Huren in den meisten erstklassigen Freudenhäusern. Ihnen wurde beigebracht, wie man sich anzieht, wie man sich schminkt, wie man sich frisiert – und vielleicht mußten sie auch mal ein Buch lesen. Letzteres bezweifle ich. Wettratte Gates sagte mal über die Büchersammlung des Clubs zu mir: »So erzieht man die Hure am falschen Ende.«

Manche Gäste blieben ein ganzes Wochenende, an dem man dann besonders appetitlich essen, trinken und vögeln konnte. Alles in allem kostete so ein Wochenende um die 500 Dollar.

Im Laufe der Jahre kamen viele berühmte Männer in den Club und klopften sich die Pfeife aus – schon um später damit angeben zu können, daß sie dort gewesen waren. John Barrymore, ein bekannter Hurenbeutel, Wettratte Gates, James Corbett, Stan Ketchell, sie alle wurden nie müde, von ihren Besuchen im Club zu erzählen. Ein Untersuchungsausschuß des Kongresses, der nach Chicago geschickt worden war, verbrachte – praktisch vollzählig – so gut wie jeden Abend im Club.

Der Club war im Laufe der Jahre in zwei Morde verwickelt. 1905 wurde dort dem Sohn von Marshall Field in den Bauch geschossen. Manche sagen, von einem Spieler, andere sagen, von einer Hure. Wie bei dem Mord in meinem Haus in New Orleans wurde der Tote weggeschafft und nachher bei sich zu Hause gefunden – die Polizei nahm ihren Teil und sagte, es sei Selbstmord oder ein »selbstverschuldeter Unfall« gewesen.

Ein paar Jahre später starb Nat Moore, der Sohn eines Eisenbahnkönigs, an aphrodisierenden K.o.-Tropfen, und man machte Pläne, die Leiche in der Heizungsanlage des Clubs zu verbrennen. Die Schwestern behaupteten immer, Nat Moore wäre in einem anderen Hurenhaus gestorben, und man hätte ihn dem Club nur untergeschoben, um den Schwestern das Geschäft zu versauen.

Jahre später, als ich Minna in einem Ferienort traf, erzählte sie mir, die Hurenhäuser von Chicago hätten pro Jahr anderthalb Millionen Dollar für Protektion an die Polizei und die Leute von der Stadt gezahlt. »Wir allein haben in diesen Jahren 130 000 Dollar gezahlt und außerdem das, was wir den Politikern in Springfield zugesteckt haben, damit sie gegen ein Gesetz stimmten, das unserem Geschäft geschadet hätte.«

Ich fragte sie, wie hoch ihre Einnahmen waren. Minna sagte: »In einem guten Jahr 125 000 bis 150 000 Dollar.« Ich glaube, da hat sie nicht viel gelogen.

Ruiniert haben die Schwestern ihren Club dadurch, daß sie immer im Gespräch sein wollten. Zuerst haben sie den Club damit groß und nachher kaputt gemacht. 1910 brachten sie einen aufwendigen Prospekt heraus, in dem sie ihr Haus und seine Vorzüge anpriesen, die Genüsse, die den Gast erwarteten, alles stand drin, auch die Adresse, 2131 Dearborn Street. Dieser Prospekt kam Carter Harrison unter die Augen, einem Moralapostel von Reformbürgermeister. Ihm platzte der Kragen, und er befahl dem Polizeichef, den Everleigh Club zu schließen. Unter der Hand wurde den Schwestern zwar angedeutet, mit 20 000 Dollar ließe sich der Vollzug der Anordnung aufschieben. Aber sie sagten nein und machten zu, so erzählt es jedenfalls Minna.

Keine Madame in Amerika hat diesen Teil der Geschichte geglaubt. In Wirklichkeit wird die Reformwelle so stark gewesen sein, daß man sich nicht dagegenstellen konnte. Die Schwestern mußten zumachen, sonst hätte es eine Razzia gegeben und sie wären ins Kittchen gewandert. 1912 versuchten sie, in der West Side von Chicago einen neuen Club aufzumachen, aber die Reformer waren immer noch an der Macht, und die 40 000 Dollar Schmiergeld, die nun verlangt wurden, waren ihnen zuviel. Für korrupte Politiker ist die Reform immer eine wunderbare Sache – sie verteuert die Protektion und erhöht ihre Einnahmen.

Die Schwestern waren Ende Dreißig, als sie sich zur Ruhe setzten, und sie sind gut damit gefahren. In Bordellkreisen, wo man einen Blick für Gewinn und Verlust und ein Gespür für Zahlen hat, hieß es, die Schwestern wären mit 200 000 Dollar in Diamanten und anderem Schmuck und mit 150 000 Dollar in Hausrat herausgekommen. Obwohl sie sich immer so viel auf ihre Vornehmheit und ihre Herkunft aus Kentucky zugute hielten, blieben am Schluß etliche Rechnungen unbezahlt. Sie behaupteten auch, Gäste würden ihnen noch 25 000 Dollar für Dienstleistungen ihrer Mädchen schulden. Daran ist irgendwas faul. Soviel Kredit geben Hurenhäuser nicht. Wahrscheinlich haben ein paar prominente Kunden kostenlose Nummern bekommen oder haben gedacht, sie wären kostenlos, Speisen und Getränke ebenfalls, und die Schwestern haben diese Bewirtungen dann als Außenstände verbucht.

Die Mädchen setzten sich zur Ruhe oder versuchten es jedenfalls. Von Zeit zu Zeit tauchten sie in den Nachrichten wieder auf. Teile eines Skeletts wurden im Garten hinter ihrem Club gefunden – aber niemand konnte beweisen, daß es die von einem Gast oder einer Hure waren. Es gab Gerüchte über ein Mädchen, das bei einer Abtreibung im Club gestorben war, aber niemand brachte das mit den Knochen in Verbindung. Eines von ihren Mädchen wurde später in New Orleans ermordet, die Hände abgeschnitten, um außer dem Schmuck, den sie trug, auch an die Ringe zu kommen. Das brachte die Everleigh-Schwestern wieder in die Zeitung. Ich kannte diese Hure. Ich wußte auch, wer sie umgebracht hat, aber das ist inzwischen lange her und nicht mehr wichtig.

Zum letztenmal hörte ich von den Schwestern, als ein Millionär namens Stokes in einem Scheidungsprozeß behauptete, seine Frau hätte eine Zeitlang als Hure im Everleigh Club gearbeitet, er hätte also gebrauchte Ware geheiratet.

Der Besuch im Everleigh Club beeindruckte mich. Man konnte sich dem nicht entziehen. Die beiden Mädchen wußten, wie man auf sich aufmerksam macht. Ich nahm ein paar Ideen für die Innenausstattung mit, wie man Gäste beeindruckt, aber nichts wirklich Weltbewegendes. Am Ficken und den Spielen, die dazugehören, hat noch niemand viel verändert, seit es zwei Geschlechter gibt. Und wenn man an den Grundschritten oder dem Tanz nichts ändern kann, kümmert man sich eben um das Drum und Dran, die Bequemlichkeit, und steckt dahinein immer mehr Geld. Das war in meinen Augen die größte Entdeckung der Schwestern – daß es Männer, die Geld haben, beeindruckt, wenn sie eine Menge davon abdrücken müssen, um ihren Spaß zu bekommen. Der Unterschied zwischen der Nutte für zwei Dollar und der Kokotte für fünfzig besteht nur in der Umgebung und einem Mythos – einem Nebel, wie die Schwestern ihn in ihren Schlafzimmern versprühten.

Minna und Aida haben etwas festgestellt, das auch mir schon früh klargeworden ist – für die Männer ist Sex gar nicht der Antrieb, der ihr Leben am stärksten beherrscht. Am Hurenhaus gefällt ihnen die Vorstellung von Sünde und Freiheit, von Geselligkeit ohne die Lügen der gesellschaftlichen Stellung, ohne die Scheuklappen, die sich die Gesellschaft anlegt. Sie fühlen sich wohl in der Gesellschaft anderer Männer – Trinken, Rauchen, derbe Kameraderie. Minna sagte mir mal: »Die Damen sind ihnen gar nicht das liebste. Am liebsten sind ihnen Karten, Würfel, Pferderennen. Wenn es nicht unmännlich wäre, das zuzugeben, würden sie die meiste Zeit nur spielen und nicht vögeln.« Für die Professoren, die sich mit Sex beschäftigen, ist das vielleicht ein Schock, aber ich weiß, daß es stimmt.

Und da wir schon bei den Wahrheiten sind, möchte ich hier noch ein Wort über die sogenannten Aphrodisiaka anfügen. Ich habe festgestellt, es gibt nur ein wirkliches, wahres, echtes Aphrodisiakum, das bei Männern wirkt, und das ist der menschliche Geist, unterstützt von den Botschaften, die ihm durch Augen und Tastsinn übermittelt werden. Ansonsten ist alles Gerede über Liebestränke, Johanniskraut, gemahlenes Nashorn, Voodoo-Samenbeutel, Gifttränke, Tigerbalsam, Austern, Zwiebeln, rohe Eier, Erdnußbutter, Venussalbe reiner Quatsch. Wer dran glaubt, kann sich ein bißchen selber täuschen. Es *kann* wirken, aber das ist, wie wenn ein Arzt den Patienten mit einer Zuckerpille täuscht und ihm sagt, es sei Medizin. Der Geist läßt sich täuschen. Aber wenn es darum geht, sich mit einer hübschen jungen Hure einzulassen, ist es dem Geist egal, wenn er getäuscht wird.

Spanische Fliege, das bekannteste Mittel zur Steigerung des Sexualdrucks, ist kein wirkliches Aphrodisiakum. Es besteht aus zermahlenen Körpern eines bestimmten Insekts, und wenn man es mit einem Drink nimmt, reizt es die Blase. Dieses unangenehme Jucken und Hitzegefühl wird als sexueller Drang mißverstanden. Es ist keiner. Es ist sogar gefährlich, wenn man dieses Zeug nimmt oder jemandem ins Glas schüttet. Viele Männer sterben an einer Überdosis.

Bücher und Bilder von Sexualakten und Spielen und Stellungen kann man zu den Aphrodisiaka rechnen, wenn man Dinge hinzunehmen will, die man sich nicht durch den Mund, sondern durch die Augen zuführt. Das ist größtenteils für den altersschwachen Gast, die abgestumpften, erschlafften Freier, die oft sowieso eher Zuschauer als Akteure sind. Die Bilder sind meistens albern, Schwänze, die es in

Wirklichkeit gar nicht geben kann, Spiele für Akrobaten. Die Bücher sind Phantasien, geschrieben von Männern, die mit Muschiträumen und nicht mit dem wirklichen Ding hausieren gehen. Auch diese Bücher sind meistens für Leute, die mehr brauchen als den Anblick eines lebendigen nackten Mädchens. Ich habe immer gemeint, Bilder und Bücher seien für Jungen und Männer, die eine Affäre mit sich selber haben. Die Jungen wachsen da meistens heraus, die Männer fast nie.

Alkohol, außer wenn damit das Nein eines Mädchens gebrochen wird, ist eine angenehme Nebensache, aber zuviel führt dahin, daß man sich in die Flasche verliebt, statt in einen Körper. Drogen gehören zu einer Welt, die mit Sex überhaupt nichts zu tun hat. Viele Zuhälter und manche Huren sind drogensüchtig. Aber ein süchtiger Freier verliert bald den Geschmack am Sex, dann den Trieb und hängt sich schließlich für immer an die Nadel und die Pfeife.

FÜNFTER TEIL
DIE LETZTEN JAHRE

SIEBENUNDZWANZIGSTES KAPITEL
WIEDER IN NEW ORLEANS

In den drei Jahren, die ich nicht in New Orleans gewesen war, hatte sich manches verändert. Als wenn der Anbruch des 20. Jahrhunderts das Signal gewesen wäre, auszurasten und alles anders zu machen als vorher. Manche Leute fuhren jetzt in den neuen Automobilen die Deiche und die Canal Street entlang, aber man sah, daß das Pferd noch obenauf war – noch.

Die Musik, die man dann Jazz nannte, wuchs immer weiter, und später fuhren Spieler wie King Oliver und Louis Armstrong auf den Flußdampfern nach Norden und brachten sie nach Chicago. Ich kann mich erinnern, daß Oliver als Butler bei vornehmen Weißen arbeitete, und Louis fuhr als Kind auf einem Kohlenwagen herum und machte den Ausrufer. Nie wäre man auf die Idee gekommen, daß er oben im Norden mal ein großer Trompeter würde. Ich will hier nicht so tun, als wüßte ich irgendwas Wichtiges über die Jazzmusik oder als hätte ich ein Ohr dafür. Ich habe den Jazz nur wachsen hören. Die weißen Leute sagten »Bordellmusik« dazu. In den billigen Kneipen und miesen Spelunken wurde er laut gespielt und in den besseren Häusern etwas gedämpfter. Es dauerte aber noch lange, bis der Jazz den Ragtime einholte, der damals immer beliebter wurde und den wir in den Freudenhäusern zu spielen begannen. Und außerdem gab es immer noch die Musik von Stephen Foster. Ich weiß nicht, womit sich die Madames und auch die ehrbaren Leute ihr Herz erweichen lassen sollten, wenn die Foster-Melodien nicht gewesen wären. Für die meisten Leute hatten sie etwas Bittersüßes, Schmerzliches, wie wenn man nach einem harten Leben ausruht und zurückdenkt.

Ich machte mein Haus wieder auf, nachdem es frisch gestrichen war und neue Teppiche verlegt, die Tapeten, das Bettzeug gewechselt und ein paar gute Weine gebunkert waren. Die Leute, die zwischendurch drin waren, hatten es nicht zu sehr verkommen lassen. Das Flair des neuen Jahrhunderts spürte ich schon am Eröffnungsabend. Die Anzüge der alten Kunden saßen besser, und die neuen Kunden waren Dandys – mit Kragen und Schultern wie Richard Harding Davis, der Reporter. Es wurde viel über etwas geredet, das sie »Manifest Destiny« nannten, die göttliche Bestimmung Amerikas, und darüber, daß wir alle Inseln im Pazifik übernehmen sollten. Auf den Philippinen gab es immer noch Ärger, die Japaner schnitten den Russen Grimassen, und die Buren kämpften gegen die Briten. Die Boxer machten ihren Aufstand im neuen China. Eine neue Welt für Chinesen – was daraus werden sollte? Nach dem zu urteilen, was die Männer im Haus über ihren Zigarren und Brandys so redeten, brach jetzt eine Zeit der Kriege mit den farbigen Rassen an. In einem Freudenhaus erfährt man so allerlei. Aber nichts interessierte mich so sehr wie die Glühlampen von Mr. Edison und die wirklich wunderbaren Neuerungen für Bäder und Küchen. Lacey Belle stand wieder in ihrer Küche, mit einem neuen, größeren Eisschrank und einem Herd, auf dem man für weniger Geld mehr kochen konnte. Harry beschwatzte mich, ich sollte ein Automobil anschaffen. Am Ende mietete ich eines mit Gaslampen und viel glänzendem Messing und Hebeln an der Außenseite.

Storyville, meinten die Genießer, mußte man gesehen haben, wenn man New Orleans besuchte, und die Madames zeigten offen, was sie zu bieten hatten. Im Grunde wurde das French Quarter mit der Zeit zu einer Kulisse für die Fremden, die die Altstadt besichtigten und die Vögel am Fluß füttern wollten, die den General Jackson beklekkerten, der ihnen vor der Church of St. Louis von seinem Pferd aus mit dem Hut zuwinkte. Das Viertel wurde zur Sehenswürdigkeit und sollte irgendwie altmodischer aussehen, als es wirklich war. Möbel aus zweiter Hand mit Wanzen und allem wurden plötzlich Antiquitäten.

Nach dem Eröffnungsabend, bei dem es ein ziemliches Durcheinander gegeben hatte, lief mein Haus gut. Die Mädchen waren nicht mehr so adrett und höflich wie damals bei der ersten Eröffnung. Sie kleideten sich nach der neuen, lockeren Mode, weniger wie Huren, aber geschmackvoll. In den nächsten Jahren trugen sie Humpelröcke und Hüte mit breiteren oder schmaleren Krempen und hohen Federn und hatten gestreifte Sonnenschirme dabei. Sie rauchten mehr und klangen lauter und schriller.

Vielleicht lag es daran, daß ich schon zu einer anderen Zeit gehörte. Vielleicht nahm der legale Betrieb dem ganzen auch ein bißchen von seinem Reiz. Für die Protektion mußte natürlich immer noch gezahlt werden, obwohl der Bordellbetrieb in New Orleans nun legal war. Es gab Vorschriften, mit denen konnten sie einem jede Menge Ärger machen, falls man nicht löhnte. Also zahlte ich. Die neuen Freier waren munterer, schlanker. Manche Leute ließen sich Hummer und Steak, Wildente und Austernpudding und große Pie-Dinners immer noch schmecken. Aber viele gingen zu kleineren Portionen und besserer Zubereitung über. Das blieb so bis 1914, dann ging es mit der amerikanischen Kochkunst, soweit ich sie kannte, bergab. Nur hier und da versuchte sich ein feines Lokal mal mit einer Küche, die noch was hermachte. In den besseren Hurenhäusern hielt sich die gediegene Kost am längsten.

Meine Gäste, die ich nach wie vor gern verköstigte, bekamen das beste Essen von New Orleans, und unsere Salons sorgten dafür, daß die treuen Gäste uns auch treu blieben. Aber es waren unruhige Zeiten. Die Freier zogen durch das Viertel, aßen hier was, tranken dort was und sahen sich die Miezen in einem halben Dutzend Häuser an, bevor sie sich entschieden und ein Mädchen mit nach oben nahmen. Ob es einem gefällt oder nicht, aber die Generation der Bürgerkriegsteilnehmer, das waren die letzten Amerikaner ihrer Art. Ihre Kinder und dann *deren* Kinder waren ein anderer

Menschenschlag. Europa mit seiner Farbe sickerte durch. So oder so.

Ich hatte eine Hure namens Gladdy, die sich schwer für Frauenrechte einsetzte. Sie ging bei Demonstrationen in Philadelphia und New York mit, wenn es um Frauenwahlrecht ging und darum, Nadeln in die Pferde der Cops zu stechen, und wenn es hieß, man wäre den Männern gleich. Gladdy war eine sehr gute Hure und kümmerte sich um die intellektuellen Kunden, mit denen sie dann über Shaw und H. G. Wells und Ibsen und einen Haufen Russen redete, deren Namen ich mir nicht merken kann. Sie fuhr auf einem Fahrrad an den Deichen entlang und trug dabei einen geschlitzten Rock. Und ständig sagte sie Verse von jemandem auf, den sie »Omar, den Zeltmacher« nannte. In ihrer Freizeit brannte Gladdy Bilder von Indianern und Mädchenköpfen in Lederkissen. Aber so um 1904 nahm sie sich einen ziemlich hellhäutigen Liebhaber, einen Negeranwalt, der im Norden aufs College gegangen war. Ich sagte Gladdy, für mich wäre kein Mensch schlechter als ein anderer, bloß wegen seiner Hautfarbe, aber die Kunden wären nun mal die Grundlage von unserem Geschäft. Es ginge nicht, daß es am Ende Gerede über sie und ihn gäbe, und ein Gast würde davon vielleicht was mitbekommen und sich weigern, mit ihr ins Bett zu gehen, wenn sie Tags zuvor ihren Neger gebumst hätte.

Gladdy wurde frech und meinte, ihr schwarzer Typ sei ein bedeutender Mann, ein Vorkämpfer für Rechte, Menschenrechte. Wahrscheinlich war er das, aber nicht in meinem Haus. Ich sagte ihr, sie sollte zusammenpacken und verschwinden. Ich war nicht scharf darauf, daß mir irgendein Pöbel vom Klan das Haus niederbrannte. Oder den Hellhäutigen am Laternenpfahl vor dem Eingang lynchte.

Ein paar Jahre lang hörte ich nichts von Gladdy. Dann las ich, man hätte die Leiche von dem Hellhäutigen weiter flußaufwärts gefunden, verkohlt und verstümmelt, und alles deutete darauf hin, daß man ihn gelyncht hatte. Von

Gladdy hörte ich nur noch einmal, da kam ein Telegramm aus Houston, ich sollte ihr bitte fünfzig Dollar leihen – sie wäre nach einer Lungenentzündung gerade aus dem Krankenhaus entlassen. Ich schickte ihr fünfundzwanzig. Ich hatte das Gefühl, sie log.

Auch die anderen Mädchen in meinem Laden waren, jedes auf seine Weise, etwas Besonderes, aber sie lasen nichts Ernsthaftes, nur Traumbücher und höchstens mal einen Roman, in dem es um Liebe und Tod ging, oder Artikel in einer Frauenzeitschrift, wie man sich einen Mann angelt. Das Geschäft lief gut, und ich gab ihnen den Rat, etwas auf die hohe Kante zu legen. Die meisten taten das nicht. Ihre Liebhaber, die Schneiderin, der Schmuckhausierer, der mit seinen Tabletts und seinen Schachteln vorbeikam – alle nahmen sie viel von dem Verdienst der Mädchen mit.

Die Einnahmen der Edelbordelle kamen zum großen Teil von Südamerikanern, reichen Señores, die auf ihren großen Plantagen noch Sklaven oder *peones* hatten oder Rinderherden besaßen und in Paris oder Rom lebten. Meistens machten sie Station in New Orleans. Die Politiker unter ihnen waren oft selbst *peones* oder Indianermischlinge, hatten sich in irgendeinem Urwaldstaat zum Diktator gemacht und waren dann mit der Beute im Sack abgehauen, lauter hübsche, frische amerikanische Hundert- oder Fünfhundertdollarscheine.

Ich ließ nur die ungefährlichsten Süd- und Mittelamerikaner herein, die stubenreinen, die sich von Harry an der Tür die Waffen abnehmen ließen. Ich hatte ein paar Brocken Spanisch aufgeschnappt, und ich hatte Maria, eine kräftig gebaute Zigeunerin, die mit ihnen in jedem Tempo schwatzen konnte und ihre Vorlieben kannte. Sie waren ausgesprochene Hurenbeutel und gingen ran wie die Affen im Affenhaus. Die Generäle zahlten meistens in Gold, oft mit französischen, spanischen oder italienischen Münzen, so daß ich mir einen Bankangestellten suchen mußte, bei dem ich mich darauf verlassen konnte, daß ich den richtigen Wechselkurs bekam.

Der »Bär« oder »General Bear«, wie wir ihn auch nannten, war ein großer, breitschultriger Mann mit kaffeebrauner Haut und dichtem Indianerhaar, das ihm so tief in die Stirn wuchs, daß man es gar nicht glauben mochte. General Bear hatte ein paar Revolutionen in verschiedenen mittelamerikanischen Staaten angeführt und wartete nun darauf, daß die United Fruit Company und, wie er sagte, die Vereinigten Staaten selbst irgendwo da unten einen kleinen Krieg arrangierten, damit die Bananen und die Bodenschätze und die Edelhölzer nachher leichter auf den Markt gebracht werden könnten. Er war es, der mir als erster erzählt hat, wenn die USA mit Kolumbien wegen der Fertigstellung des Kanals da unten nicht klarkämen, würden sie ein neues Land aus dem Hut zaubern und mit diesem weiterverhandeln. Als dann die Sache mit dem Panama-Kanal soweit war und Panama tatsächlich erfunden war und bezahlt wurde, merkte ich, daß General Bear die richtigen Leute an den richtigen Stellen kannte.

Der General nahm immer Maria mit nach oben und bekam das, wofür er gezahlt hatte. Nur einmal hatte ich Ärger mit ihm – als er eines Abends betrunken war und irgendwie einen großen Colt mit nach oben geschmuggelt hatte. Um zwei Uhr morgens hörte ich, wie das Ding oben losging. Harry und ich stürzten hinauf und sahen Maria nackt an der Wand, während der General, nur mit Socken bekleidet, ihre Umrisse in die Wand schoß, so dicht an ihr dran, daß sie sich nicht zu rühren wagte, sondern immer nur schrie: »Commandante, Commandante!« Harry packte seinen Arm, der mit der Waffe fuchtelte, aber der Bär versuchte ihn abzuschütteln, und Harry verpaßte ihm ein paar Nackenschläge, die er auf seinen Kreuzfahrten vor Japan bei der Flotte gelernt hatte. Als General Bear wieder sprechen konnte, rief er: »Was ist denn los? Ich bin doch ein Mann Gottes, *unione, libertad!* Ich wollte dieser dummen Kuh doch nur zeigen, wie ich früher Gefangene hingerichtet habe. Ich bin so ein guter Schütze, ich würde sie niemals verletzen. Ich liebe *los Estados Unidos!*«

General Bear veranstaltete ein Abschiedsfest, bevor er abreiste, um wieder irgendwo Unruhe zu stiften, und danach habe ich nie mehr von ihm gehört. Den Colt jedoch habe ich in meinem Nachttisch aufgehoben.

Wenn man Leute über Hurenhäuser reden hört oder über die Prostitution in Häusern liest, hat man den Eindruck, diese Häuser seien Schlupfwinkel, wo entartete Lüstlinge und krankhaft geile, verkommene Männer ihren widerwärtigen Begierden freien Lauf lassen. Das geht vermutlich zurück auf jene Leute, die vor langer Zeit bei dem Felsen von Plymouth an Land gingen und dann eine Idee in die Tat umsetzten, die sich Puritanismus nannte. Alles am Sex ist schmutzig und Teufelswerk. Bei vielen Leuten hat sich diese Vorstellung bis heute gehalten. Aber anscheinend erinnert sich keiner an ein Bild, das ich mal gesehen habe, wo ein paar Puritaner im Frühling um einen Maibaum tanzen. Wenn diese Leute da nicht das Steigen des Saftes in einem riesigen Ständer feierten, dann weiß ich nicht, was sie da getan haben.

Ich habe nie etwas gedruckt gesehen, wo einmal jemand wirklich herauszufinden versucht hätte, aus was für Männern eigentlich die Kundschaft in einem gut geführten Hurenhaus besteht. Als ich mal wegen einem verdrehten Knie das Bett hüten mußte, habe ich auf ein paar Blättern eine Aufstellung über ungefähr fünfhundert Gäste gemacht, die ich im Laufe der Jahre in meinem Haus bewirtet habe. Woher sie stammten und was ich über ihre Stellung im bürgerlichen Leben wußte.

Dabei kam folgendes heraus: Siebzig Prozent waren verheiratet. Zehn Prozent lebten von ihren Frauen getrennt oder waren geschieden. Dabei muß man bedenken, daß ich hier von einer Zeit rede, in der Scheidung noch etwas Anrüchiges war. Zehn Prozent waren junge Kerle. Da ich meistens ein Zwanzigdollarhaus hatte, konnten sich nur wohlhabende junge Männer einen Abend mit meinen Mädchen leisten. Den meisten war das zu teuer, um sich den Kolben ölen zu lassen.

In San Francisco sahen die Zahlen etwas anders aus. Da waren nur fünfzig Prozent der Gäste verheiratet, fünfundzwanzig Prozent lebten getrennt oder in Scheidung. Die Junggesellen machten ebenfalls fünfundzwanzig Prozent aus.

Was das Alter meiner Gäste anging, so lag es im Schnitt zwischen fünfunddreißig und fünfzig Jahren. Einige waren erst achtzehn, manche auch zwischen zwanzig und dreißig, aber die waren in der Minderheit. Der durchschnittliche Freier in meinem Haus hatte ein eigenes, gutgehendes Geschäft, eine Frau und meistens zwischen zwei und sechs Kinder. Er besaß ein Haus, eine Farm oder eine Plantage, fuhr ein gutes Gespann, hatte etwa vier Hausangestellte, und man konnte ihn wohlhabend nennen, aber nicht reich. Reich waren ungefähr zehn Prozent meiner Gäste, wenn man eine Person mit zweihunderttausend bis eine Million Dollar reich nennen will. Was ich tue.

Ungefähr fünf Prozent der Männer, die zu mir kamen, hatten, soweit ich sehen konnte, irgendwelche kriminellen Verbindungen, wenn man Leute, die Schmiergeld abgreifen, Spielcasinos betreiben, schmuggeln, Pferdewetten annehmen mitzählt. Diese Art Gaunerei, mit der die Leute sich abfinden.

Bei den verheirateten Männern sagten mir fast alle entweder, ihre Frauen würden ihnen den Sex verweigern, oder sie hätten festgestellt, daß sie im Bett ihrer Frau nicht mehr potent wären. Ungefähr zwanzig Prozent trieben es vielleicht einmal im Monat mit der eigenen Frau – »um die Alleinvertretung zu behalten«, wie es einer mal ausdrückte.

Fast alle verheirateten Männer sagten, was ihnen bei ihren Frauen am meisten fehlte, wären sexuelle Stimulierung mit dem Mund und Abwechslung. In Büchern klingt so was immer besonders anstößig, weil sie dafür Wörter benutzen wie *cunnilingus*, *fellatio* und Ausdrücke wie *coitus interruptus*, Onanismus, *irrumatio*, *coitus intercruralis*. Ausdrücke, die kein vernünftiger Mensch benutzen würde und die, glaube ich, eine Menge Leute abschrecken, weil das Lateinische sie an irgendwas denken läßt, das Nero und die anderen Römer und Griechen getrieben haben und was dann zum Untergang von Rom geführt hat.

Beim Reden benutze ich immer die gewöhnlichen *angelsächsischen* Wörter, wie es in San Francisco mal ein gebildeter Gast ausdrückte. Manchen Männern, die mir sagten, im Hurenhaus würden sie nicht glücklich, aber von ihren Frauen bekämen sie nicht, was sie wollten, habe ich vorgeschlagen, sie sollten das wissenschaftliche Geschwafel sein lassen und zu Hause einfach Bumsen, Blasen und Arschficken sagen.

Fast alle jungen Männer, mit denen ich gesprochen habe, gaben zu, daß sie jahrelang Einhandflöte gespielt, also masturbiert hatten und daß ihre Väter und sogar Ärzte ihnen gesagt hatten, sie würden davon verrückt werden, das Haar würde ihnen ausfallen, in der Hand würden ihnen Haare wachsen. Oder ihr Rückenmark würde zu Matsch. Ungefähr die Hälfte der jungen Männer glaubte, sie würde in die Hölle kommen, die anderen scherten sich kein bißchen darum. Auch dabei muß man bedenken, daß diese Ansichten in die damalige Zeit gehörten, als ich meine Häuser hatte. Ich glaube nicht, daß dieser Prozentsatz heute noch so hoch wäre. Das Höllenfeuer ist nicht mehr so glaubhaft wie früher. Vielleicht ist die Hölle ja auch hier unten.

Ungefähr fünfundzwanzig Prozent aller Männer, egal, wie alt sie sind, haben eine spezielle Lieblingsmethode, wie sie einen Orgasmus erreichen, und ungefähr fünfzehn Prozent kommen beim Ficken nie zum Höhepunkt. Gegenseitiges Befummeln nimmt im Sexspiel einen großen Raum ein, mit Anfassen und Mund und verschiedenen Stellungen, die von der Gesellschaft nicht ganz akzeptiert oder zumindest nicht eingestanden werden – aber eigentlich gibt es in der menschlichen Natur gar kein allgemein akzeptiertes sexuelles Verhalten.

Gesetze helfen auch nicht weiter. In Washington, D.C., gibt es ein Gesetz gegen Masturbation, das einen Wichser ins Gefängnis bringen könnte. In manchen Staaten im Westen wird die Berührung zwischen Mund und Geschlechtsteilen mit Haft bedroht und gilt als genauso entartet und illegal wie der Umgang von Hirten und Farmerjungen mit Mutterschafen, Kälbern, Stuten, Sauen und anderen Gegenständen ländlicher Begierde, der bei einfachen Leuten so beliebt ist. In San Francisco waren Enten die Lieblinge der chinesischen Kulis, die sich ein Hüttenmädchen nicht leisten konnten.

Auf die seltsamsten Arten von Sexspielen will ich nicht weiter eingehen, wie sie ungefähr fünf Prozent der Männer mögen, die ziemlich schräg und offenbar aus dem Gleis geraten sind. Ich nenne so was aber nicht abartig oder verdorben. Eine alte Bordellweisheit sagt: »Auch wenn es dir nicht paßt, mach es nicht schlecht.« Es gibt allerdings eine kleine Gruppe von Verrückten, die wirklich krank im Kopf sind und einen Doktor brauchen, keine Hure.

Ich weiß nicht viel über Leute, die anderen weh tun wollen, um sich daran aufzugeilen. Und ich weiß auch nicht, warum Schmerz beim Sex manchmal dazugehört. Man sieht ja so manches und versucht, es vom eigenen Haus fernzuhalten. Aber niemandem sieht man den Triebverbrecher am Gesicht an, meistens sehen sie aus wie wir alle.

Sich schlagen lassen oder selber schlagen gefällt ungefähr drei Prozent der Kunden. Ich gestattete das nur bei sehr treuen Kunden und nie bis zu dem Punkt, wo es wirklich gefährlich wird. Es gibt Huren, die das mögen, und es gibt Gäste, die darum betteln, daß man sie bestraft. Soweit war es mir recht, und ich hatte einen gepolsterten Raum extra für Leute, die sich an ihre Schulzeit erinnern wollten.

In der Hauptsache waren meine Gäste und die Gäste der meisten Hurenhäuser aber Männer, die mit einer Frau zusammenkommen wollten, die sich durch den Anblick von Nacktheit, durch Streicheln und direkten Kontakt erregen und ihre Drüsen und vermutlich auch ihren Kopf erleichtern wollten. Fast nie hatte das etwas mit Liebe zu tun. Die allermeisten blieben gute Familienväter, gute Ehemänner in dem Sinne, daß sie für ihre Frauen sorgten und sie nach wie vor gern hatten, vielleicht sogar noch mit ihnen ins Bett gingen.

Man kann es nicht jedem recht machen und jeden kurieren, und ungefähr zwei Prozent der Gäste brachten nie etwas zustande. Die meisten von ihnen kamen trotzdem zu uns, wegen der Musik im Salon und den guten Gesprächen, dem Trinken und Essen, dem Zusammensein mit Männern bei gelockerter Krawatte und aufgeknöpfter Weste.

Man sollte hierin aber nicht mehr sehen als die Beobachtungen einer einzelnen Person, die sich ein bißchen auskennt. Nachdem ich zwei Wochen an dieser Aufstellung gearbeitet hatte, legte ich sie weg. Ich wollte gar nicht so viel über die Gäste wissen, wenn sie nur zahlungskräftig waren und ein bißchen dankbar dafür, daß sie sich bei mir wohl und wie zu Hause fühlen konnten. Aber ich gebe die Zahlen hier weiter, weil sie den Prozentsätzen wohl ziemlich nahekommen, die ein langhaariger Professor, wenn er sich die Mühe machte, wahrscheinlich ebenfalls herausfinden würde.

Alles das bestätigte meine Entdeckung, daß Männer nicht bloß zum Ficken ins Hurenhaus gehen, sondern vor allem wegen der Geselligkeit und weil sie das Gefühl haben, dort wäre eine Welt, in der der Mann noch etwas gilt, in der er alles ist und die Hure eine hübsche Sklavin, die ihn bewundert. Viele Madames haben mir gesagt, was ich auch selbst festgestellt habe: Wenn sich die Männer ihr Vergnügen aussuchen könnten, ohne ihr Ansehen bei anderen Männern zu verlieren, dann würden sie das Glücksspiel den Frauen vorziehen.

Das gilt für jede Gruppe, ausgenommen die ganz jungen Männer. Die sind wirklich noch scharf auf Mösen und alles, was Titten und einen Arsch hat. Die Natur ist nicht dumm. Sie weiß, wenn man dafür sorgt, daß die Menschen in jungen Jahren geil sind, dann mehren sie sich und füllen die Erde, ob es der Gesellschaft paßt oder nicht.

Männer von vierzig oder fünfzig Jahren werden oft Stammgäste im Hurenhaus, weil sie fürchten, man würde auf sie herabsehen, wenn herauskäme, daß sie es nicht mehr regelmäßig schafften oder wollten – die Frau decken als das Recht des Platzhirschs, bevor das Leben sich dem Ende zuneigt. Das ist im Leben des Mannes der wirkliche Umschwung, über den die Leute reden – die Angst, daß er in seinem Umkreis nicht mehr der Zuchtbulle ist. Auch die Angst, daß einem die Zeit davonläuft, daß es beschämend ist, wenn man nicht auf Kneipenniveau mitreden, Zoten reißen und Wörter benutzen kann, die in der Gesellschaft nirgendwo vorkommen, außer auf Zäune gekritzelt.

Was die Potenz angeht – wie lange hält sie wirklich vor? Ich hatte ein paar Kunden über achtzig, die ein- oder zweimal im Monat ein Mädchen mit nach oben nahmen und konnten. Auch Freier von sechzig oder siebzig, die ihn zwei- oder dreimal in der Woche hochbekamen. Aber wie gesagt, ihr Motto war: »Schön müssen die Mädchen nicht sein, bloß geduldig.«

Wenn ein Mann mit vierzig oder fünfzig beim Sex nichts mehr ausrichtet, liegt es oft daran, daß er sich von alten Vorstellungen nicht hat losmachen können. Außerdem ist jeder Mensch anders. Ich habe früher schon mal das Wort »einzigartig« benutzt – hier paßt es. Egal, was über den Satz »Alle Menschen sind gleich geschaffen« geschrieben worden ist – glaube niemand, daß er auch im Bett gilt.

Obwohl ich von Musik oder Oper nichts verstehe – die Jahre in meinem letzten Haus, bis 1917, sind mir am besten durch ein paar neue Lieder im Salon in Erinnerung. Das Klavier dröhnte, und die Gäste sangen mit den Mädchen im Chor. *Mighty Lak a Rose, Bill Bailey, Won't You Please Come Home, Under the Bamboo Tree, Navajo.*

Die alten Melodien sind immer noch die beliebtesten, aber an einem guten Abend, wenn in beiden Salons ordentlich was los war, sang immer jemand *Meet Me in St. Louis, My Gal Sal, Chinatown My Chinatown, The Yama Yama Man,*

Pony Boy, Let Me Call You Sweetheart. Etwas später kamen dann *Jimmy Valentine, Be My Little Baby, Bumble Bee, Moonlight Bay, My Wife's Gone to the Country*. Dieses letzte wurde immer lauter und mit mehr Schwung gesungen als die meisten anderen.

Die Kriegsgesänge haben mir nie gefallen – die halfen bloß mit, die Männer in den Fleischwolf zu stopfen. Ab 1914 tauchten sie auf, und zuerst ließen wir uns von dem Gerede von Präsident Wilson – »zu stolz, um zu kämpfen« – zum Narren halten. Dann gewann die Eitelkeit der Männer die Oberhand. Manche Männer lieben den Krieg wirklich, bis auf das Sterben. Ich erinnere mich an: *Didn't Raise My Boy to Be a Soldier, Yacha Hula Hickey Dola, Till the Clouds Roll By*.

Die »schmutzigen« Lieder, wie manche Leute sie nennen, gingen gar nicht so weit unter die Gürtellinie. Populär wurden *The Bastard Kings of England* und ein paar Lieder mit Texten, die auf Freudenhäuser zugeschnitten waren. Zum Beispiel *Sweet Betsy from Pike* (*»who stuck out her ass to her new lover Ike«*) und ein paar Seemannslieder. Aber im großen und ganzen sang das Freudenhaus ungefähr das, was die Frauen und Töchter der Gäste zu Hause in weniger exotischer Umgebung auch sangen.

ACHTUNDZWANZIGSTES KAPITEL
EIN GROSSER FEHLER

Ich heiratete 1907 einen brasilianischen Sänger, der sich nach seinem Vornamen einfach Vasco nannte. Ich war damals dreiundfünfzig und wahrscheinlich nicht ganz richtig im Kopf. Er war zwölf Jahre jünger als ich, ein hübscher Kerl mit lockigem Haar, schmale Hüften, lange Beine, ein vornehmer Kopf mit harten Gesichtszügen, große, weiße Zähne und ein Kinn mit einer Grube so tief, als wäre sie mit dem Säbel hineingeschlagen worden.

Vasco hatte immer einen Stock dabei, trug Gamaschen, verbeugte sich aus der Hüfte wie ein Oberkellner und sang Lieder mit vielen gesäuselten Stellen. Ich hatte immer gedacht, Brasilien wäre spanisch, aber ich stellte fest, daß die Brasilianer, soweit man es nach Vasco beurteilen konnte, Portugiesisch sprachen, furchtbare Lügner waren und Bettspiele liebten, außerdem tranken sie zuviel und bekreuzigten sich ständig. Sie glaubten an den Bösen Blick. Es gab eine brasilianische Kolonie in New Orleans, und Vasco, weil er gut Englisch sprach und Englisch lesen konnte, ohne die Lippen zu bewegen, war der Sprecher von denen, die sich als Schmuggler betätigten und andere dunkle Geschäfte machten.

Vasco war mit einem fettleibigen Beamten aus seiner Heimat ins Haus gekommen, der eine Hure mit reichlich Haar überall wollte. Die glattrasierten Girls, Achselhöhlen und so weiter, die die meisten Häuser anboten, mochte er nicht. Vasco sorgte dafür, daß eine hübsche große Rechnung zusammenkam, die der Beamte dann bezahlte. Nachher schickte er mir Blumen und lud mich zu einem Dinner in der Garden Section ein, einem Viertel, weit entfernt vom

French Quarter, wo er auch wohnte. Das erstemal, als er mich anzufassen versuchte, scheuchte ich ihn durchs Zimmer, aber am nächsten Tag war er wieder da, mit noch mehr Blumen.

Er war ein liebenswürdiger Mann mit großen Kuhaugen, dunkel und glänzend. Ich mietete ein Automobil und Vasco kutschierte uns über abgelegene Straßen aufs Land. Irgendwann holten wir dann einen Korb mit kaltem Huhn heraus, dazu Wein aus einem Eiskasten, stiegen aus und aßen im Freien. Falls sich jemand daran stört, daß eine Frau Mitte Fünfzig den Kopf verliert, unter tiefhängenden Ästen einen Mann mit Küssen überhäuft und sich an einem Flußufer von ihm streicheln läßt, kann ich zu meiner Entschuldigung nur sagen: Es müssen die Wechseljahre gewesen sein.

Für einen Sänger war Vasco allerdings ein sehr guter Kartenspieler, und auch wenn ich Partien um hohe Einsätze in meinem Haus nicht duldete, erkannte ich sofort, als ich Vasco mit den Karten umgehen sah, daß er nicht schlechter war als manch anderer, den ich gekannt hatte, und daß seine Singerei nur Fassade war. Wenn er falschspielte, und das muß er getan haben, dann habe ich ihn dabei nie ertappt. Er war sehr spendabel, wenn er Geld hatte, und viele Frauen müssen ihn verwöhnt haben. Vasco lebte auf großem Fuß.

Eines frühen Morgens während der Fastenzeit klopfte er an der Hintertür, und Betsy, meine damalige Wirtschafterin, ließ ihn herein. Er sagte, er wäre in Schwierigkeiten und müßte mich unbedingt sprechen.

Besonders verschreckt oder besorgt sah er nicht aus, aber er hatte einen Bluterguß über dem Auge und hielt sich ein übelriechendes, parfümiertes Taschentuch an die Lippen. Wie die meisten Südamerikaner war auch Vasco ein großer Freund des Parfüms. In einem Mundwinkel sah man etwas Blut.

»Ich brauche Deckung, Liebling, sonst bin ich morgen tot. *Com sua licenza.*«

Ich schickte Betsy wieder ins Bett, zog einen Kimono über mein Nachthemd und fragte ihn, was er da für ein wirres

Zeug redete. Nach und nach kam es dann heraus, halb auf Portugiesisch, halb auf Englisch, und *diese* Hälfte verstand ich. Er und zwei andere Brasilianer hatten auf einer Jacht draußen auf dem Golf bei einem langen Kartenspiel mitgemacht. Die Jacht gehörte einem südamerikanischen Viehzüchter, der in der Gegend ein paar reiche Freunde hatte. Zwei Tage war das Spiel gelaufen, und irgendwie kam bei den Viehzüchtern der Eindruck auf, sie würden betrogen. Sie brachten die beiden Freunde von Vasco um, und ihn sperrten sie ein. Da hatte er vorgeschlagen, statt ihn ebenfalls umzubringen, sollten sie ihn mit einer Bewachung an Land gehen lassen. Er würde ihnen das Geld, das sie verloren hatten, besorgen und zurückgeben, im Tausch gegen sein Leben.

Vasco sagte, er sei den Matrosen, die mit ihm an Land geschickt worden waren, nach einer Schlägerei entwischt, und nun fühlte er sich nur noch in meinem Haus sicher. Reiche Südamerikaner abzocken, das war bei den Spielern aus New Orleans üblich. Diesen Teil der Geschichte bezweifelte ich nicht. Sorge machte mir nur, daß dieses Schlitzohr mich und meine guten Beziehungen zur Polizei von New Orleans ausnutzte, um sich zu schützen und die Viehzüchter zu verjagen. Ich hatte keine Lust, das Dummchen zu spielen, auch wenn ich eine Schwäche für den Mann hatte.

Ich gab Vasco Kaffee und Brandy, klebte ihm auch ein paar Pflaster auf den Kopf. Und ging dann mit ihm ins Bett. Man kann es vielleicht mit seinem Charme erklären, außerdem sah er gut aus. Er war in diesem Moment auf mich angewiesen, und vielleicht liebte er mich. Wenn ein Mann zu einem kommt, damit man ihm das Leben rettet, dann läßt einen das nicht kalt. Vasco überrumpelte mich. Ich war einsam, ich wurde älter. Vielleicht wurde mir auch das Leben als Madame ein bißchen langweilig. Und ich war eine Frau. Eine bessere Erklärung fällt mir nicht ein. Ich war gegen Gefühlsduseleien so wenig gefeit wie jede andere dumme Hure, die dem erstbesten Gangster mit Muskeln und Melone, der ihr schöne Augen macht, auf den Leim geht.

Vasco war ein starker, ein verwegener Liebhaber. Er wußte, worauf es ankam und was im richtigen Augenblick das Richtige war. Vielleicht war er besonders aufgewühlt, weil er mit dem Leben davongekommen war oder weil er mich, nachdem er so lange hinter mir hergewesen war, jetzt ganz hatte und obendrein in meinem Bett. Die ganze Anspannung in ihm löste sich in Raserei. Auch ich kann ganz gut loslassen, und nachdem ich den ersten Fehler gemacht hatte und mit ihm ins Bett gestiegen war, ließ ich mich einfach gehen.

Ich weiß noch, wie die Nachmittagssonne zwischen den zugezogenen Vorhängen durchkam. Vasco schlafend in meinen Armen, lächelnd, und ich, statt mir wie ein Idiot vorzukommen, hielt ihn einfach fest, wie ein niedliches Kind. Ich hatte immer noch einen guten Körper, die Titten hingen nicht sehr, die Beine sahen gut aus. Was nicht stimmte, war Vascos Alter, er war einfach zu jung.

Selbstverständlich ließ ich die Viehzüchter durch die Polizei warnen, sie sollten nichts unternehmen, und Vasco wohnte bei mir, bis sie mit ihrer Jacht davongesegelt waren. Ich sorgte dafür, daß die Mädchen nicht schwatzten, aber Vasco wollte als frommer Edelmann nicht in einem Hurenhaus leben und sich etwa nützlich machen. Nicht Harry helfen und auch nicht die Gäste im Salon in Stimmung bringen. Aber er wurde mir immer lieber, und dabei fühlte ich mich – verrückte Idee – immer jünger, kam immer später zum Schlafen, stand immer später auf und trank auch ein bißchen mehr, weil ich eben doch nicht jünger wurde. Ich vergeudete Kräfte, mit denen ich sparsamer hätte umgehen sollen. Aber die Liebe hat keine Bremse, wenn es einen im richtigen Augenblick erwischt und man gerade nicht auf der Hut ist. Das klingt jetzt so, als hätte ich alles falsch gemacht – und das hatte ich auch –, aber damals habe ich es trotzdem sehr genossen.

Es wäre natürlich irgendwann ohne viel Getue einfach zu Ende gegangen, wenn wir nicht geheiratet hätten. In der heißen Jahreszeit ist es in New Orleans grauenhaft schwül, und ich machte das Haus zu – die großen Deckenventilatoren halfen überhaupt nicht. In diesem Jahr, es war 1907, fuhren wir nach Kuba, Vasco und ich. Er sagte, er wollte sich in eine Rumbrennerei einkaufen und außerdem Operngesang studieren. Es war schön, zu zweit so herumzureisen. Am Ende kam dabei heraus, daß wir in einer kleinen Kirche in Havanna von einem dicken Priester mit Trauermiene verheiratet wurden – er roch nach gebratenem Fisch, das weiß ich noch. Zwei Wochen später waren wir wieder in New Orleans, hielten unsere Heirat aber geheim. Ich hatte keine Lust, mein Geld in eine Rumbrennerei zu stecken, in der ich nichts zu sagen hatte. Und Gesangsstunden? Vielleicht.

Ich mietete uns eine Wohnung am Jackson Square, mit Blick auf das Reiterstandbild und die Kirche. Morgens saßen wir auf dem Balkon und tranken Kaffee, den ich selbst kochte. Kein Dienstmädchen in ganz New Orleans weiß, wie man eine gute Tasse Kaffee zubereitet. Vasco kleidete sich in weißes Leinen, einen weichen Panama auf dem Kopf, den Stock mit Silberknauf in der Hand, und kam mir mit Schmeicheleien, wenn er eine Gesangsstunde schwänzen und statt dessen Geld für ein Spiel mit Baumwollaufkäufern oder Flußschiffern vorgestreckt haben wollte. Er gewann und verlor, gewann und verlor. Ich wußte genug von Spielern und gab Vasco nie viel Geld, und wenn er gewann, zahlte er es mir oft zurück und war im Bett ein ganzer Kerl – hielt mich fast bis zum Morgen wach. Immer wollte er, daß ich ihm oder einem Freund einen kleinen Gefallen tat. Ich verwöhnte Vasco.

Er war ein Charmeur, und bald sah ich, daß er träge war. Ich hatte mit dem Haus zu tun, lebte auch die meiste Zeit dort, überließ ihm die Wohnung, und er erledigte manchmal kleinere Aufträge für mich. Darin war er ehrlich, und so bezahlte ich ihm die Gesangsstunden. Er wollte im Hurenhaus nicht gesehen werden. Er hatte diese hochnäsige Einstellung der Südamerikaner in Fragen der Ehre und der Manieren und zur Kirche, und ich vermute, irgendwo in seinem Hinterkopf kam ihm die Ehe mit einer Madame doch wie ein Abstieg vor. Was sollte er dem Priester bei der Beichte darüber sagen, wie er lebte und wie sein Geld verdient wurde?

Vasco hatte auch eine böse Ader. Einmal mußte ich ihn gegen Kaution aus dem Kittchen holen, nachdem er den Neffen eines Baumwollmaklers mit seinem Stock verprügelt hatte. Und eines Abends wollte er gegen Harry handgreiflich werden, als der sich weigerte, in die Canal Street zu laufen und bei Vascos Schneider eine Jacke abzuholen. Harry nannte ihn einen pomadigen Punzenlecker, und Vasco wollte sich auf ihn stürzen. Mit zwei kurzen Haken in die Magengrube setzte Harry ihn auf den Hosenboden und fragte, ob er noch mehr wollte.

Ich lehnte es ab, Harry zu feuern. Vasco schmollte. Seine Ehre wäre in die Brüche gegangen. Ich hatte zu tun. In New Orleans fanden gerade mehrere Versammlungen und Kongresse statt, viele Fremde waren da, viele Leute, die das ganze Haus mehrere Nächte hintereinander mieteten. Da mußte für Nachschub gesorgt werden, Wein, Schnaps, zusätzliche Mädchen, mehr Bettwäsche. Betsy, Harry, Lacey Belle und ich hatten kaum Zeit, mal aufs Klo zu gehen. Das Geschäft lief gut, aber es nahm uns völlig in Anspruch.

Ein paar reiche jüdische Kupferminenbesitzer waren da, denen das Geld locker saß, und einer von ihnen wollte das ganze Haus für zwei Nächte haben und einige Regierungsleute bewirten, die aus Washington kommen sollten. Damals waren die Zeitungen voll von Meldungen über Trusts und Antitrust-Prozesse. Die Kupferleute wollten ein paar wichtigen Leuten aus Washington was Gutes tun, und was sie sich davon erhofften, konnte ich mir denken. Aber es war nicht mein Bier, wenn das die Methode war, wie man die Kupferpreise oben hielt.

Der Abend ließ sich gut an. Der Salon war voll mit einem Dutzend würdevoll dreinblickender Freier, der Wein war vom Besten. Lacey Belle hatte sich mit Braten und Pie und

Platten mächtig ins Zeug gelegt. Die Mädchen waren zutraulich, aber nicht zu forsch, und mehrere Gäste waren schon ein bißchen außer Atem. Ich sagte der Wirtschafterin, sie sollte noch mal nachsehen, ob auch genug Handtücher und gefüllte Eiskübel oben waren. Beim Ficken werden Senatoren durstig.

Am frühen Morgen, so gegen eins, tauchte an der Hintertür ein Negerjunge mit einer Nachricht auf, die er nur mir übergeben wollte. Mir war heiß, ich hatte Kopfschmerzen, das Atmen in dem engen Korsett fiel mir schwer. Den ganzen Nachmittag war ich auf den Beinen gewesen, hatte für Ordnung gesorgt, hatte auf einer Leiter gestanden und Vorhänge angebracht. Ich war so groggy, daß mir schwindelte.

Die Nachricht war auf ein Stück gelbes Papier mit Linien geschrieben, wie Schulkinder es benutzen.

»Wenn du sehn wollen dein Mann sein neue Frau fikken, geh schnell zu Hause.«

Es stand keine Unterschrift da, aber ich kannte die Handschrift – ein Hausmädchen, das Vasco gefeuert hatte, weil sie seine Schuhe nicht ordentlich blankgeputzt hatte. Wenn ich an diesem Abend ein bißchen ruhiger gewesen wäre, hätte ich mich hingesetzt und erst mal nachgedacht. Statt dessen benahm ich mich wie ein Esel. Ich benahm mich, wie sich jede dumme Ehefrau, die so einen Schrieb bekommt, benommen hätte. Ich war so verdammt wütend, daß ich rot im Gesicht wurde. Ich spürte, wie mir die Säuernis im Magen hochkam, und ich wußte, es war bloß Eifersucht, nicht gekränkte Liebe. Es war Stolz, verletzter Stolz. Mir war kotzübel. Daß dieser Hundesohn eine andere Frau wollte – nach allem, was wir auf meinem großen Bett getrieben hatten.

Ich holte den Colt, den wir General Bear abgenommen hatten. Ich sah nach, ob er geladen war, und steckte ihn in meine Handtasche, dann ließ ich Harry kommen und sagte: »Komm mit. Keine Fragen.«

Harry stellte nie irgendwelche Fragen. In all den Jahren, die er bei mir blieb, war er immer wie ein Teil des Inventars, wie eine Tür, ein stämmiger Ex-Navy-Mann, der nicht viel redete, immer da war, wo er gebraucht wurde, und tat, was er am besten konnte – für Ordnung sorgen.

Als wir dort waren, stürmte ich zu schnell die Treppe hinauf und kam außer Atem, Harry hinter mir her. Ich zog den Schlüssel hervor und sagte zu Harry: »Wenn ich dich brauche, rufe ich. Sonst bleib hier draußen.«

Ich schloß auf und hörte Stimmen aus dem Schlafzimmer – die eines Mädchens und die von Vasco. Vasco lachte. Ich riß die Tür auf, und was ich sah, überraschte mich nicht – jedenfalls nicht sehr. Vasco war nicht mit einem Mädchen in unserem Bett, sondern mit zweien, alle drei nackt wie die Häher, und überall standen Flaschen herum. Die Mädchen, junge Negerflittchen, die in der Branche *beginner browns* genannt wurden, mit diesen Birnentitten und Höfen um die Nippel so groß wie ein Silberdollar, und diesem seidigen Glanz auf der Haut. Mit einem Blick hatte ich das ganze Bild erfaßt, in meinem Kopf begann es sich zu drehen, ein Gefühl, als würde mir jemand mit einer Stahlkette die Brust abschnüren.

Ich zog den Colt aus der Tasche und richtete ihn auf die Brust dieses Mistkerls. Er schrie irgendwas auf Portugiesisch und versuchte sich zu ducken. Ich hatte den Finger am Abzug, bereit, abzudrücken, aber ganz ruhig, so daß er nicht wackelte oder zitterte. Da bekam ich plötzlich keine Luft mehr, vor mir sah ich die Hurenhausmadame aus San Francisco, die versucht hatte, ihrem Frank die Eier wegzuschießen, und im nächsten Moment stürzte das ganze verdammte Zimmer über mir zusammen, die Decke, die Wände – als hätte ich durch mein Eindringen alles ins Wanken gebracht. Ich bekam noch mit, wie ich hinfiel, und wie ich versuchte, ein paar schnelle Schüsse abzufeuern, schaffte es aber nicht mehr. Mir wurde schwarz vor Augen.

Als ich wieder zu mir kam, lag ich in meinem Bett im Hurenhaus, und Doktor L., der die Mädchen zweimal im Monat untersuchen kam, beugte sich über mich. Seine

Goldrandbrille blitzte, und sein spitzer Ziegenbart stach mir fast ins Gesicht.

Ich sagte: »Was ist los?«

»Es geht Ihnen schon wieder besser, glaube ich.«

»Was – *was?*« mehr bekam ich nicht heraus. Ich hatte das Gefühl, ich würde schweben und wäre nicht ans Bett gebunden.

»Sie hatten einen leichten Herzanfall, da bin ich mir ziemlich sicher. Sie dürfen sich jetzt nicht bewegen, verstehen Sie? Ich werde Ihnen eine Spritze geben, und dann schlafen Sie erst mal. Am Nachmittag komme ich wieder.«

»Die Pumpe?« fragte ich. »*Meine* Pumpe?« Ich hatte mich immer für eine starke, kerngesunde Frau gehalten, nichts konnte mich umwerfen. »Nein«, sagte ich.

Doktor L. nickte. »Doch. Sie haben ein bißchen Übergewicht. Sie waren eng geschnürt, haben sich aufgeregt. Den ganzen Tag haben Sie sich überanstrengt, wie ich höre. Aber ich glaube nicht, daß es Komplikationen gibt. Wenn Sie auf mich hören.«

Über seiner Schulter sah ich Lacey Belles schwarzes Gesicht voller Sorgen. Sehr wahrscheinlich log er – es war noch zu früh, mir die Wahrheit zu sagen. Doktor L. gab mir eine Spritze in den Arm. Ich versprach, ich würde mich nicht rühren. Als er weg war, bat ich Lacey Belle, sie solle Harry und Betsy, die Wirtschafterin, holen. Ich sah die drei vor mir und spürte, daß das Zeug aus der Spritze in meinem Arm schon wirkte. Als ich Harry so stehen sah, fiel mir plötzlich ein, wie er am Anfang gewesen war und wie alt er inzwischen war, wie grau, wie viele Falten er bekommen hatte, wie das Bulldoggengesicht mehr denn je nach Bulldogge aussah. Betsy war eine kräftige Frau aus den Ozark-Bergen in Missouri mit grauen Augen. Sie war immer eine gute Wirtschafterin gewesen. Wie ich es auch drehte und wendete – während ich von der Spritze langsam wegsackte –, sie mußten den Laden schmeißen.

Ich spürte, wie sich die Kette um meine Brust immer enger schloß, und sagte ganz leise: »Kann nicht viel reden.

Harry, Betsy, haltet das Haus offen. Harry weiß Bescheid. Sagt den Leuten, ich hätte einen Malaria-Anfall. Muß im Bett bleiben, für mich allein, zwei, drei Wochen. Macht das Haus nicht zu! Geh und kümmere dich um die Gäste, Betsy!«

Ich konnte hören, daß es in den Salons zuging wie beim Kriegstanz der Komantschen, und auch im zweiten Stock war großer Rabatz. Traurig lag ich da. Niemand brauchte mich, wenn der Betrieb erst mal lief und das Personal sich kümmerte.

Als Betsy gegangen war, sagte Harry zu mir: »Er ist abgehauen, als Sie zusammengeklappt sind, hat sich ein paar Klamotten gegriffen und ist aus dem Fenster über den Balkon.«

Ich lächelte bloß und sank mit der Vorstellung in den Schlaf, ich würde nun ganz einfach und leicht sterben. Es tat mir nicht leid um mich. Ich war bloß furchtbar müde.

Fast zwei Monate lag ich flach. Doktor L. bestand darauf, und sobald ich wieder einen klaren Gedanken fassen konnte, beschloß ich, die Sache mit Vasco zu vergessen und meine Ehe mit ihm unter Lebenserfahrung zu verbuchen. In der Wohnung war nicht viel, was er mitnehmen konnte. Ich hatte die Schlösser auswechseln lassen. Dann fiel mir ein, daß ich Vasco mit meinen besten Diamantohrringen zu einem Laden in der Royal Street geschickt hatte, ich wollte sie neu fassen lassen. Ich bat Harry, er sollte hingehen und sie zurückholen. Ich hatte ein Vermögen in diese Diamanten gesteckt. Falls die Aktien fielen oder die Banken schlappmachten, waren diese Diamanten immerhin was Solides, das ich zu Bargeld machen konnte. Harry kam zurück und berichtete, Vasco hätte die Ohrringe am Morgen nach meinem Überfall abgeholt, dem Juwelier hätte er gesagt, ich wollte auf ein Fest gehen und brauchte sie deshalb, und er würde sie nachher wieder zurückbringen, damit sie dann neu gefaßt würden. Vasco hatte den Bogen raus, wie man Leute beschwatzt.

Ich regte mich damals nicht groß darüber auf. Die Diamanten waren nicht versichert. Haus und Einrichtung hatte ich versichert, aber wertvollen Schmuck nicht, denn die Profis unter den Juwelendieben verschaffen sich Zugang zu den Akten der Versicherungen und finden so heraus, wo die großen Steine sind. Wie leicht läßt sich ein Mädchen, das da im Büro arbeitet, von einem gutgebauten Dieb bezirzen und gibt dann irgendwelche Einzelheiten an ihn weiter – aber darum sollen sich die Versicherungen kümmern.

Ich setzte zwei Privatschnüffler auf die Diamanten an, und diese Detektive versuchten, Vasco auf die Spur zu kommen. Vasco war mir schnuppe, aber vielleicht waren die Ohrringe und er ja noch zusammen. Die Schnüffler arbeiteten sechs Monate an der Sache und schickten hohe Rechnungen. Aber weder sind die Diamanten je wieder aufgetaucht, noch Vasco. Einer von den beiden fuhr sogar nach Brasilien runter und berichtete nachher, Vasco hätte unter einem anderen Namen in Porto Seguro eine Frau und vier Kinder – da war ich also nicht mal verheiratet!

Ich habe die Diamanten nicht zurückbekommen und auch von Vasco nie mehr gehört. Nach einiger Zeit kam ich wieder auf die Beine. Anscheinend schlug mein Herz wieder so, wie es sollte. Doktor L. sagte, es liefe wie die Pleuelstange von einem Flußdampfer. Aber ich sollte früher zu Bett gehen, mich nicht überanstrengen, mich beim Trinken und Essen und Treppensteigen in acht nehmen und keine inneren Spannungen aufkommen lassen. Er gab mir noch mehr Ratschläge, an die ich mich nicht allzu genau hielt. Wenn man mit dem Körper lebt und der einen im Stich zu lassen beginnt, merkt man, daß alles andere auch nicht viel bringt.

Viel mehr gibt es über meine zweite Ehe und meinen ersten Herzanfall nicht zu sagen. Einen zweiten habe ich bis heute nicht gehabt, aber wenn man schon abtreten muß, dann kann eine stehengebliebene Pumpe so schlecht nicht sein. Schnell, und ohne langes Dahinsiechen. Besser, als wenn man sich erst in etwas verwandelt, vor dessen Anblick sich die Leute graulen, ein Haufen krankes Gedärm.

Zu der Frage, wie das ist, wenn sich Frauen über fünfzig in einen jungen Kerl verlieben, würde ich sagen, daß die Chancen dafür, daß es gut oder daß es schlecht ausgeht, gleich groß sind. Die Aussichten sind gar nicht so schlecht, wenn man nur nicht in den Spiegel kuckt. Aber ich selbst habe es nie wieder probiert.

Mit der Zeit wurde das Trinken ein bißchen mondäner – aber nicht besser. Die Drinks wurden nun nicht mehr Mint Julep oder Hot Toddy oder Whisky Sour genannt. Die Gäste bestellten jetzt gern einen Woxam Coktail, einen Stone Fence, einen Adonis. Harry lernte sie alle: Horse's Neck, Old Fashioned, Mamie Taylor, Sidecar, Blue Blazer. Und wenn er nicht weiter wußte, dann ließ er sich von den Freiern den Sabbath Calm oder einen Goat's Delight, den Hop Toad, die Zaza und die Merry Widow beschreiben. Und als der Weltkrieg schließlich bei uns ankam, erscholl der Ruf nach Martini. Aber die Stammgäste blieben bei Bourbon, Rye und Brandy. Sie brachten mir als Geschenk schottische Moorhühner mit, Dosenschildkröten, Fasan, Gänseleberpastete in Gläsern und den grauen Kaiserlich-Russischen Kaviar in Büchsen.

Die Spezialität des Hauses für den Silvesterabend mixte ich selber – besten ausländischen Champagner und Sauterne aus eisgekühlten Flaschen über Eis in eine Kristallschale geben, dazu ein halbes Dutzend in Scheiben geschnittener Orangen und Zitronen, frisch zerstoßene Pfefferminzblätter, ein halber Liter Brandy und zwei Schachteln frische Erdbeeren. Umrühren und in gekühlten Champagnergläsern servieren. So verabschiedeten wir das alte Jahr und begrüßten das neue.

Mir braucht niemand zu erzählen, wie es manche Gäste taten, daß die Zeit und der Kalender von Menschen gemacht sind und daß Neujahr nur eine Erfindung ist. Mir ist nie nach Jubeln gewesen, weil die Zeit vergeht.

NEUNUNDZWANZIGSTES KAPITEL
DIE LETZTEN TAGE UND NÄCHTE
VON STORYVILLE

So war das, als der Betrieb in New Orleans ganz offen lief. Aufpassen mußte man trotzdem – auch als Storyville mit dem Gesetz Hand in Hand ging. Schmieren mußte man die Leute genau wie vorher. Die konnten einem wegen einem undichten Wasserrohr den Laden zumachen, oder weil man einen Stoß alte Zeitungen hinter dem Haus liegen hatte – wegen Feuergefahr. Alle möglichen Kleinigkeiten ließen sich finden, die gegen die Vorschriften waren. Ich hatte immer gute Protektion durch die Leute weiter oben, die an meinem Haus beteiligt waren. Trotzdem war es ein Problem, die richtigen Mädchen zu bekommen und dafür zu sorgen, daß ihnen keiner ein Kind machte, daß sie nicht mit Koksen anfingen, daß sie sich ordentlich aufführten, daß ihre Liebhaber einem nicht die Bude einrannten und daß kein Schnaps geklaut wurde.

Jetzt, wo niemand mehr wegen Unzucht oder Prostitution eine Razzia in einem Bumsladen oder Haus veranstalten konnte, da konnten sich die Läden mehr um die Einzelheiten kümmern. Aber in den ersten Jahren des Jahrhunderts (und an dem Silvester, wo wir die neue Zeit begrüßten, war bei uns wirklich was los) ging es mit dem, was bisher das Übliche gewesen war, irgendwie bergab. Man könnte sagen, die Moral lockerte sich oder kam ins Rutschen. Aber daß alles so richtig durchdrehte und man bestimmte Maßstäbe einfach nicht mehr aufrechthalten konnte, das kam erst 1914. Peitschen war gefragt, daß sich Leute gegenseitig den Arsch versohlten – *le vice anglais* nannten die Kunden in Uniform das. Die erotischen Vorführungen mußten deutlicher und ein bißchen schräg sein.

Die alte Zeit ging zu Ende, und ich merkte es, als die Koketterie von solchen Wahnsinnstänzen wie Castle Walk und Bunny Hug verdrängt wurde, bei denen die Freier einem fast Löcher in die Teppiche tanzten. Champagner tranken sie noch, aber der Cocktail war im Kommen, und Harry mußte zusehen, daß er bei den neuesten Mixturen auf dem laufenden blieb. Die Huren waren magerer, kleine Titten, keine Ärsche mehr wie Lillian Russel oder Lillie Langtry. Ich hatte noch ein paar mollige Mädchen, wirkliche Frauen mit Kurven und Knubbeln, die hielten die alten Kunden bei Laune. Aber gefragt waren die schlanken Mädchen vom Typ Gibson Girl, Anna Held, Annette Kellerman (die australische Schwimmerin), und ich mußte Mädchen bringen, die hätte ich früher nicht mal als Rattenköder genommen, solange noch Lillian Russel den Ton angab, mit einem Hintern so schön wie ein vollbeflaggtes Schlachtschiff. In den Bubikopf-Zwanzigern nach dem Weltkrieg – kostenlose Muschi auf dem Autorücksitz – war ich ja nicht mehr an Bord, aber ich mußte mir oft anhören, wie die Madames, die im Urlaub nach Florida kamen, sich über die verdammten Mädchen beschwerten, die sie jetzt nehmen mußten und die aussahen wie Jungs. »Als würde man eine Schlange ficken.«

Ein Professor, kein Klavierspieler, sondern ein richtiger Schlaumeier, der regelmäßig in das Haus an der Basin Street kam, saß oft in Unterwäsche im hinteren Salon und redete über den Niedergang von diesem und den Untergang von jenem und gab soziologisches Zeug von sich, das ich vorne und hinten nicht kapierte. Er sagte, die ganze Welt würde ihre Lebensgewohnheiten ändern. Er war ein netter, alter Knabe, ein Punzenschleck, wie das in der Branche genannt wurde, ein großer Liebhaber von Muschelgerichten. Daß sich die Gewohnheiten nach 1914 veränderten, spürte ich daran, wie die Leute überschnappten und die Preise hochgingen. Auch ich erhöhte sie und kürzte die Zeit ein bißchen, und ehrlich gesagt, ich nahm jetzt auch farbige Mädchen, braune und hellhäutige und goldene und sagte nicht mehr, sie seien spanisch oder chinesisch. Einige von den alten Maßstäben gingen zu Bruch, aber Voodoo, Schwulen- und Lesbennummern und das Blue-Movie-Zeug hielt ich immer noch draußen. Manche Häuser zeigten Filme, die in Frankreich gedreht wurden, aber ich hielt mir immer was darauf zugute, daß wir das meiste von dem, was da zu sehen war, auch mit unseren eigenen Kräften zustande brachten – wenn jemand dafür zahlte.

Ich hielt auch die Verrückten draußen, die Blut oder blaue Flecken an den Mädchen sehen wollten. Peitschen gehörte natürlich zum Programm, und ich hatte zwei Mädchen mit hartem Hintern, die es ganz gern hatten, für die war das wohl keine Mißhandlung, sondern eher Lust, wenn ihr Hintern kreuz und quer mit roten Schwielen übersät war, so daß sie im Stehen essen mußten.

Die Mädchen wurden auch frech, als es danach aussah, daß wir in den Krieg ziehen würden. Ich nahm sie jetzt, wo ich sie kriegen konnte, und hatte sogar eine Frau aus der guten Gesellschaft, was ich früher immer abgelehnt hatte. Sie lebte mit Ehemann und Kindern in der Nähe von Lake Charles, aber sie liebte groben Umgang und war verrückt nach Schwänzen, je größer und grober, desto besser. Ihre Familie war sehr angesehen und wohlhabend. Alice, so nannte sie sich, kam gern für eine Woche zu uns, wenn wir mal viel wirklich harte Kundschaft hatten, Schiffsnieter mit großen Lohnschecks und neureiche Lastwagenfahrer – alle möglichen miesen, harten Typen, die im Krieg groß herauskommen. Die waren noch nie in einem Haus mit Niveau wie meinem gewesen und zerrissen den Mädchen tatsächlich die Kleider, probierten alles aus, was sie auf französischen Postkarten gesehen hatten, und spendierten den Huren nachher Seidenstrümpfe, Parfüm und einen Drink. Sie machten die Zimmer kaputt, zerrissen Kleider und Wäsche, aber sie bezahlten es nachher. Alice mochte sie, war sogar scharf auf sie, je wüster und ungewaschener, desto besser. Sie konnte nie genug bekommen, Bumsen, Arschlecken, Schlagen, Peitschen – sie war ein verdammtes Lexikon sexueller Mißhandlungen, und manche von den Knilchen, diesen Werftarbeitern in ihren neuen Seidenhemden und sogar mit Gamaschen, setzten ihr wirklich hart zu. Für sie war es die reine Raserei, ein Orgasmus nach dem anderen, wie ein Maschinengewehr, erzählte sie mir, wenn sie montagmittags nach Lake Charles zurückfuhr, kaputt, bleich wie ein Fischbauch, so fertig, daß sie kaum noch stehen konnte, aber glücklich. Solche Sachen – Amateure, die es zum Spaß taten – brachten das Gewerbe nach und nach auf den Hund, bloß haben wir das damals nicht gesehen. Ich hatte keine moralischen Anwandlungen, ich war es nur ein bißchen leid.

Wie gesagt, im Krieg wird der Sex immer zu einer Art Krankheit und löst geradezu seuchenartige Wellen von Notzucht und Geilheit aus. In Storyville merkten wir das an verschiedenen Dingen, als der Krieg sich auswuchs. Viele Freier fanden nun Erleichterung in ihren Country Clubs und bei Zufallsbekanntschaften. Ich meine nicht Straßennutten mit abgelaufenen Absätzen, sondern Frauen, die sie beim Tanztee oder in einer Hotelhalle kennenlernten. Frauen, die sich einen netten Nachmittag machten, ein bißchen was erleben oder vielleicht ein Fläschchen Parfüm abstauben wollten. Außerdem wurden die Jungs, die in ihren engen Army-Röcken und Stiefeln und Sam-Browne-Gürteln zu uns kamen, immer jünger – Offiziere in der Ausbildung, Reserveoffiziere der Navy. New Orleans war ein großer Marinestützpunkt und ein wichtiges Ausbildungslager, und zuerst sah es für die Freudenhäuser danach aus, als würde alles wieder so werden wie beim Goldrausch von 1849. Das Laster nahm seuchenartige Ausmaße an.

Aber irgendwas stimmte nicht. Ich sprach mit den anderen Madames darüber, und sie hatten das gleiche Gefühl. Ich las nicht viel Zeitung, und die Mädchen rührten sie überhaupt nicht an, die lasen nur Romane und Traumbücher und Astrologie – falls sie lesen konnten. Sie wurden immer schlampiger, und ich mußte schon mal dafür sorgen, daß Harry ihnen den Kopf zurechtrückte und sie ein bißchen versohlte. Aber dann verschwanden sie einfach über die

Feuerleiter oder kamen nach ihrem freien Tag, wenn sie mit ihrem Freund oder einem Offizier unterwegs gewesen waren, nicht zurück. Kriege sind für die Branche vielleicht eine Goldgrube, aber sie machen einem auch ziemliche Kopfschmerzen. Eine Zeitlang wußte ich nicht, warum wir überhaupt in den Krieg zogen. Ich hatte Woodrow Wilson gewählt (ich wählte immer für alle Mädchen, manchmal mit zwei Stimmen für jede, je nachdem, was der Bezirksboss am Wahltag sagte). Wilson hatte »uns aus dem Krieg herausgehalten« und gesagt, wir wären »zu stolz, um zu kämpfen«. Ich hatte kein allzu ungutes Gefühl, als die Signalhörner dann »Over There« zu spielen begannen und die Huren sich als Rotkreuzmädchen in Weiß kleideten und nachmittags mit für den »Liberty Loan« sammelten. Und vielleicht auch mal fünf oder zehn zusätzliche Mäuse für eine schnelle Nummer mit einem Offizier einsteckten. Es war gut, weil sie auf diese Weise oft neue Freier oder einen hohen Offizier oder einen Senator ins Haus brachten, und die Mädchen hatten das Gefühl, daß sie auf doppelte Weise Gutes taten.

Die Korruption in der Stadtverwaltung wurde immer schlimmer, und die Zeitungen schrieben viel über uns, leider. Der Stadtrat wußte, daß die Nachfrage nach heißen Betten und Mädchen, die die Beine breitmachten, in der Stadt immer höher schwappte, und ließ sich dafür noch mehr schmieren als vorher, und im Juli 1917 richtete er sogar einen besonderen Bezirk für Negerprostituierte ein, von der oberen Perdido Street bis zur unteren Seite der Locust Street. Aber das war reine Augenwischerei. Man konnte die Mädchen damals schon gar nicht mehr trennen, schwarze und weiße, gelbe und rote. Alles, was im Bett überhaupt zu brauchen war, wurde zum Dienst am Vaterland gepreßt, und die Nachfrage steigerte sich im Lauf des Krieges immer weiter.

Jeder Soldat und Rekrut wollte sich noch mal richtig austoben, bevor der Krieg ihn sich holte. Jeder Farmerjunge wollte einen tollen Fick in einem richtigen Haus, bevor er wegging und am Ende vielleicht sein Leben ließ. Ich habe schon erwähnt, wie die Vorstellung von Krieg die Männer geil macht und wie sie plötzlich nicht mehr genug davon kriegen können. Manchmal ging es dabei gar nicht um Lust, das war eher wie ein Nervenzusammenbruch, der sich nur mit einem Mädchen zwischen Mann und Matratze behandeln ließ. Manche waren unersättlich und richteten sich zugrunde, andere waren wie der Hahn auf dem Scheunenhof hinter jeder Henne her. Eines Nachts träumte ich, die ganze Stadt würde in einem See von Sperma versinken.

Das erste Anzeichen dafür, daß die Party zu Ende ging, zeigte sich im August 1917, nur haben wir es damals nicht ernst genommen. Washington fing an, die Prostitution in einem Umkreis von fünf Meilen um Armee-Einrichtungen und Marinestützpunkte zu regulieren. Immer mehr Vorschriften wurden erlassen. Die Tage von Storyville waren gezählt. Die Boys, so wurde es beschlossen, durften für ihr Land sterben, aber zu einer Hure ins Bett durften sie nicht.

Im Oktober 1917 beschloß der Rat der Stadt, Storyville abzuschaffen. Hier folgt die Verordnung. Ich habe noch eine Abschrift davon.

»Die gesetzliche Duldung der Prostitution als eines zwangsläufigen Übels in einem Seehafen der Größe von New Orleans wurde von der Stadtverwaltung in der Annahme gewährt, daß sich die Situation leichter und zufriedenstellender unter Kontrolle halten lasse, wenn sie auf einen vorgeschriebenen Bezirk beschränkt wird. Die Erfahrung hat uns gelehrt, daß diese Gründe unwiderleglich sind, aber das Marineministerium der Bundesregierung hat anders entschieden.«

Zuletzt hieß es dann, ab dem 12. November 1917 um Mitternacht wäre es verboten, in New Orleans ein Bordell, Stundenhotel oder Freudenhaus zu betreiben. Ich dachte zuerst, die Bordelle würden vielleicht ihre Protektion behalten und könnten offen bleiben. Aber nein. Einige Feuerversicherungen kündigten ihre Policen in Storyville. Der Branddirektor des Bundesstaates sagte, es gebe eine Verschwörung mit dem Ziel, den Bezirk niederzubrennen. Wir machten uns auf die Schließung gefaßt. Wie sollte man gegen die Stadt kämpfen oder gar gegen Washington, wenn da ein Hurenbock wie Woodrow Wilson am Ruder war? Alle sorgten dafür, daß Soldaten und Matrosen leichten Zugang zu Frauen bekamen, nur nicht die bewaffneten Streitkräfte der Amerikaner. Nur bei uns sollten sich die jungen Leute, die im vollen Saft der Jugend standen, mit Zeitschriften, Liedern, Doughnuts von der YMCA und ein bißchen Handarbeit in der Koje begnügen. Ich frage mich oft, warum die Soldaten nicht einfach das Kommando übernehmen und ihren Krieg selbst organisieren. Vielleicht weil die alten Männer ihnen so viele Lügen aufgetischt haben, daß ihr Verstand benebelt ist. Daß man die jungen Kerle umbringen läßt, hat mir noch nie eingeleuchtet.

Ich bin keine, die mit dem Kopf durch die Wand will, wenn sie vor einer steht. Da mach ich lieber kehrt und gehe weg. Die meisten Läden machten zu. Bald war Storyville wie ein Friedhof, auf dem selbst die Gespenster verhungert aussahen. Ich beschloß, bis zum Ende auszuharren.

So kam die Mitternacht des 12. November immer näher. Eine gewisse Madame Dix hatte versucht, noch mal Aufschub zu erwirken. Daraus wurde nichts. Ich wollte das Haus mit fliegenden Fahnen schließen, und ich wollte nachher nicht weitermachen. Für mich war es die Abschiedsvorstellung, könnte man sagen, aber ich vergoß deshalb keine Tränen und verteilte auch keine Küsse. Zwei Wochen lang war der Bezirk mit Wagen und Karren leergeräumt worden. Aber ich hatte meinen Kram, Möbel und alles, an einen Griechen verkauft, der ein stilles, kleines Haus in der Nähe des Armeestützpunktes aufmachte. Am Morgen würde er kommen und alles holen. Er war ein Mann mit Weitblick und zehn dicken Frauen, lauter Verwandte von ihm, die er als Huren einsetzen wollte.

Die Mädchen hatten ihre besten Abendkleider oder Négligés angezogen. Eingeladen hatte ich die alten Kunden, die Offiziere, die inzwischen Stammkunden waren, und die

Freier aus der guten Gesellschaft, auf die ich immer stolz gewesen war – alles in allem fünfzig Leute. Es kamen fünfundsiebzig, und alle taten, als hätten sie keine Ahnung, was bei uns gespielt wurde. Um neun ging es los. Um Mitternacht mußten wir zumachen, die alten Laternen löschen – Punkt zwölf, wie auf einem Aschenputtel-Ball.

Die Mädchen waren alle geschminkt und hatten das Haar hochgesteckt. Sie waren so aufgedreht, daß sie sofort nach den Schlitzknöpfen grapschten – jemand hatte schon eine Flasche herumgehen lassen, und sie waren außer Rand und Band. Die jahrelange Disziplin mit einem Schlag zum Teufel! Ich dachte nur, laß sie grapschen. Alle waren beklommen und wütend, aber doch fröhlich. Die Hälfte war schon betrunken, sie hatten die schwarzen Hausmädchen bestochen, ihnen vorzeitig was aus dem Keller zu holen. Den größten Teil des Kellers hatte ich für zehntausend Dollar an den B… Club verkauft. Ich hatte da im Laufe der Jahre allerlei gute Sachen gebunkert, aber Champagner, Brandy, alten Bourbon und Rye hatte ich zurückbehalten. Leute, die Scotch tranken, gab es damals kaum.

Im großen Salon ließ ich ein Faß Lager aufmachen, und im Privatsalon stand Harry hinter der Bar. Er hatte selbst schon was intus, und bei ihm war Prince, der große Wachhund, und knabberte am Buffet, wo ich den letzten großen Schinken hatte aufschneiden lassen, Truthahn und Fischhappen und so weiter, ganze Platten mit Krabben, Gumbos, Hummer und Krebsen. Das alles kostete niemanden einen Cent, außer mich – Mädchen, Speisen und Getränke gingen auf Rechnung des Hauses. Wenn allerdings die eine oder andere Hure vielleicht ein Abschiedsgeschenk für die letzte Nummer in Storyville haben wollte, war das die Sache des Freiers. Mich ging es nichts mehr an. Ich setzte ein Lächeln auf, mischte mich unter die Leute und machte Witze.

Gegen zehn versuchte ein Trupp Rowdys hereinzukommen, aber der Bürgermeister hatte an diesem Tag einen Haufen Cops nach Storyville geschickt, weil es Gerüchte gab, die Huren und ihre Zuhälter wollten das Viertel niederbrennen, wenn sie es verlassen mußten. Die Cops ließen niemanden bei mir rein, außer wenn ich sagte, es wäre ein Freund oder ein geladener Gast. Ich wollte keine Störenfriede oder irgendwelche reichen Raufbolde bei mir – mit Seidenhemden für zwanzig Dollar, aber ohne Manieren.

Ein alter Herr, ein Richter, brach während des Festes in Tränen aus, saß da mit zwei nackten Huren auf der Treppe, die ihm einen Steifen zu machen versuchten. Und der Professor, der richtige, hielt eine lange Rede über den Untergang Roms, die für mich wenig Sinn ergab.

Nach einiger Zeit wurde mir das alles zuviel, und ich setzte mich mit ein paar alten Kunden in mein Schlafzimmer. Sie sahen wirklich alt aus, und auch ich kam mir alt vor. Ich hatte erwartet, ich würde bald betrunken sein. Aber an diesem Abend wirkte das Zeug nicht. Wir nippten bloß und quatschten über Mädchen, die gestorben oder verrückt geworden waren, über Silvesterabende und Unabhängigkeitstage und den Tag, an dem wir alle zur Messe gegangen waren und miterlebt hatten, wie eine Hure aus Richmond den Sohn von einem Straßenbau-Unternehmer geheiratet hatte, und wir redeten darüber, was für Frauen heutzutage Huren wurden. Eine Fotze, die nichts kostet, ist auch nichts – darin waren wir uns einig. Bescheid muß man wissen und sich Mühe geben und gefallen, und lohnen muß es sich auch.

Alice, die Frau aus der besseren Gesellschaft von Lake Charles, machte noch mal Ärger bei einem Gruppenfick auf ihrem Zimmer, mit ein paar texanischen Armee-Offizieren, wirklich miese Typen, wie manche Texaner eben sind. Ich sagte Harry, er sollte dazwischengehen und zusehen, daß sie sich anzog, und sie dann in ein Taxi setzen, damit sie zum Bahnhof fuhr und von da, hoffte ich, nach Lake Charles. Aber sobald sie ihr was angezogen hatten, riß sie es sich wieder vom Leib und schrie: »Oh Gott, Lake Charles und Sam, diese ganze Scheiße jeden Tag! Und das nennen die Leben!« Sie erzählte den Offizieren und ein paar von den Freiern verrücktes Zeug, wie geschickt und ausdauernd sie wäre und wie erfinderisch, aber Harry setzte sie in ein Taxi, zusammen mit einem Mädchen französischer Herkunft, das nach Lafayette zurückging, wo ihre Leute einen Krabbenkutter hatten.

Das war der letzte wirkliche Krach in dem Laden. Um Mitternacht stand ich unter dem großen, etwas lädierten Kronleuchter. Jeder hatte das letzte Glas Champagner in der Hand, die Huren heulten, die nackten und die angezogenen, und halb angezogene Freier kamen von oben herunter. Es war sentimental, und ich ließ den Blick wandern über das, was von der Bar und dem Buffet noch übrig war, und über die zerrissenen Kissen, und mir fiel nichts Besseres ein, als mir auszurechnen, was dieser Abend gebracht hätte, wenn er nicht auf das Haus gegangen wäre. Alte Gewohnheiten wird man so leicht nicht los.

Aber ich hatte mit dem Freudenhaus abgeschlossen, wirklich abgeschlossen. Ich hatte mir einen dicken Batzen in Aktien, die mir ein Gast empfohlen hatte, beiseite gelegt. Ich hatte ein Haus in Florida, wo ich wohnen würde, ein paar Grundstücke in Saint Louis. Ich würde die Stadt verlassen, und morgen würde ich das alles hier samt Schlüssel dem Griechen übergeben.

Ich war seit den frühen Achtzigern Madame. Ich sagte immer, ich wäre neunundvierzig, aber ich war dreiundsechzig und fühlte mich auch so. Ich war ein bißchen steif in den Gliedern, und die Welt der Freudenhäuser hatte kein Niveau mehr. Der Krieg hatte vieles verändert. Ich sah, er würde noch mehr verändern, und wollte damit nichts mehr zu tun haben. Ich war wirklich müde, und einen Liebhaber hatte ich auch nicht. Ich konnte gut ohne Sex auskommen. Ich war immer der Meinung, eine Madame kommt besser klar, wenn sie ein bißchen unterkühlt ist.

Nachdem Storyville geschlossen war, versuchten es einige Madames mit heimlichen Häusern, aber die Polizei traute sich nicht, sie gewähren zu lassen. Das Justizministerium hatte eigene Leute in der Szene, und kein Mensch wußte, wie teuer die waren. Nicht, daß sie ehrlich gewesen wären –

aber wenn man sie bestochen hatte, konnte man sich nicht auf sie verlassen, sie kassierten und lieferten trotzdem keinen Schutz. Leute von der Bundesregierung sind meistens Schweine, Dreckskerle, geldgierige Arschkriecher, die dafür mit einem leichten Job belohnt werden.

Mitternacht kam, und die Kunden, die Freier verschwanden aus meinem Leben. Die Huren hatten gepackt, den Hut schräg auf dem Kopf gingen die meisten von ihnen mit ihren Liebhabern weg. Die schwarzen Hausmädchen und der Kutscher gingen weg und nahmen die Essensreste und ein paar Flaschen mit. Lacey Belle, meine Köchin, hatte gepackt und den großen blauen Schirm zusammengerollt unter die Riemen von ihrem Lederkoffer geschoben. Sie leerte gerade noch mal die Mülleimer, als ich in die Küche kam, um sie auszuzahlen. Sie würde nach Georgia fahren, sagte sie, dort eine Woche bei Verwandten bleiben und dann rauf nach Detroit. Sie wollte nicht, daß ihre Söhne – sie hatte zwei Jungs an der Howard University – in einer Gegend aufwuchsen, wo sie am Ende *burrheads*, Klettenköpfe, genannt und vom Klan abgeknallt würden. Auch Lacey Belle war alt geworden, und mit ihrer Gesundheit war es nicht so weit her. Ich hoffte, daß sie es nach Detroit schaffte und daß ihre Jungen nicht bei einer Klanparty gegrillt würden. Harry hatte gut vorgesorgt, hatte Anteile an Krabbenbooten gekauft und wollte sich in Key West zur Ruhe setzen. Den Hofhund nahm er mit.

Ich war dreiundsechzig. Wie fühlte ich mich damals und was dachte ich? Zunächst einmal hielt ich gar nichts von dem Gedicht über das Alter, das ein besoffener Gast eines Abends im Haus zum besten gegeben hatte, in dem es hieß: »Aber das Beste kommt erst noch.« Blödsinn. Mit dreiundsechzig blickte ich auf mein Leben zurück, nicht nach vorn, und ich wußte es. Ich gab das Geschäft auf und hatte genug Geld gespart, besaß genug Aktien und Anleihen, daß mir ein erträgliches Alter beschert sein würde – falls das Alter überhaupt angenehm sein kann. Wer konnte damals ahnen, daß der Immobilienmarkt in Florida Mitte der zwanziger Jahre eine solche Pleite erleben würde oder daß die Depression unter Hoover meinen ganzen Aktienbesitz praktisch zunichte machen würde? Und was danach kommt – aber so weit kann man gar nicht voraussehen. Ich kann nur sagen, an dem Abend, als ich mein Haus zumachte, hatte ich das Gefühl, ich besäße genug harte Dollar und Aktien für ein erträgliches Auskommen, auch wenn es später so aussah, als wären sie alle auf Regentropfen gedruckt.

In vieler Hinsicht, dachte ich, als ich an diesem Abend Inventur machte, war es ein hartes Leben gewesen, aber auch ein interessantes. Manchmal auch ein verrücktes – da machte ich mir nichts vor –, aber alles in allem glücklicher und aktiver als das der meisten Leute. Ich hatte meistens allein gelebt – außerhalb der Arbeit, meine ich –, es war einsam gewesen, es war hart gewesen. Ich hatte immer geglaubt, ich selbst würde entscheiden, wohin ich ginge und was ich täte, wenn ich dort wäre. Aber am Ende sah ich, daß ich in meinem Tun und Lassen auch nicht freier war als die meisten anderen Leute. Auch ich war Teil meiner Zeit und der Ereignisse – wütende Leute, Leute in Schwierigkeiten, Gewohnheiten, Zwänge, alles hatte mich hin- und hergeworfen, wie es der Wind mit einem Segelschiff macht. Sicher, der Zufall hatte mir ein paar üble Streiche gespielt, aber dann war das Glück gekommen – und es ist ja nicht das schlechteste, wenn man das Glück auf seiner Seite hat – und hatte mich immer wieder angestoßen und vorwärtsgeschoben.

Ich hatte vieles über das Leben gelernt, was man in Büchern wohl kaum findet, und ich war durchgekommen, weil ich verstanden und mir überlegt hatte, daß all die Dinge, all die Leute, Trottel wie Gauner, zu mir und zur Welt gehören. Sie, wir – sind nicht so schlecht, wie manche denken, und nicht so große Narren, wie andere denken. Ich hatte nie das Gefühl, ich wäre etwas ganz anderes. Wäre mir das Glück anders begegnet, hätte ich eine Dame sein können, hätte Bildung, Kinder und Enkel haben können. Wäre mir das Glück nie begegnet, hätte es für mich viel schlimmer kommen können. Ich hätte in der Gosse enden können, ein verfaulender, kranker Haufen Müll, den es in den Rinnstein spült. Ich hätte vielleicht nie mein Leben gefunden – egal, wo das am Ende hinführt.

So schlau war ich, daß ich wußte, es gab vieles, was ich nie begreifen würde. Aber ich war nie so schlau, daß ich mir alles zu einem Ganzen zusammenreimte, das von irgendwo mein Leben bestimmte. Ich war mir aber auch nicht sicher, daß immer und allein ich selbst festlegte, wohin die Reise ging. Vielleicht von beidem etwas. Ich kann nicht sagen, daß ich es wüßte. Als Hure, als Madame, die mit einigen der vornehmsten Leute in Verbindung stand, zumindest, was die Seite der Männer angeht, ist mir der Unterschied zwischen oben und unten in der Gesellschaft nie besonders groß vorgekommen. Es war wie bei einem Stürzkuchen. Welche Seite zuletzt oben war, hing davon ab, wie oft man ihn wendete. In den Dingen, auf die es ankam, waren die Leute ganz oben genauso einsam, genauso verletzlich, genauso träumerisch und genauso unehrlich wie die Leute ganz unten.

Die Leute oben logen sich was vor über ihre Rechte und ihre Wichtigkeit. Sie wußten, daß ihr politisches System großenteils aus Schwindel und Betrug bestand und daß alles käuflich und verkäuflich war. Sie wollten nicht wahrhaben, daß die Schwarzen, die Juden, die Arbeiter aus Osteuropa, alle diese schwitzenden, stinkenden Leute die gleichen Rechte hatten wie die feine Gesellschaft. Die Gesellschaft schloß die Augen vor Mißständen und Gemeinheit, redete viel von Gott und Glauben, aber die Leute schoben das alles wieder von sich, sobald sie bei ihrer Pfauenparade am Sonntag aus der Kirche kamen.

Was die Unterwelt angeht, während all dieser Jahre, in denen ich dazugehörte, die Welt der Huren und Madames – also das, was die meisten Menschen Moral nennen, gab es bei uns, bei mir nicht. Wir waren in vielem verschroben und verrückt. Aber ein paar von den besten Menschen, die mir je begegnet sind, kamen aus dieser Welt (einige der schlechtesten ebenfalls). Wir lebten unser Leben, bis die Kerze heruntergebrannt war. Die besten von uns hätten Ihnen im Unglück beigestanden. Aber an einer Hure, einer Madame, einem Zuhälter ist nichts irgendwie Edles dran – genausowenig wie an den Leuten, mit denen wir es zu tun haben, den Vermietern, den Polizisten, den städtischen Beamten. Wir bilden eine Gesellschaft, die sich unter der Oberfläche duckt. Wir zeigen uns den Menschen, indem wir versuchen, was vorzustellen oder das Bedürfnis von jemandem zu erfüllen.

Ich habe immer versucht, das ganze Bild zu sehen. Jeden *mit* seinem Etikett und *ohne*. Wörter wie »gut« und »böse« haben mir nie viel bedeutet, oder Wörter wie »ehrbar« und »ehrlos«. Ich habe die Menschen einfach als Menschen gesehen, wie sie geboren werden, aufwachsen, ficken, essen, scheißen, sich anstrengen, lieben, Sehnsucht haben, verlieren, traurig werden, alt werden, krank werden, hassen, sterben. Es gab Zeiten, da war es einfach zuviel, und man konnte nichts dagegen tun. Es konnte einem das Herz brechen. Es gab Zeiten, da sah ich keinen Sinn mehr darin, weiterzumachen. Es würde immer wieder nur das gleiche und noch mal das gleiche sein. Aber ich machte dann doch weiter. Es war wohl einfach die Freude am Leben, sehen wollen, was unter dem nächsten Topf steckt und was hinter der nächsten Ecke kommt. Ich habe früh gelernt, von einem Tag auf den andern zu leben. Dafür muß man sich aber am besten die Hoffnung aus dem Kopf schlagen und den Glauben auch. Jawohl, Sie haben richtig gehört.

Wenn man diese beiden Brocken beiseite schiebt, kann man nämlich weiterleben. Immer ist es die Hoffnung auf morgen, die Hoffnung auf die Zukunft, die Hoffnung auf Menschen, die einen fertigmacht. Und der Glaube? Woran denn glauben? An Luftschlösser? Oder an den Mann, der sich hinstellt und uns erklärt, dieses sei nun der einzig wahre Glaube, und dann kommt wieder einer und sagt, nein, mein Glaube ist der Glaube überhaupt, und der nächste sagt wieder was anderes. Jeder hat seine eigene Vorstellung vom rechten Glauben, von Einigkeit keine Spur. Ich bin im Leben jedenfalls besser ohne organisierten Glauben zurechtgekommen. Wie bei verbranntem Toast, da muß man auch lange kratzen, bis man das Weißbrot findet, das noch übrig ist.

Ich bin eine Spielerin, und ich würde sagen, es besteht vielleicht eine Chance, daß es einen Gott gibt, der sich persönlich für mich interessiert, es besteht aber auch eine gute Chance, daß es ihn nicht gibt. Ich kenne das Geheimnis nicht, ich weiß nicht, wodurch wir entstehen und vergehen. Aber von kleinauf habe ich nie geglaubt, daß irgend jemand sichere Antworten auf solche Fragen wüßte. Ich wollte mit einem Gott nichts zu tun haben, der Monte und Sonny umbringt oder sterben läßt, der die kleinen Kinder umbringt, die in den dreckigen Stadtwohnungen wegsterben, ersticken, verfaulen. Oder ungetaufte Babys für immer in der Hölle schmoren läßt.

Ich bin eine religiöse Frau, aber außerhalb der alten Zäune. Meine Religion ist das Leben – Ich selbst sein, den Menschen kein Leid zufügen, nicht zuviel urteilen, nicht sagen, mit diesem Witzbold kann man reden, mit diesem Dummkopf nicht. Wenn ich eine Überzeugung habe, dann die: Ich halte, was ich versprochen habe, ich zahle, was ich schuldig bin, ich bin nicht liebenswürdig, ich bin nicht nett zu Dummköpfen. Was ich bezahlt habe, will ich auch bekommen. So wie ich bin, will ich immer noch sein und so will ich auch sterben. Wer oder was mich auch umbringen mag, am Ende möchte ich dem Leben eine Nase drehen können und sagen: »Danke fürs Mitnehmen.«

So ungefähr dachte ich an diesem letzten Abend, als ich mein letztes Haus zumachte. Ich denke noch immer so, nur an den Rändern ist es ein bißchen verschwommen. Ich bin immer noch dieselbe, bloß ein bißchen steifer in den Gliedern und mit ein paar Falten mehr. Und längst nicht mehr so sicher wie früher, daß ich immer ein Dach über dem Kopf und immer zu essen haben werde – jetzt, wo mir das Bündel fehlt, mit dem ich mich zur Ruhe gesetzt hatte. Zwei Dinge begreift man mit der Zeit. Es ist nicht der Herr, der gibt und nimmt. Es sind die Leute und die Verhältnisse. Und das zweite: Wenn man jeden Morgen aufwacht, kann man auch weiterleben.

Lebewohl Storyville, mein letztes Haus. In dieser Nacht schlief ich zum erstenmal seit Wochen gut und tief, und um zehn am nächsten Morgen nahm ich Abschied von Harry und dem Hofhund, ließ dem Griechen die Schlüssel da und machte mich auf den Weg zum Bahnhof, um den Zug nach Florida zu nehmen. Die Straßen waren übersät mit Papierfetzen und Flaschenscherben, und jemand hatte einen alten Wäschereiwagen in Brand gesetzt, in Storyville – falls es noch Storyville war. Ich liebte das verdammte Viertel.

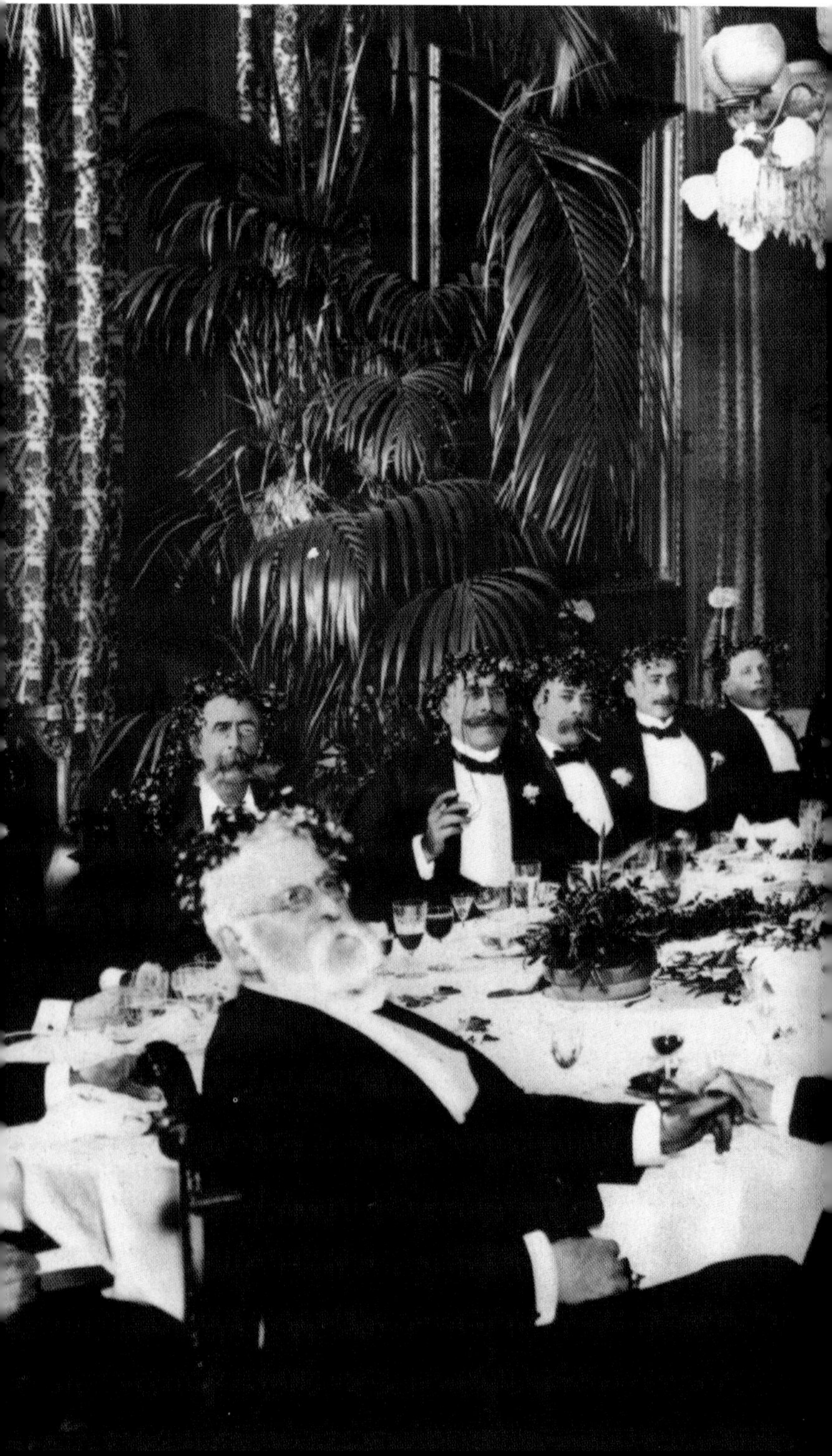

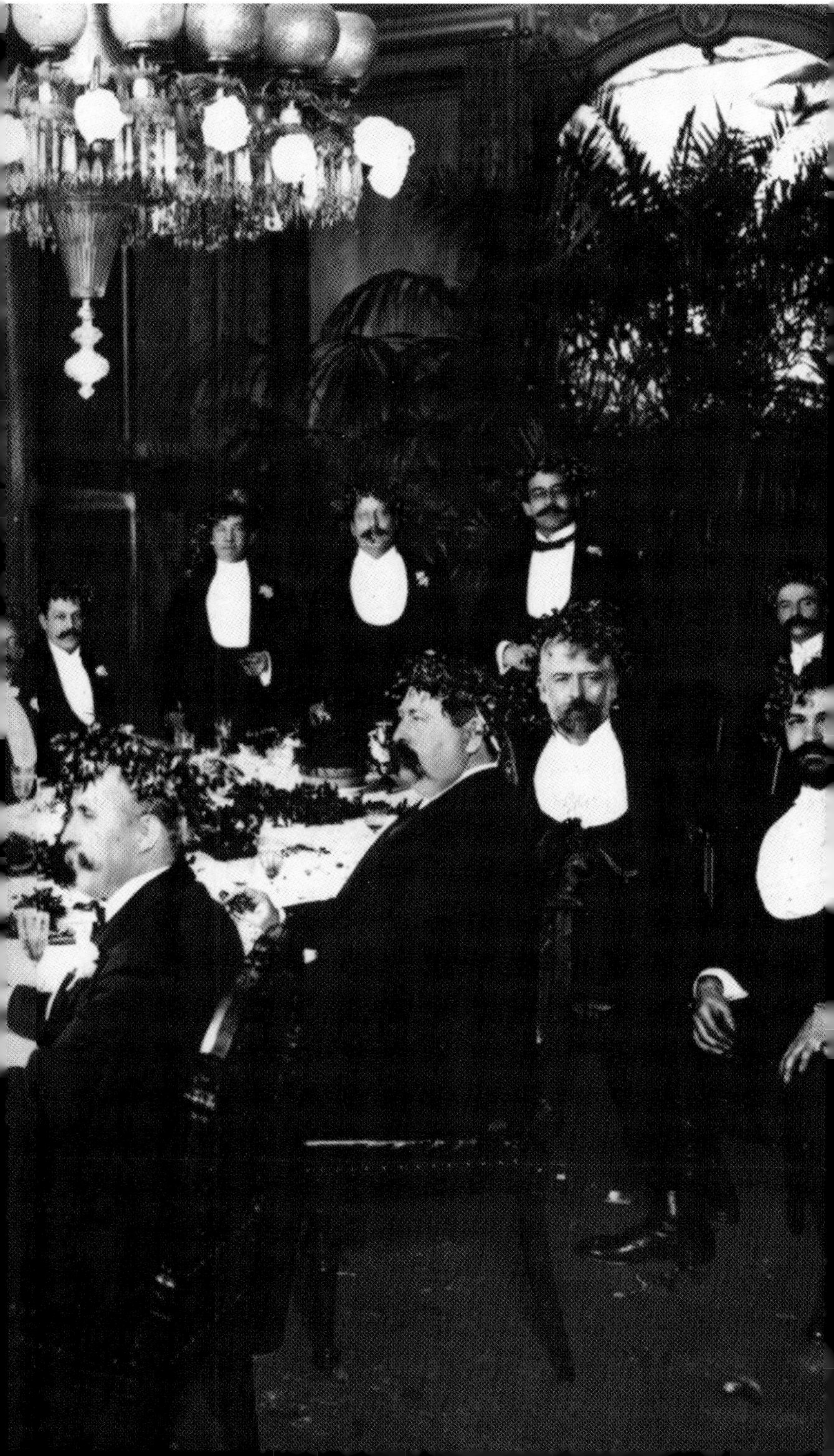

INHALTSVERZEICHNIS

Einleitung von Stephen Longstreet 5

ERSTER TEIL
SO GING MEIN LEBEN LOS 11
 1. Mein letztes Haus 12
 2. Wo ich herkomme 24
 3. Jugendjahre 39
 4. Wie ich weglief 52
 5. In Saint Louis 71
 6. Bei den Flegels 85

ZWEITER TEIL
GUTE ZEITEN UND SCHLECHTE 99
 7. Das Leben in einem Haus 101
 8. Unterwegs in der Stadt 111
 9. Im Sex-Geschäft 124
10. Die Ohrringe des Spielers 141
11. Als Geliebte ausgehalten 154
12. Nur noch für einen 169
13. Letzte Tage mit Konrad 185

DRITTER TEIL
ZWEI GESICHTER EINER WELT 199
14. Die wirkliche Unterwelt 201
15. Ich werde Ehefrau 213
16. Leben mit Monte 223
17. Schlechte Zeiten 235
18. Kriminelle in New York 246
19. Wieder beim Roten Fleck 255
20. Am Delta 264
21. Nennen wir es Storyville 278

VIERTER TEIL
MEIN LEBEN ALS MADAME 291
22. Ärger im Haus 293
23. Die Halbwelt am Golden Gate 302
24. Im Fleischgeschäft 317
25. Ein besonderer Gast 329
26. Die Everleigh-Schwestern 340

FÜNFTER TEIL
DIE LETZTEN JAHRE
27. Wieder in New Orleans 359
28. Ein großer Fehler 372
29. Die letzten Tage und Nächte von Storyville 384

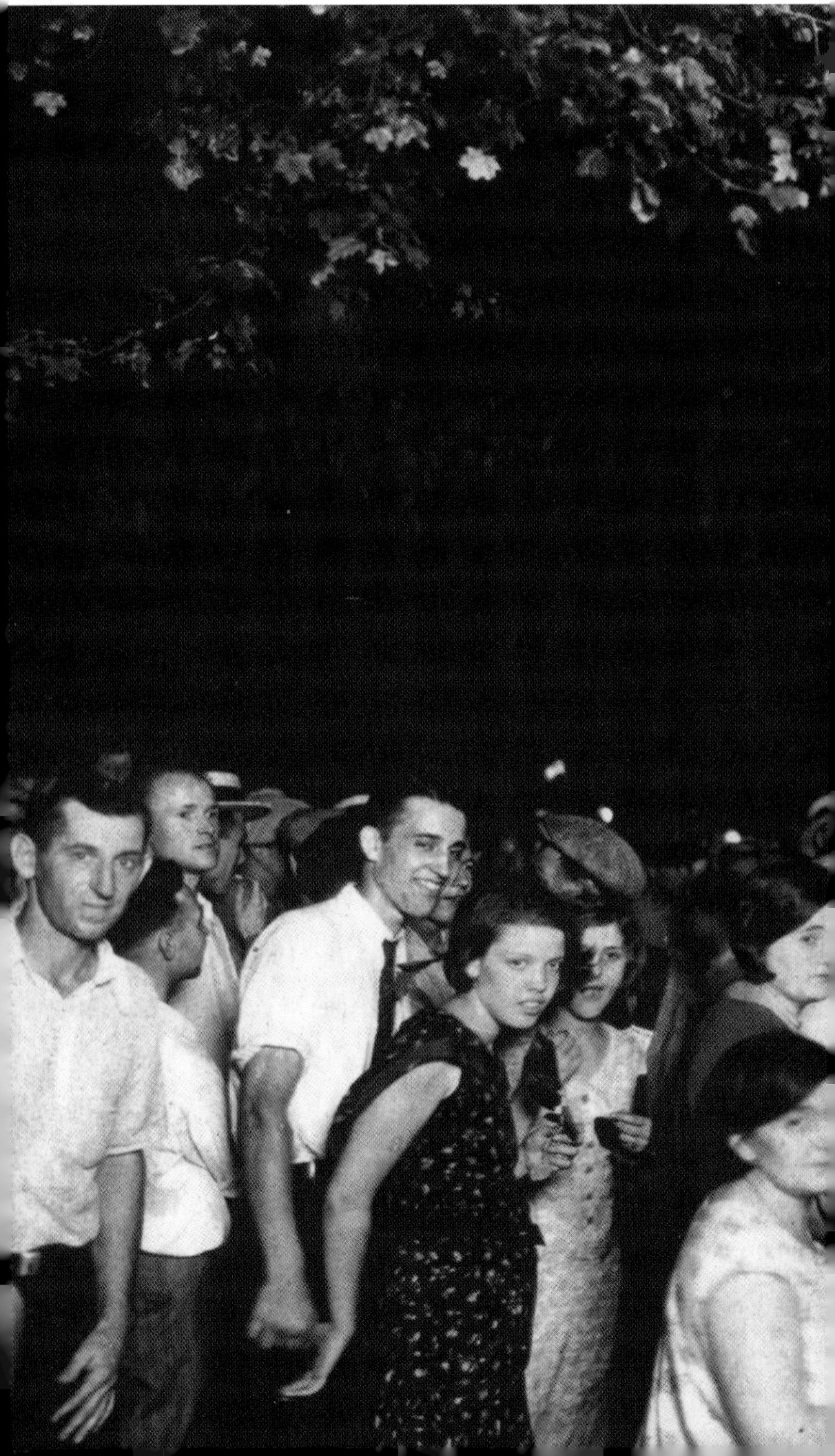

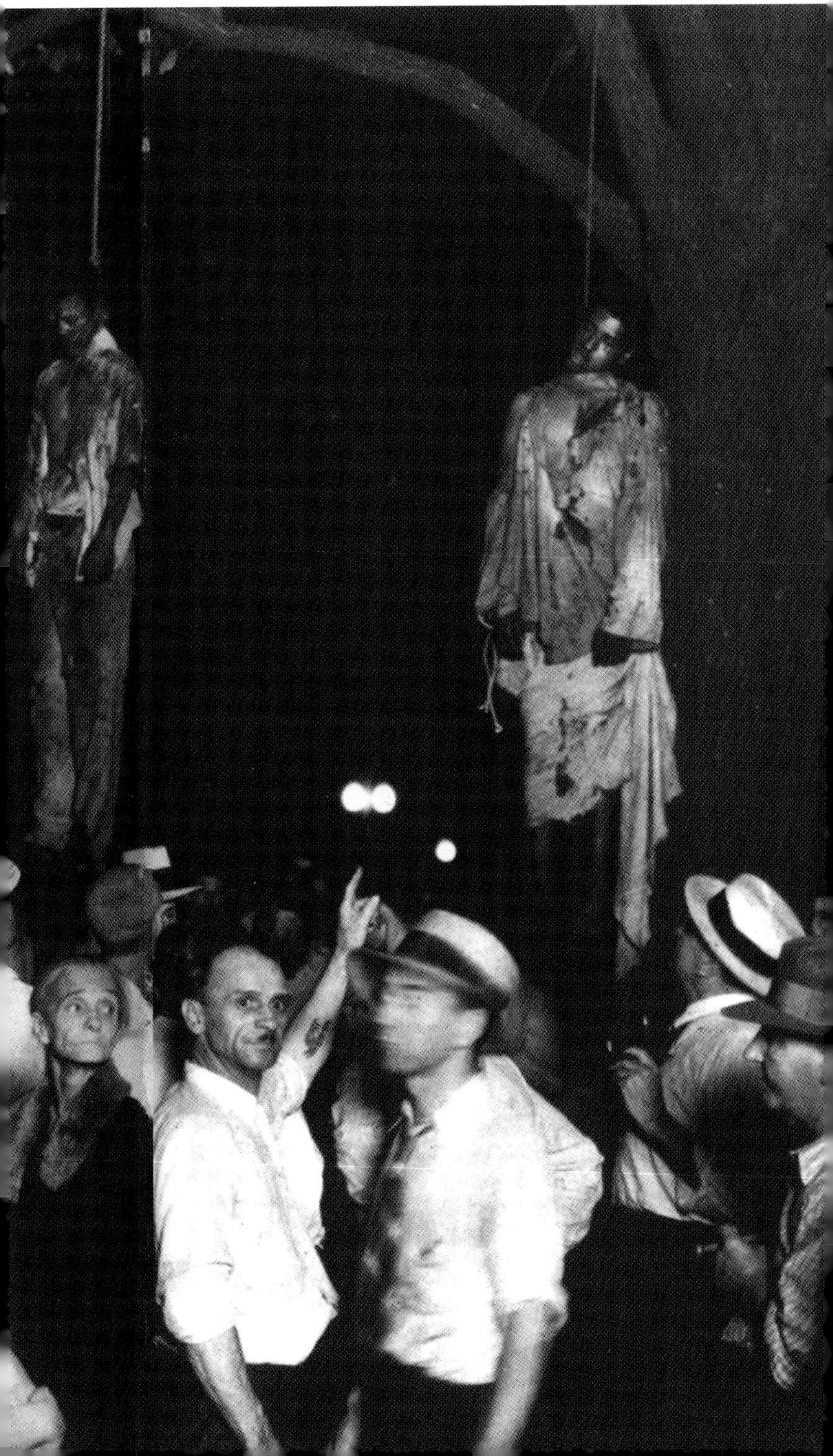

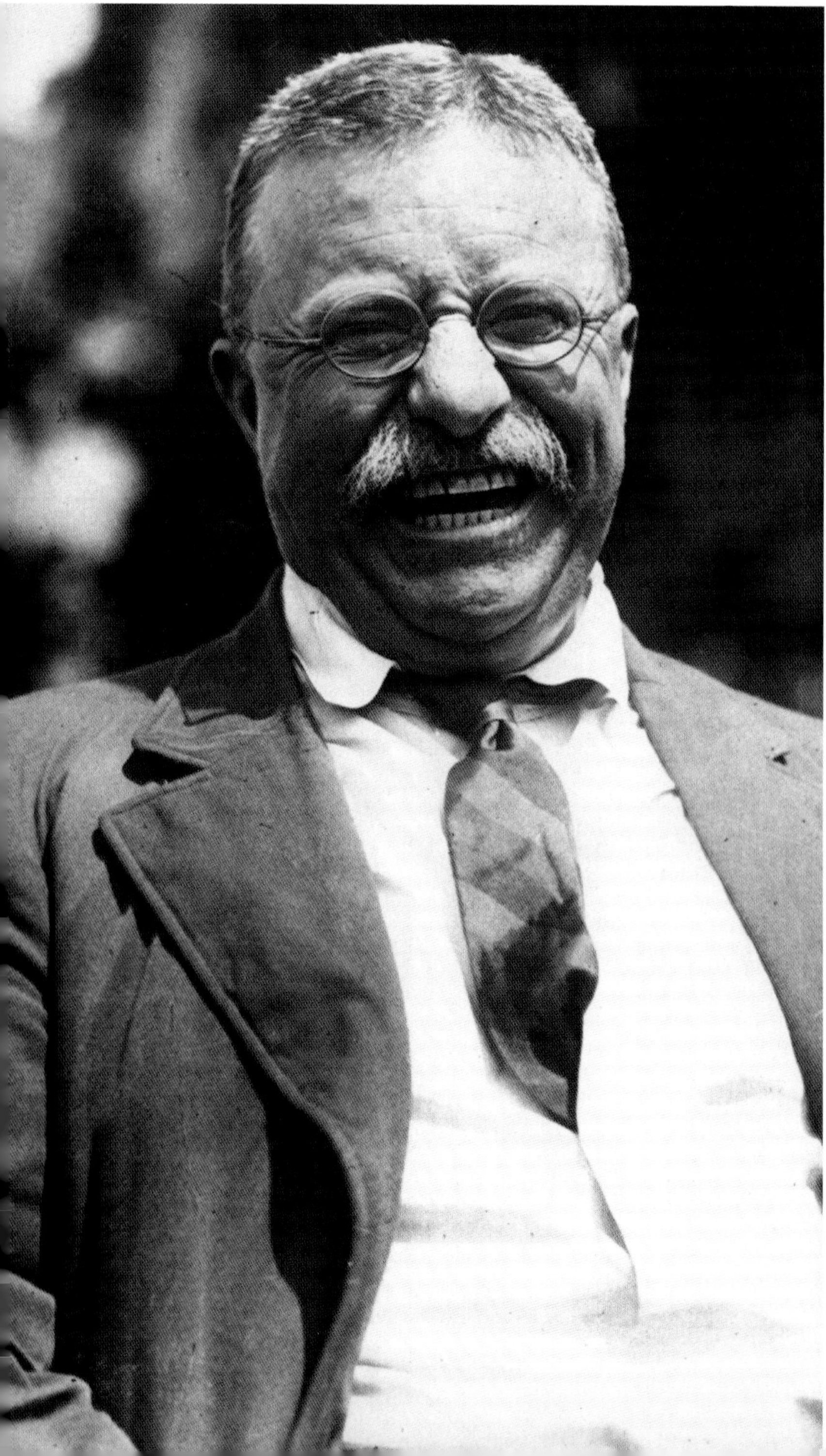

Die MEMOIREN AUS DEM BORDELL von Nell Kimball, redigiert von Stephen Longstreet, sind im August 1999 als hundertsechsundsiebzigster Band der ANDEREN BIBLIOTHEK im Eichborn Verlag, Frankfurt am Main, erschienen.

Die deutsche Übersetzung stammt von Reinhard Kaiser. Das amerikanische Original trägt den Titel *Nell Kimball: Her Life as an American Madame by Herself*; es wurde 1970 bei Macmillan in New York verlegt. Das Lektorat lag in den Händen von Rainer Wieland.

Dieses Buch wurde in der Korpus Cochin Antiqua von Wilfried Schmidberger in Nördlingen gesetzt und bei der Fuldaer Verlagsanstalt auf holz- und säurefreies 115 g/m² mattspezialgestrichenes Bilderdruckpapier gedruckt. Den Einband besorgte die Buchbinderei G. Lachenmaier in Reutlingen. Ausstattung und Typographie von Franz Greno.